Konsens und evolutive Vertragsauslegung

Res Publica

Öffentliches und internationales Recht

Herausgegeben von Udo Fink, Dieter Dörr und Rolf Schwartmann

Band 18

PL ACADEMIC RESEARCH

Ines-Erika Gillich

Konsens und evolutive Vertragsauslegung

Am Beispiel der Rechtsbindung der Mitgliedsstaaten der Organisation Amerikanischer Staaten (OAS) an die Amerikanische Deklaration der Rechte und Pflichten des Menschen

PL ACADEMIC RESEARCH

Bibliografische Information der Deutschen Nationalbibliothek
Die Deutsche Nationalbibliothek verzeichnet diese Publikation in der Deutschen Nationalbibliografie; detaillierte bibliografische Daten sind im Internet über http://dnb.d-nb.de abrufbar.

Zugl.: Mainz, Univ., Diss., 2014

D 77
ISSN 1614-838X
ISBN 978-3-631-65399-9 (Print)
E-ISBN 978-3-653-04428-7 (E-Book)
DOI 10.3726/ 978-3-653-04428-7

PL Academic Research ist ein Imprint der Peter Lang GmbH.

Peter Lang – Frankfurt am Main · Bern · Bruxelles · New York · Oxford · Warszawa · Wien

Diese Publikation wurde begutachtet.

www.peterlang.com

Für meine Eltern

Vorwort

Die vorliegende Arbeit wurde vom Fachbereich Rechts- und Wirtschaftswissenschaften der Johannes Gutenberg-Universität Mainz im Wintersemester 2013/14 als Dissertation angenommen. Sie entstand zwischen 2010 und 2013 neben meiner Tätigkeit als wissenschaftliche Mitarbeiterin am Lehrstuhl für Öffentliches Recht, Völker- und Europarecht, Internationales Wirtschaftsrecht. Die notwendigen Recherchen für diese Arbeit konnte ich während eines Forschungsaufenthaltes am Inter-Amerikanischen Gerichtshof für Menschenrechte in Costa Rica (gefördert durch ein Forschungsstipendium des DAAD) sowie als Visiting Scholar an der American University, Washington, D.C. durchführen.

Mein aufrichtiger und besonders herzlicher Dank gilt meinem akademischen Lehrer und Doktorvater, Prof. Dr. Udo Fink, der bereits während meines Studiums mein Interesse für das Völkerrecht geweckt und mich zur Wahl dieses Dissertationsthemas ermutigt hat. Er stand mir stets mit Rat und Unterstützung zur Seite.

Herrn Prof. Dr. Dieter Dörr danke ich für die zügige Erstellung des Zweitgutachtens sowie die hilfreichen kritischen Anmerkungen.

Bedanken möchte ich mich auch bei Frau Dr. Christina Globke für das Korrekturlesen und die fachlich anregenden Diskussionen.

Ebenfalls danke ich meinem Vater, Erhard Gillich, der sich viel Zeit genommen hat, die Arbeit auf sprachliche und grammatikalische Fehler zu überprüfen.

Mein Dank gilt schließlich der „Vereinigung der Freunde der Universität Mainz e.V." für die Prämierung meiner Arbeit mit dem Forschungsförderpreis. Das Erscheinen dieser Arbeit wurde auch durch einen Publikationszuschuss des Auswärtigen Amtes, dem ich dafür danke, gefördert.

Die Arbeit widme ich meinen Eltern, Erhard und Erika Gillich. Sie haben mich auf meinem persönlichen und beruflichen Weg stets mit viel Liebe und Unterstützung begleitet. Ohne sie wäre diese Dissertation nicht möglich gewesen. Hierfür gilt mein ganz besonderer Dank.

Mainz, im Mai 2014 Ines Gillich

Inhaltsverzeichnis

Einleitung

Das Inter-Amerikanische System[1] zum Schutz der Menschenrechte hat sich nach zaghaften Anfängen neben seinem europäischen Gegenstück, welches auf der Europäischen Menschenrechtskonvention basiert, heute als bedeutendes regionales Schutzsystem für Menschenrechte etabliert. Dabei waren anfänglich die historischen und politischen Vorzeichen für die Entwicklung eines regionalen Schutzsystems für Menschenrechte in der *Westlichen Hemisphäre*[2] äußerst schlecht.

Dies hängt zum einen mit dem bis ins 20. Jahrhundert hineinreichenden US-amerikanischen Interventionismus in Zentral- und Südamerika unter der Ägide der *Monroe-Doktrin*[3] und der *Big Stick-Policy*[4] zusammen, der auf die überwiegende Mehrheit der lateinamerikanischen Staaten einen negativen Eindruck hinterließ. Die lateinamerikanischen Staaten schreckten davor

1 In der vorliegenden Arbeit ist unter dem Begriff des Inter-Amerikanischen Systems das gesamte Normengeflecht zu verstehen, das auf die Mitgliedsstaaten der Organisation Amerikanischer Staaten (OAS) anwendbar ist. Dies umfasst über die OAS-Charta hinaus die gesamten von den OAS-Mitgliedsstaaten erzeugten und für sie geltenden regionalen Rechtsinstrumente und Institutionen.

2 Der Begriff der „Westlichen Hemisphäre" meint, angelehnt an die *Monroe-Doktrin*, die sogenannte „Neue Welt", wozu der Amerikanische Doppelkontinent sowie die umliegenden Inseln gehören.

3 Nach der *Monroe-Doktrin*, die auf Betreiben des damaligen US-Außenminister J.G. Adams in einer Rede des damaligen US-Präsidenten James Monroe 1823 als Grundsatzerklärung formuliert wurde, ist die Welt in zwei politische Sphären einzuteilen. Danach sollten sich die USA nicht in europäische Angelegenheiten einmischen. Zugleich aber beanspruchten die USA für sich einen exklusiven „Schutzanspruch" für die westliche Hemisphäre, demzufolge keinem europäischen Staat die Einmischung in amerikanische Verhältnisse oder die Schaffung von Kolonien in Amerika gestattet sein sollte („Amerika den Amerikanern").

4 Unter der *Big Stick-Policy* („Große Keule") wird die Außenpolitik Theodore Roosevelts verstanden, in der durch Machtdemonstrationen der US-amerikanischen Kriegsmarine im Atlantik und Pazifik das Recht der USA untermauert werden sollte, sich in die Angelegenheiten anderer Staaten in Nord- und Südamerika einzumischen, und so nach außen hin Stärke zu demonstrieren und Abschreckung hervorzurufen.

zurück, internationale Verpflichtungen auch und gerade im Bereich des Menschenrechtsschutzes einzugehen und damit allzu weitgehende Souveränitätseinbußen zu erleiden.

Zum anderen wurden viele lateinamerikanische Staaten über Jahrzehnte hinweg von Regierungen geführt, deren Wille zur Beachtung der Menschenrechte und zur Unterwerfung unter ein internationales Menschenrechtssystem nur marginal ausgeprägt war. In vielen lateinamerikanischen Staaten waren stattdessen systematische Menschenrechtsverletzungen, darunter die die Region kennzeichnenden *enforced disappearances*, also das „gewaltsame Verschwindenlassen" von Personen, an der Tagesordnung.

Unter diesen erschwerten Rahmenbedingungen ist der Erfolg des Inter-Amerikanischen Systems zum Schutz der Menschenrechte umso gewichtiger. Innerhalb dieses Systems nimmt die *Amerikanische Deklaration der Rechte und Pflichten des Menschen* eine überragende Rolle ein. Obwohl dieses Instrument im Jahre 1948 nur als unverbindliche Resolution einer internationalen Staatenkonferenz verabschiedet wurde, hat es sich im Laufe der Zeit zu dem zentralen Menschenrechtsinstrument entwickelt, das für alle OAS-Mitgliedsstaaten gilt.

Die schrittweise Entfaltung des Inter-Amerikanischen Menschenrechtssystems ist vor allem der Tätigkeit der *Inter-Amerikanischen Kommission für Menschenrechte* geschuldet. Die Kommission wurde 1959 gegründet und mit dem Mandat zur Förderung des Menschenrechtsschutzes unter den OAS-Staaten beauftragt. Im Gründungsstatut der Kommission legten die Staaten fest, dass die Amerikanische Deklaration der Rechte und Pflichten des Menschen für die Kommission als normativer Prüfungsmaßstab für die Beurteilung des menschenrechtsrelevanten Verhaltens der Staaten dienen soll. Auf der Grundlage ihres Statuts hat die Kommission eine umfangreiche Spruchpraxis entwickelt und dabei maßgeblich zur Stärkung des Inter-Amerikanischen Menschenrechtssystems beigetragen.

Wie in dieser Arbeit aufgezeigt wird, vertritt die Kommission dabei die Rechtsansicht, dass alle OAS-Mitgliedsstaaten an die Amerikanische Deklaration der Rechte und Pflichten des Menschen materiell gebunden sind. Die Deklaration enthalte rechtlich verbindliche Pflichten für die OAS-Staaten, die darin verbürgten Menschenrechte zu beachten. Diese Rechtsauffassung begründet die Kommission damit, dass die Deklaration heute als authentische Auslegung der menschenrechtlichen Bestimmungen der OAS-Charta anzusehen sei.[5]

---

5 Vgl. dazu die Ausführungen im FÜNFTEN KAPITEL, ERSTER TEIL, A.

Diese Ansicht wird vom Inter-Amerikanischen Gerichtshof für Menschenrechte geteilt, der sich im Jahre 1989 in einem Gutachten über die Auslegung der OAS-Charta auch zur Frage der Rechtsnatur der Amerikanischen Deklaration geäußert hat.[6]

6 Vgl. dazu die Ausführungen im FÜNFTEN KAPITEL, ERSTER TEIL, D.

Problemstellung, Ziel der Arbeit und Gang der Untersuchung

Eine umfassende und methodisch präzise Analyse der rechtlichen Bindungswirkung der *Amerikanischen Deklaration der Rechte und Pflichten des Menschen* im Rahmen des OAS-Systems fehlt bislang. Das Problem der Rechtsnatur und der daraus folgenden Bindungswirkung der Deklaration wird in der juristischen Fachliteratur zwar erkannt. Allerdings lässt die einschlägige Literatur eine genaue rechtliche Auseinandersetzung mit diesem Problem vermissen. Die in der Literatur vertretenen Auffassungen lassen sich in drei Positionen einordnen:

Der erste Teil der Literatur folgt der Ansicht der Inter-Amerikanischen Kommission, wonach die Amerikanische Deklaration heute ein für alle OAS-Mitgliedsstaaten rechtlich verbindliches Instrument darstelle. Dies wird primär auf die nicht näher begründete Behauptung gestützt, dass die Deklaration eine Definition der allgemeinen Pflichten der Mitgliedsstaaten im Bereich der Menschenrechte aus der OAS-Charta darstelle.[7] Zum Teil wird auch vertreten,

---

7 So z.B.: *Harris*, The Inter-American System of Human Rights, S. 4: "Although it still does not have direct legal effect, the Declaration has come to be indirectly legally binding by virtue of the human rights obligations in the OAS Charter, which incorporate the substance of the American Declaration."; *Buergenthal*, AJIL 1975, S. 835: "The human rights provisions of the American Declaration can today consequently be deemed to derive their normative character from the OAS-Charter itself."; *Shelton*, Law & Ineq. 2007, S. 478: „Promulgated in the form of a simple conference resolution, this instrument proclaims an extensive catalog of human rights and gives definition to the Charter's general commitment to human rights.“ *Bettinger-Lopez*, Clearinghouse Rev. 2009, S. 583: „While the Declaration does not contain a „general obligations“ clause, which requires states to undertake positive measures to protect rights, the United States as a party to the Charter is legally bound by the Declaration's provisions.“ Differenzierter und mit näherer Begründung: *Nikken*, Revista IIDH 1989, S. 83: "En verdad, ha sugido nuevos hechos y situaciones a lo largo de la evolución del sistema interamericano que difícilmente podrían explicarse si la Declaración conserva immodificado su valor inicial como simple recomendación. (...) El carácter vinculante de la Declaración Americana puede sostenerse desde dos puntos de vista, (...) puede argumentarse que la Declaración Americana ha quedado incorporada a la Carta de la OEA. Según el otro, constituye una práctica consuetudinaria en el seno de la OEA, que reúne todas las características señaladas por el artículo 38.1.b) del Estatuto de la Corte internacional de Justicia."

dass die Deklaration Teil des regionalen Völkergewohnheitsrechts sei, ohne jedoch eine genaue Untersuchung dieser These anhand der Staatenpraxis und der Rechtsüberzeugung der OAS-Staaten vorzunehmen.[8]

Der zweite Teil der Literatur vertritt die Gegenansicht, indem sie die Deklaration unter Verweis auf die Entstehungsgeschichte als bloße unverbindliche Grundsatzerklärung mit lediglich moralischer bzw. politischer Bindungskraft ansieht.[9]

Die dritte Position innerhalb der Literatur steht zwischen den ersten beiden Ansichten. Sie gesteht zwar ein, dass sich die rechtliche Bedeutung der Deklaration im Laufe der Zeit geändert hat und sie daher „nicht völlig unverbindlich bzw. wirkungslos" sei und dass die Deklaration einen „rechtlichen Wert" habe. Allerdings wird dieser „rechtliche Wert" nicht näher konkretisiert.[10]

---

8 *Rescia/Seitles*, N.Y.L. Sch. J. Hum. Rts. 1999–2000, S. 604: „However, the fact that the Declaration has been adopted unanimously by the participating members of the OAS contributes to its character as customary law, at least within the context of the Inter-American system." A.A. *Leblanc*, The OAS and the Promotion and Protection of Human Rights, S. 18: „(I)t seems clear that it has not since its adoption acquired the force of customary law".

9 Vgl. etwa: *Cerna*, Fla. J. Int'l L. 2004, S. 196: „The American Declaration is what its name suggests it to be. It is simply a declaration, in spite of the fact that the human rights organs of the inter-American system have interpreted it to be legally binding." *Gravdal*, Sw. J. L. & Trade Am. 2005, S. 269: "Therefore, while the general acceptance of the American Declaration signifies the member states' acquiescence of the „aspirational" and fundamental human rights statements it contains, that acceptance does not connote the member states' willingness to have the document interpreted as incorporating specific prohibitions and obligations."; *Leblanc*, The OAS and the Promotion and Protection of Human Rights, S. 18: „It has nevertheless become a document of great importance, of moral force."

10 Oberflächlich: *Grossman*, GYIL 1989, S. 267: „From the point of view of legal doctrine, the legal value of the American Declaration is based on different grounds: as an interpretation of the OAS Charter, as a rule of customary law, through its incorporation in an international agreement – the Commission Statute – or a combination of these."; Ebenso unpräzise: *Davidson*, The Inter-American Human Rights System, S. 13: „Whatever the legal status of the Declaration, there is no doubt that with the passage of time that status has changed." *Rescia/Seitles*, N.Y.L. Sch. J. Hum. Rts. 1999–2000, S. 599: „Although it appeared like a declaration of principles, the member countries granted it a juridical value beyond that of a mere recommendation." *Elorrio*, Protección de los niños no nacidos en el sistema jurídico interamericano de derechos humanos, S. 49: „La Declaracion Americana es desde el punto de vista jurídico."; *Gros-Espiell*, Revista IIDH 1989, S. 54: „Sin embargo, no puedo ocultar que personalmente, en cierta forma, ha superado hoy la asignación de un carácter únicamente moral y político."

Ziel der vorliegenden Arbeit ist es, die rechtliche Bedeutung und Wirkung der Amerikanischen Deklaration der Rechte und Pflichten des Menschen im Kontext des OAS-Systems zu analysieren. Es ist zu untersuchen, ob und inwieweit die Deklaration aus heutiger Sicht normativ verbindliche Pflichten für die OAS-Staaten statuiert, die Menschenrechte zu beachten.

Die Klärung dieser Frage ist unter zwei Gesichtspunkten relevant:

Erstens stellt die Amerikanische Deklaration für diejenigen OAS-Staaten, die nicht Parteien der Amerikanischen Menschenrechtskonvention (AMRK) sind, das einzige anwendbare regionale Menschenrechtsinstrument dar. Zu den Nicht-Mitgliedsstaaten der AMRK gehören die OAS-Mitglieder Antigua & Barbuda, die Bahamas, San Kitts & Nevis, Santa Lucia, St. Vincent & die Grenadinen, Kanada, Kuba und die USA.

Die Situation Kubas erweist sich dabei als besondere, da die kubanische Regierung von ihrer aktiven Teilnahme in der OAS bereits im Jahre 1962 suspendiert worden ist. Die Suspendierung wurde zwar durch eine Resolution der OAS-Generalversammlung aus dem Jahre 2009 aufgehoben. Allerdings fordert die Resolution weitere Schritte Kubas, um wieder aktiv in der OAS mitwirken zu können.

Ein kontrovers diskutierter Fall sind die USA, die zwar die AMRK unterzeichnet, aber noch nicht ratifiziert haben und sich als schärfster Kritiker der von der Kommission vertretenen Ansicht über die Rechtsverbindlichkeit der Amerikanischen Deklaration positioniert haben.[11]

Für all diese genannten OAS-Staaten kann sich mangels Ratifikation der AMRK und anderer (spezieller) regionaler Menschenrechtskonventionen eine Bindung an konkrete Menschenrechte auf regionaler Ebene nur über die Amerikanische Deklaration ergeben.

Zweitens ist aber auch für diejenigen OAS-Staaten, die bereits Parteien der AMRK sind, die Bestimmung der Rechtsnatur und des Umfanges der Bindungswirkung der Amerikanischen Deklaration bedeutsam. Die in der Deklaration einerseits und in der AMRK andererseits niedergelegten Menschenrechtsgarantien sind nicht völlig deckungsgleich. Teilweise gehen die in der Deklaration enthaltenen Rechte in ihrem Schutzumfang über die Rechte aus der AMRK hinaus. Überdies enthält die Deklaration im Unterschied zur AMRK auch wirtschaftliche, soziale und kulturelle Rechte. Schließlich schreibt Art. 29 lit. d AMRK ausdrücklich vor, dass die Rechte aus der AMRK nicht so augelegt werden

11 Die Reaktionen der USA auf die Kommissionspraxis werden ausführlich im FÜNFTEN KAPITEL, ERSTER TEIL, A, II, 2 a) dargestellt.

dürfen, dass dadurch die Wirkung der Amerikanischen Deklaration geschmälert oder beinträchtigt wird. Eine Bestimmung der exakten Rechtsnatur der Deklaration liefert damit Klarheit über die sich für alle Staaten ergebenden materiellrechtlichen Pflichten im Hinblick auf Menschenrechte.

Die Rechtsnatur der Amerikanischen Deklaration wird aus der Perspektive des Völkervertragsrechts, namentlich der OAS-Charta, untersucht. Gegenstand der nachfolgenden Arbeit ist nicht die Frage, ob und inwieweit die Deklaration oder einzelne Rechte daraus sich zu regionalem Völkergewohnheitsrecht entwickelt haben. Stattdessen konzentriert sich die Arbeit darauf, die Bestimmungen der OAS-Charta mit Bezug zu den Menschenrechten sowie die *spätere Übung* der Mitgliedsstaaten zu untersuchen. Daraus soll ermittelt werden, ob und inwieweit die OAS-Charta und die Deklaration rechtlich zusammenhängen.

Indem die Rechtsnatur der Amerikanischen Deklaration im Zusammenhang mit den menschenrechtlichen Bestimmungen der OAS-Charta ermittelt wird, trägt die vorliegende Arbeit dazu bei, die Reichweite der Auslegungsregeln eines völkerrechtlichen Vertrages zu bestimmen.[12] Dabei wird der Schwerpunkt auf das der Völkerrechtsordnung zugrundeliegende *Konsensprinzip* und dessen Wirkungsweise bei der *evolutiven Vertragsauslegung* im Rahmen der Satzung einer Internationalen Organisation gelegt. *Evolutive Vertragsauslegung,* auch dynamische Auslegung genannt, meint die Vertragsauslegung im Lichte der Entwicklung, welche der Vertrag als Ganzes oder die konkrete Vertragsnorm seit dem Inkrafttreten des Vertrages genommen hat. Dabei kommt der *nachfolgenden Praxis* der Vertragsparteien als Auslegungsfaktor oder sogar Vertragsänderungsfaktor eine überragende Funktion zu, um den aktuellen Konsens der Vertragsparteien über den Vertragsinhalt zu erforschen.

Die vorliegende Arbeit ist in fünf Kapitel gegliedert:

Im **ERSTEN KAPITEL** wird die Entstehungsgeschichte des Inter-Amerikanischen Menschenrechtssystems von seinen frühen Anfängen im 19. Jahrhundert bis heute dargestellt. Dabei wird auch auf die rechtlichen (materiellen und institutionellen) Grundlagen des Inter-Amerikanischen Menschenrechtssystems eingegangen.

Das **ZWEITE KAPITEL** widmet sich den Regeln zur Auslegung eines völkerrechtlichen Vertrages und enthält damit die methodischen Grundlagen für die in den nachfolgenden Kapiteln dieser Arbeit vorgenommene Untersuchung. Dabei wird an dieser Stelle auch auf die sich aus dem Konsensprinzip ergebenden Konsequenzen für die Vertragsauslegung eingegangen.

---

12 Vgl. dazu das ZWEITE KAPITEL.

Das **DRITTE KAPITEL** erforscht den ursprünglichen Konsens der OAS-Staaten im Hinblick auf ihre menschenrechtlichen Verpflichtungen im Inter-Amerikanischen System. Dazu wird eine textorientierte Auslegung der relevanten materiell-rechtlichen Normen der OAS-Charta mit Bezug zu Menschenrechten (ohne Berücksichtigung nachfolgender Entwicklungen) vorgenommen. Dabei werden der in dem Vertragstext von den Parteien angelegte dynamische Begriff der Menschenrechte sowie der Verpflichtungsgrad der materiellen Menschenrechtsvorschriften der OAS-Charta herausgearbeitet. Ermittelt wird auch die Bedeutung der Amerikanischen Deklaration der Rechte und Pflichten des Menschen und ihr Verhältnis zur OAS-Charta nach dem historischen Willen der OAS-Staaten. Damit wird die Basis für die nachfolgende Untersuchung gelegt, die sich mit der Frage beschäftigt, inwieweit sich der ursprüngliche Konsens der Staaten im Laufe der Zeit fortentwickelt hat.

Im **VIERTEN KAPITEL** werden sodann die institutionellen Vorschriften der OAS-Charta mit Bezug zu Menschenrechten, die 1970 im Zuge der Revision der OAS-Charta eingefügt wurden und den Status sowie die Aufgaben der Inter-Amerikanischen Kommission als formelles OAS-Organ regeln, untersucht. Es wird gezeigt, dass sich der Konsens der OAS-Staaten im Hinblick auf ihre menschenrechtlichen Verpflichtungen aus der OAS-Charta durch die Institutionalisierung des Menschenrechtsschutzes in der OAS-Charta bereits vom ursprünglichen Konsens fortentwickelt hat.

Das **FÜNFTE KAPITEL** schließlich erforscht den aktuellen Konsens der OAS-Staaten im Hinblick auf ihre menschenrechtlichen Verpflichtungen aus der OAS-Charta und der Amerikanischen Deklaration der Rechte und Pflichten des Menschen anhand der *nachfolgenden Praxis*. Zu diesem Zweck ist dieses Kapitel in zwei Teile gegliedert.

Im **ERSTEN TEIL** des FÜNFTEN KAPITELS wird die Praxis der Mitgliedsstaaten sowie der relevanten inter-amerikanischen Organe im Hinblick auf die menschenrechtlichen Vorschriften der OAS-Charta und der Amerikanischen Deklaration dargestellt. Ein Schwerpunkt wird dabei auf die umfangreiche Praxis der Inter-Amerikanischen Kommission bei der Anwendung der Amerikanischen Deklaration gelegt.

Anschließend wird im **ZWEITEN TEIL** des FÜNFTEN KAPITELS eine umfassende rechtliche Würdigung dieser Praxis vorgenommen. Zunächst wird auf die Bedeutung der AMRK und ihr Verhältnis zur Amerikanischen Deklaration eingegangen. Danach wird das Verhalten der OAS-Staaten dahingehend untersucht, ob sich daraus Rückschlüsse auf eine bestimmte Rechtsüberzeugung hinsichtlich ihrer Menschenrechtsverpflichtungen aus der OAS-Charta und der

Deklaration ergeben. Dabei wird insbesondere auf das Prinzip der *acquiescence*, also dem qualifizierten Schweigen, umfassend eingegangen. Überdies werden die Zulässigkeit einer authentischen Interpretation der OAS-Charta *inter-se*, also einer Interpretation mit verbindlicher Wirkung nur für einige Mitgliedsstaaten, sowie die Rechtsfigur des *persistent objectors* im Rahmen eines Vertragsregimes eingehend thematisiert. Im Anschluss an die rechtliche Bewertung der *nachfolgenden Praxis* wird ein Ergebnis präsentiert. Daran angeknüpft wird noch auf die sich daraus ergebenden Konsequenzen sowie auf Folgefragen im Hinblick auf die konkrete Anwendung und Auslegung der Amerikanischen Deklaration eingegangen. Die Arbeit endet mit einer abschließenden Zusammenfassung der Hauptergebnisse in Thesen.

Erstes Kapitel
Die Entstehungsgeschichte und die rechtlichen Grundlagen des Inter-Amerikanischen Systems zum Schutz der Menschenrechte

„The Organization is neither good nor bad; it can be nothing else than the governments which are members of the Organization want it to be."
Alberto Camargo Lleras (erster Generalsekretär der OAS von 1948–1954) auf der Zehnten Inter-Amerikanischen Konferenz 1954.

Um Art und Umfang der menschenrechtlichen Verpflichtungen aus dem Inter-Amerikanischen System, insbesondere die rechtliche Bedeutung der Amerikanischen Deklaration der Rechte und Pflichten, zu untersuchen, ist es unerlässlich, diese in den Gesamtkontext der historischen Entwicklung des Inter-Amerikanischen Menschenrechtssystems einzuordnen. Da jedes regionale System seine eigenen Entwicklungsprozesse durchläuft und dabei von zahlreichen politischen und sozialen Faktoren geprägt wird, ist dessen Entstehungsgeschichte sowohl der Ausgangspunkt als auch der Schlüssel zu seinem rechtlichen Verständnis.

Das Inter-Amerikanische Menschenrechtssystem hat sich in mehreren Phasen entwickelt. Diese Enwicklungsphasen werden, angefangen mit den frühen Anfängen im 19. Jahrhundert bis heute, nachfolgend aufgezeigt.

A. Die frühen Anfänge eines regionalen Inter-Amerikanischen Systems (1826–1948)

Die Idee eines Inter-Amerikanischen Regionalverbundes souveräner Staaten wurde erstmals von dem Unabhängigkeitskämpfer und heute noch als Nationalheld in vielen lateinamerikanischen Staaten verehrten Simon Bolívar („*El Libertador*") auf dem von ihm einberufenen Kongress von Panama 1826 geäußert. Hauptzweck dieses angestrebten Verbundes sollte es sein, die territoriale Integrität und Unabhängigkeit der noch jungen souveränen lateinamerikanischen Staaten gegenüber zukünftigen Interventionen der ehemaligen europäischen Kolonialmächte zu schützen. Der als Grundlage dieses Zusammenschlusses ausgearbeitete „Vertrag über Union, Liga und ewige Konföderation der lateinamerikanischen Völker"[13], der mit der Pflicht zur Hinwirkung auf

13 „Tratado de unión, confederación perpetua entre las Republicas de Colombia, Centro América, Perú y Estados Unidos Mexicanos", vom 15.7.1826.

die Abschaffung des Sklavenhandels[14] auch schon menschenrechtliche Ansätze enthielt, wurde jedoch einzig von Großkolumbien[15] ratifiziert und trat nie in Kraft. Bolivars Ideen wurden auf den nachfolgenden lateinamerikanischen Kongressen[16] zwar immer wieder aufgegriffen; jedoch konnten sich die lateinamerikanischen Staaten letztlich nicht einigen, eine Internationale Organisation zu gründen.

Einen entscheidenden Wendepunkt und damit den Beginn der sogenannten *Panamerikanischen Phase*[17] leitete die *Erste Internationale Konferenz* 1889/90 in Washington, D.C. ein. Auf dieser Konferenz, an der 17 lateinamerikanische Staaten sowie die USA teilnahmen, griffen die USA die Idee einer regionalen Kooperation wieder auf. Diesmal wollten die USA sich daran maßgeblich beteiligen. Über die konkrete Ausgestaltung einer solchen panamerikanischen Kooperation bestanden jedoch unterschiedliche Erwartungshaltungen der USA einerseits und der lateinamerikanischen Staaten andererseits.

So verfolgten die USA, die sich seit dem späten 19. Jahrhundert zunehmend als expandierende Wirtschaftsmacht entwickelten, unter der bereits 1823 verkündeten *Monroe-Doktrin*[18], ein strategisches Großmachtinteresse mit dem Anspruch darauf, für die Sicherheit auf dem Amerikanischen Kontinent Sorge zu tragen. Dadurch wollten sich die USA den alleinigen Einfluss auf die Westliche Hemisphäre sichern.[19]

Auf der anderen Seite verfolgten die lateinamerikanischen Staaten mit der Gründung eines Regionalverbandes, in dem die grundlegenden Prinzipien der souveränen Gleichheit der Staaten und der Nicht-Einmischung in innere

---

14 Art. XXVI des Vertrages.

15 Heute: Kolumbien, Ecuador, Panama und Venezuela.

16 Lima (1847/48), Santiago de Chile und Washington (1856), Lima (1864/65 und 1877/79), Montevideo (1888/89).

17 Zum Begriff des Panamerikanismus: *Hertrampf*, Panamerikanismus, interamerikanisches System und die Organisation Amerikanischer Staaten.

18 Die nach dem damaligen US-Präsidenten Monroe benannte Doktrin lautet auszugsweise wie folgt: „That the American continents, by the free and independent condition which they have assumed and maintain, are henceforth not to be considered as subjects for future colonisation by any European powers. (…) (W)e should consider any attempt on their part (the part of the European powers) to extend their system to any portion of this hemisphere as dangerous to our peace and safety (…)."

19 Der damalige US-Außenminister James G. Blaine formulierte die Interessen der USA so: „(T)o promote peace in the region in order to be able to cultivate friendly commercial relations". Vgl. *Mecham*, The United States and Inter-American Security, 1889–90, S. 50.

Angelegenheiten rechtlich verbindlich festgelegt werden sollten, ein doppeltes Ziel: Erstens wollten sie sich dadurch im Kollektiv vor befürchteten Interventionen ihrer ehemaligen europäischen Kolonialmächte schützen. Zweitens sollten dadurch zugleich die gefürchteten Interventionen der USA in die inneren Angelegenheiten Lateinamerikas institutionell eingehegt werden. Für die lateinamerikanischen Staaten erwies sich die Stärkung der regionalen Sicherheit angesichts der seit Anfang des 19. Jahrhunderts zahlreich erfolgten US-Interventionen in Süd- und Zentralamerika als wichtigstes Anliegen.[20]

Als Ergebnis der *Ersten Internationalen Konferenz* wurde die „Internationale Union Amerikanischer Republiken" durch die Unterzeichnung der „Convention on the Pan American Union"[21] am 14. April 1890 zwischen Peru, Uruguay, Panama, Ecuador, Mexiko, El Salvador, Guatemala, Nicaragua, Bolivien, Venezuela, Kolumbien, Honduras, Costa Rica, Chile, Brasilien, Argentinien, Paraguay, Haiti, der Dominikanischen Republik, den USA und Kuba gegründet. Die Union besaß keine eigene Rechtspersönlichkeit.[22] Sie sollte lediglich ein politisches Forum für die künftig regelmäßig stattfindenden *Inter-Amerikanischen Konferenzen* darstellen, auf denen die Staaten vor allem ihre wirtschaftlichen, daneben aber auch ihre sozialen und sonstigen Interessen konsolidieren und koordinieren konnten.[23] Die Union war zunächst auf eine feste Laufzeit von

---

20 Nach Angabe des US-State Departments unternahmen die USA zwischen 1812 und 1932 mehr als 30 militärische Interventionen in Lateinamerika. Vgl. *Kutzner*, Die Organisation der Amerikanischen Staaten, S. 185. Die Interventionen der USA bewirkten eine tiefe Abneigung bei den lateinamerikanischen Staaten und führten dazu, dass diese Staaten zunehmend eine defensive Haltung gegenüber den USA einnahmen. Dies hat sich vor allem in der *Calvo-Doktrin* von 1868 und der *Drago-Doktrin* von 1902 niedergeschlagen.

21 *Convention on the Pan American Union*, abgedruckt in: The American Journal of International Law, Bd. 22, Nr. 3, Supplement: Official Documents (1928), S. 161 ff.

22 Zum Ausdruck kommt dies insbesondere in der Bezeichnung als „moral union" in der Präambel der Convention on the Pan American Union.

23 Vgl. Präambel der *Convention on the Pan American Union*. Nach Art. 6 der Convention sind die Funktionen der Union u.a. die Sammlung von Informationen über Handel, Industrie, Landwirtschaft sowie Sozial- und Bildungseinrichtungen (Art. 6 Ziff. 1), die Katalogisierung von zwischen den Inter-Amerikanischen Staaten abgeschlossenen Verträgen und der nationalen Gesetze (Art. 6 Ziff. 2), die Unterstützung der zwischenstaatlichen wirtschaftlichen, industriellen, landwirtschaftlichen, sozialen und kulturellen Beziehungen sowie die Anfertigung von Studien über Probleme im Zusammenhang mit der Arbeit und der Verbesserung des zwischenstaatlichen Umgangs (Art. 6 Ziff. 3).

zehn Jahren angelegt. Die Laufzeit sollte sich danach um jeweils zehn weitere Jahre automatisch verlängern, falls die Mehrheit der Staaten nichts Gegenteiliges bestimmte.[24] Repräsentiert wurde die Union von einem in Washington, D.C. eingerichteten und unter der Aufsicht des US-Außenministeriums stehenden „Handelsbüro der Amerikanischen Republiken". Dessen Aufgabe war es, ein Bulletin mit Zolltarifen, amtlichen Vorschriften und Verträgen mit Bezug zum zwischenstaatlichen Handel zu veröffentlichen. Das Handelsbüro diente zudem als Informations- und Verbindungsstelle für Angelegenheiten des zwischenstaatlichen Handels, der Schifffahrt und der Zollbestimmungen. Im Zuge der Erweiterung seines Arbeitsbereiches 1902 wurde das Handelsbüro zunächst in „Internationales Büro der Amerikanischen Republiken" und schließlich 1910 in „Panamerikanische Union" umbenannt. Die „Panamerikanische Union" bestand aus 21 Staaten und besaß eine eigene Rechtspersönlichkeit.[25] Sie ist die Rechtsvorgängerin der 1948 gegründeten Organisation Amerikanischer Staaten (OAS).[26]

Von 1889 bis 1948 fanden in regelmäßigen Abständen Inter-Amerikanische Konferenzen statt, auf denen die Staaten zahlreiche Konventionen abschlossen und Resolutionen über unterschiedliche Themengebiete verabschiedeten.[27] Charakterisch für das Inter-Amerikanische System in jener Periode ist insbesondere

---

24 Resolution vom 29.3.1890 der Ersten Inter-Amerikanischen Konferenz, enthalten im *„Special Report of the Committee on Custom Regulations," adopted in plenary sessions on April 14, 1890, by delegations representing Argentina, Bolivia, Brazil, Chile, Colombia, Costa Rica, Ecuador, Guatemala, Honduras, Mexiko, Nicaragua, Paraguay, Peru, the United States, and Venezuela*" abgedruckt in: *Bevans*, Treaties and Other International Agreements of the United States of America 1776–1949, S. 129 ff. Diese Resolution, die von allen Konferenzteilnehmer als verbindlich angenommen wurde, enthält weitere Konkretisierungen zur Struktur und Funktion der Pan Amerikanischen Union.

25 Im Gegensatz zu der lediglich als Dachorganisation dienenden „Internationalen Union Amerikanischer Republik", die, wie oben festgestellt, keine Rechtspersönlichkeit besaß. Vgl. dazu auch: *Nord*, Rechtsnachfolge bei zwischenstaatlichen Organisationen, S. 124.

26 Vgl. dazu: *Nord*, Rechtsnachfolge bei zwischenstaatlichen Organisationen, S. 124.

27 Eine Übersicht über die Resolutionen und Konventionen ist zu finden in: *Carnegie Endowment for International Peace*, The International Conferences of American States, 1889–1928, *Carnegie Endowment for International Peace*, The International Conferences of American States: First Supplement, 1933–1940, Appendix B, S. 453 ff. sowie *Pan American Union*, The International Conferences of American States: Second Supplement, 1942–1954.

die Tatsache, dass die Staaten es vorzogen, Resolutionen anstelle von formellen völkerrechtlichen Verträgen zu verabschieden. Diese Resolutionen waren *per se* grundsätzlich rechtlich unverbindlich. Eine Ausnahme galt für Resolutionen, die mit Mehrheit der Mitgliedsstaaten angenommen wurden und die die Änderung des institutionellen Gefüges der Panamerikanischen Union betrafen.[28] Darüber hinaus wurden einige Resolutionen nach dem Durchlaufen eines innerstaatlichen Zustimmungsverfahrens von den Amerikanischen Staaten völkerrechtlich ratifiziert und erlangten dadurch nachträglich rechtliche Verbindlichkeit.[29] Die übrigen als Resolutionen bezeichneten Erklärungen der Staaten behielten mangels eines dahinterstehenden vertraglichen Bindungswillens ihren Charakter als rechtlich unverbindliche Empfehlungen.

Die Staaten hielten dieses primär auf Resolutionen basierte System für praktischer, da sie so die Durchführung eines in der Regel komplexen und oft langwierigen förmlichen Vertragsabschlussverfahrens vermeiden konnten.[30] Resolutionen machten das System flexibel, da diese im Unterschied zu förmlichen Verträgen grundsätzlich einfacher geändert oder aufgehoben werden konnten. Überdies konnten die Staaten so, je nach dem von ihnen gewollten Grad der Intensität der internationalen Kooperation, die graduelle Entwicklung des Panamerikanischen Systems steuern.

Auf der anderen Seite erkannten die Staaten, dass die häufige Gründung und Veränderung der auf solchen Resolutionen basierten Pan-Amerikanischen Organe sowie die zunehmende, unübersichtliche Zahl der Resolutionen zu unklaren Rechtslagen, hoher Komplexität und mangelnder Effizienz des Systems führte.[31] Es fehlte eine übergreifende Koordination, Integration und Zentralisation dieser

---

28 Die kann aus Ziff. 16 der Resolution vom 29.3.1890 gefolgert werden. Ziff. 16 lautet: „Amendments and modifications of the plan of this union may be made, at any time during its continuance, by the vote, officially communicated to the Secretary of State of the United States, of a majority of the members of the Union." Diese Ansicht teilt auch *Kunz*, AJIL 1948, S. 568.

29 Vgl. dazu *Kunz*, aaO., S. 568.

30 Die Staaten erläuterten die Gründe für die Annahme von Resolutionen anstelle von förmlichen Verträgen häufig auch auf den Pan-Amerikanischen Konferenzen, vgl. dazu *Kunz*, aaO., S. 568.

31 Vgl. *Kunz*, aaO., S. 569. Im Jahr 1940 existierten insgesamt 73 interamerikanische Institutionen. Vgl.: *Carnegie Endowment for International Peace*, The International Conferences of American States. First Supplement, 1933–1940, Appendix B, S. 453 ff.

Einrichtungen. So forderten viele bereits Anfang des 20. Jahrhunderts, das Panamerikanische System grundlegend neu zu organisieren.[32]

B. Erste regionale Ansätze zum Schutz der Menschenrechte (1826–1948)

Neben wirtschaftlichen und sicherheitspolitischen Aspekten wurde auch der Menschenrechtsschutz auf den Inter-Amerikanischen Konferenzen zu Beginn des 20. Jahrhunderts häufig thematisiert. Die Staaten erarbeiteten Konventionen und verabschiedeten Resolutionen im Hinblick auf den allgemeinen Menschenrechtsschutz und zu speziellen Menschenrechten.[33] Darin bekannten sich die Staaten zwar prinzipiell zu den dort erwähnten Rechten. Allerdings enthielten diese Menschenrechtstexte keine konkreten und verbindlichen Rechtspflichten im Hinblick auf den internationalen Schutz der Menschenrechte.

Diese frühen regionalen Erklärungen und Konventionen waren nicht primär vom naturrechtlichen Ideal des Schutzes des Individuums aufgrund seines Menschseins geleitet. Sie sind vielmehr im Lichte des Spannungsverhältnisses zwischen den militärischen und wirtschaftlichen Hegemonialinteressen der USA, die ihre südlichen Nachbarn als ihren „Hinterhof" betrachteten, und den Interessen der lateinamerikanischen Staaten, sich vor Interventionen der ehemaligen europäischen Kolonialmächte und der USA abzusichern, zu betrachten. Indem sie die Einhaltung der Menschenrechte betonten, wollten die lateinamerikanischen Staaten ihre innere Souveränität bewahren.[34]

---

32 Vgl. *Kunz*, aaO., S. 569

33 Bspw.: *Convention relative to the rights of aliens* (1902), *Convention establishing the Status of Naturalized Citizens who again take Residence in the Country of Origin* (1906), *Convention on Asylum* (1928), *Convention on Nationality* (1933), *Convention on Extradition* (1933), *Inter-American Convention on the Granting of Political Rights to Women* (1948); *Inter-American Convention on the Granting of Civil Rights to Women* (1948), *Resolution on Defence of Human Rights* (1938), *Resolution on Free Access to Information* (1945), *Resolution on Racial Discrimination* (1945). Vgl. dazu: *Goldmann*, HRQ 2009, S. 856 f.

34 *Cabranes*, AJIL 1968, S. 892 stellt dazu zutreffend fest: „The International protection of human rights was viewed as a means of correcting the abuses alledly suffered by small and weak states (such as the Latin American republics) under the traditional international law of state responsibility for injury to aliens."

Gleichwohl können diese Texte als – wenn auch zaghafte – Anfänge eines allgemeinen Bewusstseins für die Notwendigkeit eines internationalen Schutzes der Menschenrechte angesehen werden. Diese ersten regionalen Ansätze zum Schutz der Menschenrechte haben die spätere Schaffung der Amerikanischen Deklaration der Rechte und Pflichten des Menschen, wie noch gezeigt wird[35], inspiriert.

C. Vorbereitungen zur Neuorganisation des Inter-Amerikanischen Systems und zur Stärkung des regionalen Menschenrechtsschutzes (1945–1948)

Beschleunigt wurde die Neuorganisation des Inter-Amerikanischen Systems durch die Gründung der Vereinten Nationen und das Inkrafttreten der UN-Charta am 24. Oktober 1945. Die lateinamerikanischen Staaten bemängelten, dass ihre spezifisch regionalen Belange in der UN unzureichend berücksichtigt worden waren. Zudem befürchteten sie, dass sich durch die Zusammensetzung des Sicherheitsrates, in dem die USA als ständiges Mitglied ein Veto-Recht bei dessen Beschlüssen gemäß Art. 27 III UN-Charta hat, das Gleichgewicht der Kräfte im Inter-Amerikanischen System zu ihren Lasten verschieben würde und sie ihre Interessen in der UN, vor allem im Verhältnis zu den USA, nicht ausreichend verwirklichen konnten.[36] Die lateinamerikanischen Staaten sahen es als essentiell an, ihre Interessen durch ein eigenständiges Regionalbündnis zu schützen. Sie drängten darauf, die Kooperation auf regionaler Ebene zu stärken und zu vertiefen.

Die Amerikanischen Staaten berieten auf der *Inter-Amerikanischen Konferenz über Fragen des Krieges und Friedens* 1945 in Chapultepec, Mexiko über die Zukunft des Inter-Amerikanischen Systems nach dem Ende des Zweiten Weltkrieges und leiteten die ersten konkreten Schritte zur Neuorganisation des Inter-Amerikanischen Systems und zum Beginn eines regionalen Systems zum Schutz der Menschenrechte ein.

So beauftragten die Staaten das *Governing Board* der Panamerikanischen Union mit der Ausarbeitung eines Entwurfs der Charta der neu zu schaffenden Organisation.[37] Diese Organisation sollte nicht mehr wie bisher aus einem

---

35 Vgl. dazu die Ausführungen in diesem Kapitel unter D I.

36 *Medina*, The Battle of Human Rights, S. 28.

37 Vgl. *Inter-American Conference on War and Peace, Resolution IX*, Punkt 9, abgedruckt in: *Bevans*, Treaties and Other International Agreements of the United States of America 1776–1949, S. 1030 ff.

zusammenhanglosen Geflecht von Resolutionen bestehen. Sie sollte stattdessen auf einem einzigen Vertrag, einem „*organischen Pakt*"[38], beruhen. Dieser Pakt sollte die bereits auf den vorausgegangenen Inter-Amerikanischen Konferenzen proklamierten Pflichten und Prinzipien in einem einzigen Dokument zusammenfassen und miteinander in Einklang bringen.[39]

Vorgesehen war außerdem, dass sich die Amerikanischen Staaten im Rahmen dieser neuen Organisation auch dazu verpflichten sollten, die in einer noch zu schaffenden „*Declaration of the International Rights and Duties of Man*" statuierten Menschenrechte einzuhalten.[40] Die von den Staaten auf der Konferenz von Chapultepec verabschiedete *Resolution XL* mit dem Titel „*International Protection of the Essential Rights of Man*"[41] konkretisiert diese künftige Menschenrechtsdeklaration. Aus den Erwägungsgründen der Resolution geht hervor, dass die Staaten mit dem internationalen Schutz der Menschenrechte auch und gerade bezwecken wollten, dem Missbrauch des Instituts des diplomatischen Schutzes im Ausland Einhalt zu bieten und so spezifischen Staateninteressen Rechnung zu tragen. Die Staaten gaben zu bedenken, dass dieses Institut früher mehrfach missbräuchlich herangezogen worden sei, um Verletzungen des Interventionsverbots und des Grundsatzes der Gleichbehandlung von Staatsangehörigen und Fremden zu begehen.[42] In der Resolution bekräftigen die Staaten außerdem,

---

38 Vgl.: „Project of organic pact of the inter-American system", Submitted to the Ninth International Conference of American States by Resolution of the Governing Board of the Pan American Union at the Meeting of February 4, 1948, vgl.: Medina, The Battle of Human Rights, S. 41.

39 Dazu sollten gemäß Punkt 9 der Resolution IX folgende Instrumente zählen: *Convention on the Rights and Duties of States (1933), Declaration of Principles of Inter-American Solidarity and Cooperation (1936),* Declaration of American Principles (1938), *Declaration of Reciprocal Assistance and Cooperation for the Defense of the Nations of the Americas (1940), Declaration on Continental Solidarity in Observance of Treaties (1942)* und *Declaration on the Good neighbour Policy (1942).*

40 Punkt 10 der *Resolution IX.*

41 *Resolution XL on International Protection of the Essential Rights of Man,* abgedruckt in: *Pan American Union,* Conferencia Interamericana sobre Problemas de la Guerra y de la Paz, S. 60 f.

42 „International protection of essential rights of man would eliminate the misuse of diplomatic protection of citiziens abroad, the exercise of which has more than once led to the violation of the principles of non-intervention and of equality between nationals and aliens, with respect to the essential rights of man." *Inter-American Conference on War and Peace,* Resolution XL. Der Grundsatzes der Gleichbehandlung von Staatsangehörigen und Fremden ist hier im Sinne der (universell nicht akzeptierten) *Calvo-Doktrin* als fremdenrechtlicher Grundsatz zu verstehen. Der

internationale Prinzipien zum Schutz der Menschenrechte zu beachten und erklären, den Aufbau eines Systems zum internationalen Schutz dieser Rechte zu unterstützen.[43] Einen Entwurf dieser Menschenrechtserklärung sollte der *Inter-Amerikanische Juristenausschuss*[44] erarbeiten und der Neunten Internationalen Konferenz der Amerikanischen Staaten 1948 vorlegen.

D. Der Beginn des modernen Inter-Amerikanischen Systems: Die Proklamation der Amerikanischen Deklaration der Rechte und Pflichten des Menschen und die Gründung der Organisation Amerikanischer Staaten (OAS) 1948

Vom 30. März bis zum 2. Mai 1948 fand in Bogotá, Kolumbien die Neunte Internationale Konferenz Amerikanischer Staaten statt, an der Delegationen von Honduras, Guatemala, Chile, Uruguay, Kuba, den USA, der Dominikanischen Republik, Bolivien, Peru, Nicaragua, Mexiko, Panama, El Salvador, Paraguay, Costa Rica, Ecuador, Brasilien, Haiti, Venezuela, Argentinien und Kolumbien teilnahmen.[45]

Diese Konferenz brachte zwei grundlegende Dokumente hervor: Die *Amerikanische Deklaration der Rechte und Pflichten des Menschen* und die *Charta der Organisation Amerikanischer Staaten* (OAS).

---

von Carlos Calvo in seinem 1868 veröffentlichtem Werk „Derecho internacional teórico y práctico de Europa y América" formulierte Grundsatz besagt, dass privatrechtliche Streitigkeiten ausländischer Staatsangehörigen oder Unternehmen allein in die Zuständigkeit des Gaststaates fallen und eine diplomatische Intervention des Heimstaates, in Ausübung des diplomatischen Schutzrechts zu unterbleiben hat. Die Calvo-Doktrin konnte sich jedoch als universales Prinzip nicht durchsetzen, da sie de facto einen unzulässigen Verzicht auf das diplomatische Schutzrecht darstellt.

43 *Resolution XL on International Protection of the Essential Rights of Man*, abgedruckt in: *Pan American Union*, Conferencia Interamericana sobre Problemas de la Guerra y de la Paz, S. 60 f.

44 Der Inter-Amerikanische Juristenausschuss (Inter-American Juridical Committee) ist ein Expertengremium, das sich sich aus Staatsangehörigen der OAS-Staaten zusammensetzt. Seine Aufgaben sind denen der International Law Commission (ILC) ähnlich und bestehen darin, die Entwicklung des Völkerrechts zu beobachten, und durch die Vorbereitung von Vertragsentwürfen fortzuentwickeln.

45 Eine Zusammenfassung der Konferenz gibt *Fenwick*, AJIL 1948, S. 553 ff.

I. Die Proklamation der *Amerikanischen Deklaration der Rechte und Pflichten des Menschen* am 2. Mai 1948

Die Proklamation der *Amerikanischen Deklaration der Rechte und Pflichten des Menschen* am 2. Mai 1948 legte den Grundstein für das Inter-Amerikanische System zum Schutz der Menschenrechte.

1. Die Vorarbeiten zur Amerikanischen Deklaration

Der Inter-Amerikanische Juristenausschuss legte einen Entwurf zur Menschenrechtserklärung der Neunten Internationalen Konferenz vor.[46] Dieser enthielt einen Katalog klassischer Menschenrechte bürgerlicher und politischer Art sowie wirtschaftliche, soziale und kulturelle Rechte. Die bürgerlichen und politischen Menschenrechte waren mit ausführlich umschriebenenen Schutzbereichen und ausdifferenzierten speziellen Schrankenvorbehalten versehen. Der Juristenausschuss schlug der Konferenz zunächst vor, die Deklaration als rechtlich bindendes Instrument zu verabschieden und sie als Annex zur OAS-Charta anzufügen.[47]

Die Staaten lehnten den ersten Entwurf ab. Widerstand rief vor allem Art. XX des Entwurfs hervor, der vorschrieb, dass die Vorschriften der Deklaration Teil des innerstaatlichen Rechts werden und von den innerstaatlichen Stellen in gleicher Weise wie das innerstaatliche Recht zu beachten und durchzusetzen seien.[48]

In dem vom Juristenausschuss daraufhin erarbeiteten zweiten, inhaltlich abgeschwächten Deklarationsentwurf war der umstrittenene Art. XX nicht mehr enthalten. Zudem beschränkte sich der zweite Entwurf darauf, Menschenrechte nur noch allgemein und ohne spezifische Schrankenvorbehalte zu formulieren.

---

46 *Inter-American Juridical Committee, Draft Declaration of the Rights and Duties of Man and Accompanying Report*, zu finden in: The American Journal of International Law, Bd. 40 (1946), S. 93 ff.

47 Vgl. *Inter-American Juridical Committee, Draft Declaration of the Rights and Duties of Man and Accompanying Report*, aaO., S. 110.

48 Art. XX des ersten Entwurfs lautet: „The provisions of this Declaration shall be part of the law of each individual state to be respected and enforced by the administrative and judicial authorities in the same manner as all other laws of the state. The provisions of this Declaration shall not be abrogated or modified except in accordance with the terms of an inter-American agreement or an agreement of the United Nations binding upon the American States."

Vorgesehen war lediglich ein allgemeiner Schrankenvorbehalt, der für alle Rechte anwendbar sein sollte.[49]

Auf der Konferenz einigten sich die Staaten ohne größere Debatten darauf, auch einzelne wirtschaftliche, soziale und kulturelle Rechte in die Menschenrechtserklärung aufzunehmen.[50] Bei den Diskussionen zwischen den Konferenzteilnehmern zeichnete sich aber deutlich ab, dass die Mehrheit der Staaten, im Unterschied zu ihrer Position wenige Jahre zuvor auf der Konferenz von Mexiko, nun dagegen war, einen verbindlichen Menschenrechtstext zu schaffen.[51] Lediglich acht Staaten (Bolivien, Kolumbien, Kuba, El Salvador, Guatemala, Haiti, Honduras und Uruguay) stimmten dafür, den Menschenrechtstext als verbindliches Instrument in Form eines Vertrages anzunehmen. Nicaragua blieb der Abstimmung fern. Die restlichen zwölf Staaten votierten für eine unverbindliche Deklaration.[52]

Umstritten war überdies, ob die Deklaration als ein von der OAS-Charta getrenntes Instrument verabschiedet werden sollte oder ob sie integraler Bestandteil der Charta sein bzw. der Charta als Annex angefügt werden sollte.[53]

---

49 Der Juristenausschuss begründete die Streichung der speziellen Schrankenvorbehalte schlicht damit, dass diese sonst von der Wirkkraft und Klarheit der Deklaration ablenken würden.: „(I)t would detract from the forcefulness and clarity of the Declaration." *Ninth International Conference, Report of the Working Group on Human Rights*, abgedruckt in: *Buergenthal/Norris*, Human Rights, Bd. 1, S. 16.

50 Vgl. *Minuta de la Primera Sesión de la Sub-Comisión A*, enthalten in: *Ministerio de Relaciones Exteriores, Colombia*, Novena Conferencia Internacional Americana, Actas y Documentos, S. 13 ff.

51 Dies mag damit zusammenhängen, dass die Staaten im Jahre 1945 noch vor dem unmittelbaren Eindruck der Schrecken des Zweiten Weltkriegs standen und die Eingehung von verbindlichen und konkreten Menschenrechtsverpflichtungen auf internationaler Ebene noch als geignetes Mittel zur Wahrung des internationalen Friedens ansahen. 1948 hingegen zeichnete sich schon der Kalte Krieg ab. Dieser nährte die Angst der lateinamerikanischen Staaten vor der Wiedereraufnahme der US-amerikanischen Interventionspraxis in Lateinamerika. Für diese Staaten stand deshalb wieder der absolute Schutz ihrer Souveränität im Vordergrund. Vgl. *Davidson*, The Inter-American Human Rights System, S. 11 f. Vgl. dazu auch die Anmerkungen zur Zeit von 1945–1948 von: Medina, The Battle of Human Rights, S. 27 ff.

52 Vgl. *Minuta de la Primera Sesión de la Sub-Comisión A*, enthalten in: *Ministerio de Relaciones Exteriores, Colombia*, Novena Conferencia Internacional Americana, Actas y Documentos, S. 13 ff.

53 Diejenigen Staaten, die eine Inkorporation der Deklaration in die OAS-Charta oder ihre Anfügung als Annex befürworteten, argumentierten, dass die Deklaration

Bei der abschließenden Abstimmung sprachen sich lediglich sechs der anwesenden 21 Staaten für die formelle Integration der Deklaration in die OAS-Charta aus.[54]

Die Staaten diskutierten auch darüber, ob eine internationale Kontrollinstanz für Menschenrechte geschaffen werden sollte. Uruguay wies darauf hin, dass die Erfahrungen aus der Vergangenheit gezeigt hätten, dass der Schutz der Menschenrechte nicht allein den innerstaatlichen Instanzen überlassen werden dürfe. Aus diesen Gründen sprach Uruguay sich dafür aus, dass die Menschenrechte in der OAS-Charta verankert und darüber hinaus auch noch von einer internationalen Instanz überwacht werden sollten.[55] Mexiko hingegen lehnte es ab, eine internationale Kontrollinstanz zu schaffen und fand Unterstützung durch die USA, Argentinien, Brasilien, Bolivien, der Dominikanischen Republik, Chile, Ecuador und Panama. Mexiko befürchtete, dass ein Ausspruch einer internationalen Instanz über das interne Regime eines Staates in Bereiche eingreifen würde, die allein die innerstaatlichen Beziehungen des Staates zu den Bürgern betreffen und daher eine Intervention in rein innerstaatliche Sachverhalte darstellen würde.[56] Da sich die Staaten aber bereits mehrheitlich dafür ausgesprochen hatten, die Amerikanische Deklaration als unverbindliches und formell von der OAS-Charta getrenntes Dokument zu verabschieden, sahen die Staaten keinen Anlass mehr, über die Schaffung einer Kontrollinstanz abzustimmen. Auch über einen Vorschlag Kolumbiens, zumindest ein „moralisches Tribunal“ einzusetzen, das die Kompetenz haben sollte, Ermittlungen durchzuführen und als moralische Unterstützung zur Förderung der Menschenrechte dienen sollte, wurde nicht weiter beraten.[57]

Die Staaten verabschiedeten am 2. Mai 1948 durch Resolution XXX im Gesamtplenum der Konferenz schließlich einstimmig die *„Amerikanische*

---

dadurch „mehr Wirkungskraft“ und einen Wert als „doktrinäres Instrument“ erhalte: „So that it acquieres more force“ bzw. „(S)o that it has the value of a doctrinary instrument“. Vgl. *Acta de la Segunda Sesión de la Sub-Comisión A, doc. CB-220/C.VI-Sub-A-6,* aaO., S. 615 ff.

54 Vgl. *Acta de la Tercera Sesión, Comisión VI, doc. CB-287/C.VI-13,* aaO., S. 554.

55 Uruguay sprach sich dafür aus, beim Internationalen Gerichtshof eine besondere „Amerikanische Kammer“ einurichten, welche die Kompetenz haben sollte, Beschwerden von Individuen zu prüfen und eine Verletzung der Menschenrechte festzustellen. Vgl. *Acta de la Segunda Sesión de la Sub-Comisión A, doc. CB-112-E/C-VI-Sub-A,* aaO., S. 615 ff.

56 Vgl. *Acta de la Tercera Sesión, Comisión VI, doc. CB-287/C.VI-13,* aaO., S. 550.

57 *Medina,* The Battle of Human Rights, S. 38.

Deklaration der Rechte und Pflichten des Menschen" als rechtlich unverbindliches Instrument.[58] Damit wurde die Deklaration sieben Monate vor der *Allgemeinen Erklärung der Menschenrechte* der Vereinten Nationen verabschiedet. Sie ist somit das erste internationale Dokument, das allgemeine Menschenrechte formuliert.

2. Der Inhalt der Amerikanischen Deklaration

Die *Amerikanische Deklaration der Rechte und Pflichten des Menschen* besteht aus vier Erwägungsgründen, einer Präambel und einem operativen Teil[59]:

Im ersten Erwägungsgrund heben die Staaten hervor, dass die Amerikanischen Völker die Würde des Menschen anerkannt haben. Zugleich weisen sie darauf hin, dass bereits in den nationalen Verfassungen das Ziel festgeschrieben ist, den Schutz der Menschenrechte sicherzustellen sowie Umstände zu schaffen, die dem Menschen eine freie geistige und materielle Entfaltung sowie die Verfolgung seines persönliches Glückes ermöglichen.

Der zweite Erwägungsgrund betont die naturrechtlichen Wurzeln der Menschenrechte. Danach folgen die Menschenrechte nicht aus der Staatsangehörigkeit des Einzelnen, sondern aus seiner Eigenschaft als menschliche Person.

In den beiden letzten Erwägungsgründen leiten die Staaten auf den Menschenrechtsschutz auf internationaler Ebene über: So soll nach dem dritten Erwägungsgrund der internationale Schutz der Menschenrechte der primäre Leitmaßstab eines sich entwickelnden Amerikanischen Rechts sein. Im vierten Erwägunggrund heißt es, dass die Bestätigung der essentiellen Menschenrechte durch die Amerikanischen Staaten zusammen mit den innerstaatlichen Menschenrechtsgarantien die Anfänge eines Systems internationalen Schutzes der Menschenrechte begründen, das von den Amerikanischen Staaten unter den gegenwärtigen sozialen und rechtlichen Umständen als passend angesehen wird. Zugleich soll nicht verkannt werden, dass die Staaten sich vornehmen, dieses System sukzessive weiter zu stärken, wenn die Rahmenbedingungen hierfür günstiger sind.

Nach den Erwägungsgründen wird der Text der Amerikanischen Deklaration von einer Präambel eingeleitet. Darin sind allgemeine Aussagen über die

---

58 *Resolution XXX, Final Act of the Ninth International Conference of American States, 30.3.-2.5.1948, Bogotá, Kolumbien.*

59 Der Text der Amerikanischen Deklaration der Rechte und Pflichten des Menschen ist dieser Arbeit als Anhang I beigefügt.

naturrechtliche Begründung der Menschenrechte, die „Pflichten" des Menschen sowie über deren Verhältnis zu den Menschenrechten enthalten.

Daran schließt sich der operative Teil der Deklaration an, der sich in zwei Kapitel gliedert. Kapitel I normiert die *„Rechte des Einzelnen"*. Kapitel II enthält einen Katalog an sogenannten *„Pflichten des Einzelnen"*.

Die in Kapitel I enthaltenen Menschenrechte sind zum einen Menschenrechte bürgerlicher und politischer Art. Dazu gehören das Recht auf Leben, Freiheit und persönliche Sicherheit (Art. I), das Recht auf Gleichheit vor dem Gesetz (Art. II), die Glaubens- und Bekenntnisfreiheit (Art. III), die Meinungs- und Informationsfreiheiten (Art. IV), das Recht auf Schutz der Ehre, des Rufes und des Privat- und Familienlebens (Art. V), das Recht auf eine Familie und das Recht auf Schutz der Familie (Art. VI), das Recht auf Schutz für Mütter und Kinder (Art. VII), das Recht auf einen Wohnsitz und das Recht auf Freizügigkeit (Art. VIII), das Recht auf Unverletzlichkeit der Wohnung (Art. IX), das Fernmelde – bzw. Briefgeheimnis (Art. X), das Recht auf Anerkennung als juristische Person (Art. XVII), das Recht auf ein faires Gerichtsverfahren (Art. XVIII), das Recht auf eine Staatsangehörigkeit (Art. XIX), das Recht zu wählen und das Recht auf Teilnahme an der Regierung (Art. XX), die Versammlungsfreiheit (Art. XXI), die Vereinigungsfreiheit (Art. XXII), das Recht auf Eigentum (Art. XXIII), das Petitionsrecht (Art. XXIV), das Recht auf Schutz vor willkürlicher Verhaftung (Art. XXV), der Schutz der Rechte des Angeklagten (Art. XXVI) und das Recht auf Asyl (Art. XXVII).

Zum anderen enthält die Deklaration Rechte wirtschaftlicher, sozialer und kultureller Art, darunter das Recht auf Erhaltung der Gesundheit und des Wohlbefindens (Art. XI), das Recht auf Bildung (Art. XII), das Recht auf Teilhabe an der Kultur und des Schutzes des geistigen Eigentums (Art. XIII), das Recht auf Arbeit und angemessene Vergütung (Art. XIV), das Recht auf Freizeit und Genuss derselben (Art. XV) und das Recht auf eine Sozialversicherung (Art. XVI).

Kapitel I endet mit der Formulierung eines allgemeinen Schrankenvorbehalts in Art. XXVIII, wonach die einzelnen Rechte „durch die die Rechte anderer, die Sicherheit aller und durch die gerechten Anforderungen der allgemeinen Wohlfahrt und der Demokratie" beschränkt sind.

Kapitel II der Deklaration enthält unter der Überschrift *„Duties"* eine Auflistung von sogenannten *„Pflichten des Menschen"*. Dazu gehören Pflichten gegenüber der Gesellschaft (Art. XXIX), Pflichten gegenüber Kindern und deren Eltern (Art. XXX), die Schulpflicht (Art. XXXI), die Pflicht zu wählen (Art. XXXII), die Pflicht zur Gesetzestreue (Art. XXXIII), die Pflicht zur Ableistung von Diensten für die Gesellschaft (Art. XXXIV), Kooperationspflichten in Bezug auf staatliche Sozialleistungen (Art. XXXV), die Pflicht Steuern zu zahlen (Art. XXXVI), die Pflicht zu arbeiten (Art. XXXVII) sowie die Pflicht, keine politischen Aktivitäten im Ausland durchzuführen (Art. XXXVIII).[60]

II. Die Gründung der OAS durch die Unterzeichnung der *Bogotá-Charta* am 30. April 1948

Am 30. April 1948 unterzeichneten 20 lateinamerikanische Staaten (Argentinien, Bolivien, Brasilien, Chile, Kolumbien, Costa Rica, Kuba, die Dominikanische Republik, Ecuador, El Salvador, Guatemala, Haiti, Honduras, Mexiko, Nicaragua, Panama, Paraguay, Peru, Uruguay, Venezuela) sowie die USA die *Charta der Organisation Amerikanischer Staaten* (im Folgenden: OAS-Charta).[61] Diese auch als *Bogotá-Charta* bezeichnete Satzung ist am 13. Dezember 1951 mit der Hinterlegung der 14. Ratifikationsurkunde in Kraft getreten.

Das Inkrafttreten der OAS-Charta 1951 führte zu einer Veränderung des Inter-Amerikanischen Systems.[62] Die *Bogotá-Charta* fasste die bereits früher postulierten Prinzipien sowie bestehende Strukturen in einem einzigen Vertrag zusammen.[63] Die OAS-Charta ist bis zu ihrer Revision durch das 1970 in Kraft getretene *Protokoll von Buenos Aires* unverändert geblieben.

1. Überblick über die Struktur, Ziele und Aufgaben der OAS auf Grundlage der OAS-Charta von 1948

Die Mitgliedschaft in der OAS steht allen Amerikanischen Staaten offen.[64] Art. 1 S. 1 OAS-Charta[65] nennt als Gründungsziel der OAS die Schaffung eines Systems des Friedens und der Gerechtigkeit, der Förderung der Solidarität, der Stärkung der Zusammenarbeit sowie der Verteidigung der staatlichen Souveränität, der territorialen Integrität und der Unabhängigkeit.

---

60 Diese Menschenpflichten sind jedoch nicht im juristischen Sinne zu verstehen. Auf ihre Bedeutung wird im FÜNFTEN KAPITEL, ZWEITER TEIL, E IV 1 eingegangen.

61 Die OAS-Charta von 1948 ist abgedruckt in: *Pan American Union*, The International Conferences of American States, Second Supplement, 1942–1954, S. 178 ff.

62 Der Text der OAS-Charta ist auszugsweise in Anhang II dieser Arbeit beigefügt.

63 Vgl. dazu: *Manger*, JIAS 1968, S. 3.

64 Vgl. Art. 2 i.d.F.v. 1948; entspricht Art. 4 ff. heutiger Fassung.

65 i.d.F.v. 1948; entspricht heutiger Fassung.

Die OAS-Charta regelt das Verhältnis der OAS zur UN: Gemäß Art. 1 S. 2 OAS-Charta[66] ist die OAS eine regionale Einrichtung („*regional agency*“) der Vereinten Nationen.[67] Nach Art. 102 OAS-Charta[68] darf keine Vorschrift der OAS-Charta so ausgelegt werden, dass sie den Rechten und Pflichten der Mitgliedsstaaten nach der UN-Charta entgegensteht.

Die Ziele der Organisation werden in Art. 4 OAS-Charta[69] konkretisiert. Danach proklamiert die OAS als essentielle Ziele die Stärkung von Frieden und Sicherheit auf dem Kontinent, die Verhütung der Ursachen von Schwierigkeiten, die Förderung der friedlichen Streitbeilegung zwischen den Mitgliedsstaaten, die Bereitstellung gemeinsamer Aktionen im Falle einer Aggression, die Lösung von politischen, rechtlichen und wirtschaftlichen Problemen zwischen den Staaten und die Förderung der wirtschaftlichen, sozialen und kulturellen Entwicklung durch gemeinsame Aktionen.

Art. 5 OAS-Charta[70] enthält die Prinzipien („*principles*“) der OAS. Diese sind:

- die Geltung von Internationalem Recht als Maßstab für das Verhalten der Staaten in ihren Beziehungen;
- die Achtung der Souveränität und Unabhängigkeit der Staaten;
- die Beachtung des Prinzips des *good faith* bei der Erfüllung ihrer Verpflichtungen und in ihren internationalen Beziehungen;
- das Prinzip der Solidarität;
- die effektive Ausübung der repräsentativen Demokratie;
- die Verurteilung des Aggressionskrieges;
- die individuelle und kollektive Selbstverteidigung;
- die friedliche Streitbeilegung;
- die soziale Gerechtigkeit und Sicherheit;
- die wirtschaftliche Zusammenarbeit;
- die Achtung der fundamentalen Menschenrechte ohne Diskriminierung auf Basis von Rasse, Nationalität oder Geschlecht sowie
- die Achtung der kulturellen Werte und die Ausbildung des Einzelnen.

Art. 6–19 OAS-Charta[71] schreiben unter der Überschrift „*Fundamental Rights and Duties of States*“ die souveräne Gleichheit der Staaten, die Achtung der nationalen

---

66 i.d.F.v. 1948; entspricht heutiger Fassung.
67 Art. 52 UN-Charta spricht von „regionalen Abmachungen oder Einrichtungen“.
68 i.d.F.v. 1948; entspricht Art. 131 heutiger Fassung.
69 i.d.F.v. 1948; heute in leicht erweiterter Form: Art. 2.
70 i.d.F.v. 1948; heute in leicht erweiterter Form: Art. 3.
71 i.d.F.v. 1948; heute: Art. 10–23.

Identität, die gegenseitige Anerkennung sowie weitere Verhaltensprinzipien im internationalen Verkehr der Staaten untereinander fest. Das Interventionsverbot ist in Art. 15 und 17 der OAS-Charta[72] näher konkretisiert.

Art. 20–23 OAS-Charta[73] enthalten Regeln zur friedlichen Streitbeilegung. Art. 24 und 25 OAS-Charta[74] betreffen Aspekte der kollektiven Sicherheit: Nach Art. 24 OAS-Charta[75] ist ein Akt der Aggression gegen die territoriale Integrität oder Unverletzlichkeit oder die politische Unabhängigkeit eines Amerikanischen Staates ein Akt der Aggression gegenüber allen anderen Amerikanischen Staaten. Art. 25 OAS-Charta[76] bringt das sogenannte *try-OAS-first*-Prinzip zum Ausdruck. Danach haben die Amerikanischen Staaten im Falle eines bewaffneten Angriffs oder eines anderen Aggressionsaktes, bei einem außer-kontinentalen oder inter-amerikanischen Konflikt oder bei sonst einer friedensgefährdenden Situation, diejenigen Maßnahmen und Verfahren anzuwenden, die in den speziellen inter-amerikanischen Verträgen vorgesehen sind.[77] Art. 26–31 OAS-Charta[78] betreffen wirtschaftliche, soziale und kulturelle Standards.

2. Die Organe der OAS nach der OAS-Charta von 1948

Die Gründungsstaaten der OAS schufen keine neuen Organe. Sie integrierten die bis dahin bestehenden panamerikanischen Institutionen in das OAS-System und änderten lediglich deren Bezeichnung.

Die OAS von 1948 hat folgende Organe: Die *Inter-Amerikanische Konferenz*, die *konsultative Versammlung der Außenminister*, den *Rat*, die *Panamerikanische Union* sowie die *Spezialkonferenzen* und *Spezialorganisationen*.

Die *Inter-Amerikanische Konferenz* bildete das höchste OAS-Organ.[79] Sie löste die von 1889 bis 1948 regelmäßig stattfindende *Internationale Konferenz Amerikanischer Staaten* ab. Aufgabe der *Inter-Amerikanischen Konferenz* war

72 i.d.F.v. 1948; heute: Art. 19 und 21.

73 i.d.F.v. 1948; heute: Art. 24–27.

74 i.d.F.v. 1948; heute: Art. 28 und 29.

75 i.d.F.v. 1948; heute: Art. 28.

76 i.d.F.v. 1948; heute: Art. 29.

77 Gemeint sind der *Inter-Amerikanische Vertrag über Gegenseitigen Beistand* (*Inter-American Treaty of Reciprocal Assistance*, auch als „Rio-Vertrag“ bezeichnet) von 1947 und der *Amerikanische Vertrag über die friedliche Beilegung von Konflikten* (*American Treaty on Pacific Settlement*, auch als „Bogotá-Pakt“ bezeichnet) von 1948.

78 i.d.F.v. 1948; heute in erheblich erweiterter Form: Art. 30–52.

79 Vgl. Art. 33 OAS-Charta i.d.F.v. 1948.

es, die Struktur und die Funktionen der anderen OAS-Organe festzulegen sowie die allgemeine Politik der OAS zu bestimmen. Sie war außerdem befugt, von *„jeder Angelegenheit hinsichtlich der freundschaftlichen Beziehungen der Amerikanischen Staaten"* Kenntnis zu nehmen.[80] Neben den ordentlichen Konferenzen, die alle fünf Jahre abgehalten wurden, konnten mit Zustimmung von zwei Dritteln der Mitgliedsstaaten *Spezielle Inter-Amerikanische Konferenzen* einberufen werden.[81] Alle Mitgliedsstaaten waren berechtigt, auf den Konferenzen vertreten zu sein. Bei Abstimmungen besaßen die Staaten jeweils eine Stimme.[82]

Die *Panamerikanische Union*, die schon seit 1910 als ständiges Sekretariat der Union Amerikanischer Republiken agierte, bildete das ständige Zentralorgan und das Generalsekretariat der OAS.[83] Zu ihren Aufgaben gehörten unter anderem die Förderung der wirtschaftlichen, rechtlichen und kulturellen Beziehungen zwischen den Mitgliedsstaaten, die Unterstützung des *Rates* und des Gastgeberstaates bei der Organisation einer Konferenz sowie das Verfassen eines Jahresberichts.[84]

Mit der Ausführung der OAS-Politik war der *Rat* der OAS betraut. Wie sein institutioneller Vorgänger, das 1902 gegründete *Governing Board* der Panamerikanischen Union, war er eine ständige Einrichtung mit Sitz in Washington, D.C. Der *Rat* setzte sich aus je einem Vertreter der Mitgliedsstaaten im Rang eines Botschafters zusammen. Der *Rat* konnte auch als Organ nach dem *Inter-Amerikanischen Vertrag über Gegenseitigen Beistand* (*Inter-American Treaty of Reciprocal Assistance*)[85] tätig werden und besaß in dieser Eigenschaft die Aufgabe, im Falle eines bewaffneten Angriffs auf das Gebiet eines Amerikanischen Staates vorläufig als beratendes Organ zu agieren. Er war ferner dazu befugt, das *Konsultationstreffen der Außenminister* einzuberufen.[86] Unterorgane des *Rates* waren der *Inter-Amerikanische Wirt-*

80 Vgl. Art. 33 OAS-Charta i.d.F.v. 1948.

81 Vgl. Art. 36 OAS-Charta i.d.F.v. 1948.

82 Vgl. Art. 34 OAS-Charta i.d.F.v. 1948.

83 Vgl. Art. 78 OAS-Charta i.d.F.v. 1948.

84 Vgl. Art. 82, 83 OAS-Charta i.d.F.v. 1948.

85 Dieser Vertrag, auch als Rio-Pakt bezeichnet, wurde am 2. September 1947 in Rio de Janeiro unterzeichnet und ist am 12.03.1948 in Kraft getreten. Zum Status der Ratifikation vgl. http://www.oas.org/juridico/english/sigs/b-29.html (zuletzt besucht am 23.07.2013). Zur kollektiven Friedenssicherung im Inter-Amerikanischen System vgl.: *Mayer-Lindenberg*, ZaöRV 1956, S. 546 ff.

86 Vgl. Art. 39–57 OAS-Charta i.d.F.v. 1948 sowie Art. 13, 15, 16 des *Inter-Amerikani-*

schafts- und Sozialrat, der *Inter-Amerikanische Juristenrat* und der *Inter-Amerikanische Kulturrat.*[87]

Die *Konsultative Versammlung der Außenminister* (nachfolgend: *das Außenministertreffen*), die bereits 1938 auf der *Achten Inter-Amerikanischen Konferenz* ins Leben gerufen wurde[88], setzte sich aus den Außenministern der OAS-Mitgliedsstaaten zusammen. Sie war befugt, bei dringenden Angelegenheiten im Interesse aller Mitgliedsstaaten zu Beratungen zusammenkommen, was insbesondere dann der Fall sein sollte, wenn der Frieden auf dem amerikanischen Kontinent durch inter-amerikanische Streitigkeiten oder durch externe Aggressionen gefährdet war.[89] Das *Außenministertreffen* ist das einzige OAS-Organ, das bis heute auch nach den Revisionen der OAS-Charta in seinen wesentlichen Strukturen unverändert geblieben ist.

Schließlich wurden auch die bereits bestehenden *Spezialkonferenzen* und die *Spezialorganisationen* in die OAS als Organe inkorporiert. Die *Spezialkonferenzen* hatten die Aufgabe, sich mit besonderen technischen Aspekten der inter-amerikanischen Zusammenarbeit zu befassen.[90] Die *Spezialorganisationen* waren durch multilateralen Vertrag gegründete Organisationen, die mit der Ausführung besonderer Funktionen im technischem Bereich im gemeinsamen Interesse der Amerikanischen Staaten beauftragt waren.[91]

---

schen Vertrages über Gegenseitigen Beistand.

87 Vgl. Art. 57 OAS-Charta i.d.F.v. 1948.

88 Seit dem ersten Konsultationstreffen 1939 wurden bislang insgesamt 26 Außenministertreffen abgehalten. Zur Geschichte und Entwicklung der Konsultationstreffen: *Mayer-Lindenberg*, ZaöRV 1956, S. 547 ff.

89 Vgl. Art. 61 OAS-Charta heutige Fassung.

90 Vgl. Art. 93 ff. OAS-Charta i.d.F.v. 1948; heute: Art. 122 ff. Vor 1948 wurden die Spezialkonferenzen als „Technische Pan Amerikanische Konferenzen und Kongresse" (*Technical Pan American Conferences and Congresses*) bezeichnet. Eine Auflistung der Spezialkonferenzen ist enthalten in: *Carnegie Endowment for International Peace*, The International Conferences of American States. First Supplement, 1933–1940, Appendix A, S. 445 ff.

91 Vgl. Art. 95 ff. OAS-Charta i.d.F.v. 1948; heute: Art. 124 ff. Im Jahre 1948 existierten sechs Spezialorganisationen: *Pan American Health Organization* (gegründet 1902), *Inter-American Children's Institute* (gegründet 1927), *Inter-American Commission of Women* (gegründet 1928), *Pan American Institute of Geography and History* (gegründet 1928), *Inter-American Indian Institute* (gegründet 1940) und *Inter-American Institute for Cooperation on Agriculture* (gegründet 1942).

3. Die menschenrechtlichen Vorschriften der OAS-Charta von 1948

Die OAS-Charta listet einzelne Menschenrechte nicht auf. Auch nimmt sie an keiner Stelle direkt oder indirekt auf die Amerikanische Deklaration der Rechte und Pflichten des Menschen Bezug.[92] Zudem stellt die *Bogotá-Charta* von 1948 weder institutionelle Vorschriften noch Verfahrensregelungen in Bezug auf Menschenrechte bereit. Wie gezeigt, sind keinem der OAS-Organe Aufgaben im Bereich der Menschenrechte übertragen worden.[93]

Trotzdem nimmt die OAS-Charta an mehreren Stellen in allgemeiner Weise Bezug auf Menschenrechte. Diese Bezüge der OAS-Charta zu Menschenrechten sind bis heute textlich unverändert geblieben:

In der Präambel der OAS-Charta stellen die Staaten fest, dass die wahre Signifikanz der Amerikanischen Solidarität und der guten Nachbarschaft nur heißen kann, ein System der der individuellen Freiheit und sozialen Gerechtigkeit auf der Grundlage des Respekt der essentiellen Menschenrechte innerhalb des Rahmens demokratischer Institutionen zu konsolidieren.

Im operativen Teil der OAS-Charta bestimmt Art. 5 lit. j a.F., der dem heutigen Art. 3 lit. l wortgleich entspricht, unter der Überschrift „Prinzipien", dass die Amerikanischen Staaten die fundamentalen Rechte des Individuums ohne Unterschied auf Rasse, Nationalität, Geburt oder Geschlecht proklamieren.

Auch Art. 13 a.F., der wortgleich Art. 17 n.F. entspricht, erwähnt Menschenrechte. S. 1 dieser Norm stellt zwar zunächst mit Blick auf die innere Souveränität eines Staates fest, dass jeder Staat das Recht hat, sein kulturelles, politisches und wirtschaftliches Leben frei und natürlich zu entwickeln. S. 2 dieser Norm hebt gleichzeitig jedoch hervor, dass innerhalb dieser freien Entwicklung jeder Staat die Rechte des Individuums und die Prinzipien der universellen Moral zu respektieren hat.

Schließlich enthalten die Art. 29 und 30 a.F. einzelne soziale und kulturelle Standards[94], so etwa das "Recht jedes Einzelnen, auf materielles und geistiges

---

92 Wie bereits geschildert, konnten sich Vorschläge zur Einbeziehung der Amerikanischen Deklaration in die OAS-Charta nicht durchsetzen. Die Staaten befürchteten, dass die Aufnahme eines Menschenrechtskatalogs als Bestandteil der bindenden OAS-Charta die staatliche Souveränität verletzen würde. In diese Richtung geht die Äußerung Mexikos auf der Neunten Internationalen Konferenz, in: *Ministerio de Relaciones Exteriores, Colombia*, Novena Conferencia Internacional Americana, Actas y Documentos, S. 301 f.

93 Vielmehr waren, wie soeben dargestellt, die Aufgaben der OAS nach der Bogotá-Charta primär im politisch-militärischen und wirtschaftlichen Bereich angesiedelt.

94 Dies Vorschriften sind später erheblich ausgeweitet und ergänzt worden, vgl. Art. 45–52 OAS-Charta aktuelle Fassung.

Wohlbefinden unter den äußeren Rahmenbedingungen der Freiheit, Würde, Chancengleichheit und wirtschaftlicher Sicherheit", das "Recht auf eine Arbeit"[95] sowie das "Recht auf eine Ausbildung"[96].

E. Die Institutionalisierung des Menschenrechtsschutzes durch die Schaffung der *Inter-Amerikanischen Kommission für Menschenrechte* 1959/1960

In der ersten Dekade nach Gründung der OAS war der regionale Menschenrechtsschutz weder in der Praxis der OAS-Organe noch in der Praxis der Mitgliedsstaaten ein Thema.[97] Erst gegen Ende der 1950er-Jahre sahen die Staaten, ausgelöst durch die schweren politischen Unruhen und Krisen in der Dominikanischen Republik[98]

---

95 29 OAS-Charta i.d.F.v. 1948 lautet: "The member States agree upon the desirability of developing their social legislation on the following bases:
a) All human beings, without distinction as to race, nationality, sex, creed or social condition, have the right to attain material well-being and spiritual growth under circumstances of liberty, dignity, equality of opportunity, and economic security;
b) Work is a right and a social duty: it shall not be considered as an article of commerce; it demands respect for freedom of association and for the dignity of the worker; and it is to be performed under conditions that ensure life, health and a decent standard of living, both during the working years and during old age, or when any circumstance deprives the individuals of the possibility of working."

96 Art. 30 OAS-Charta i.d.F.v. 1948 bestimmt: „The Member States agree to promote, in accordance with their constitutional provisions and their material resources, the exercise of the right to education, on the following bases: a) Elementary education shall be compulsory and, when provided by the State, shall be without cost; b) Higher education shall be available to all, without distinction as to race, nationality, sex, language, creed or social condition."

97 Zur Praxis der OAS-Organe im Hinblick auf Menschenrechte vgl. die umfassende Darstellung im FÜNFTEN KAPITEL, ZWEITER TEIL.

98 In der Dominikanischen Republik war ein erneuter Putschversuch gegen Präsident Rafael Leónidas Trujillo gescheitert. Trujillo hatte seit Beginn seiner Diktatur 1930 die Domikanische Republik in einen totalitären Polizeistaat verwandelt und die politische Opposition nahezu vollständig ausgelöscht. Er war für die systematische Tötung politischer Gegner und weitere massive Menschenrechtsverletzungen sowohl an eigenen als auch ausländischen Staatsangehörigen verantwortlich. So war er z.B. im Jahre 1936 für die Ermordung von ca. 25.000 haitianischen Zuckerrohrarbeitern verantwortlich. Zur Tujillo-Ära in der Dominikanischen Republik: *Wiarda*, Dictatorship and Development: The Methods of Control in Trujillo's

und in Kuba[99], dringenden Handlungsbedarf, den regionalen Menschenrechtsschutz auf eine neue Stufe voranzubringen. Die Ereignisse in der Dominikanischen Republik und in Kuba führten dazu, dass sich auch in anderen lateinamerikanischen Staaten die Volksmassen gegen ihre Regierungen mobilisierten. Der internationale Friede in der gesamten Region war nach Ansicht vieler Staaten massiv gefährdet.[100]

Dominican Republic. Das Trujillo-Regime hegte darüber hinaus persönliche Animositäten gegen den venezolanischen Präsidenten Rómulo Betancourt, dem es vorwarf, zusammen mit der kubanischen Regierung an einer Verschwörung zum Sturz des Trujillo-Regimes beteiligt zu sein. Die gegen den venezolanischen Präsidenten Betancourt gehegten persönliche Animositäten veranlassten Trujillo im Jahr 1960 dazu, ein (letztlich gescheitertes) Attentat auf Betancourt in Auftrag zu geben. Daraufhin beschlossen die OAS-Außenminister Sanktionen in Form des Abbruchs der diplomatischen Beziehungen und der teilweisen Unterbrechung der Handelsbeziehungen zu verhängen. Vgl.: *Ministers of Foreign Affairs,* VI Meeting of Consultation, serving as Organ of Consultation in application of the Inter-American Treaty of Reciprocal Assistance: „Resolution I", in: *OAS*, Inter-American Treaty of Reciprocal Assistance, Applications, Vol. II, 1960–1972, S. 8 f.

99 In Kuba hatte die von Fidel Castro angeführte Revolution zum Sturz des kubanischen Diktators Batista im Jahre 1958 und zur Errichtung eines marxistisch-leninistischen Regimes geführt, das die meisten Amerikanischen Staaten ablehnten.

100 Die USA fassten ihre Besorgnis so zusammen: „(T)he United States takes (the serious view) of the tensions and unrest that have characterized the Caribbean area during the past six months. (…) (T)he situation involving threats to governments, and threats to the peace between countries, has already done considerable harm to the entire inter-American community. The spectacle of instability and irresponsible action by armed bands of guerrilla fighters has undermined confidence in the economic and political future of the area. The consequent controversies between governments have put a serious strain on inter-American solidarity and cooperation which are an essential part of the strength of the free world in this period of history. The revolutionary activities, and development of guerrilla warfare tactics by revolutionary movements, with or without support of governments, have created political strains in several countries in addition to those against which revolutionary activities are directed. All these developments serve to favor the Communist purpose of weakening the free world, and provide an ideal opportunity for trained Communist leaders to infiltrate and extend their influence." „Position Paper Prepared by the Acting Director of the Office of Inter-American Regional Political Affairs (Dreier)" vom 7. August 1959, in: *Department of State*, Foreign Relations of the American States, 1958–1960, Vol. V, American Republics, S. 313 ff.

I. Die Maßnahmen des *Fünften Konsultationstreffens der Außenminister* 1959

Der *Rat* der OAS berief das *Fünfte Konsultationstreffen der Außenminister* in Santiago, Chile, vom 12.-15. August 1959 ein, auf dem die Außenminister aller damals 21 OAS-Staaten[101] teilnahmen. Auf dem Treffen berieten die Staaten darüber, ob und welche kollektiven Maßnahmen ergriffen werden sollten, um die Situation in der Karibik zu entschärfen und den Frieden in der Region wiederherzustellen.[102] Insbesondere diskutierten die Staaten über die Schaffung eines Verfahrens, mit dem überprüft werden konnte, ob die Prinzipien der repräsentativen Demokratie und der Achtung der Menschenrechte von den OAS-Staaten eingehalten werden und welche Maßnahmen im Falle der Verletzung dieser Prinzipien ergriffen werden sollten.[103]

Unter den von dem Außenministertreffen verabschiedeten Resolutionen[104] sind zwei für die weitere Entwicklung des Menschenrechtsschutzes im Inter-Amerikanischen System besonders hervorzuheben: Die „*Declaration of Santiago, Chile*" sowie die Resolution VIII mit dem Titel „*Human Rights*".

1. Die „Declaration of Santiago, Chile"

Im Ergebnis konnten sich die Außenminister nicht darauf verständigen, ein Sanktionenregime zu errichten. Gleichwohl verabschiedeten sie die „Declaration of Santiago", in deren Erwägungsgründen sie auf den Zusammenhang zwischen dem internationalen Frieden, der Beachtung der Menschenrechte und der repräsentativen Demokratie hinweisen: Die Resolution stellt fest, dass die Harmonie zwischen den Amerikanischen Staaten nur dann effektiv ist, solange die Menschenrechte und die fundamentalen Freiheiten sowie die Ausübung der

---

101 Diese waren: Brasilien, Guatemala, Mexiko, Kuba, Bolivien, Haiti, Dominikanische Republik, Nicaragua, Kolumbien, Panama, Costa Rica, Peru, Venezuela, Honduras, El Salvador, Ecuador, Uruguay, Paraguay, USA, Argentinien und Chile.

102 Punkt 1 der Agenda, vgl. *OAS*, Fifth Meeting of Consultation of Ministers of Foreign Affairs: Santiago, Chile, August 12–18, 1959, Final Act, S. 3.

103 Konkret ging es insbesondere um die Frage, ob diktatorische Regimes in den OAS-Staaten durch das Interventionsverbot geschützt werden sollten oder ob kollektive Aktionen der OAS zur Durchsetzung der repräsentativen Demokratie gerechtfertigt sein sollten. Vgl. Punkt 2 b der Agenda, aaO, S. 3.

104 Der Text aller im Rahmen dieses Treffens verabschiedeten Resolutionen ist zu finden unter: http://www.oas.org/consejo/MEETINGS%20OF%20CONSULTATION/minutes.asp (zuletzt besucht am 23.06.2013).

repräsentativen Demokratie Wirklichkeit sind. Die Vernachlässigung der Menschenrechte und des Prinzips der repräsentativen Demokratie sei eine Quelle ausgedehnter Unruhen und führe zu Flüchtlingsströmen, die häufig schwere politische Spannungen zwischen den Staaten erzeuge.[105] Die Staaten erkennen ferner in der Resolution an, dass die Existenz von anti-demokratischen Regimes eine Verletzung der Prinzipien der OAS und eine Gefahr für die vereinten und friedlichen Beziehungen in der Hemisphäre darstellt.[106]

Die Staaten zählen anschließend in insgesamt acht Punkten auf, wie sie das Prinzip der repräsentativen Demokratie verstehen und wie es konkret in den Staaten zu verwirklichen ist. Dabei gehen die Staaten von der Erwägung aus, dass diese Kriterien nicht abschließend sind. Sie sollen dazu dienen, der nationalen und internationalen öffentlichen Meinung zu helfen, anti-demokratische Regimes zu identifizieren und so, unter gebührender Berücksichtigung des Rechts eines Staatsvolkes, seine Regierungsform frei zu wählen, diktatorische, despotische oder tyrannische Regierungen abzuschaffen.[107] Zu den Attributen eines demokratischen Staates im Sinne der *„Declaration of Santiago, Chile“* gehören demnach der Grundatz der Rechtsstaatlichkeit, insbesondere der Gewaltenteilung und -kontrolle[108], die freie Wahl der Regierung[109], der Grundsatz

105 „Harmony among the American republics can be effective only insofar as human rights and fundamental freedoms and the exercise of representative democracy are a reality within each one of them, since experience has demonstrated that the lack of respect for such principles is a source of widespread disturbance and gives rise to emigrations that cause frequent and grave political tensions between the state that they leave and the states that receive them;“ 4. Erwägungsgrund der „Declaration of Santiago, Chile“, in: *OAS*, Fifth Meeting of Consultation of Ministers of Foreign Affairs: Santiago, Chile, August 12–18, 1959, Final Act, S. 5.

106 „The existence of anti-democratic regimes constitute a violation of the principles on which the Organization of American States is founded, and a danger to united and peaceful relationships in the hemisphere;“ 5. Erwägungsgrund der „Declaration of Santiago, Chile“, aaO., S. 5.

107 „It is advisable to state, with no attempt to be complete, some of the principles and attributes of the democratic system in this hemisphere, so as to permit national and international public opinion to gauge the degree of identification of political regimes and governments with that system, thus contribution to the eradication of forms of dictatorship, despotism, or tyranny, without weakening respect for the right of peoples freely to choose their own form of government (…).“ 6. Erwägungsgrund der „Declaration of Santiago, Chile“, aaO., S. 5.

108 „1. The principle of the rule of law should be assured by the separation of powers, and by the control of the legatity of governmental acts by competent organs of the state.“

109 „2. The governments of the American republics should be the result of free elections.“

der Herrschaft auf Zeit[110], ein System der persönlichen Freiheit des Einzelnen und der sozialen Gerechtigkeit auf Grundlage der Achtung der Menschenrechte[111], der Schutz der Menschenrechte durch effektive, innerstaatliche, gerichtliche Kontrolle[112], den Vorbehalt des Parlamentsgesetzes[113], die Freiheit der Presse, des Radios, des Fernsehens sowie, im Allgemeinen, der Informations- und Meinungsfreiheit als essentielle Voraussetzungen eines demokratischen Regimes[114] sowie die zwischenstaatliche Kooperation mit dem Ziel, die wirtschaftlichen Strukturen zu verbessern und gerechte und humane Lebensbedingungen für die Völker zu erreichen[115].

Auch wenn die „*Declaration of Santiago, Chile*“ rechtlich unverbindlich ist, so ist sie in mehrfacher Hinsicht bedeutsam: In diesem Text haben die Amerikanischen Staaten erstmals zu erkennen gegeben, dass sie eine Verletzung des Prinzips der repräsentativen Demokratie als Verletzung der OAS-Charta ansehen. Darüber hinaus haben die Staaten das Prinzip der repräsentativen Demokratie erstmals insoweit konkretisiert und operationalisierbar gemacht, als sie Kriterien benannt haben, die Bestandteil dieses Prinzips sind.[116]

Bemerkenswert ist dabei, dass die Staaten den Begriff der repräsentativen Demokratie weit verstehen. Repräsentative Demokratie umfassst demnach nicht nur das Demokratieprinzip im engeren Sinne, sondern auch Elemente des

110 „3. Perpetuation in power, or the exercise of power without a fixed term and with the manifest intent of perpetuation, is incompatible with the effective exercise of democracy.“

111 „4. The Governments of the American states should maintain a system of freedom fort he individual and of social justice based on respect for fundamental human rights.“

112 „5. The human rights incorporated into the legislation of the American states should be protected by effective judicial procedures.“

113 „6. The systematic use of political prescription is contrary to the American democratic order.“

114 „7. Freedom of the press, radio, and television, and, in general, freedom of information and expression, are essential conditions for the existence of a democratic regime.“

115 „8. The American states, in order to strengthen democratic institutions, should cooperate among themselves within the limits of their resources and the framework of their laws so as to strengthen and develop their economic structure, and achieve just and humane living conditions for their peoples;“

116 Zur Entwicklung und Anwendung des Prinzips der repräsentativen Demokratie in der Praxis des Inter-Amerikansichen Systems bis heute: *Schliemann*, VRÜ 2009, S. 320 ff.

Rechtsstaatsprinzips, namentlich das Willkürverbot, welches eine grob rechtswidrige Missachtung der Menschenrechte verbietet.[117]

Zu den Attributen eines demokratischen Staates gehört auch die Achtung der Menschenrechte. Die Deklaration führt gesondert spezielle Menschenrechte, darunter die Freiheit der Wahl, die Meinungsfreiheit, die Informationsfreiheit sowie die Presse- und Rundfunkfreiheit, als essentielle Bestandteile der repräsentativen Demokratie auf. Dadurch wird die hervorgehobene Bedeutung dieser Rechte impliziert.[118]

Flankiert wird die „Declaration of Santiago, Chile" von einer Reihe weiterer Resolutionen des Außenministertreffens, die in ähnlicher Weise den Zusammenhang zwischen Menschenrechten, repräsentativer Demokratie und wirtschaftlicher Unterentwicklung feststellen[119] und weitere Studien über den Zusammenhang zwischen der Achtung der Menschenrechte, der Demokratie sowie dem internationalen Frieden in Auftrag geben.[120]

2. Die Resolution VIII „Human Rights"

In den Erwägungsgründen der Resolution VIII „Human Rights" rufen die Staaten zunächst ihre früheren Bekenntnisse zu den Menschenrechten im

117 Für dieses weite Verständnis des Demokratieprinzips im Inter-Amerikanischen System vgl. auch: *Gros-Espiell*, La Democracia en el Sistema Interamericano de Promoción y Protección de los Derechos Humanos, S. 108 ff.; sowie: *Montealegre*, Cuatro Perspectivas de los Derechos Humanos en le Sistema Interamericano, S. 54 ff; vgl. auch die Resolution der OAS-Generalversammlung: „AG/RES. 837 (XVI-0/86): Human rights and democracy", OEA/Ser.P/XVI.0.2, 17.12.1986, AG/DEC. 1 (XXII-0/92), „Declaration of Nassau", OEA/Ser. P/XXII.0.2, 21.6.1992, Vol. I, 1–5.

118 Indem die Staaten das Prinzip der repräsentativen Demokratie als eigenständiges OAS-Charta-Prinzip anerkannt und als dessen essentiellen Bestandteil die Achtung der Menschenrechte bestimmt haben, haben sie zugleich auch den Inhalt der vage konturierten menschenrechtlichen Vorschriften der OAS-Charta aus Art. 5 lit. j a.F (heute: Art. 3 lit. l) und Art. 13 a.F. (heute: Art. 17) näher konkretisiert. Der Bedeutungsgehalt dieser OAS-Charta-Vorschriften wird eingehend in DRITTEN KAPITEL behandelt.

119 Vgl. Resolution IX „Effective Exercise of Representative Democracy" und Resolution XI „Economic Underdevelopment and Preservation of Democracy", in: *OAS*, Fifth Meeting of Consultation of Ministers of Foreign Affairs: Santiago, Chile, August 12–18, 1959, Final Act, S. 11 ff.

120 Resolution III „Study on the Juridical Relationship between Respect for Human Rights and the Effective of Representative Democracy" und Resolution IV „Inter-American Peace Committee", in: *OAS*, Fifth Meeting of Consultation of Ministers of Foreign Affairs: Santiago, Chile, August 12–18, 1959, Final Act, S. 7 ff.

Inter-Amerikanischen System, darunter etwa in der OAS-Charta, im Inter-Amerikanischen Vertrag über gegenseitige Unterstützung und in Konferenzresolutionen, in Erinnerung.[121] Die Resolution betont, dass der Schutz der Menschenrechte durch ein rechtlich verbindliches System notwendig ist, damit den Menschen nicht nur das äußerste Mittel der Revolte gegen Tyrannei und Unterdrückung bleibt.[122] Anschließend stellt die Resolution fest, dass in Anbetracht der universellen und regionalen Entwicklungen im Bereich der Menschenrechte im Rahmen der UN und dem Europarat nun auch innerhalb des Inter-Amerikanischen Systems elf Jahre nach der Proklamation der Amerikanischen Deklaration der Rechte und Pflichten des Menschen das Klima für den Abschluss einer Konvention günstig ist.[123]

Der operative Teil der Resolution besteht aus zwei Teilen. Teil I der Resolution, der einstimmig verabschiedet wurde, beauftragt den Inter-Amerikanischen Juristenrat mit der Vorbereitung eines Entwurfs zu einer "Konvention über Menschenrechte sowie des Entwurfs einer oder mehrerer Konventionen über

121 „Whereas: In the preamble to the Charter of the Organization of American States it is stated: „Confident that the true significance of American solidarity and good neighborliness can only mean the consolidation on this continent, within a framework of democratic institutions, of a system of individual liberty and social justice based on the respect for the essential rights of man; The furtherance of those rights is a part of the fundamental aims of solidarity of the American states, as set forth in the preambles to the Inter-American Treaty of Reciprocal Assistance and to the Charter of the Organization of American States, and is one of the means for achieving solidarity, as asserted as a precept in Article 5.j of the Charter and Resolution XXXII of the Ninth International Conference of American States; In various instruments of the Organization of American States there has been set forth and repeated the rule that liberty, justice, and peace are based on recognition of the inherent dignity and the equal and inalienable rights of the individual;" 1.-3. Erwägungsgründe der Resolution VIII „Human Rights", aaO., S. 10.

122 „It has been considered essential, as a fundamental corollary to this rule, that such rights be protected by a juridical system, so that men will not be driven to the extreme expedient of revolt against tyranny and oppression;" 4. Erwägungsgrund der Resolution VIII „Human Rights", aaO., S. 10.

123 „That eleven years after the proclamation of the American Declaration of the Rights and Duties of Man – progress having been made during the same period in both the United Nations and the union known as the Council of Europe, in the codification and methodical study of this field until today a satisfactory and promising point has been reached – the climate in this hemisphere is favorable to the conclusion of a convention;" Resolution VIII „Human Rights", aaO., S. 10.

die Errichtung eines Inter-Amerikanischen Gerichtshofs zum Schutz der Menschenrechte sowie anderer dazu geeigneter Institutionen".[124]

Teil II der Resolution beschließt, die Inter-Amerikanischen Kommission für Menschenrechte zu schaffen, gibt aber lediglich die rudimentären Grundzüge der Kommission vor. Danach soll die Kommission aus sieben Mitgliedern bestehen, die nach Vorschlag der Regierungen der OAS-Staaten in persönlicher Eigenschaft vom OAS-*Rat* ernannt werden. Inhaltlich gibt die Resolution lediglich vor, dass die Kommission, die durch den OAS-*Rat* organisiert und von diesem mit besonderen Funktionen ausgestattet werden soll, mit der Förderung der Beachtung der Menschenrechte betraut sein soll.[125]

Teil II der Resolution bildet damit unmittelbar die Rechtsgrundlage für die Errichtung der Inter-Amerikanischen Kommission für Menschenrechte. Zugleich dient dieser Teil der Resolution als Ermächtigungsgrundlage für den OAS-*Rat*, die in der Resolution enthaltenen rudimentären Vorgaben durch die Festlegung der Struktur und Aufgaben der Kommission näher zu konkretisieren.

Bei der Abstimmung über Teil II der Resolution stimmten fünfzehn Staaten dafür (Guatemala, Kuba, Haiti, Nicaragua, Kolumbien, Panama, Costa Rica, Peru, Venezuela, Honduras, El Salvador, Ecuador, Paraguay, Argentinien und Chile), vier Staaten votierten dagegen (Brasilien, Dominikanische Republik, Mexiko und Uruguay) und zwei Staaten enthielten sich (Bolivien und die USA).

Uruguay, die USA und Argentinien fügten der Resolution erläuternde Erklärungen an. Uruguay hatte bereits bei den Beratungen zu Bedenken gegeben, dass die Schaffung von materiellem Recht rechtslogisch der Schaffung von prozessualem Recht vorangehen müsse. Ein Organ zum Schutz der Menschenrechte zu schaffen, ohne vorher bereits präzise und verbindliche materielle Pflichten für

---

124 "The Meeting of Consultation of Ministers of Foreign Affairs (...) Resolves: That the Inter-American Council of Jurists proceed to prepare (...) a draft Convention on Human Rights, (...) and that it likewise proceed to prepare a draft Convention or draft Conventions on the Creation of an Inter-American Court for the Protection of Human Rights and of other organizations appropriate for the protection and observance of those rights." Teil 1 der Resolution VIII „Human Rights", aaO, S. 10.

125 „To create an Inter-American Commission on Human Rights composed of seven members elected as individuals by the Council of the Organization of American States from panels of three names presented by the governments. The Commission, which shall be organized by the Council of the Organization and have the specific functions that the Council assigns to it, shall be charged with furthering respect for such rights." Teil 2 der Resolution VIII „Human Rights", aaO., S. 10 ff.

die Staaten in Bezug auf Menschenrechte vorzuschreiben, mache keinen Sinn.[126] Uruguay erklärte daher zur Niederschrift, dass die endgültige Organisation der Kommission der geplanten Menschenrechtskonvention nachfolgen, ihr aber nicht vorangehen soll.[127] Darüber hinaus erklärte Uruguay, dass die konkreten Aufgaben und Kommpetenzen der Kommission erst nach einer gründlichen Untersuchung festgelegt werden sollten, um sicherzustellen, dass die Kommission nicht die strikte Einhaltung des Interventionsverbotes gefährden könnte.[128]

Die USA erklärten als Anhang zur Resolution, dass sie das inter-amerikanische Menschenrechtsystem unterstützen und den Beitritt der übrigen OAS-Staaten zu den Menschenrechtsinstrumenten fördern wollen, auch wenn ihr eigenes innerstaatliche föderale System den USA nicht gestatte, selbst multilateralen Menschenrechtskonventionen beizutreten oder sich dem Inter-Amerikanischen Gerichtshof für Menschenrechte zu unterwerfen. Dementsprechend präjudiziere die Zustimmung der USA zu Resolution VIII nicht die künftige Beteiligung der USA an derartigen Instrumenten oder Organen.[129]

Auch die Protokollerklärung Argentiniens zur Resolution zeigt eine gewisse Zurückhaltung in Bezug auf die Schaffung einer internationalen Menschenrechtsinstanz, die Argentinien, wie die USA, aufgrund innerstaatlichen Rechts für problematisch hielt. Argentinien erklärte, dass es durch seine Zustimmung

---

126 *OAS*, Fifth Meeting of Consultation of Ministers of Foreign Affairs: Santiago, Chile, August 12–18, 1959, Final Act, S. 225 f.

127 „The definitive organization of the Commission whose creation is proposed should follow and not precede the Convention on Human Rights to which Part I of Resolution VIII refers." *OAS*, Fifth Meeting of Consultation of Ministers of Foreign Affairs: Santiago, Chile, August 12–18, 1959, Final Act, S. 218.

128 „The function of this Commission should be determined after a careful study has been made, so that, in performing the task for which it is created, the Commission cannot endanger the principle of nonintervention, the strict observance of which is recommended by this Meeting of Foreign Ministers." *OAS*, aaO., S. 218.

129 „The United States, as is well known, has since its birth as a nation strongly defended human rights. The promotion of respect for human rights in the inter-American system is therefore supported by the United States. While the United States, because of the structure of its Federal Government, does not find it possible to enter into multilateral conventions with respect to human rights or with respect to an Inter-American Court of Human Rights, it, of course, raises no objection to other states' entering into conventions on these subjects should they find it possible to do so. Accordingly, while the United States has voted in favor of Resolution VIII, Human Rights, it reserves its position with respect to its participation in the instruments or organisms that may evolve."*OAS*, aaO., S. 218 f.

zur Resolution VIII noch nicht im Hinblick auf die Zustimmung zur endgültigen Festlegung der Strukturen und Kompetenzen der zu schaffenden Menschenrechtsorgane präkludiert sei.[130]

Trotz dieser erklärten Bedenken gegen eine inter-amerikanische Menschenrechtsinstanz war sich die überwiegende Mehrheit der Konferenzteilnehmer jedoch darüber einig, dass jedes Mittel genutzt werden sollte, um den Respekt der Menschenrechte in den Amerikanischen Staaten voranzutreiben. Die Verabschiedung der Resolution VIII war letztendlich mehr von Zweckmäßigkeitsgesichtspunkten als von rechtlichen Erwägungen geleitet. Den Pragmatismus der OAS-Staaten fasste der venezolanische Außenminister zusammen, indem er darauf hinwies, dass das Vorbringen von rechtlichen und technischen Argumenten angesichts der schwerwiegenden Situation in der Region nicht sachdienlich sei. Vielmehr müsse die aktuelle Volksstimmung in den Amerikanischen Staaten, in denen die Bürger die Stärkung der Demokratie und der Achtung der Menschenrechte einfordern, genutzt werden.[131] Der hondurianische Delegierte schloss sich diesen Bemerkungen an und erläuterte sein zustimmendes Votum zur Resolution damit, dass dies "eine Stimme der Ermutigung für die Amerikanische Demokratie" darstelle.[132]

II. Die Ausarbeitung des Kommissionsstatuts im Rat der OAS

Der *Rat* der OAS beauftragte zunächst einen Spezialausschuss, der aus Abgeordneten von Chile, Ecuador, El Salvador, Honduras, Kolumbien, Kuba und den USA bestand, mit der Ausarbeitung eines Entwurfs zum Kommissionsstatut.

Nach dem ersten Entwurf sollte die Kommission als Vollzeit-Institution geschaffen werden. Außerdem sah der Entwurf ein Individualbeschwerdeverfahren vor, nach dem Einzelne und private Gruppen berechtigt waren, sich mit einer Menschenrechtsbeschwerde direkt an die Kommission zu wenden.[133] Dieser Entwurf wurde vom *Rat* abgelehnt.

---

130 „The delegation of Argentina states that, in voting in favor of Resolution VIII, Human Rights, it makes an explicit reservation with regard to the structure and the powers of the international agencies whose creation is contemplated, because of the constitutional provisions and positive domestic law in force in the Argentine Republic." *OAS*, aaO., S. 219.

131 *OAS*, aaO., S. 227.

132 "(I)t means a voice of encouragement to American democracy." *OAS*, aaO., S. 229.

133 Vgl. *OAS Council, Acta de la sesion extraordinaria celebrada el 29 de octubre de 1959*, OEA/Ser. G/II c-a-348, S. 167 ff., zit. nach *LeBlanc*, The OAS and the Promotion and Protection of Human Rights, S. 48.

Der *Rat* nahm das endgültige Statut am 25. Mai 1960 mit zwanzig Stimmen dafür und einer Enthaltung (der Dominikanischen Republik[134]), an.[135]

III. Die Inter-Amerikanische Kommission für Menschenrechte auf Grundlage der Resolution VIII (1959) und des Kommissionsstatuts (1960)

Die rechtlichen Grundlagen der Inter-Amerikanischen Kommission für Menschenrechte finden sich zum einen unmittelbar in der Resolution VIII „Human Rights" des *Außenministertreffens* von 1959 sowie, in Konkretisierung dazu, in dem vom *Rat* verabschiedeten Kommissionsstatut aus dem Jahre 1960.[136]

Art. 1 Statut (1960) charakterisiert die Kommission als *„autonome Einheit der OAS"* mit der Hauptaufgabe, den Respekt für Menschenrechte voranzubringen.[137] Gemäß Art. 2 Statut (1960) sind für die Zwecke des Statuts unter dem

---

134 Durch ihre Enthaltung drückte das in der Dominikanischen Republik machthabende Regime des Diktators Rafael Leónidas Trujillo Molina seinen Unmut über die Schaffung der Inter-Amerikanischen Kommission aus. Die dominikanische Regierung, die durch ihre systematischen Menschenrechtsverletzungen und Drohgebärden den eigentlichen Anlass für die Schaffung der Kommission gegeben hatte, hatte bereits bei der Ausarbeitung des Kommissionsstatuts versucht, die Arbeit im *Rat* zu behindern. So erhob sie wiederholt Einwände gegen die Befugnis des *Außenministertreffens*, den *Rat* mit der Ausarbeitung des Kommissionsstatuts zu beauftragen. Das Vorbringen der Dominikanischen Republik wurde jedoch von den übrigen OAS-Staaten als verzweifelter Versuch, die Arbeit des *Rates* zu behindert, zurückgewiesen. Bislang hatten die OAS-Staaten aus politischen Gründen noch von einer öffentlichen Verurteilung des Trujillo-Regimes abgesehen. Durch ihr positives Veto bei der Annahme des Kommissionsstatuts bot sich für diese Staaten nun die Gelegenheit, ihre Missbilligung des Trujillo-Regimes implizit auszudrücken und sich so von diesem Regime zu distanzieren. Vgl. *LeBlanc*, The OAS and the Protection and Promotion of Human Rights, S. 49.

135 *OAS, Council, Acta de la sesion ordinaria celebrada el 25 de mayo de 1960*, OEA/Ser. G/II c-a-371, 1960, S. 39 ff., zit. nach *LeBlanc*, aaO., S. 48.

136 An dieser Stelle genügt eine allgemeine Beschreibung der Kommission. Eine detaillierte Analyse der Struktur, Aufgaben und Kompetenzen der Kommission erfolgt im VIERTEN KAPITEL.

137 Die Schaffung der Kommission, die mit der unscharfen Bezeichnung als *„autonome Entität der OAS"* charakterisiert und durch eine (verbindliche) Konferenzresolution anstelle des Abschlusses eines förmlichen völkerrechtlichen Vertrages ins Leben gerufen wurde, erinnert an die lose Struktur des Panamerikanischen Systems bis 1948. Diese Vorgehensweise hatte aber den Vorteil, dass dadurch ein langwieriges

Begriff Menschenrechte die Rechte der Amerikanischen Deklaration der Rechte und Pflichten des Menschen zu verstehen.[138] Die Kompetenzen der Kommission sind abschließend in Art. 9 Statut (1960) aufgezählt. Eine Individualbeschwerdekompetenz ist darin nicht enthalten. Gemäß Art. 9 lit. b Statut (1960) ist die Kommission lediglich befugt, Empfehlungen an die Regierungen der Mitgliedsstaaten im Allgemeinen zu richten, damit diese im Rahmen ihres innerstaatlichen Rechts progressive legislative Maßnahmen sowie weitere geeignete Maßnahmen zur pflichtgetreuen Förderung der Achtung der Menschenrechte vornehmen.[139]

---

und im Ergebnis wahrscheinlich erfolgloses förmliches Vertragsabschlussverfahren umgangen werden konnte. Vgl. dazu die Ausführungen in diesem Kapitel oben unter A sowie die ausführliche Analyse der Kommission im VIERTEN KAPITEL. Thomas Buergenthal, der erste Präsident des Inter-Amerikanischen Gerichtshofs für Menschenrechte, beschreibt den Zustand des Inter-Amerikanischen Systems im Jahre 1960 so: „The entire system lacked a solid constitutional basis and seemed to be shrouded in legal and institutional ambiguities. The Commission was designated an „autonomous entity of the OAS", no doubt because this was as good a name as any for a body which was not provided for in the OAS-Charter or any other treaty, was established by a simple conference resolution and qualified neither as an organ of the OAS Council nor as a so-called „specialized organization" of the OAS. Moreover, the human rights, the protection and observance of which the Commission was to ensure, were proclaimed in the American Declaration of the Rights and Duties of Man, an instrument not deemed to create binding legal obligations for OAS member States. Consequently, an aura of make-believe attached to the inter-American human rights system, denying it the political authority that flows from constitutional legitimacy." *Buergenthal*, AJIL 1975, S. 833.

138 Indem sie zum anwendbaren Recht für die Tätigkeit der Kommission erklärt wurde, erlangte die Deklaration fortan über die Praxis der Kommission als maßgebliche normative Richtschnur für die Beurteilung des Verhaltens der OAS-Staaten im Bereich der Menschenrechte Bedeutung. Zur Kommissionspraxis in Anwendung der Deklaration vgl. das FÜNFTE KAPITEL, ERSTER TEIL, A.

139 Die Kompetenzen der Kommission waren nach dem Statut von 1960 somit darauf beschränkt, allgemeine Empfehlungen an die Mitgliedsstaaten zur Verbesserung des Menschenrechtsschutzes abzugeben. Unter den damaligen politischen Rahmenbedingungen wären tiefergehende Verereinbarungen zum Ausbau des Menschenrechtsschutzes in der Region am fehlenden Willen der meisten Staaten gescheitert. Die Kompetenzen der Kommission werden eingehend im VIERTEN KAPITEL, C beleuchtet.

F. Die extensive Auslegung des Kommissionsstatuts durch die Kommission und ihre Forderungen zur Erweiterung ihrer Kompetenzen

Bereits auf ihrer ersten Sitzungsperiode im Jahr 1960 wurde die Kommission mit einer Flut von Beschwerden Privater, die eine Verletzung ihrer Menschenrechte durch die OAS-Staaten rügten, konfrontiert. Die Kommission sah sich allerdings nach ihrem Statut für nicht befugt an, solche Individualbeschwerden zu prüfen und zu bescheiden.

Gleichwohl signalisierte die Kommission von Beginn an nach außen, dass sie sich nicht nur als bloße „*Studiengruppe*" mit lediglich wissenschaftlichen Aufgaben im Bereich der Menschenrechte begriff. Um die an sie gerichteten Individualbeschwerden nicht vollständig zurückweisen zu müssen, beschloss die Kommission daher, zur effektiven Erfüllung ihrer Funktionen von den Eingaben jedenfalls informativ Kenntnis („*take cognizance*") zu nehmen.[140] Durch die Formulierung „*take cognizance*" in Bezug auf die Individualbeschwerden stellte die Kommission auf der einen Seite klar, dass sie die Individualbeschwerden nicht der Sache nach prüfen werde. Damit signalisierte sie den OAS-Staaten, die noch kurz zuvor bei den Beratungen die Aufnahme eines Individualbeschwerdeverfahrens im Kommissionsstatut im Jahre 1959 bewusst abgelehnt hatten, dass sie diese Kompetenzgrenze einhalten werde.

Andererseits gab sie damit gleichzeitig zu verstehen, dass sie derartige Beschwerden Privater zumindest als Informationsquelle heranziehen werde, um Studien und Berichte über die generelle Menschenrechtslage in einem Staat gemäß ihrer Kompetenzen nach Art. 9 lit. b und c Statut (1960) zu erstellen.[141]

---

140 „The Inter-American Commission on Human Rights Resolves: To state that, according to its Statute, it is not enpowered to make any individual decision regarding the written communications or claims that it receives involving the violation of human rights in the American states, although, for the most effective fulfillment of its functions, the Commission shall take cognizance of them by way of information." Vgl. *Inter-American Commission on Human Rights, Report on the Work Accomplished During its First Session, October 3 to 28, 1960*, OEA/Ser. L/VII.1, Doc. 32, 1961, S. 14, abrufbar unter: http://www.wcl.american.edu/pub/humright/digest/inter-american/english/sessions/one.html (zuletzt besucht am 23.06.2013).

141 Dies tat sie schon bei ihrem ersten Länderbericht über Kuba 1961, der auf Grundlage von 45 eingegangenen Beschwerden Privater angefertigt wurde, vgl. *Inter-American Commission on Human Rights, Report on the Work Accomplished during its Second Session*, April 10–26, 1961, OEA/Ser.L/V/II.2, Doc. 24, 1962, S. 12. Die Sitzungsberichte der Kommission sind online zu finden unter: www.wcl.american.

Für den Umgang mit solchen Individualbeschwerden beschloss die Kommission eine bestimmte Verfahrensweise: Danach sollte der Beschwerdeführer über den Eingang seiner Beschwerde und über die weitere Behandlung der Beschwerde durch die Kommission unterrichtet werden. Anschließend sollte dem betroffenen Staat unter Wahrung der Anonymität des Beschwerdeführers der Inhalt der Beschwerde mitgeteilt werden.[142]

Darüber hinaus beschloss die Kommission, ihre Kompetenz zur Anfertigung von Länderberichten gemäß Art. 9 lit. b Statut (1960) extensiv auszulegen. Sie bemerkte, dass diese Vorschrift sie nicht nur dazu ermächtige, Empfehlungen an die OAS-Staaten in ihrer Gesamtheit abzugeben, sondern *„allgemeine Empfehlungen sowohl an alle als auch an einzelne Mitgliedsstaaten zu richten“*.[143]

Trotz der extensiven Auslegung ihres Statuts[144] empfand die Kommission ihre Kompetenzen noch immer als unzureichend, um *„ihre Mission, die die Amerikanischen Völker von ihr erwarteten“*, zu erfüllen. Sie forderte daher von den

---

edu/pub/humright/digest/inter-american/english/sessions/index.html (zuletzt besucht am 23.06.2013).

142 Vgl. *Inter-American Commission on Human Rights, Report on the Work Accomplished during its Second Session, Report on the Work Accomplished during its Second Session*, April 10–26, 1961, OEA/Ser.L/V/II.2, Doc. 24, S. 8 ff.

143 „The Commission (…) did, however, consider it necessary to discuss all aspects of paragraph b) of Article 9. Two different interpretations of paragraph b) of this article were expressed by members of the Commission. On the one hand, it was maintained that the correct interpretation of the competence of the Commission as expressed in paragraph b) is that the Commission is limited to making recommendations to the governments of the member states in general and that it may not do so to member states in particular. On the other hand, some members pointed to the need for broadening the scope of paragraph b), so that the Commission would be empowered to direct itself to one or several of the American states, as well as to all of them together, according to whether the violations in question were of a general or of a particular nature. After carefully considering each aspect of this question, the Commission (…) agreed to establish that „paragraph b) of Article 9 of the Statute of the Commission should permit this body, if it considers such action advisable, to make general recommendations to each individual member state, as well as to all of them“. *"Inter-American Commission on Human Rights, Report on the Work Accomplished During its First Session, October 3 to 28, 1960*, OEA/Ser. L/VII.1, Doc. 32, 1961, S. 10.

144 Die nur vage und allgemeine Umschreibung ihrer Aufgaben und Kompetenz in ihrem Statut von 1960 gab der Kommission einen beträchtlichen Freiraum zur Auslegung ihrer Kompetenzen. Zur Praxis der Kommission vgl. die umfassenden Ausführungen im FÜNFTEN KAPITEL, ERSTER TEIL, A.

OAS-Staaten, ihre Kompetenzen zu erweitern. Konkret forderte die Kommission, dass sie nicht nur darauf beschränkt sein sollte, die Achtung der Menschenrechte für die Zukunft zu fördern, sondern dass sie auch dazu ermächtigt sein sollte, darauf zu achten, dass die Menschenrechte gegenwärtig nicht verletzt werden.[145]

Die Kommission schlug eine Ergänzung des Art. 9 ihres Statuts (1960) vor um die Kompetenz, Individualbeschwerden von einer Person, einer Personengruppe oder innerstaatlich anerkannten Organisation im Hinblick auf schwerwiegende Verletzungen der Menschenrechte, wie sie in der Amerikanischen Deklaration enthalten ist, zu prüfen sowie von dem entsprechenden Staat die Beibringung aller relevanten Informationen zu verlangen.[146]

G. Der Beschluss des *Außenministertreffens* 1962 zur Erweiterung der Kompetenzen der Kommission trotz des Widerstandes im *Rat* der OAS

Der *Rat* beauftragte sein *Committee on Juridical-Political Affairs* damit, die Kommissionsvorschläge zu prüfen. Der Ausschuss vertagte die Beratungen jedoch immer wieder, ohne ein Ergebnis zu erzielen.[147]

Aufgrund der Blockade im *Rat* nahmen sich die Staaten auf dem *Achten Konsultationstreffen der Außenminister* 1962 in Punta del Este, Uruguay, diesem

---

145 „(T)he Commission stated that its powers (...) would not allow it to fulfill the mission in defense of human rights that the American peoples can expect from it, since it felt that its obligation should not be limited simply to promoting respect for such rights, but rather it is obliged to see to it that these are not violated." *Inter-American Commission on Human Rights, Report on the Work Accomplished During its First Session*, aaO., S. 11.

146 „To examine communications directed to it by any person or group of persons, or by any associations having legal status in the respective country, with regard to serious violations of human rights, as defined in the American Declaration. To request the government whose authorities are accused of acts being examined by the Commission to provide any pertinent information." *Inter-American Commission on Human Rights, Report on the Work Accomplished During its First Session*, aaO., S. 11 f.

147 Dadurch drängte sich nach außen der Eindruck auf, dass der *Rat* die geforderten Änderungen am Kommissionsstatut niemals beschließen würde, wurde er doch von der Kommission dadurch zu etwas aufgefordert, das er nur wenige Jahre zuvor noch strikt abgelehnt hatte. Vgl. *LeBlanc*, The OAS and the Promotion and Protection of Human Rights, S. 94.

Thema an.[148] Die OAS-Außenminister stellten fest, dass das Bekenntnis eines OAS-Mitgliedsstaates zum Marxismus-Leninismus unvereinbar mit dem Inter-Amerikanischen System sei und die Verbindung zum kommunistischen Block die Einheit und Solidarität in der Region verletze. Die Außenminister verabschiedeten die Resolution VI *„Exclusion of the Present Government of Cuba from Participation in The Inter-American System"*.[149]

Die Außenminister verabschiedeten außerdem die Resolution IX *„Revision of the Statute of the Inter-American Commission on Human Rights"*. Darin lobten die Außenminister die bisherigen Aktivitäten der Kommission[150], indem sie diese als *„noble und beharrliche Bemühung in Ausübung ihres Mandates"* bezeichneten. Sie stellten ferner fest, dass die bisherigen limitierten Kompetenzen es der Kommission schwer machten, ihre Mission zu erfüllen.[151]

---

148 Das Außenministertreffen war zusammengekommen, um über geeignete Maßnahmen in Bezug auf die sich zugespitzte Kubakrise nach der US-Invasion in der *„Schweinebucht"* zu beraten.

149 *OAS*, Eighth Meeting of Consultation of Ministers of Foreign Affairs, Punta del Este, January 1962, *Resolution VI „Exclusion of the Present Government of Cuba from Participation in the Inter-American System.* Zur Wirkung dieser Resolution und zur rechtlichen Situation Kubas nach 1962 vgl. die Ausführungen im FÜNFTEN KAPITEL, ZWEITER TEIL.

150 Die Kommission hatte bis dahin bereits eine immens große Anzahl von Individualbeschwerden über Menschenrechtsverletzungen vor allem in Kuba und in der Dominikanischen Republik erhalten, die sie für die Erstellung von ausführlichen Länderberichten verwendete. Vgl. dazu etwa: *Inter-American Commission on Human Rights, Informe sobre la situación de los derechos humanos en Cuba*, OEA/Ser. L/V/II.17, Doc. 4 (español), 7 de abril de 1967 und *Inter-American Commission on Human Rights, Report on the Situation Regarding Human Rights in the Dominican Republic*, OEA/Ser. L/V/II.4, Doc. 32, May, 1962. Darüber hinaus hatte die Kommission auch Individualbeschwerden über Haiti, Bolivien, El Salvador, Honduras, Nicaraguam Paraguay, die USA und Venezuela zur Kenntnis genommen. Vgl. *Inter-American Commission on Human Rights, Report on the Work Accomplished During its Fourth Session,* 2 to 27 April 1962, OEA/Ser.L/V/II.4, Doc. 34, 12 July 1962. Die Kommissionspraxis wird eingehend im FÜNFTEN KAPITEL, ERSTER TEIL, beleuchtet.

151 *„Notwithstanding the noble and persevering effort carried on by the Commission in the exercise of its mandate the inadequancy of the faculties and attributions conferred upon it by ist Statute have made it difficult for he Commission to fulfill its assigned mission;"OAS,* Eighth Meeting of Consultation of Ministers of Foreign Affairs, Punta del Este, January 1962, *Resolution IX „Revision of the Statute of the Inter-American Commission on Human Rights".*

Zudem sahen die Außenminister ein dringendes Bedürfnis, die Entwicklung der kollektiven Verteidigung der Menschenrechte in der Region zu beschleunigen und erwogen, dass diese Entwicklung in dem internationalen Schutz der Menschenrechte resultieren könnte.[152]

Das *Außenministertreffen* beschloss daher, dem *Rat* die Revision des Kommissionsstatuts zu empfehlen, um so der Kommission zu ermöglichen, effektiv den Respekt der Menschenrechte in den OAS-Staaten voranzutreiben.[153] Trotz dieser Aufforderung durch das Außenministertreffen konnte sich der *Rat* auch weiterhin nicht zur Änderung des Kommissionsstatuts entschließen. Es war absehbar, dass der *Rat* diese Angelegenheit weiterhin *ad ultimo* hinauszögern würde. Daher ersuchte die Kommission den *Rat* im Jahre 1964 schließlich, seine Beratungen endgültig einzustellen.[154]

H. Die Erweiterung der Kompetenzen der Kommission durch die *Zweite Spezielle Inter-Amerikanische Konferenz* 1965

Was im *Rat* aufgrund der Widerstände einiger Staaten nicht gelungen war, wurde schließlich auf der *Zweiten Speziellen Inter-Amerikanischen Konferenz* 1965 erfolgreich vorgenommen: Die OAS-Staaten beschlossen die Revision des Kommissionsstatuts.

Für viele Staaten war die erfolgreiche Tätigkeit der Kommission in dem Zeitraum von 1960 bis 1965 ein entscheidender Faktor für diese Entscheidung.[155]

---

152 *„There is a pressing need for accelerating development in the hemisphere of the collective defense of human rights, so that this development may result in international legal protection of these rights; and There is an obvious relation between the violations of human rights and the international tensions that work against the harmony, peace, and unity of the hemisphere (...).“ Ibid.*

153 *„To recommend to the Council of the Organization of American States that it revise the Statute of the Inter-American Commission on Human Rights, broadening and strengthening the Commission's attributes and faculties to such an extent as to permit it effectively to further respect for these rights in the countries of the hemisphere.“ Ibid.*

154 Vgl. *Inter-American Commission on Human Rights, Report on the Work Accomplished During its Ninth Session*, October 5 to 16, 1964, OEA/Ser.L/V/II.10, Doc. 21 (English), 1965, S. 31 ff.

155 So hielt die Kommission unter anderem Anhörungen über das Schicksal politischer Gefangener in Kuba ab und unternahm zwei Untersuchungsmissionen in der Dominikanischen Republik (1963 und 1965/66). Bei ihren Untersuchungen ging die Kommission stets sorgsam und bedacht im Umgang mit den betroffenen

Die Kommission hatte es gemeistert, ihre beschränkten Kompetenzen aus dem Statut von 1960 im Sinne eines effektiven Menschenrechtsschutzes weit auszulegen und dabei zugleich die anfänglichen Befürchtungen vieler Staaten vor allzu großen Souveränitätseinbußen zumindest teilweise zu zerstreuen.[156]

Diese Umstände führten dazu, dass die Staaten auf der *Zweiten Speziellen Inter-Amerikanischen Konferenz* in Rio de Janeiro 1965 die Resolution XXII *„Expanded Functions of the Inter-American Commission on Human Rights"* verabschiedeten.[157]

Diese Resolution änderte das Kommissionsstatut mit unmittelbarer Wirkung ab. Ziffer 3 der Resolution ermächtigt die Kommission, Individualbeschwerden zu prüfen und Empfehlungen an die entsprechende Regierung abzugeben mit dem Ziel, eine effektivere Beachtung der Menschenrechte herbeizuführen. Damit wurde die Kommission in die Lage versetzt, das Verhalten einzelner OAS-Staaten hinsichtlich konkreter individueller Menschenrechtsbeschwerden am Maßstab der Amerikanischen Deklaration der Rechte und Pflichten des Menschen zu prüfen und an den betreffenden Staat Empfehlungen zu richten. Die Kommission wurde ermächtigt, diese Änderungen in ihr Statut redaktionell einzufügen.[158]

Die Resolution wurde mit den Stimmen aller OAS-Staaten mit Ausnahme von Kuba und Haiti angenommen.[159] Kuba hatte an der Konferenz aufgrund seiner

---

Staaten vor. So vermied sie in der Regel eine öffentliche Anprangerung der betroffenen Staaten. Im Gegenzug verhielten sich viele Staaten in der internen Zusammenarbeit mit der Kommission weitgehend kooperativ. Zur Tätigkeit der Kommission von 1960 bis 1965 vgl. *Medina*, The Battle of Human Rights, S. 71 ff.

156 Vgl. *Medina*, aaO, S. 71 ff.

157 *OAS*, Second Special Inter-American Conference, Rio de Janeiro, Brazil, November 17–30, 1965, Resolution XXII "Expanded Functions of the Inter-American Commission on Human Rights". Auf diese Resolution wird näher im VIERTEN KAPITEL eingegangen.

158 Vgl. Ziffer 8 der Resolution XXII, aaO. Die Kommission fügte ihre neuen Kompetenzen in ihr Statut nach Art. 9 als Art. 9 (bis) ein und änderte ihre Verfahrensordnung ab. Das Kommissionsstatut von 1960/65 ist im Anhang III dieser Arbeit beigefügt. Zu den Kompetenzen der Kommission vgl. die Ausführungen im VIERTEN KAPITEL. Zur Verfahrensordnung der Kommission vgl. die Ausführungen im VIERTEN KAPITEL, C II 2 c) dd).

159 Die USA übten auf das Abstimmungsverhalten der übrigen Staaten, die der Erweiterung der Kompetenzen der Kommission zunächst skeptisch gegenübergestanden waren, maßgeblichen Einfluss aus. Zum Einfluss der USA auf andere Staaten bei der Abstimmung: *Schreiber*, The Inter-American Commission on Human Rights, S. 55 f. Im Gegensatz zu seinem Vorgänger *Eisenhower* hatte der seit 1961 amtierende liberale Präsident *John F. Kennedy* sowie sein Nachfolger *Lyndon B.*

Suspendierung von der Mitwirkung in der OAS 1962 schon gar nicht teilgenommen. Haiti verlieh seiner grundsätzlichen Missbilligung der Kommission durch sein negatives Votum bei der Abstimmung zur Resolution Ausdruck.[160] Haiti ließ bei der Abstimmung über die Resolution zur Niederschrift festhalten, dass der Schutz der Menschenrechte alleinige Aufgabe des souveränen Staates sei und das Kommissionsstatut dem haitianischen Recht widerspreche.[161] Außerdem würden die „Interventionen" der Kommission in der Praxis einen „emotionalen Faktor" hinzufügen und so den Interessen der Menschen, die eben dadurch geschützt werden sollten, schaden würde.[162] In den folgenden Jahren erhob Haiti jedoch keine Einwände mehr gegen die Kompetenzen der Kommission.

I. Das Inkrafttreten der Amerikanischen Menschenrechtskonvention (AMRK) am 18. Juli 1978

Am 18. Juli 1978 ist die Amerikanische Menschenrechtskonvention (AMRK) in Kraft getreten. Die AMRK enthält einen der Europäischen

Johnson seit 1963 einen kurzzeitigen Richtungswechsel in der US-Außenpolitik vorgenommen und so auch die Ratifikation internationaler Menschenrechtsverträge durch die USA in die Wege geleitet. Zur US-Außenpolitik im Hinblick auf Menschenrechtsverträge: *Henkin*, AJIL 1995, S. 341 ff.

160 Die Kommission hatte zwischen 1962 und 1965 mehrfach das in Haiti seit 1957 herrschende Regime des Diktators François Duvalier öffentlich aufgrund schwerer Menschenrechtsverletzungen angeprangert. Vgl. etwa: *Inter-American Commission on Human Rights, Report on Work Accomplished during its Fifth Session*, 24 September to 26 October 1962, OEA/Ser.L/V/II.5, Doc.40, 18 February 1963; *Inter-American Commission on Human Rights, Report on the Work Accomplished During its Sixth Session*, April 16-May 8 1963, OEA/Ser. L./V.7, Doc. 28 (english), August, 1963, S. 13; *Inter-American Commission on Human Rights, Report on the Situation Regarding Human Rights in Haiti*, OEA/Ser.L/V/I.8 Doc. 5, 1963. Das Duvalier-Regime verhielt sich gegenüber Anfragen der Kommission unkooperativ und feindselig. Es sah sich als Opfer einer „*wahren internationalen Verschwörung*", die von Exilhaitianern und der kontinentalamerikanischen Presse angetrieben werde. Vgl. *Inter-American Commission on Human Rights, Report on the Work Accomplished During its Sixth Session*, April 16-May 8 1963, OEA/Ser. L./V.7, Doc. 28 (english). August, 1963, S. 12 ff.

161 *OAS*, Second Special Inter-American Conference, Rio de Janeiro, Brazil, November 17–30, 1965, S. 61.

162 „*In the practical domain, the intervention of the Commission on Human Rights leads to the introduction of an emotional factor unlikely to favor the interests of the very people it is designed to protect.*" Ibid.

Menschenrechtskonvention (EMRK) vergleichbaren Katalog an Menschenrechten. Durch die AMRK wurde ein Gerichtshof zur Überwachung der Verpflichtungen aus der AMRK eingesetzt. Dessen Entscheidungen sind für die Vertragsparteien rechtlich verbindlich.

I. Die Entstehung der AMRK

Bereits auf dem *Fünften Konsultationstreffen der Außenminister* 1959 in Santiago de Chile beauftragten die Staaten den Inter-Amerikanischen Juristenausschuss mit der Ausarbeitung des Entwurfs einer Menschenrechtskonvention mitsamt dazugehörigen Durchsetzungsorganen.[163]

Der vom Juristenausschuss ausgearbeitete Entwurf hatte die beiden zum damaligen Zeitpunkt schon vorbereiteten UN-Menschenrechtspakte, den Internationationalen Pakt über bürgerliche und politische Rechte (IPbpR) und den Internationalen Pakt über wirtschaftliche, soziale und kulturelle Rechte (IPwskR), sowie die Europäische Menschenrechtskonvention (EMRK) zum Vorbild und enthielt neben bürgerlichen und politischen auch wirtschaftliche, soziale und kulturelle Rechte.[164] Zusätzlich erarbeiteten auch Chile, Uruguay sowie die Inter-Amerikanische Kommission jeweils eigene Entwürfe für die Menschenrechtskonvention.[165] Der *Rat* beschloss, den von der Kommission ausgearbeiteten Entwurf als weitere Arbeitsgrundlage zu verwenden und leitete diesen an die *Inter-American Sepcialized Conference on Human Rights*, die vom 7.-22. November 1969 in San José, Costa Rica stattfand, weiter.[166]

---

163 *OAS*, Fifth Meeting of Consultation of Ministers of Foreign Affairs: Santiago, Chile, August 12–18, 1959, Resolution VIII.

164 Zum Entwurf vgl: in: *OAS*, Council Series, Committee on Juridical-Political Affairs, Report on a Consultation with the Member States Regarding the Draft Convention on Human Rights, S. 2.

165 Von 1965 bis 1968 war die Kommission intensiv mit der Ausarbeitung eines Konventionsentwurfs beschäftigt. Dabei erstellte sie u.a. eine vergleichende Studie der jeweils vom Juristenrat, Chile und Uruguay ausgearbeiteten AMRK-Entwürfe. Zu den Kommissionsvorschlägen zur AMRK vgl: *OAS*, Inter-American Yearbook of Human Rights (1974), S. 75.

166 Die Arbeitsmaterialien, Protokolle und Dokumente dieser Konferenz sind zu finden in: *OAS*, Conferencia Especializada Interamericana Sobre Derechos Humanos, San José, Costa Rica, 7–22 de noviembre de 1969, Actas y Documentos.

Auf dieser Spezialkonferenz über Menschenrechte nahmen 19 der damals insgesamt 23 aktiven Mitgliedsstaaten der OAS teil.[167] Die Vorzeichen für eine inter-amerikanische Menschenrechtskonvention standen gut: Viele OAS-Staaten hatten zuvor schon den IPbpR sowie den IPwskR von 1966 unterzeichnet. Durch die geplante Ratifikation dieser beiden UN-Pakte durch viele OAS-Staaten war es absehbar, dass sich diese Staaten bereits auf universaler Ebene verpflichten würden, die dort enthaltenen Menschenrechte zu respektieren. Die OAS-Staaten erkannten, dass nun die Zeit reif sei, auch im Inter-Amerikanischen System eine Menschenrechtskonvention mitsamt einer gerichtlichen Instanz zur Überprüfung der Menschenrechtsverpflichtungen zu schaffen.[168]

Am 22. November 1969 unterzeichneten zwölf Staaten (Chile, Kolumbien, Costa Rica, Ecuador, El Salvador, Guatemala, Honduras, Nicaragua, Panamá, Paraguay, Uruguay und Venezuela) die AMRK. Die auch als „*Pact of San José*" bezeichnete Menschenrechtskonvention ist am 18. Juli 1978 in Kraft getreten, nachdem elf Staaten (Kolumbien, Costa Rica, Ecuador, El Salvador, Grenada, Guatemala, Haiti, Honduras, Panamá, die Dominikansiche Republik und Venezuela) ihre Ratifikationsurkunde hinterlegt hatten.

167 El Salvador, Kolumbien, Trinidad und Tobago, Ecuador, USA, Honduras, Paraguay, Dominikanische Republik, Panama, Argentinien, Brasilien, Mexiko, Chile, Uruguay, Guatemala, Nicaragua, Peru, Venezuela, Costa Rica. Nicht teilgenommen haben: Barbados, Bolivien, Haiti und Jamaica.

168 So stellte der Delegierte von Costa Rica fest, dass die Amerikanischen Staaten zwar bereits den ersten Schritt auf dem Weg zu einer Internationalisierung der Menschenrechte durch die Formulierung von Prinzipien, Erwartungen und Empfehlungen getan hätten. Allerdings fehle bislang eine verbindliche Menschenrechtskonvention sowie Organe für die Verurteilung und Sanktionierung von begangenen Menschenrechtsverletzungen durch die Staaten: "Quedaba cumplida por los Estados Americano la primera etapa del camino de la internacionalización de los derechos del hombre, aquéla en que se enuncian los principios, se expresan las esperanzas, se formulan las recomendaciones. Faltaba, y ha faltado hasta ahora, emprender la tarea final, la tarea de elevar a derecho sustantivo los principios proclamados, darles la fuerza jurídica que sólo se alcanza mediante una convención ratificada, y crear los órganos internacionales capacitados para juzgar y sancionar las violaciones." Dicurso del excelentisimo Señor Fernando Lara Ministro de Relaciones Exteriores de Costa Rica Pronunciado en la Sesión Inaugural celebrada el Viernes 7 de noviembre de 1969", Doc. 16, 7 noviembre, in: *OAS*, Conferencia Especializada Interamericana Sobre Derechos Humanos, San José, Costa Rica, 7–22 de noviembre de 1969, Actas y Documentos, S. 416.

Gemäß Art. 74 AMRK können nur die Mitgliedsstaaten der OAS Parteien der AMRK sein. Die OAS-Mitgliedsstaaten sind jedoch rechtlich nicht verpflichtet, der AMRK beizutreten.

II. Der Inhalt der AMRK im Überblick

In der Präambel der AMRK bekräftigen die Signatarstaaten zunächst ihre Absicht, im Rahmen demokratischer Institutionen ein System aus persönlicher Freiheit und sozialer Gerechtigkeit auf Basis des Respekts der essentiellen Menschenrechte zu errichten.[169]

Die Staaten erkennen an, dass die Menschenrechte sich nicht aus der Zugehörigkeit des Einzelnen zu einem Staat, sondern aus der Natur des Menschen selbst ableiten. Diese naturrechtliche Begründung der Menschenrechte rechtfertigt den internationalen Schutz dieser Rechte in Form einer Konvention, die den innerstaatlichen Menschenrechtsschutz unterstützt und komplementiert.[170]

Schließlich weisen die Staaten darauf hin, dass diese Prinzipien bereits in der OAS-Charta, der Amerikanischen Deklaration der Rechte und Pflichten des Menschen, in der Allgemeinen Erklärung der Menschenrechte und anderen internationalen Instrumenten niedergelegt sind.[171]

Art. 1 Abs. 1 AMRK normiert die allgemeine Verpflichtung der AMRK-Staaten, die Konventionsrechte zu beachten: Die Staaten haben die freie und vollständige Ausübung dieser Rechte durch alle ihrer Hoheitsgewalt unterstehenden Personen und ohne Diskriminierung aus Gründen der Rasse, Hautfarbe, des Geschlechts, der Sprache, Religion, politischer oder anderer Meinungen,

---

169 „The American states signatory to the present Convention, Reaffirming their intention to consolidate in this hemisphere, within the framework of democratic institutions, a system of personal liberty and social justice based on respect for the essential rights of man;" Präambel zur AMRK.

170 "Recognizing that the essential rights of man are not derived from one's being a national of a certain state, but are based upon attributes of the human personality, and that they therefore justify international protection in the form of a convention reinforcing or complementing the protection provided by the domestic law of the American states;" Präambel zur AMRK.

171 „Considering that these principles have been set forth in the Charter of the Organization of American States, in the American Declaration of the Rights and Duties of Man, and in the Universal Declaration of Human Rights, and that they have been reaffirmed and refined in other international instruments, worldwide as well as regional in scope;" Präambel zur AMRK.

staatlicher oder sozialer Herkunft, wirtschaftlicher Verhältnisse, der Geburt oder anderer sozialer Faktoren sicherzustellen.[172]

Kapitel II (Art. 3 bis 25 AMRK) enthält einen Katalog von klassischen Menschenrechten bürgerlicher und politischer Art, der mit den Rechten aus der Europäischen Menschenrechtskonvention im Wesentlichen vergleichbar ist. Die Schutzbereiche der einzelnen Menschenrechte sind zum Teil sehr ausführlich beschrieben und mit speziellen Schrankenvorbehalten versehen.

Im Unterschied zur Amerikanischen Deklaration und zum Entwurf des Inter-Amerikanischen Juristenausschusses zur AMRK enthält die AMRK keine wirtschaftlichen, sozialen und kulturellen Rechte. Kapitel III, unter der Überschrift „Economic, Social and Cultural Rights", enthält mit Art. 26 AMRK lediglich eine Vorschrift, die den Staaten unter Verweis auf die in der OAS-Charta enthaltenen wirtschaftlichen, sozialen und kulturellen Standards aufgibt, Maßnahmen zu ergreifen, um die volle Verwirklichung dieser Rechte zu erreichen.[173]

Kapitel IV enthält Vorschriften hinsichtlich der Suspendierung (Art. 27 AMRK), Auslegung (Art. 29 AMRK) und Einschränkbarkeit (Art. 30, Art. 32 Abs. 2 AMRK) der Konventionsrechte. Gemäß Art. 29 lit. d AMRK ist keine Vorschrift der AMRK so auszulegen, dass die Wirkung der Amerikanischen Deklaration der Rechte und Pflichten des Menschen oder anderer internationaler Akte gleicher Natur ausgeschlossen oder eingeschränkt wird.[174]

---

172 „Article 1 Obligation to Respect Rights: 1. The States Parties to this Convention undertake to respect the rights and freedoms recognized herein and to ensure to all persons subject to their jurisdiction the free and full exercise of those rights and freedoms, without any discrimination for reasons of race, color, sex, language, religion, political or other opinion, national or social origin, economic status, birth, or any other social condition."

173 „Article 26 Progressive Development: The States Parties undertake to adopt measures, both internally and through international cooperation, especially those of an economic and technical nature, with a view to achieving progressively, by legislation or other appropriate means, the full realization of the rights implicit in the economic, social, educational, scientific, and cultural standards set forth in the Charter of the Organization of American States as amended by the Protocol of Buenos Aires."

174 „Article 29 Restrictions Regarding Interpretation: No provision of this Convention shall be interpreted as: (…) d. excluding or limiting the effect that the American Declaration of the Rights and Duties of Man and other international acts of the same nature may have." Zur rechtlichen Bedeutung dieser Norm im Hinblick auf die Amerikanische Deklaration vgl. die Ausführungen im FÜNFTEN KAPITEL, ZWEITER TEIL, A II.

Organe der AMRK sind die Inter-Amerikanische Kommission sowie der Inter-Amerikanische Gerichtshof für Menschenrechte.[175] Die bereits seit 1959 bestehende Inter-Amerikanische Kommission wurde damit in die AMRK integriert. Der Inter-Amerikanische Gerichtshof für Menschenrechte wurde durch die AMRK erschaffen. Der Gerichtshof besteht aus sieben Richtern, die Staatsangehörige eines OAS-Staates sind und die von den AMRK-Mitgliedsstaaten für eine Dienstzeit von sechs Jahren gewählt werden.[176]

Art. 44 AMRK sieht eine Individualbeschwerde und Art. 45 AMRK eine Staatenbeschwerde vor. Gemäß Art. 44 AMRK kann jede natürliche Person, Personengruppe oder in einem oder mehren OAS-Mitgliedsataaten rechtliche anerkannte Nichtregierungsorganisation eine Beschwerde an die Kommission richten, in der eine Verletzung der AMRK durch eine Vertragspartei geltend gemacht wird. Keine Zulässigkeitsvoraussetzung ist, dass der Beschwerdeführer die Verletzung eines eigenen Rechts geltend machen muss. Eine Popularklage ist damit nicht ausgeschlossen.

Das Individualbeschwerdeverfahren nach der AMRK ist zweistufig aufgebaut: Zunächst prüft die Inter-Amerikanische Kommission die Zulässigkeit und Begründetheit der Beschwerde.[177] Hält die Kommission eine Verletzung mindestens eines AMRK-Rechts für gegeben, leitet sie die Beschwerde, sofern der betreffende Konventionsstaat die fakultative Kompetenz des Gerichtshofs zur Prüfung von Individualbeschwerden gemäß Art 62 AMRK anerkannt hat, an den Gerichtshof weiter. Andernfalls endet das Verfahren mit der Veröffentlichung eines Berichts durch die Kommission. Kommt es zu einer Entscheidung des Gerichtshofs, so ist diese für die Parteien des Verfahrens endgültig und verbindlich.[178]

Die Kompetenz der Kommission hinsichtlich Individualbeschwerden ist für alle Vertragsparteien obligatorisch. Dagegen ist die Kompetenz der Kommission für Staatenbeschwerden nur gegeben, wenn der betreffende Konventionsstaat diese gesondert akzeptiert hat.[179]

Die Kompetenz des Inter-Amerikanischen Gerichtshofs für Menschenrechte sowohl für Individual- als auch für Staatenbeschwerden ist dagegen fakultativ. Sie ist nur gegeben, wenn die betreffende Partei die Zuständigkeit des Gerichtshofs besonders akzeptiert hat.[180]

---

175 Vgl. Art. 33 AMRK.
176 Vgl. Art. 52 ff. AMRK.
177 Vgl. Art. 46 bis 51 AMRK.
178 Vgl. Art. 67, 68 AMRK.
179 Vgl. Art. 45 AMRK.
180 Vgl. Art. 62 AMRK.

Der Gerichtshof besitzt gemäß Art. 64 Abs. 1 AMRK die Kompetenz zur Anfertigung von Gutachten über die Auslegung der AMRK sowie *„jedes anderen Vertrages über den Schutz der Menschenrechte in den Amerikanischen Staaten“* auf Antrag eines OAS-Mitgliedsstaates oder eines OAS-Organs.

Nach Art. 64 Abs. 2 AMRK kann der Gerichtshof auf Antrag eines OAS-Staates ein Gutachten über die Vereinbarkeit des innerstaatlichen Rechts des Anstragsstellers mit den in Art. 64 Abs. 1 AMRK erwähnten internationalen Instrumenten erstellen.

III. Aktueller Stand (2014) der Ratifikation der AMRK und der Akzeptanz der Zuständigkeit des Gerichtshofs für Individualbeschwerdeverfahren

Aktuell (Stand: 2014) haben 25 der insgesamt 35 OAS-Staaten die AMRK ratifiziert.[181] Die Mitgliedsstaaten der AMRK sind: Argentinien, Barbados, Bolivien, Brasilien, Chile, Kolumbien, Costa Rica, Dominica, Dominikanische Republik, Ecuador, El Salvador, Grenada, Guatemala, Haiti, Honduras, Jamaika, Mexiko, Nicaragua, Panama, Paraguay, Peru, Suriname, Trinidad and Tobago, Uruguay, Venezuela.

Kein Mitglied der AMRK sind: Antigua & Barbuda, die Bahamas, Belize, Kanada, Guyana, San Kitts und Nevis, Saint Lucia, Saint Vincent & die Grenadinen, Kuba und die USA.

Der fakultativen Kompetenz des Inter-Amerikanischen Gerichtshofs für Individualbeschwerden unterworfen haben sich alle AMRK-Parteien mit Ausnahme von Dominica, Grenada, Jamaika und Peru[182].

J. Die Revision der OAS-Charta durch das Inkrafttreten des *Protokolls von Buenos Aires* (1970)

Auf der *Dritten Speziellen Inter-Amerikanischen Konferenz*, die vom 15.–27. Februar 1967 in Buenos Aires, Argentinien, stattfand, unterzeichneten die

181 Der Ratifikationsstand ist abrufbar unter: http://www.oas.org/dil/treaties_B-32_American_Convention_on_Human_Rights_sign.htm (zuletzt besucht am 1.4.2014).

182 Peru nahm seine Unterwerfungserklärung im Jahre 2001 zurück. Venezuelas Präsident Chavez kündigte 2012 an, seine Unterwerfungserklärung zurückzuziehen. Dieser Schritt ist bislang noch nicht erfolgt. Der Status der Akzeptanz der Kompetenz des Gerichtshofs ist online einsehbar unter: http://www.cidh.oas.org/basicos/english/Basic4.Amer.Conv.Ratif.htm (zuletzt besucht am 1.4.2014).

OAS-Staaten das sogenannte *Protokoll von Buenos Aires*[183], das eine umfassende Resivion der OAS-Charta vorsah. Dieses Änderungsprotokoll ist am 27. Februar 1970 in Kraft getreten.

I. Die Gründe für die Revision der OAS-Charta

Bereits seit dem Ende der 1950er-Jahre wurden die lateinamerikanischen Mitgliedsstaaten der OAS zunehmend unzufrieden mit der Funktionsweise der OAS. Die lateinamerikanischen Staaten bemängelten, dass die OAS bislang mehr den US-amerikanischen Interessen diente und dabei die typisch lateinamerikanischen Interessen und Probleme, die hauptsächlich auf wirtschaftlicher und sozialer Ebene lagen, vernachlässigt hatte. Sie forderten weniger US-Einfluss und mehr Dezentralisierung in der OAS.[184] Weiter angefacht wurden diese Forderungen durch einen aufkeimenden Nationalismus in vielen lateinamerikanischen Staaten, der die Handlungsfähigkeit der OAS in den 1960er-Jahren zu lähmen drohte und die Kritik an der Unfähigkeit der OAS und ihrer Organe noch wachsen ließ.[185]

Die USA waren über den Verlauf der Kubanischen Revolution 1959 sowie über die zunehmende revolutionäre Grundstimmung in vielen lateinamerikanischen Staaten, die durch soziale und wirtschaftliche Missstände ausgelöst wurde, besorgt. Sie befürchteten, dass viele Regierungen der OAS-Staaten in das linke politische Lager abdriften könnten. Präsident *John F. Kennedy* rief daher 1961 die *Alliance for Progress* ins Leben, ein auf zehn Jahre ausgelegtes, milliardenschweres Hilfsprogramm, das wirtschaftliches Wachstum, sozialen Fortschritt und politische Reformen in Lateinamerika durch eine erhebliche Ausweitung der US-amerikanischen Finanzhilfe für Lateinamerika herbeiführen und auf diesem Wege letztlich die weitere Ausbreitung des Kommunismus in Lateinamerika unterbinden sollte.[186]

Die OAS-Staaten nahmen dieses Programm unter der Bezeichnung *Charter of Punta del Este* auf dem Sondertreffen des *Inter-Amerikanischen Wirtschafts- und Sozialrates,* eines Unterorganes des *Rates,* in Punta del Este, Uruguay 1961

183 Die vollständige Bezeichnung lautet: „Protocol of Amendment to the Charter of the Organization of American States".

184 *Dreier*, IO 1968, S. 477 ff.

185 Ibid.

186 Dazu: *Englert*, Die Lateinamerikapolitik der USA im Rahmen der Organisation Amerikanischer Staaten, S. 26; Zur Alliance for Progress: *Sheinin*, The Organization of American States, S. 28 ff.

an.[187] Damit sollten umfassende Reformen zur Förderung der Entwicklung der lateinamerikanischen Staaten sowie die Schaffung eines dafür geeigneten institutionellen und organisatorischen Rahmens eingeleitet werden. Um dieses Programm umsetzen zu können, sollten durch eine Revision der OAS-Charta umfassende Veränderungen in der Struktur und Ausrichtung der OAS, insbesondere im Bereich der sozialen, wirtschaftlichen und kulturellen Entwicklung und im Bereich der friedlichen Streitbeilegung durchgeführt werden.[188]

II. Die wichtigsten inhaltlichen und strukturellen Reformen der OAS-Charta im Überblick

Durch das *Protokoll von Buenos Aires* wurden neue Kapitel mit der Überschrift „*Wirtschaftliche Standards*" und „*Soziale Standards*" in die OAS-Charta eingefügt. Darin sind in über 20 Artikeln gemeinsame Vorhaben und Ziele im Bereich der sozialen, wirtschaftlichen, kulturellen und wissenschaftlichen Entwicklung normiert. Die quantitativen Erweiterungen im Bereich der wirtschaftlichen und sozialen Entwicklung haben jedoch keine aktuellen rechtlichen Pflichten für die Mitgliedsstaaten geschaffen. Durch die weichen Formulierungen, wie etwa „*pledge themselves to united effort*"[189] bzw. „*agree to dedicate every effort*"[190], appellieren diese Vorschriften nur an den guten Willen der Staaten und gestehen ihnen einen weiten Handlungs- und Beurteilungsspielraum zu, um diese Zielbestimmungen zu erfüllen.

Neu in die OAS-Charta eingefügt wurden auch Regeln zur Aufnahme neuer Mitglieder.[191]

Die signifikanteste Änderung der OAS-Charta betrifft ihr institutionelles Gefüge: Die *Inter-Amerikanische Konferenz*, die bis dahin das Hauptorgan der

187 *The Charter of Punta del Este, Establishing an Alliance for Progress Within the Framework of Operation Pan America; August 17, 1961.*

188 Vgl. *Englert*, Die Lateinamerikapolitik der USA im Rahmen der Organisation Amerikanischer Staaten, S. 26.

189 Vgl. Art. 30 OAS-Charta.

190 Vgl. Art. 45 OAS-Charta.

191 Vgl. Art. 8 OAS-Charta (i.d.F.v.1970). Danach konnte eine politische Entität, die sich in einem Grenzkonflikt mit einem Mitgliedsstaat vor dem Zeitpunkt des 18. Dezember 1964 befand, nicht in die OAS aufgenommen werden. Dies betraf damals British Honduras und die Falkland Inseln, vgl. *Dreier*, IO 1968, S. 484. Diese Vorschrift wurde später durch das *Protokoll von Cartagena* (in Kraft getreten 1988) gestrichen.

OAS war, wurde abgeschafft. An ihre Stelle trat die neu geschaffene *Generalversammlung* der OAS. Die *Generalversammlung* ist das Hauptorgan der OAS.[192] In ihr sind alle Mitgliedsstaaten der OAS verteten.[193] Sie kommt einmal jährlich in einer ordentlichen Sitzung in abwechselnd einem Mitgliedsstaat der OAS oder in ihrem Hauptsitz in Washington, D.C. zusammen.[194] Die *Generalversammlung* kann auf Antrag des *Ständigen Rates* auch besondere Sitzungen anberaumen.[195] Die offiziellen Sprachen der *Generalversammlung* sind Englisch, Französisch, Portugiesisch und Spanisch.[196] Bei Abstimmungen in der *Generalversammlung* hat jeder Staat eine Stimme.[197] Zu den Hauptaufgaben der *Generalversammlung* gehören die Festlegung der allgemeinen Aktionen und der Politk der OAS, die Bestimmung der Struktur und Funktionen der übrigen OAS-Organe, die Koordination der OAS-Organe und anderer Institutionen im Inter-Amerikanischen System, die Befassung mit allen Angelegenheiten hinsichtlich der freundschaftlichen Beziehung der Amerikanischen Staaten untereinander, die Kooperation mit anderen internationalen Organisationen sowie die Billigung des OAS-Budgets und die Festlegung der Beiträge der Mitgliedsstaaten.[198] Darüber hinaus nimmt sie Kenntnis von den ihr zugeleiteten Berichten und Empfehlungen der übrigen OAS-Organe.[199]

Der bisherige *Rat* wurde abgeschafft und durch drei neue von einander unabhängige Räte ersetzt: Der *Ständige Rat*, der *Inter-Amerikanische Wirtschafts- und Sozialrat*, der vormals nur ein Unterorgan des *Rates* war, sowie der *Inter-Amerikanische Rat für Ausbildung, Wissenschaft und Kultur*.[200]

Die *Pan-Amerikanische Union* wurde in *General Secretariat* umbenannt und die Aufgaben des Generalsekretärs ausgeweitet.[201]

Eine wesentliche Änderung betraf die *Inter-Amerikanische Kommission für Menschenrechte*. Die Kommission wurde formell in das OAS-Charta-System als

---

192 Vgl. Art. 54 S. 1 OAS-Charta.

193 Vgl. Art. 56 S. 1 OAS-Charta.

194 Vgl. Art. 57 OAS-Charta, Art. 43 Verfahrensordnung (VerfO) der Generalversammlung, abrufbar unter: http://www.oas.org/juridico/english/agres_1737_xxxo00.htm (zuletzt besucht am 23.06.2013).

195 Vgl. Art. 58 OAS-Charta; Art. 47 VerfO Generalversammlung.

196 Vgl. Art. 51 VerfO Generalversammlung.

197 Vgl. Art. 56 S. 2 OAS-Charta.

198 Vgl. Art. 54 OAS-Charta.

199 Ibid.

200 Zu den Aufgaben und Kompetenzen dieser Räte im Überblick: *Berenson*, The Structure of the Organization of American States, S. 7 f.

201 Dazu *Berenson*, aaO., S. 8.

Organ der OAS integriert. Art. 53 lit. e OAS-Charta führt die Kommission neben den anderen OAS-Organen auf. Die Kommission wird in den neu eingefügten Art. 106 und 145 OAS-Charta näher beschrieben.[202]

In Bezug auf die materiellen menschenrechtlichen Bestimmungen der OAS-Charta in Art. 3 lit. l und 17 erfolgte keine Änderung.[203]

Das Inkrafttreten des *Protokolls von Buenos Aires* hat die OAS damit vor allem strukturell nachhaltig verändert.[204]

K. Die Änderung des Kommissionsstatuts (1979)

Die Änderungen im Hinblick auf den Status und die Kompetenzen der Kommission als Organ der ARMK infolge des Inkrafttretens des *Protokolls von Buenos Aires* und der AMRK machten es auch erforderlich, das Kommissionsstatut dementsprechend anzupassen.[205] Die bisherigen Kompetenzen der Kommission in Bezug auf alle OAS-Staaten wurden im Wesentlichen unverändert in das neue Statut (1979) übernommen.[206] Zu den zusätzlichen Kompetenzen der Kommission, die sie nur im Verhätnis zu den Mitgliedsstaaten der AMRK, besitzt, gehören unterem anderen die Behandlung von Individual- und Staatenbeschwerden nach der AMRK, das Recht, vor dem Inter-Amerikanischen Gerichtshof aufzutreten, die Befugnis, den Inter-Amerikanischen Gerichtshof um die Anordnung

202 Vgl. dazu die Ausführungen zur Institutionalisierung des Menschenrechtsschutzes in der OAS-Charta im VIERTEN KAPITEL.

203 Diese waren auch nicht Gegenstand von Beratungen auf der Konferenz von Buenos Aires.

204 Die herbeigeführten materiellen Änderungen auf dem Gebiet der wirtschaftlichen Zusammenarbeit blieben jedoch hinter den Erwartungen der lateinamerikanischen Staaten zurück. Vgl. etwa: *Dreier*, IO 1968, S. 485. Kritisch v.a. in Bezug auf die Einschränkungen der Kompetenzen des OAS-Rates: *Manger*, JIAS 1968, S. 2 ff, der das *Protokoll von Buenos Aires* kritisch so zusammenfasst: „The Protocol reflects the mood of the times, and the current mood is not toward more internationalism but toward more nationalism, not to a strengthening of international organization but to a lessening of the authority of international agencies and a reaffirmation of national individuality and sovereignty." *Manger*, aaO., S. 13.

205 Darauf wird umfassend im VIERTEN KAPITEL, C eingegangen.

206 Art. 18 Statut (1979) entspricht im Wesentlichen dem Art. 9 Statut (1965) und Art. 20 Statut (1979) gleicht Art. 9 (bis) Statut (1965). Eine Gegenüberstellung des alten mit dem neuen Statut ist in Anhang III dieser Arbeit zu finden.

vorläufiger Maßnahmen sowie um die Erstellung eines Gutachtens über die Auslegung der AMRK oder anderer Menschenrechtsverträge zu ersuchen.[207]

L. Die Konsolidierung und Weiterentwicklung des Inter-Amerikanischen Menschenrechtsystems seit 1980

In den 1980er-Jahren setzte eine neue Phase in der Entwicklung des Inter-Amerikanischen Menschenrechtssystems ein, die zu seiner Konsolidierung und zum weiteren Ausbau geführt hat.[208] Dazu gehört vor allem die Aufnahme und Fortentwicklung der Rechtsprechung des Inter-Amerikanischen Gerichtshofs für Menschenrechte, das Inkrafttreten spezieller inter-amerikanischer Menschenrechtskonventionen, weiterer Reformen der OAS-Charta sowie der Beitritt neuer Mitgliedsstaaten zur OAS.

I. Die Aufnahme und Entwicklung der Rechtsprechungstätigkeit des Inter-Amerikanischen Gerichtshofs für Menschenrechte

Der *Inter-Amerikanische Gerichtshof für Menschenrechte* wurde am 3. September 1979 als Organ der AMRK mit Sitz in San José, Costa Rica geschaffen. Bis zum Erlass seines ersten Urteils in der Individualbeschwerde *Valasquez Rodriguez vs. Honduras*[209] im Jahre 1988 verging jedoch fast ein Dekade. Diese lange Zeitspanne ist zum einen darauf zurückzuführen, dass sich anfänglich nur wenige AMRK-Staaten der fakultativen Jurisdiktion des Gerichtshofs unterworfen hatten. Zum anderen ist eine Individualbeschwerde nach der AMRK zunächst an die Inter-Amerikanische Kommission zu richten, die die Beschwerde auf ihre Zulässigkeit und Begründetheit prüft und dann an den Gerichtshof weiterleitet. Eine Pflicht zur Weiterleitung einer begründeten Beschwerde bestand für die Kommission zum damaligen Zeitpunkt nicht. Erst durch die Neufassung ihrer Verfahrensordnung im Jahre 2000 ist die Kommission verpflichtet, eine begründete Individualbeschwerde an den Gerichtshof weiterzuleiten, wenn der betreffende Staat die Jurisdiktion des Gerichtshofs

207 Vgl. dazu die Ausführungen im VIERTEN KAPITEL, C III.

208 Zu dieser Phase: *Cançado Trindade*, ZaöRV 2010, S. 629 ff.

209 Inter-American Court of Human Rights, Case of Velásquez-Rodríguez v. Honduras, Preliminary Objections, Judgment of June 26, 1987. Series C No. 1.

anerkannt hat.[210] In den Anfangsjahren leitete die Kommission nur sehr zurückhaltend Fälle an den Gerichtshof weiter.[211]

Über seine Rechtsprechungstätigkeit sowohl im Rahmen der streitigen Gerichtsbarkeit als auch der Gutachtentätigkeit hat der *Inter-Amerikanische Gerichtshof für Menschenrechte* im Laufe der Zeit die Menschenrechte aus der AMRK (in ähnlicher Weise wie dies der Europäische Gerichtshof für Menschenrechte mit den Rechten aus der EMRK getan hat) weiter konkretisiert. Der Gerichtshof hat dabei eine umfassende Dogmatik, etwa hinsichtlich der Auslegung der einzelnen Menschenrechte, der allgemeinen Verpflichtungen der Staaten nach der AMRK und zur Wiedergutmachungspflicht nach einer begangenen Menschenrechtsverletzung, entwickelt.[212] Bis heute hat der Gerichtshof mehr als 250 streitige Entscheidungen erlassen und 20 Gutachten erstattet.[213] Der Gerichtshof hat sich in mehreren Gutachten auch mit der Amerikanischen Deklaration der Rechte und Pflichten des Menschen beschäftigt.[214]

II. Das Inkrafttreten spezieller regionaler Menschenrechtskonventionen

Die OAS-Staaten haben außer der AMRK weitere regionale Menschenrechtskonventionen ratifiziert. Dazu gehören:

---

210 Vgl. Art. 45 VerfO Kommission; ausführlich zum Verfahren bei streitigen Rechtssachen: *Pasqualucci*, The Practice and Procedure of the Inter-American Court of Human Rights, S. 83 ff.; siehe auch: *Shelton*, Am. U.J. Int'l L. & Pol'y 1994, S. 342 ff.

211 Zu den möglichen Gründen vgl. etwa: *Frost*, The evolution of the Inter-American Court of Human Rights: reflections of present and former judges, S. 171 ff. Vgl. auch: *Buergenthal*, AJIL 1982, S. 245.

212 Zu den rechtlichen Grundlagen des Gerichtshofs: *Kokott*, ZaöRV 1984, S 806 ff. Zur Signalwirkung und Tragweite der Entscheidungen des Gerichtshofs im innerstaatlichen Recht der AMRK-Mitgliedsstaaten vgl.: *Steiner/Layers*, KAS Auslandsinformationen 2010, S. 14. Zur Entwicklung des Gerichtshofs im Überblick: *Ventura Robles*, La Corte Interamericana de Derechos Humanos, S. 111 ff.

213 Eine Zusammenstellung aller streitigen Entscheidungen des Gerichtshofs und der Gutachten bis 2011 ist enthalten in: *Burgorgue-Larsen/ Úbeda de Torres* (Hrsg.), The Inter-American Court of Human Rights, S. 801 ff. Zum Case-Law des Gerichtshofs vgl. auch: *Cançado Trindade*, HRLR 2003, S. 1 ff. und *Cançado Trindade*, ZaöRV 2010, S. 650 ff.

214 Von herausragender Bedeutung dabei ist das Gutachten OC-10 aus dem Jahre 1989, indem der Gerichtshof sich zur Frage der rechtlichen Bedeutung der Deklaration im Inter-Amerikanischen System äußerte. Vgl. dazu die Ausführungen im FÜNFTEN KAPITEL, ERSTER TEIL, D.

- das (Erste) Zusatzprotokoll zur AMRK über wirtschaftliche, soziale und kulturelle Rechte[215],
- das (Zweite) Zusatzprotokoll zur AMRK über die Abschaffung der Todesstrafe[216],
- die Inter-Amerikanische Konvention zur Verhütung und Bestrafung von Folter[217],
- die Inter-Amerikanische Konvention über das gewaltsame Verschwindenlassen von Personen[218],
- die Inter-Amerikanische Konvention über die Verhütung, Bestrafung und Beseitigung von Gewalt gegen Frauen[219] sowie,
- die Inter-Amerikanische Konvention über die Beseitigung jeglicher Formen der Diskriminierung gegen Personen mit Behinderungen[220].

III. Die weiteren Reformen der OAS-Charta durch das Inkrafttreten der Änderungsprotokolle von Cartagena de Indias (1988), Managua (1996) und Washington (1997)

Seit dem Inkrafttreten des *Protokolls von Buenos Aires* ist die OAS-Charta durch drei weitere Änderungsprotokolle reformiert worden.

---

215 *Additional Protocol to the American Convention on Human Rights in the Area of Economic, Social and Cultural Rights* („*Protocol of San Salvador*“), unterzeichnet in San Salvador, El Salvador, am 17. November 1988 auf der 18. Ordentlichen Sitzung der OAS-Generalversammlung, in Kraft getreten: 16.11.1999.

216 *Protocol to the American Convention on Human Rights to Abolish the Death Penalty*, unterzeichnet in Asunción, Paraguay am 8.6.1990 auf der 20. Ordentlichen Sitzung der OAS-Generalversammlung, in Kraft getreten: 28.8.1991.

217 *Inter-American Convention to Prevent and Punish Torture*, unterzeichnet in Cartagena de Indias, Kolumbien am 9.12.1985 auf der 15. Ordentlichen Sitzung der OAS-Generalversammlung, in Kraft getreten: 28.2.1987.

218 *Inter-American Convention on the Forced Disappearances of Persons*, angenommen in Belem do Pará, Brasilien, am 9.6.1994 auf der 24. Ordentlichen Sitzung der OAS-Generalversammlung, in Kraft getreten: 28.3.1996.

219 *Inter-American Convention on the Prevention, Punishment and Eradication of Violence Against Women*, angenommen in Belem do Pará, Brasilien am 9.6.1994 auf der 24. Ordentlichen Sitzung der OAS-Generalversammlung, in Kraft getreten: 5.3.1995.

220 *Inter-American Convention on the Elimination of All Forms of Discriminination Against Persons with Disabilities*, angenommen in Guatemala City, Guatemala auf der 29. Ordentlichen Sitzung der OAS-Generalversammlung, am 7.6.1999, in Kraft getreten: 14.9.2001.

Das 1988 in Kraft getretene *Protokoll von Cartagena de Indias* von 1985 fügte in die OAS-Charta das Prinzip der repräsentativen Demokratie ein. So wurde in Präambel der Passus hinzugefügt, dass die Staaten davon überzeugt sind, dass die repräsentative Demokratie eine unentbehrliche Voraussetzung für Stabilität, Frieden und Entwicklung in der Region ist.[221]

In Artikel 2 lit. b) OAS-Charta wurden zu den essentiellen Zielen der OAS die Promotion und Konsolidierung der repräsentativen Demokratie unter gebührender Beachtung des Prinzips des Interventionsverbots hinzugefügt.[222]

In Bezug auf das Prinzip der repräsentativen Demokratie hat die *Generalversammlung* durch Resolution von 1991 ein Verfahren beschlossen. Danach können der *Ständige Rat* und das *Außenministertreffen* geeignete Maßnahmen ergreifen, wenn eine „plötzliche oder irreguläre Unterbrechung des demokratischen politischen Prozess oder der legitimen Machtausübung einer demokratisch gewählten Regierung in einem OAS-Mitgliedsstaat" erfolgt ist.[223]

Zudem verabschiedete die *Generalversammlung* im Jahr 2001 einstimmig die „*Inter-American Democratic Charter*". Diese Resolution erlaubt die

---

221 Vgl. 3. Erwägungsgrund der Präambel der OAS-Charta.

222 Der stellvertretende OAS-Generalsekretär *McComie* stellte dazu 1986 fest, dass künftige Regierungswechsel in den OAS-Staaten, die nicht durch Wahlen herbeigeführt werden oder auf einen andere Weise auf den Willen der Bürger zurückgehen, als Verstoß gegen die OAS-Charta angesehen werden könnten: „(W)herever in the future you have elected governments changed other than by elections or by an expression of the will of the people, (…) this could be interpreted as a violation of the Charter of the OAS." „Amended OAS Charter stresses democracy", CANA, Bridgetown, 30.01.1986, Foreign Broadcast Information Service, FBIS Daily Report – Latin America, 6 (31.01.1986) 21, A1. Die OAS-*Generalversammlung* bemerkte 1986 im Hinblick auf das *Cartagena-Protokoll*, dass zum ersten mal seit mehreren Dekaden in vielen Mitgliedsstaaten freie Wahlen durchgeführt worden sind, die demokratische, repräsentative und pluralistische Regierungssysteme hervorgebracht haben, und dass es das Ziel der OAS sei, die repräsentative Demokratie unter Beachtung des Nichtinterventionsgebots zu fördern und zu konsolidieren: „For the first time in many decades, many member States held free elections, with the result that democratic, representative and pluralist systems of government have been established, and it is the aim of the Organization of American States to promote and consolidate representative democracy while respecting the principle of nonintervention." AG/RES. 837 (XVI-0/86) „Human rights and democracy", OEA/Ser.P/XVI.0.2, 17.12.1986.

223 Vgl. AG/RES. 1080 (XXI-O/91).

Suspendierung eines Mitgliedsstaates im Falle einer „verfassungswidrigen Unterbrechung der demokratischen Ordnung".[224]

Um die Reichweite des Prinzips der repräsentativen Demokratie in der OAS-Charta nicht ausufern zu lassen, wurde in dem neu eingefügten Artikel 3 lit. e OAS-Charta das Recht jedes Staates auf Wahrung seiner inneren Souveränität betont. Zudem wurde in Art. 1 OAS-Charta das *Prinzip der begrenzten Einzelermächtigung* aufgenommen, wonach die OAS nur diejenigen Kompetenzen besitzt, die ihr ausdrücklich in der OAS-Charta zuerkannt sind.

Das Protokoll von Cartagena fügte außerdem in die Charta das Konzept der *„Integralen Entwicklung"* in die Art. 30 und 31 ein.[225]

In organisatorischer Hinsicht wurden die Kompetenzen des *OAS-Generalsekretärs*, der bislang lediglich Verwaltungsbefugnisse besaß, unter anderem um die Befugnis erweitert, die Aufmerksamkeit der *Generalversammlung* oder des *ständigen Rates* auf jede Angelegenheit zu lenken, die nach Ansicht des *Generalsekretärs* eine Bedrohung des Friedens und der Sicherheit der Hemisphäre oder der Entwicklung der Mitgliedsstaaten darstellt.[226]

Das *Protokoll von Washington* von 1992, das 1997 in Kraft trat, fügte in die Charta erstmals ein Verfahren ein, wonach ein Mitgliedsstaat von seiner Teilnahme in der OAS suspendiert werden kann, wenn seine demokratisch zustandegekommene Regierung gewaltsam gestürzt worden ist.[227]

Das *Protokoll von Washington* fügte zu den essentiellen Ziele der OAS in Art. 2 die Auslöschung der extremen Armut hinzu. Ferner erkannte der ebenfalls neu eingefügte Art. 3 lit. f OAS-Charta an, dass die Auslöschung von Armut ein wesentlicher Bestandteil der Förderung und Konsoldierung der repräsentativen Demokratie und in der gemeinsamen Verantwortung der Amerikanischen Staaten liegt.

---

224 Vgl. AG/RES. 1 (XXVIII-E/01). Die darin vorgesehenen Mechanismen kamen in der Folgezeit mehrfach zur Anwendung, wie etwa bei den politischen Krisen in Haiti (1991–1994), Peru (1992), Guatemala (1993) und Paraguay (1996). Vgl. dazu: *Caminos*, RdC 1998, S. 141 ff; eine Darstellung ohne Paraguay findet sich auch bei: *Schnably*, IALawRev. 1994, S. 393 ff.

225 Danach versprechen die Mitgliedsstaaten, sich gemeinsam im Rahmen ihrer zwischenstaatlichen Beziehung um die Sicherung der sozialen Gerechtigkeit und integralen Entwicklung als wesentliche Voraussetzungen für Frieden und Sicherheit zu kümmern. Integrale Entwicklung meint gemäß Art. 30, 31 OAS-Charta die Verbesserung der innerstaatlichen Situation im wirtschaftlichen, sozialen, bildungsmäßigen, kulturellen, wissenschaftlichen und technologischen Bereich.

226 Vgl. Art. 110 OAS-Charta.

227 Vgl. Art. 9 OAS-Charta.

Die vorerst letzte Reform der OAS-Charta durch das *Protokoll von Managua* von 1993, das 1996 in Kraft trat, brachte lediglich kleinere strukturelle Veränderungen.[228]

IV. Der Beitritt weiterer Staaten zur OAS

Der Kreis der Mitgliedsstaaten der OAS hat sich bis heute auf insgesamt 35 Staaten erweitert.

Besonders erwähnenswert ist dabei der Beitritt der Karibikstaaten zur OAS, beginnend mit Trinidad und Tobago sowie Barbados im Jahre 1967, Jamaika 1969, Grenada 1975, Suriname 1977, Dominica 1979, St. Lucia 1979, Antigua & Barbuda 1981, St. Vincent & Grenadines 1981, den Bahamas 1982, St. Kitts & Nevis 1984, sowie Guyana und Belize im Jahre 1991. Diese Staaten sind, mit Ausnahme von Gyuana, das unter französischer Kolonialherrschaft stand, allesamt ehemalige britische Kolonien, die nach dem Ende der Westindischen Föderation (1958–1962) unabhängig geworden sind. Sie unterscheiden sich von den hispanoamerikanischen OAS-Mitgliedsstaaten in ihrer offziellen Sprache, ihrer Geschichte und ihrem politischen System. Die Motive der Karibikstaaten für den Beitritt zur OAS waren vor allem wirtschaftlicher Natur.[229]

Im Jahre 1989 trat auch Kanada, das bereits seit 1972 ein ständiger Beobachter bei der OAS war, der Organisation bei.

Durch das Hinzukommen dieser neuen Mitgliedsstaaten ist die traditionelle Polarisierung zwischen den USA auf der einen und den lateinamerikanischen Staaten auf der anderen Seite in der OAS aufgeweicht worden.[230]

---

228 So wurden der durch das *Protokoll von Buenos Aires* geschaffene *Inter-American Economic and Social Council* und der *Inter-American Council for Education, Science, and Culture* abgeschafft. An deren Stelle trat der neu geschaffene *Inter-American Council for Integral Development*. Dieser hat die Aufgabe, die integrale Kooperation zwischen den Mitgliedsstaaten zu bündeln. Vgl. Art. 93 ff. OAS-Charta.

229 Vorteile sahen sie darin, dass nur OAS Mitgliedern anfangs das Recht zur Kreditaufnahme bei der Inter-Amerikanischen Entwicklungsbank zustand. Aufgrund der Zuwendung Großbritanniens zur Europäischen Wirtschaftsgemeinschaft fürchteten diese Staaten zudem, Großbritannien als wichtigsten Handelspartner mitsamt ihren Handelspräferenzen zu verlieren. Vgl. zu den Motiven: *Buchanan*, Commonwealth Carribbean countries and the Organization of American States, S. 11.

230 Zur „neuen Heterogenität“ in der OAS: *Berndt*, Die Organisation Amerikanischer Staaten, S. 196. Mit dem Beitritt dieser neuen Staaten haben sich auch die in der OAS diskutierten Sachthemen geändert. So wird v.a. seit Anfang der 1990er Jahre

V. Die OAS - Eine *Organisation der verschiedenen Geschwindigkeiten*

Die Änderungen der OAS-Charta durch die *Protokolle von Buenos Aires, Cartagena de Indias, Managua* und *Washington* haben dazu geführt, dass heute unterschiedliche Versionen der OAS-Charta in Kraft sind. Die OAS-Charta eröffnet selbst in Art. 140, 142 die Möglichkeit, dass nur ein Teil der Mitgliedsstaaten an eine Änderung der Charta gebunden ist, während für die übrigen Staaten, die die Änderungsprotokolle nicht ratifiziert haben, die bisherige Version der Charta in Kraft bleibt. Gemäß Art. 140 OAS-Charta ist für eine Änderung der Charta die Zustimmung von zwei Dritteln der Mitgliedsstaaten erforderlich. Des Weiteren bestimmt diese Vorschrift, dass Änderungen der Charta nur für diejenigen Staaten in Kraft treten, die das Änderungsprokoll ratifiziert haben.

So gilt beispielsweise für Kuba, das keines der Änderungsprotokolle ratifiziert hat, noch die ursprüngliche OAS-Charta von 1948.

Von den 35 Mitgliedsstaaten der OAS haben nur 20 Staaten alle Änderungsprotokolle ratifiziert. Bis auf Kuba haben alle OAS-Staaten zumindest das *Protokoll von Buenos Aires* ratifiziert. Die nachfolgenden Änderungsprotokolle wurden jedoch nicht gleichmäßig von allen Staaten ratifiziert.[231]

Die OAS kann daher als eine *Organisation der verschiedenen Geschwindigkeiten*[232] bezeichnet werden. Dies bringt mehrere Vorteile: Die OAS wird dadurch zum einen flexibler und für viele Staaten attraktiver: Ist ein Staat mit einer von

verstärkt über die ungleiche Verteilung des Wohlstandes sowie über den Schutz verletzbarer Gruppen (indigener Völker, Frauen, Kinder und Minderheiten) diskutiert. Gerade Kanada regte in der OAS die Diskussion über den Schutz der Menschenrechte erneut an. Zu diesen Phasen der Entwicklung und den gegenwärtigen Herausforderungen im Bereich der Menschenrechte: *Grossman*, Ind. L.J. 2008, S. 1267 ff.

231 Zum Stand der Ratifikationen der Änderungsprotokolle der OAS-Charta vgl. die Übersicht online unter: https://www.oas.org/dil/treaties_signatories_ratifications_subject.htm (zuletzt besucht am 23.06.2013).

232 In Anlehnung an den Begriff „Europa der verschiedenen Geschwindigkeiten“, mit dem das Konzept flexibler Integration gemeint ist, wonach eine Gruppe von Mitgliedsstaaten innerhalb der Europäischen Union eine verstärkte Integration anstrebt (sog. „Kerneuropa“), während andere, weniger integrationswillige Staaten eine weitreichende Zusammenarbeit ablehnen. Vgl. Zandonella: Pocket Europa. EU-Begriffe und Länderdaten. Bundeszentrale für politische Bildung 2005, 2009 aktualisiert, Stichwort: Kerneuropa, abrufbar unter: http://www.bpb.de/nachschlagen/lexika/pocket-europa/16845/kerneuropa (zuletzt besucht am 24.07.2013).

mindestens zwei Drittel der Mitgliedsstaaten gewollten Änderungen der OAS-Charta nicht einverstanden, muss er nicht aus der OAS austreten; für ihn gilt dann die alte Version der Charta weiter. Durch den Verbleib in der OAS wird darüber hinaus auch sichergestellt, dass alle Staaten, auch wenn sie nachfolgende Änderungen nicht mittragen, jedenfalls an die Grundprinzipien und Ziele der Organisation gebunden bleiben. Diese *gespaltene Rechtslage* hat in der Praxis bislang noch zu keinen Schwierigkeiten geführt.[233]

VI. Abschließendes Fazit zum Inter-Amerikanischen Menschenrechtssystem heute

Die normative Grundlage des Inter-Amerikanischen Menschenrechtssystems ist auf zwei Säulen verteilt:

Erstens existiert ein chartabasiertes Menschenrechtssystem. Dieses besteht aus der OAS-Charta sowie der Amerikanischen Deklaration der Rechte und Pflichten des Menschen. Zweitens existiert daneben ein konventionenbasiertes Menschenrechtssystem. Dieses fußt auf den regionalen Menschenrechtskonventionen, also der Amerikanischen Menschenrechtskonvention sowie weiteren speziellen regionalen Menschenrechtsverträgen.

Während letzteres System nur für diejenigen Staaten gilt, die die jeweiligen Konventionen ratifiziert haben, gilt das chartabasierte System für alle OAS-Mitgliedsstaaten. Die OAS-Charta enthält dabei sowohl materielle Vorschriften im Hinblick auf Menschenrechte (Art. 3 lit. l, 17 OAS-Charta) als auch institutionelle und Verfahrensvorschriften in Bezug auf die *Inter-Amerikanische Kommission für Menschenrechte* als Organ der OAS.

Die *Inter-Amerikanische Kommission für Menschenrechte* ist die zentrale Schlüsselfigur im Inter-Amerikanischen Menschenrechtssystem: Indem sie sowohl als OAS-Organ als auch als AMRK-Organ operiert, bildet sie das institutionelle Bindeglied zwischen dem konventionsbasierten und dem chartabasierten Menschenrechtssystem.

233 Probleme können sich aber etwa dann ergeben, wenn ein OAS-Mitgliedsstaat gegenüber einen anderen, der an die durch das Protokoll von Washington eingeführte Suspendierungsvorschrift des Art. 9 OAS-Charta nicht gebunden ist, das Verfahren des Art. 9 anwenden will. Zu klären ist dann auch die Frage, ob ein Mitgliedsstaat, für den das Protokoll von Washington nicht gilt, trotzdem in einem Verfahren nach Art. 9 bei der Abstimmung über die Suspendierung teilnehmen darf.

Darüber hinaus ist die Kommission für all diejenigen Staaten, die der AMRK nicht beigetreten sind oder die Jurisdiktionskompetenz des Inter-Amerikanischen Gerichtshofs nicht akzeptiert haben, die einzige Instanz, die das Verhalten der OAS-Staaten am Maßstab der Menschenrechte aus der Amerikanischen Deklaration der Rechte und Pflichten des Menschen beurteilen darf.

Zweites Kapitel
Das Konsensprinzip und die Regeln zur Auslegung eines völkerrechtlichen Vertrages

Die Auslegung eines völkerrechtlichen Vertrages ist nicht nur eine Kunst[234], sondern hat sich an bestimmten Regeln zu orientieren. Diese Regeln sind Teil des Völkergewohnheitsrechts und wurden darüber hinaus in der Wiener Vertragsrechtskonvention von 1969 zumindest teilweise kodifiziert.

Bei der Anwendung der Auslegungsregeln im konkreten Fall kommt dem Interpreten gleichwohl ein je nach Sachlage mehr oder minder weiter Beurteilungsspielraum zu. Die Anwendung der Auslegungsregeln wird dabei zwangsläufig vom rechtlichen Vorverständnis über das Ziel der Auslegung sowie über die Rangfolge und Gewichtung der Auslegungsmittel beeinflusst.

Bevor die Auslegungsregeln im Einzelnen dargestellt werden, ist daher zunächst auf ihren theoretischen Unterbau einzugehen: Das Konsensprinzip im Völkerrecht.

A. Das Konsensprinzip im Völkerrecht

Das Völkerrecht als Rechtsordnung unterscheidet sich seiner Struktur nach fundamental von der innerstaatlichen Rechtsordnung: Im Unterschied zum subordinationsrechtlich geprägten innerstaatlichen Recht hat das Völkerrecht eine horizontale Struktur. Im Zentrum stehen die souveränen Staaten als originäre Rechtssubjekte der von ihnen selbst geschaffenen und zugleich ihr unmittelbar unterworfenen Rechtsordnung.[235]

Diese Besonderheit der Völkerrechtsordnung gegenüber der innerstaatlichen Rechtsordnung hat dazu geführt, dass die Frage nach der Natur und dem Geltungsgrund des Völkerrechts in der Völkerrechtswissenschaft bis heute

---

234 Die schöpferische Betätigung liegt in dem Einsatz kreativer Geisteskräfte zur Aufstellung, Überprüfung und Verwerfung von Normhypothesen, vgl. *Köck*, ÖZÖR 1998, S. 217; *Bernhardt*, Die Auslegung völkerrechtlicher Verträge, S. 57.

235 Souveränität im Völkerrecht meint die unabgeleitete, umfassende Rechtsmacht der voneinander rechtlich unabhängigen, gleichberechtigten und völkerrechtsunmittelbaren Staaten. Vgl. *Hillgruber*, Kontinuität und Wandel in der Entwicklung des Völkerrechts, S. 120 und *Kempen*, Einige Bemerkungen zum völkerrechtlichen Begriff der Souveränität, S. 783 ff.

nicht einheitlich beantwortet wird. Namhafte Völkerrechtler, wie etwa der US-Amerikaner Louis Henkin, der Franzose Prosper Weil oder der Deutsche Georg Jellinek vertreten die sogenannte *voluntaristische Theorie*, auch *Staatswillenstheorie* genannt.[236] Danach gilt das Völkerrecht als verbindliche Rechtsordnung gerade deshalb, weil die Staaten es so wollen.[237] Auch die frühere sowjetische und heute russische Völkerrechtslehre sieht den Konsens der Staaten als fundamentales, die Völkerrechtsordnung begründendes Element an.[238] Der ständige Internationale Gerichtshof macht sich im *Lotus-Fall* ebenfalls eine voluntaristische Begründung zu eigen, indem er feststellt:

> *„The rules of law binding upon States (...) emanate from their own free will as expressed in conventions or by usages generally accepted as expressing principles of law."*[239]

Der deutsche Völkerrechtlicher *Franz von Liszt* hat das Wesen des Völkerrechts mit der prägnanten Formel umschrieben:

> *„Das Völkerrecht ist Vertrag, nicht Gesetz; aber gerade als Vertrag positives Recht."*[240]

Für die Geltung des Völkerrechts als verbindliche Rechtsordnung spricht die Praxis der Staaten: In der Regel weisen die Staaten ein eigenes, an sich völkerrechtswidriges Verhalten, nicht mit der Behauptung zurück, es sei gar kein Recht. Vielmehr führen sie rechtfertigende Gründe an, warum ihr Verhalten unter den konkreten Umständen gerade nicht völkerrechtswidrig sei. Dadurch offenbaren sie ihre Überzeugung, dass das Völkerrecht als Recht überhaupt gilt.[241] Zudem unterscheiden die Staaten zwischen rechtlich verbindlichen und rechtlich unverbindlichen Regeln[242] und knüpfen an deren Verstoß unterschiedliche Rechtsfolgen an.

---

236 *Henkin*, RdC 1989, S. 45; *Weil*, RGDIP 1982, S. 5 ff.; *Jellinek*, Die rechtliche Natur der Staatenverträge, S. 2ff.

237 Anstelle vieler: *Henkin*, RdC 1989, S. 46: „State consent is the foundation of international law. The principle that law is bindung on a State only by its consent remains an axiom of the politcal system, am implication of State autonomy."

238 Vgl. etwa *Tunkin*, Theory of International Law, S. 235; *Lukashuk*, AJIL 1989, S. 513.

239 *PCIJ*, Series A, No. 9, S. 18.

240 *Von Liszt*, Das Völkerrecht, S. 6.

241 Der amerikanische Völkerrechtler *Louis Henkin* hat die faktische Beachtung des Völkerrechts durch die Staaten so ausgedrückt: „Almost all nations observe almost all principles of international law and almost all of the obligations almost all the time."*Henkin*, How Nations Behave, S. 47.

242 Zu den unverbindlichen Formen gehören etwa die *Courtoisie* oder das *Gentleman's Agreement*.

Zugleich wird aber in der Völkerrechtswissenschaft auch erkannt, dass allein der Wille der Staaten ihre Bindung an das Völkerrecht nicht ausreichend zu erklären vermag.[243] Die *Staatswillenstheorie* kann zwar die Entstehung einer völkerrechtlichen Regel erklären. Sie kann aber nicht erklären, warum sich ein Staat nicht mehr oder nur unter erschwerten Voraussetzung einseitig von einem geschlossenen Vertrag lösen kann. Um die Geltung des Völkerrechts zu erklären, muss daher auf Ansätze zurückgegriffen werden, die dem Einzel-Willen der Staaten gleichsam als axiomatische Grundannahmen vorgelagert sind.

Teile der Völkerrechtswissenschaft suchen den Geltungsgrund und die Bindungswirkung des Völkerrechts in naturrechtlichen oder soziologischen Theorien. Diese Ansätze leiden jedoch unter der Schwäche, dass sie primär auf Vorstellungen des westlichen Kulturkreises beruhen und andere Kulturkreise außer Acht lassen.[244]

Kelsen hingegen sucht den Geltungsgrund des Völkerrechts in den positiven Normen selbst.[245] So lasse sich die Geltung einer Norm nur dadurch begründen, dass eine andere, höhere Norm ihre Geltung anordne. Diese in der Normenhierarchie an höchster Stelle stehende Norm wird von Kelsen als *Grundnorm* bezeichnet. Da deren Geltung aber nicht selbst juristisch begründet werden könne, müsse ihre Existenz als „transzendent-logische Voraussetzung"[246] angenommen werden. Dieser Ansicht ist entgegenzuhalten, dass sie formal-juristisch argumentiert und die hypothische Grundnorm ohne weitere Begründung als *petitio principii* voraussetzt.[247]

Überzeugender ist die Annahme eines hinter dem Willen der einzelnen Staaten stehenden (fiktiven) Gesamtkonsenses, um die Geltung des Völkerrechts zu erklären.[248] Dem liegt die Überlegung zugrunde, dass ein Staat nicht alleine existiert, sondern in einer Koexistenz neben anderen gleichberechtigten Staaten agiert. Die einem jedem Staat innewohnende Souveränität wird

---

243 Darauf macht etwa *Fitzmaurice*, RdC 1957, S. 39 f. aufmerksam.

244 Vgl. zu den Theorien die kurze Übersicht in: *von Arnauld*, Völkerrecht S. 2 ff.; *Schachter*, Towards a Theory of International Obligation, S. 9 ff. Eingehend im Hinblick auf die Entstehung von Völkergewohnheitsrecht: *Fink*, Der Kosovo-Konflikt und die Entstehung von Völkergewohnheitsrecht, S. 807 ff.

245 *Kelsen*, Reine Rechtslehre, S. 151 ff.

246 *Kelsen*, aaO. S. 151 ff.

247 Zur Kritik an Kelsens Theorie der Grundnorm vgl. Potacs, Die Grundnormproblematik, S. 135 ff.

248 Die Lehre vom Gesamtkonsens geht zurück auf Heinrich Triepel. Auch *Jennings/Watts*, Oppenheim's International Law, S. 24, sprechen von einem „common consent".

notwendigerweise durch den rechtlichen Begriff der Gleichheit qualifiziert: Souveränität und Gleichheit sind untrennbar miteinander verbunden. Dies kommt vor allem durch das in Art. 2 Ziff. 1 der UN-Charta statuierte Prinzip der souveränen Gleichheit zum Ausdruck.[249] Aus dem Nebeneinandersein mehrer gleichberechtigter, souveräner Staaten folgt, dass jeder Staat sich an bestimmte Grundregeln des Zusammenlebens im Rahmen eines *Gesamtkonsenses* halten muss. Durch den *Gesamtkonsens* haben sich die Staaten als gleichberechtigte Völkerrechtssubjekte anerkannt und zugleich konkludent bestimmten zwingenden, also nicht in ihrer Disposition stehenden, Normen unterworfen.[250] Diese, teilweise auch als „formloser Konsens"[251] bezeichnete, Einigung bezieht sich auch auf die Geltung der formellen Rechtsquellen (Vertrag, Gewohnheitsrecht und allgemeine Rechtsgrundsätze).[252] Dabei ist jedoch anerkannt, dass auch andere Verhaltensweisen der Staaten unter bestimmten Voraussetzungen Bindungswirkung erzeugen können.[253] Der Konsens wird also durch den formellen Rechtserzeugungsprozess lediglich sichtbar.[254] Eigentliche Rechtsquelle bleibt der formlose, materielle Konsens der Staaten.

---

249 Die UN-Generalversammlung hat in der sogenannten *Friendly Relations-Declaration* von 1970 dieses Prinzip erläutert: Deklaration über die Prinzipien des Völkerrechts betreffend freundschaftliche Beziehungen und Zusammenarbeit zwischen den Staaten in Übereinstimmung mit der Charta der Vereinten Nationen vom 24.10.1970, als Anhang zu Resolution 2625 (XXV).

250 *Verdross/Simma*, Universelles Völkerrecht, § 75.

251 Zum „formlosen Konsens" vgl. etwa: *Tomuschat*, ZaöRV 1976, S. 485 und *Dahm/ Delbrück /Wolfrum*, Völkerrecht 1/3, S. 73.

252 Verdross/Simma, aaO.; Von Arnauld, Völkerrecht, S. 3. Zur Geltung des Konsensprinzips beim Völkergewohnheitsrecht: *Karl*, Vertrag und spätere Praxis im Völkerrecht, S. 89 ff und *Doehring*, ZaöRV 1976, S. 83. Zum Konsensprinzip bei allgemeinen Rechtsgrundsätzen: *Meessen*, GYIL 1974, S. 283 ff.

253 Dies gilt etwa für einseitige Akte.

254 Vgl. dazu: *Verdross/Simma*, Universelles Völkerrecht, § 519; *Tomuschat*, Verfassungsgewohnheitsrecht, S. 111f: „Die übliche Einteilung der Rechtsquellen nach Vertrag und Gewohnheitsrecht bedeutet keine Fixierung der Wege der Rechtserzeugung auf diese beiden Modalitäten, sondern beschreibt lediglich empirisch die äußeren Formen, auf die der Rechtswille der Völkergemeinschaft bisher im wesentlichen beschänkt gewesen ist. Die Förmlichkeiten sind lediglich Indikatoren für die Existenz eines echten Rechtswillens, der jederzeit auch ein anderes Erscheinungsbild annehmen kann." Ähnlich: *Tammes*, NYBIL 1971, S. 1 ff.

B. Grundlegende Vorbemerkungen zum Auslegungsziel und den Auslegungsmethoden (objektive und subjektive Theorie) eines völkerrechtlichen Vertrages

Aus dem Konsensprinzip ergeben sich Folgen für die Auslegung eines völkerrechtlichen Vertrages, inbesondere bei der Frage nach dem eigentlichen Ziel der Auslegung und der Auslegungsmethode.

Bei der Auslegung eines geschriebenen Vertrages ist streng zwischen dem Auslegungsgegenstand und dem Auslegungsziel zu unterscheiden: Eigentliches Auslegungsziel eines Vertrages ist der Wille der Vertragsparteien. Der geschriebene Vertragstext ist lediglich der Auslegungsgegenstand zur Erforschung dieses Willens. Er darf nicht das eigentliche Ziel der Auslegung sein.[255]

Dies ergibt sich aus der Überlegung, dass sich die Vertragsparteien durch den Abschluss eines völkerrechtlichen Vertrages einigen, gemeinsam an bestimmte Regeln gebunden zu sein. Erfolgt diese Einigung durch einen geschriebenen Vertrag, so materialisiert sich der Konsens der Parteien im Vertragstext durch das Medium der geschriebenen Sprache.[256] Der Vertragstext reflektiert damit die Bündelung der vormals getrennt nebeneinanderstehenden Einzelwillen der Staaten in einem gemeinsamen Willen.[257] Der objektive Vertragstext ist damit gleichsam ein Spiegel des inneren, materiellen Konsenses der Staaten.[258] Da die Bindung der Vertragsparteien an die im Vertrag niedergelegte Regel aber letztlich nicht auf dem Vertragstext selbst, sondern auf der dem Text vorgelagerten inneren Einigung der Staaten beruht, ist eigentliches Ziel der Auslegung die Ermittlung des subjektiven Willens der Staaten.[259] Aufgrund des im Völkerrecht

255 Der Vertragstext kann schon keinen eigenen objektiven Zweck haben. Er ist nur Medium zur Wiedergabe des von den Parteien verfolgten Zwecks.

256 Zur Sprachgebundengeit des Rechts: *Fastenrath*, Lücken im Völkerrecht, S. 156 f.

257 Die Einigung der Staaten mit vertraglichem Rechtsbindungswillen bezeichnet *Karl*, Vertrag und spätere Praxis im Völkerrecht, S. 145 als „Willenskonsens", der vom bloßen „Meinungskonsens", also dem bloßen Gleichklang einer gemeinsamen Rechtsauffassung ohne die Absicht der Rechtsgestaltung oder Rechtsbekräftigung, zu unterscheiden ist.

258 Zur Unterscheidung zwischen innerem und äußerem Konsens: *Karl*, aaO., S. 144 ff.

259 Schwarzenberger drückt diesen Aspekt so aus: „Every valid treaty, which has come into existence in accordance with the rules underlying the principle of consent, constitutes a meeting of wills. In each case, the purpose of judicial treaty interpretation is to establish ex tunc the legal effects of such consensus." *Schwarzenberger*, International Law, S. 491. Ebenso deutlich: *Fitzmaurice*, BYIL 1957, S. 204.

vorherrschenden Konsensprinzips ist allein der Wille der Parteien maßgeblich, um den Bedeutungsgehalt einer Norm zu ermitteln.

Bei der Frage, wie das Auslegungsziel, also die Erforschung des Willens der Parteien, zu erreichen ist, stehen sich zwei unterschiedliche methodische Ansätze gegenüber, die als *subjektive* und als *objektive Auslegungstheorien* bezeichnet werden.

Hintergrund dieses Theorienstreits ist, dass es durch die Fixierung des Konsenses in Form der Sprache zu Abweichungen zwischen dem tatsächlichen, inneren Willen und dem erklärten Willen der Staaten kommen kann. Subjektiv Gewolltes und objektiv Erklärtes können mithin auseinanderfallen. Es ist daher fraglich, ob bei der Ermittlung des Bedeutungsgehalts der Norm der wahre, innere Wille der Parteien mit allen dafür zur Verfügung stehenden Auslegungsmitteln erforscht werden soll (so die *subjektive Theorie*) oder ob es dafür genügt, dass sich die Auslegung primär am geschriebenen Vertragstext, also am verobjektivierten Willen orientiert (so die *objektive Theorie*).[260]

Beide Theorien setzen bei der Auslegung zunächst an dem Wortlaut und der Systematik des Vertragstextes an. Sie unterscheiden sich in der Frage, ob über den Vertragstext hinaus weitere Auslegungsmittel zur Ermittlung des Parteiwillens ausgeschöpft werden dürfen und welches Gewicht dem Parteiwillen und dem Vertragstext bei der Auslegung beizumessen sind.[261]

Nach der (strengen) *objektiven Theorie* kommt dem im Vertragstext erklärten Parteiwillen[262] bei der Auslegung eine vom tatsächlichen Willen der Parteien unabhängige Bedeutung zu. Demgegenüber bedient sich die *subjektive*

260 Für die subjektive Theorie vgl. etwa: *Lauterpacht*, BYIL 1949, S. 48. Zudem: Hyde, Calvo, Pallieri, McNair, Guggenheim, Verdross. Vgl. die Nachweise bei *Dahm/Delbrück/Wolfrum*, Völkerrecht 1/3, S. 638 und *Jacobs*, ICLQ 1969, S. 320. Für die objektive Theorie vgl. etwa: *Bernhardt*, Die Auslegung völkerrechtlicher Verträge, S. 32. Ebenso: *Bleckmann*, Die Aufgaben einer Methodenlehre des Völkerrechts, der für ein Abrücken des „subjektiven Dogmas“ im Völkerrecht plädiert und *Sinclair*, The Vienna Convention on the Law of Treaties, S. 130: „(T)here can be no common intentions of the parties aside or apart from the text they have agreed upon.“ Eine gute Übersicht über den Theorienstreit bietet: *Schollendorf*, Die Auslegung völkerrechtlicher Verträge in der Spruchpraxis des Appellate Body der Welthandelsorganisation, S. 34 ff.

261 Während die *subjektive Theorie* danach fragt: „Was haben die Parteien wirklich gewollt?“, fragt die *objektive Theorie*: „Was haben die Parteien gesagt?“ Vgl. *Jacobs*, ICLQ 1969, S. 319.

262 *Müller*, Vertrauensschutz im Völkerrecht, S. 141 bezeichnet ihn auch auch „volonté declareé“.

Theorie, deren Ziel die direkte Erforschung des Willens *ab initio* ist, über den Vertragstext hinaus anderer Auslegungsmittel, die einen Hinweis auf den tatsächlichen Willen der Parteien liefern.[263] Für sie hat etwa die Berücksichtigung der *traveaux preparatoires* einen größeren Stellenwert als für die *objektive Theorie*, da diese Aufschluss über den tatsächlichen Willen der vertragsschließenden Parteien geben kann. Einen entscheidenden Unterschied zwischen beiden Theorien gibt es bei der Berücksichtigung des Parteienverhaltens nach Abschluss des Vertrages, der *späteren Praxis*. Im Rahmen der *objektiven Theorie* verdeutlicht die *nachfolgende Praxis* nur den Vertragstext. Dagegen kann die *spätere Praxis* im Rahmen der *subjektiven Theorie* nicht nur ein Indiz für den *ursprünglichen Konsens*, sondern darüber hinaus auch für den *aktuellen Konsens* der Parteien sein, der sich im Laufe der Vertragsdauer vom ursprünglichen Konsens gelöst und verändert haben kann. Schließlich ergeben sich Unterschiede auch bei der Anwendung der teleologischen Auslegung. Die rechtlich nicht ganz unproblematische *objektiv-teleologische Methode*[264] fragt allein nach dem Gegenstand und Zweck des Vertragstextes selbst, der aus der Vertragsnorm oder ihrem Kontext innerhalb des Vertrages zu entnehmen ist.[265] Nach der *subjektiv-teleologischen* Vorgehensweise hingegen ist auch jenseits des objektiven Vertragstextes nach den ursprünglichen oder aktuellen Zielen, die die Vertragsparteien mit dem Abschluss des Vertrages verfolgen, zu fragen.[266]

Ausgehend von der Überlegung, dass der Wille der Staaten Geltungsgrund des gesamten Völkerrechts ist, erscheint die *subjektive Theorie* mit ihrem Endziel der direkten Erforschung des Willens *ab initio* auf den ersten Blick als der methodisch „richtige" Weg. Allerdings versagt diese Methode, wenn in Bezug auf eine auszulegende Vertragsbestimmung ein übereinstimmender Parteiwille nicht zu ermitteln ist, etwa weil die Staaten einen möglichen Sachverhalt

263 *Jacobs*, ICLQ 1969, S. 319. Das *American Law Insitute* bringt diese Sichtweise so zum Ausdruck: „The primary object of interpretation is to ascertain the meaning intended by the parties for the terms in which the agreement is expressed (…).", vgl.: *American Law Institute*, Restatement of the Law, Second, S. 449.

264 Zur Kritik vgl. die Ausführungen weiter unten in diesem Abschnitt.

265 Zur objektiven Ausprägung der teleologischen Methode kritisch: *Karl*, Vertragsauslegung, Vertragsänderung, S. 14.

266 Zur Abgrenzung und zum Verhältnis der objektiv-teleologischen zur subjektiv-teleologischen Auslegung vgl. Pechstein/Drechsler in Riesenhuber (Hrsg.), Europäische Methodenlehre, S. 109.

nicht vorhergesehen haben.[267] Zudem kann sich ein gemeinsamer Wille erst mit der Niederlegung der vormals getrennt und sich sogar widersprechender Einzel-Willen in Vertragstextform herauskristallisieren. Gerade die Fixierung dieses Willens in dem Vertragstext kann darauf hindeuten, dass die Parteien wollen, dass sich die daraus resultierenden rechtlichen Verpflichtungen gerade primär an diesem Instrument orientieren sollen.[268] Insofern haben die benutzten Wörter im Vertragstext aus sich heraus eine eigene Bedeutung.

Auch Gründe des Vertrauensschutzes sprechen dafür, auf objektive statt auf subjektive Kriterien zurückzugreifen.[269] Handelt es sich etwa bei dem auszulegenden Vertrag um einen multilateralen Vertrag mit einem offenen Mitgliederkreis, so treten die nachträglich hinzukommenden Staaten dem Vertrag in erster Linie auf der Grundlage des objektiven Vertragstextes und ohne den subjektiv-historischen Willen der Gründungsparteien zu kennen bei.[270] Aus der Souveränität der Staaten folgt, dass ein Staat nur denjenigen völkerrechtlichen Verpflichtungen unterworfen ist, denen er zugestimmt hat. Daher können die dem Vertrag später beitretenden Staaten ohne Kenntnis oder zumindest stillschweigende Akzeptanz des ursprünglichen Konsenses, sofern dieser sich vom objektiven Vertragstext unterscheidet, an diesen historischen Willen nicht gebunden werden.[271]

Gegen die (strenge) *objektive Theorie* lässt sich einwenden, dass sie mit einer Fiktion arbeitet, indem sie den in der subjektiven Sphäre vorhandenen Konsens der Staaten in den Vertragstext hineinprojiziert. Anstelle des Willens selbst wird die Willenserklärung als autonomer, in sich abgeschlossener und aus sich selbst heraus begreifbarer Träger dieses Willens verabsolutiert. Konsequenz der objektiven Theorie ist letztlich, dass der Vertragstext „klüger“ sein kann als die Parteien selbst.[272]

---

267 Kritisch auch: *Ipsen*, Völkerrecht, S. 139; *Lauterpacht*, BYIL 1949, S. 75 ff.; *Jacobs*, ICLQ S. 339.

268 *Müller*, Vertrauensschutz im Völkerrecht, S. 147.

269 *Müller*, aaO., S. 107 ff.

270 Darauf weist auch Richter Spender hin in seinem Sondervotum zum Gutachten des IGH im Fall „Certain Expenses of the United Nations“, ICJ Rep. 1962, S. 185.; ebenso: *Müller*, Vertrauensschutz im Völkerrecht, S. 125.

271 So auch: *Doehring*, Völkerrecht, Rn. 394.

272 Ein anschauliches Beispiel für das grundsätzliche Problem des Auseinaderfallens von Wille und Erklärung liefert schon Shakespeares Stück *The Tempest*, in dem Gonzalo sagt: „(Y)ou have spoken truer than you purposed.“ Daraufhin antwortet Sebastian: „You have taken it wiselier than I meant you should.“ Kritisch: *Hillgruber*, Spielräume und Grenzen des EuGH, S. 3.

Ob bei der Vertragsinterpretation die objektive oder subjektive Auslegungstheorie vorzuziehen ist, kann nicht abstrakt beantwortet werden. Dies hängt zum einen vom rechtstheoretischen Grundverständnis des Interpreten ab. Zum anderen kommt es auf den konkreten Inhalt des auszulegenden Vertrages an.[273] Aufgrund des im Völkerrecht vorherrschenden Konsensprinzips können die Staaten festlegen, was Recht ist und was nicht. Die Staaten können dabei auch die bei der Auslegung eines Vertrages anwendbaren Interpretationsmethoden festlegen. Allerdings ist es schwierig, die in einer allgemeinen Übung reflektierten Rechtsüberzeugungen in Bezug auf die Auslegungsmethoden eines völkerrechtlichen Vertrages nachzuweisen. Die Auslegungsvorgänge durch die Staaten bleiben oftmals verborgen, während lediglich das Ergebnis der Auslegung kundgetan wird.

Mit dem verstärkten Aufkommen von multilateralen Verträgen, insbesondere von Satzungen Internationaler Organisationen und Verträgen zum Schutz der Menschenrechte, seit Anfang des 20. Jahrhunderts wird die These vertreten, dass das Völkerrecht sich zunehmend hin zu einer Verfassungsordnung entwickle.[274] Derartige Verträge würden nicht mehr allein vom Gedanken der Reziprozität getragen werden. Durch sie würden vielmehr *objektive Normen* gesetzt, die für alle Staaten unabhängig von ihrem Willen verbindlich seien.[275] Solche Verträge stellten ein *objektives Regime* dar mit einem eigenständigen, vom Willen der Vertragsparteien losgelösten Regelungszweck.[276] Dabei wird vereinzelt sogar akzeptiert, dass sich dieser Vertragszweck im Laufe der Zeit selbständig verändern und neuen tatsächlichen Gegebenheiten anpassen kann.[277] Es wird vorgebracht, dass diese Verträge

---

273 Vgl. *Jestaedt*, ZÖR 2000, S. 133 ff. „*Wie das Recht, so die Auslegung.*"

274 Zur Konstitutionalisierungsthese im Völkerrecht vgl. *Kleinlein*, Konstitutionalisierung im Völkerrecht, S. 5 ff.

275 Insoweit wird auch von „konstitutionellen Verträgen" oder „rechtsetzenden Verträge" gesprochen. Zur Unterscheidung zwischen „constitutive treaties" und „non-constitutive treaties": *Gordon*, AJIL 1965, S. 797.

276 Vgl. *EGMR*, Wemhoff v. Germany, Urteil vom 27.7.1968, Series A No. 7, S. 23: „*Given that it is a law-making treaty, it is also necessary to seek the interpretation that is most appropriate in order to realise the aim and achieve the object of the treaty*". Zur Auslegung der UN-Charta vgl. *Sloan*, PYBIL 1989, S. 61 ff.

277 Kritisch: *Fitzmaurice*, BYIL 1957, S. 208 f. spricht insoweit von der „*theory of emergent purpose*".

objektiv[278], insbesondere *objektiv-teleologisch*[279] auszulegen seien. Zur Begründung der objektiven Auslegungsmethode bei Satzungen Internationaler Organisationen wird angeführt, dass dadurch die Kontinuität und Stabilität der Organisation sichergestellt werde. Diese Gründe mögen im Ergebnis zwar zutreffen. Es spricht eine starke Vermutung dafür, dass dieses Ziel auch vom Willen der Parteien getragen war. Allerdings verbirgt sich hinter dieser Auffassung letztlich die Vorstellung vom Völkerrecht als einer wertgebundenen Ordnung. Da die internationale Staatengemeinschaft jedoch auf unterschiedlichen, zum Teil gegensätzlichen Werte- und Kulturkreisen beruht, ist diese Auffasung indes problematisch.

Die Bezeichnung *objektives Regime* erweist sich zudem als ein schillernder Begriff. Sowohl dessen Inhalt als auch dessen Wirkungen sind weitgehend ungeklärt. Es besteht dabei zudem die Gefahr, dass der Begriff missbräuchlich verwendet wird, um ein gewünschtes Ergebnis mit objektiven Gemeinschaftsinteressen zu begründen und dabei das Konsensprinzip zu missachten. Ob die Staaten durch einen Vertrag derartige Gemeinschaftsinteressen verfolgen und entsprechende objektive Pflichten begründen wollten, ist vielmehr sorgfältig unter Beachtung des Konsensprinzips mithilfe der Auslegungsregeln zu prüfen.[280] Diese Feststellung ist erst das Ergebnis der Auslegung und kann ihr nicht vorweggestellt werden.

---

278 *Verdross/Simma*, Völkerrecht, S. 492; *McNair*, The Law of Treaties, S. 365; *IGH*, „Competence of the General Assembly for the Admission of a State to the United Nations", ICJ Rep. 1950, S. 8; „South West Africa Cases", ICJ Rep. 1962, S. 319 ff.; Inter-American Court of Human Rights, Advisory Opinion OC-3/83 (1983): *„In the case of human rights treaties, (...) objective criteria of interpretation that look to the texts themselves are more appropriate than subjective criteria that seek to ascertain only the intent of the Parties. This is so because human rights treaties, (...), are 'not multilateral treaties of the traditional type concluded to accomplish the reciprocal exchange of rights for the mutual benefit of the contracting States', rather 'their object and purpose ist he protection of the basic rights of individual human beings, irrespective of their nationality, both against the State of their nationality and other contracting States'.*" Zur Auslegungsmethodik des Inter-Amerikanischen Gerichtshofs: *Neumann*, EJIL 2008, S. 101 ff.

279 Die objektiv-teleologische Auslegungsmethode wird dabei teilweise als dritte eigenständige Auslegungsmethode angeführt, so etwa bei: *Fitzmaurice*, BYIL 1957, S. 204; *McRae*, VUWLR 2002, S. 209 ff.; *Jacobs*, ICLQ 1969, S. 319; *Shaw*, International Law, S. 932.

280 Kritisch in Bezug auf die objektive Auslegung auch: *Fink*, Kollektive Friedenssicherung, S. 853 f.

C. Die Auslegungsregeln eines völkerrechtlichen Vertrages im Einzelnen

Die Regeln zur Auslegung eines völkerrechtlichen Vertrages sind Normen des Völkergewohnheitsrechts.[281] Sie sind in den Artt. 31–33 der Wiener Konvention über das Recht der Verträge (WVK) teilweise kodifiziert worden. Die WVK findet gemäß Art. 4 nur auf solche Verträge Anwendung, die von Staaten geschlossen werden, nachdem das Übereinkommen für sie in Kraft getreten ist. Die WVK gilt für alle Arten von Verträgen. Dies stellt Art. 5 WVK klar, indem er bestimmt, dass die WVK auch für Gründungsverträge internationaler Organisationen anwendbar ist. Da die in Art. 31–33 WVK normierten Regeln das bestehende Völkergewohnheitsrecht kodifizieren[282], können sie bei der Interpretation eines *ratione temporis* oder *ratione personae* nicht in den Anwendungsbereich der WVK fallenden Vertrages zur Verdeutlichung der völkergewohnheitsrechtlichen Auslegungsregeln herangezogen werden.

Die Art. 31–33 WVK geben kein strenges Auslegungssystem vor und folgen nicht ausschließlich einer Auslegungstheorie. Sie vereinigen sowohl Elemente der objektiven als auch der subjektiven Auslegungstheorie in sich.[283] Durch ihre offene Formulierung lassen die Auslegungsregeln zudem einen Spielraum für eine Akzentuierung im konkreten Fall.

Nach der in Art. 31 Abs. 1 WVK statuierten Grundregel sind völkerrechtliche Verträge nach Treu und Glauben entsprechend dem Wortlaut in seinem systematischen Zusammenhang und unter Berücksichtigung des Ziels und Zwecks des Vertrages auszulegen. Zwischen diesen Regeln besteht kein rechtliches Rangverhältnis. Sie sind als einheitliches, zusammenhängendes Konzept (*single combined operation)* anzuwenden.[284]

Die Auslegung nach Treu und Glauben wird zum Teil nicht als eigenständige Auslegungsregel angesehen, sondern lediglich als eine besondere Ausprägung

281 *Doehring*, Völkerrecht, S. 169.

282 *Dahm*, Völkerrecht 1/3, S. 640.

283 Dies ist dem Umstand geschuldet, dass sich bei der Ausarbeitung der WVK durch die International Law Commission unterschiedliche rechtstheoretische Positionen gegenüberstanden, die letztlich in einem Kompromiss zusammengefasst wurden. Vgl. dazu die Diskussionen in: *ILC*, YBILC 1966 II. A.A. *Jacobs*, ICLQ 1969, S. 322 ff, der davon ausgeht, dass sich die WVK für die objektive Theorie entschieden hat. Dagegen spricht die Aufnahme der späteren Übung als primäre Auslegungsregel in Art. 31 Abs. 3 WVK.

284 *ILC*, YBILC 1966 II, S. 219.

des Willkürverbots, welches den Interpreten zur redlichen Vertragsauslegung anhält.[285] Andere sehen darin den Grundsatz des Vertrauensschutzes als fundamentales Prinzip des Vertragsrechts normiert, das ein an objektiven Maßstäben gegenseitiger Rücksichtsnahme orientiertes Verhalten der Staaten erfordert.[286]

Die Grundregel wird in Art. 31 Abs. 2 und 3 WVK durch die Einbeziehung weiterer entstehungszeitlicher Elemente sowie nach Vertragsabschluss entstandener, vertragsexterner Auslegungselemente konkretisiert und erweitert.

Art. 32 WVK enthält eine nicht abschließende Aufzählung ergänzender Auslegungsmittel, denen eine nachrangige Funktion bei der Auslegung zukommt.

Art. 33 WVK regelt den besonderen Fall der Auslegung mehrsprachiger Verträge.

I. Die Auslegung anhand des Wortlauts

Bei der Wortlautauslegung[287] ist der Inhalt des Vertragstextes grundsätzlich nach der gewöhnlichen Bedeutung der verwendeten Begriffe, dem allgemeinen Sprachgebrauch, zu erschließen (*ordinary meaning rule*).[288] Etwas anderes gilt nur dann, wenn feststeht, dass die Parteien dem Ausdruck eine besondere Bedeutung beimessen wollten. Dann ist die von den Parteien gewollte Bedeutung zugrundezulegen.[289]

Um die gewöhnliche Wortbedeutung festzustellen, ist der zum Zeitpunkt des Vertragsabschlusses geltende Sprachgebrauch maßgeblich zu berücksichtigen.[290] Nachträgliche Veränderungen des allgemeinen Begriffsverständnisses bleiben grundsätzlich unberücksichtigt. Eine Ausnahme besteht, wenn nach dem Willen der Parteien die benutzten Worte für einen zeitbedingten Bedeutungswandel offen sein sollen, was wiederum durch Auslegung des Vertragstextes zu ermitteln ist.[291]

---

285 *Vitzthum* in: Vitzthum, Völkerrecht, S. 56 f.

286 *Müller*, Vertrauensschutz im Völkerrecht, S. 127 ff.

287 Vgl. Art. 31 Abs. 1 i.V.m. Art. 31 Abs. 4 WVK.

288 *Brownlie*, Principles of Public International Law, S. 632 ff.; *Fitzmaurice*, BYIL 1957, S. 225.

289 Vgl. Art. 31 Abs. 4 WVK.

290 *D'Amato* in: Bernhardt, EPIL II, S. 1234 ff.; *Schollendorf*, Die Auslegung völkerrechtlicher Verträge in der Spruchpraxis des Appellate Body der Welthandelsorganisation, S. 48.

291 *Ipsen*, Völkerrecht, S. 140.

Daher verbietet sich die pauschale Annahme, dass die Satzung einer Internationalen Organisation *per se* dynamisch, also im Lichte der nachfolgenden Entwicklungen, zu interpretieren sei, da es dem Willen der Partein entspreche, dass die Organisation auf Dauer ausgelegt und funktionieren soll.[292]

Erstens darf die Satzung nicht undifferenziert als Ganzes betrachtet werden. Es muss für jede einzelne Satzungsnorm gesondert festgestellt werden, ob sie nach dem Willen der Vertragsparteien dynamisch zu verstehen ist oder nicht.

Zweitens kann dieses Argument von vornherein nur bei einer nachfolgenden Veränderung des allgemeinen Sprachgebrauchs greifen, da sich eine solche noch innerhalb des vom Wortlaut umfassten Begriffverständnisses abspielt. Unzulässig ist hingegen, neue tatsächliche Gegebenheiten, die von der Vorstellung der Parteien zum Zeitpunkt des Vertragsabschlusses nicht umfasst waren, unter die Norm zu subsumieren. Eine derartige Ausdehnung der Norm muss an den Grundsätzen der *implied powers*-Lehre gemessen werden.[293]

II. Die Auslegung nach der *Systematik im engeren Sinne* und der *Systematik im weiteren Sinne*

Die auszulegende Norm ist nicht nur aus sich heraus, sondern auch in ihrem systematischen Zusammenhang auszulegen.[294] Dabei ist sowohl der syntaktische Zusammenhang mit den unmittelbar umgebenden Worten innerhalb eines Satzes oder Abschnittes als auch der Vertrag als Ganzes zu betrachten.[295] Dies folgt schon daraus, dass alle Normen des Vertrages Teil eines gesamten Vertragswerks sind und aus diesem Grunde in einem inneren Zusammenhang stehen.[296] Dieser innere Zusammenhang, also etwa die Reihenfolge der Normen und ihre Gliederung, beruht letztlich nicht auf Zufall. Er verrät die ordnende Hand der Parteien, mithin ihre Regelungsabsicht. Es gebietet sich somit, bei der Auslegung einer Norm Vergleiche und Abgrenzungen zu anderen

---

292 Vgl. dazu auch: *Schollendorf*, Die Auslegung völkerrechtlicher Verträge in der Spruchpraxis des Appellate Body der Welthandelsorganisation, S. 48.

293 Dazu sogleich unter C III 2 b.

294 Vgl. Art. 31 Abs. 1 WVK.

295 StIGH, Competence of the International Labour Organisation, OCIJ, Series B 2 (1922), S. 23; ICJ, Case Concerning Right of Passage over Indian Territory (Portugal v. India), ICJ Rep. 1960, S. 158; *Schwarzenberger*, International Law, S. 505, *Gardiner*, Treaty Interpretation, S. 177 ff.

296 *Bernhardt*, Die Auslegung völkerrechtlicher Verträge, S. 81.

Vertragsbestimmungen vorzunehmen sowie die Bedeutung des Vertragstextes insgesamt zu erfassen.

Darüber hinaus können auch außerhalb des Vertragstextes getroffene konkludente oder förmliche Übereinkünfte oder Urkunden mit Bezug zum Vertrag als *Kontext im weiteren Sinne* in die Auslegung mit einfließen.[297]

III. Die teleologische Auslegung

Nach der teleologischen Auslegung ist der Vertrag im Lichte seines *Ziels und Zwecks* zu interpretieren.[298] Dieser Auslegungstopos beruht auf der Vorstellung, dass die Staaten einen Vertrag abschließen, um damit ein bestimmtes Regelungsziel zu erreichen. Daher ist zunächst das bezweckte Regelungsziel zu ermitteln. Der rechtliche Gehalt und die Tragweite der auszulegenden Norm sind sodann vor dem Hintergrund dieses Regelungsziels zu bestimmen.[299]

1. Die Ermittlung des *Ziel und Zwecks*

Die Formulierung *„object and purpose“*[300] ist tautologisch zu verstehen. Zwischen diesen beiden Begriffen ist kein Unterschied zu machen; sie sind als kombiniertes, einheitliches Konzept zu verwenden.[301] Zu fragen ist also nach dem oder den Vertragsziel(en) sowie nach dem oder den dafür verwendeten Mittel(n).

---

297 Vgl. Art. 31 Abs. 2 WVK.

298 Vgl. Art. 31 Abs. 1 WVK.

299 *Jacobs*, ICLQ 1969, S. 319; zum Ablauf der teleologischen Auslegung: Schollendorf, S. 52 ff.

300 Vgl. Art. 31 Abs. 1 WVK.

301 *Gardiner*, Treaty Interpretation, S. 193 ff. mwN.; *Klabbers*, in: Wolfrum (Hrsg.): MPEPIL, *Treaties, Object and Purpose*, Rn. 17 ff.; *Linderfalk*, NordicJInt’lL 2003, S. 433; *Buffard/Zemanek*, AustrianRevInt’lEurL 1998, S. 326. Nach der gewöhnlichen Wortdeutung der englischen Sprachfassung ist „object“ gleichzusetzen mit: „goal, purpose, aim“ und „purpose“ wird definiert als „the object which one has in view“. Vgl. *Simpson/Weiner*, The Oxford English Dictionary, Stichworte „object“ und „purpose“. Auch der spanische Wortlaut („objeto y fin“) deutet auf eine tautologische Verwendung hin. Im Gegensatz dazu verstehen Teile der französischen Doktrin den ebenfalls authentischen französischen Wortlaut („à la lumière de son objet et de son but“) unter Verweis auf die im französischen Verwaltungsrecht vorgenommene Begriffsunterscheidung so, dass „l’objet“ den materiellen Inhalt bzw. rechtlichen Gehalt der Norm meint, während „le but“ als der Grund bzw. der Zweck für die Abfassung des Inhalts („l’objet“) angesehen wird.

Dabei kommt es entgegen der in Art. 31 Abs. 1 WVK verwendeten, etwas missverständlichen Formulierung *„in light of its* (the treaty's; Anm. d. Verf.) *object and purpose"* nicht auf den objektiven Zweck des Vertrages, sondern auf den von den Parteien mit dem Vertrag verfolgten subjektiven Zweck an.

Nach einem objektiven Zweck des Vertrages zu fragen, ist zirkelschlüssig: Bei der Anwendung eines Vertrages können allein schon denklogisch nur zwei Regelungswillen realisiert werden: Entweder der subjektive Regelungswille der Vertragsparteien oder der subjektive Regelungswille des Interpreten.[302] Löst sich der Interpret dabei jedoch vom subjektiven Regelungswillen der Vertragsparteien, so nimmt er im Ergebnis eine Eigenbewertung vor. Diese ist dann keine zulässige Auslegung, sondern eine unzulässige *„Einlegung"*.[303]

Wird nur danach gefragt, was die Parteien objektiv erklärt haben, kann der Vertrag eine Eigendynamik entwickeln, die sich vom tatsächlichen Parteiwillen lösen kann.[304] Wird die teleologische Auslegung derart verabsolutiert, führt sie im Ergebnis zu einer „unbegrenzten Auslegung"[305]. Dann kann potenzieller Inhalt eines Vertrages alles sein, was der Erreichung seines Zwecks dient.[306]

2. Rückschlüsse aus dem *Ziel und Zweck* für die Interpretation der Norm

Aufgrund der expansiven Wirkung der teleologischen Auslegung, die eine Einbruchstelle für nicht vom Parteiwillen gedeckte Wertungen des Interpreten sein kann, ist genau zu prüfen, welche Rückschlüsse aus dem ermittelten *Sinn und Zweck* des Vertrages für die Interpretation der konkreten Norm gezogen werden dürfen. Dabei ist auf das *Effektivitätsprinzip* und die *implied powers*-Lehre näher einzugehen.

Tatsächlich hat die Frage in praktischer Hinsicht wenig Relevanz. Wird „object" im Sinne von Regelungsinhalt des Vertrages verstanden, so wird dies bereits bei der Auslegung des Wortlauts und der Systematik des Vertrages berücksichtigt.

302 *Rüthers/Fischer*, Rechtstheorie, Rn. 719.

303 *Rüthers/Fischer*, aaO., Rn. 797.

304 Vgl. *Hillgruber*, Spielräume und Grenzen des EuGH, S. 3, der insoweit vor einer „self-fulfilling prophecy" warnt.

305 Zum Begriff: *Rüthers*, Die unbegrenzte Auslegung, S. 1 ff.

306 *Hillgruber*, Spielräume und Grenzen des EuGH, S. 3.

a) Das *Effektivitätsprinzip*

Die Wurzeln des Effektivitätsprinzips liegen im nationalen Recht[307] und lassen sich bis in das römische Recht zurückverfolgen.[308] Dieser Auslegungsgrundsatz arbeitet mit der widerlegbaren Vermutung, dass die Staaten den Vertragstext als Ausdruck ihres gemeinsamen Willens bewusst gewählt haben und jede Norm daher grundsätzlich eine Bedeutung hat.[309]

Das Effektivitätsprinzip ist ein allgemeiner Rechtsgrundsatz des Völkerrechts.[310] Allerdings werden dessen Wirkungen im Rahmen der Vertragsauslegung in der Völkerrechtspraxis und –literatur nicht einheitlich beschrieben. Dem Effektivitätsprinzip wird vielmehr eine gewisse Bandbreite zugeschrieben. Deren Spektrum reicht vom Anerkennen einer minimalen Wirksamkeit der Norm bis hin zur Beimessung der größtmöglichen Wirksamkeit der Norm im Hinblick auf das Erreichen des Vertragsziels.[311]

Das *Effektivitätsprinzip* hat vor allem in der Rechtsprechung des Europäischen Gerichtshofs (EuGH) eine besondere Ausprägung erhalten. Dort wird es in Anlehnung an einen dem französichen Recht entlehnten Auslegungstopos, wonach eine Norm möglichst ergiebig und mit größter Nutzwirkung für das Vertragsziel auszulegen ist[312], als *effet utile* bezeichnet.

Die Verwendung des *effet utile*-Grundsatzes durch den EuGH weist jedoch ebenfalls eine gewisse Elastizität auf. Teilweise versteht der EuGH diesen Grundsatz so, dass der auszulegenden Vorschrift nicht jegliche Wirksamkeit genommen werden darf, sie also praktisch nicht sinnentleert sein darf.[313] Andererseits

---

307 Einige Rechtsordnungen, darunter die italienische und französische haben diesen Auslegungsgrundsatz ausdrücklich festgeschrieben. In anderen ist er Bestandteil der ständigen Rechtsprechungspraxis geworden, vgl. dazu *Seyr*, Der effet utile in der Rechtsprechung des EuGH, S. 95.

308 Nach einer Textstelle bei *Julian* wird dieser Grundsatz als „ut res magis valeat quam pereat" bezeichnet, vgl. *Seyr*, aaO. S. 94.

309 *Bernhardt*, Die Auslegung völkerrechtlicher Verträge, S. 80 f.

310 Zur Anerkennung des Effektivitätsgrundsatzes im Völkerrecht vgl. etwa: *Fitzmaurice*, BYIL 1951, S. 18 ff.; *Thirlway*, BYIL 1991, S. 44; umfassend: *Krieger*, Das Effektivitätsprinzip im Völkerrecht.

311 *Potacs*, EuR 2009, S. 465 f.; vgl. auch zur älteren Rechtsprechung: *Lauterpacht*, BYIL 1949, S. 68 f.; *Krieger*, Das Effektivitätsprinzip im Völkerrecht, S. 74.

312 Vgl. *Hillgruber*, Spielräume und Grenzen des EuGH, S. 3.

313 Vgl. etwa EuGH, Rs. 390/95 P (Antillean Rice Mills), Slg. 1999, I-769, Rn. 67; EuGH Rs. C-438/05 (Viking), Slg. 2007, I-10779, Rn. 69; EuGH, Rs. C-102/97 (Kommission gegen Deutschland), Slg. 1999, I-5051, Rn. 43.

zieht der EuGH diesen Grundsatz heran, um eine Auslegung nach der vollen und stärksten Wirkungskraft einer Vorschrift zu begründen.[314] Der EuGH ist gerade für letztere Verwendung des *effet utile*-Grundsatzes vielfach kritisiert worden.[315]

Gesichert ist, dass der *Effektivitätsgrundsatz* als völkerrechtliches Prinzip nur in seiner Minimalvariante, also in der Maxime *ut res magic valeat quam pereat*[316], als Teil des *bona fide*-Grundsatzes anerkannt ist.[317] Es wird hierbei angenommen, dass jeder gültige völkerrechtliche Vertrag auch *effektiv*, also praktisch wirksam und anwendbar zur Regelung eines bestimmten Sachverhaltes sein muss. Ist der Vertrag nämlich existent und gültig, so ist der Vertragsanwender dazu angehalten, dem Vertrag zu *Effektivität*, also Wirksamkeit, zu verhelfen.[318] Daher darf die Auslegung eines völkerrechtlichen Vertrages nicht dazu führen, dass dieser im Hinblick auf sein Gestaltungsziel und seinen Regelungszweck vollständig seine Wirksamkeit verliert.[319] In diesem Sinne sind also unter mehreren Auslegungsvarianten diejenigen außer Acht zu lassen, die im Hinblick auf die Verwirklichung des Vertragszwecks überhaupt keine Bedeutung haben bzw. rein gar nichts zur Zielerreichung beizutragen vermögen.[320]

---

314 Vgl. etwa: EuGH, Rs. C-144/04 (Mangold), Slg. 2005, I-9981; EuGH, Rs. 106/77 (Simmenthal), Slg. 1978, 629, Rn. 14/16; EuGH, Rs. C-499/06 (Nerkowska), Rn. 31.

315 Denn die diesem Argumentationstopos, der sich auf die Formel „der Zweck heiligt die Mittel" bringen lässt, innewohnende Dynamik kann zur Überschreitung der Auslegungsgrenzen und damit zu Kompetenzübergriffen führen. Zur Kritik am EuGH vgl. etwa *Potacs*, EuR 2009, 465 f. m.w.N.

316 Übersetzt: „Worte sind so zu verstehen, dass der Sinn erhalten und nicht zerstört wird."

317 *Lauterpacht*, BYIL 1949, S. 48 ff. Auch der IGH geht von einem derartigen Verständnis des Effektivitätsprinzips aus. Vgl. dazu etwa die Aussage des IGH im Corfu Channel Fall: „It would indeed be incompatible with the generally accepted rules of interpretation to admit that a provision of this sort occuring in a special agreement should be devoid of purport or effect. (…)", ICJ Rep. 1949, 24; siehe auch das Gutachten Acquisition of Polish Nationality, PCIJ, Series B 7, 1923, 17: „(…) the Court has expressed the view that an interpretation which would deprive the (…) Treaty of a great part of its value is inadmissible."

318 *Golsong*, Interpreting the European Convention on Human Rights Beyond the Confines of the Vienna Convention on the Law of Treaties?, S. 153.

319 *Dahm*, Völkerrecht 1/3, S. 644.

320 *Golsong*, Interpreting the European Convention on Human Rights Beyond the Confines of the Vienna Convention on the Law of Treaties?, S. 153; *Fitzmaurice*, BYIL 1951, S. 19 ff; *Linderfalk*, NordicJInt'lL 2003, S. 435.Vgl. auch das abweichende Sondervotum des Richters Read im Peace Treaties-Gutachten: „An

Nicht durch die völkerrechtliche Praxis gesichert ist indes eine darüber hinausgehende Maximal-Wirkung des *Effektivitätsprinzips* in dem Sinne, dass bei mehreren möglichen Auslegungsvarianten diejenige vorzuziehen ist, welche die Ziele und den Zweck des Vertrages möglichst effektiv zu verwirklichen vermag.[321] Wie weit die Spannbreite der von den Parteien im Vertrag angelegten *Effektivität* reicht, darf nicht durch die bloße Berufung auf den *Effektivitätsgrundsatz* vorweggenommen werden. Vielmehr ist erst durch Auslegung des gesamten Vertragswerks zu ermitteln, inwieweit die Parteien das *Effektivitätsprinzip* darin verwirklicht sehen wollten.

Dafür spricht die Möglichkeit, dass die Staaten bei Abfassung eines völkerrechtlichen Vertrages aus verschieden Motiven heraus bewusst *leges imperfectae* geschaffen haben, die nur in begrenztem Maße effektiv sein sollen. Der Vertragstext ist nicht selten das Ergebnis von Kompromissen zwischen unterschiedlichen oder gar gegenläufigen Interessen, in dem die Staaten bewusst oder mangels tatsächlicher Einigung nur eine unvollständige oder rudimentäre Regelung treffen wollten.[322] Insofern verbietet sich ein allgemeines Zweck- und Effektivitätsdenken, wonach den Parteien unterstellt wird, dass sie die Regeln und die Vertragsziele als möglichst effektiv verwirklicht sehen wollten.

Der Grad der Effektivität einer Norm ist vielmehr aus dem Willen der Partein, der im Vertragstext irgendeinen Niederschlag gefunden haben muss, zu ermitteln.[323] Findet sich kein Anhaltspunkt dafür, so gebietet der aus der Souveränität fließende Grundsatz, dass die Staaten nur an solche Normen gebunden sind, denen sie sich selbst unterworfen haben, im Zweifel eine souveränitätsschonende, restriktive Auslegung (*in dubio mitius*).[324]

---

interpretation which would deprive the (…) Treaty of a great part of ist value is inadmissible." ICJ, Interpretation of Peace Treaties with Bulgaria, Hungary and Romania, Advisory Opinion of 18 July 1950 (second phase), Dissenting Opinion by Judge Read, S. 235.

321 Vgl. dazu: *Dahm*, Völkerrecht 1/3, S. 644; *Linderfalk*, aaO., S. 434.

322 So auch *Bernhardt*, Die Auslegung völkerrechtlicher Verträge, S. 96.

323 So auch: IGH, Advisory Opinion on Peace Treaties with Bulgaria, Hungary and Romania, ICJ Rep. 1950, S. 229: „The principle of interpretation expressed in the maxim, ut res magis valeat quam pereat, often referred to as the rule of effectiveness, cannot justify the Court in attributing to the provisions (…) a meaning which, (…) would be contrary to their letter and spirit."

324 *Lauterpacht*, BYIL 1949, S. 58 f.

b) Die *implied powers*-Lehre

Eng mit der teleologischen Auslegung verknüpft ist die *implied-powers*-Lehre. Diese Lehre stammt ursprünglich aus dem US-amerikanischen Verfassungsrecht.[325] Als allgemeiner Rechtsgrundsatz des Völkerrechts ist sie insbesondere vom Internationalen Gerichtshof (IGH) und von seinem Vorgänger, dem Ständigen Internationalen Gerichtshof (StIGH), bei der Auslegung völkerrechtlicher Verträge herangezogen worden.[326] Dabei geht es um die Frage, ob der Vertrag neben den ausdrücklich erwähnten auch implizite Rechte und Pflichten der Vertragsparteien beinhaltet.

Zunächst wurde dieses Prinzip bei der Auslegung bilateraler Verträge angewendet. So hatte der StIGH in seinem *Marokko-Gutachten*[327] zu klären, ob die Konventionen von Madrid (1880) und Algeciras (1906) ein Recht der Streitparteien zur Ausübung konsularischer Befugnisse in Marokko enthielten. Ein solches Recht war nicht ausdrücklich in den Konventionen enthalten. Allerdings regelten die Konventionen die Ausübungsmodalitäten für ein solches Recht. Der StIGH verneinte das Bestehen eines solchen Rechts. Das Gericht argumentierte, dass ein implizites Recht in den Vertrag nur hineingelesen werden könne, wenn es für die Vertragsanwendung notwendig sei. Allein aus der Tatsache, dass die Parteien die Ausübungsmodalitäten für ein solches Recht in den Vertrag hineingeschrieben haben, könne nicht gefolgert werden, dass dieses Recht auch vertraglich begründet sei.[328]

Später ist dieses Prinzip vom IGH und anderen internationalen Gerichten bei der Auslegung von Gründungsverträgen internationaler Organisationen herangezogen worden.[329] Dabei geht es vorwiegend um die Frage, wie weit die

---

325 Grundlegend: *US Supreme Court*, McCulloch v. State of Maryland (1819), 17 US 316, 385.

326 Vgl. *Blokker*, in: Wolfrum (Hrsg.): MPEPIL, *International Organizations or Institutions, Implied Powers* m.w.N.

327 *PCIJ*, Nationality Decrees Issued in Tunis and Morocco (French Zone) on Nov. 8th, 1921, Advisory Opinion, 1923 P.C.I.J. (ser. B) No. 4 (Feb. 7).

328 Ebenfalls im Marocco-Fall war die Frage zu beantworten, ob der Vertrag ein implizites Recht auf Steuerbefreiung für Ausländer in Marocco enthielt. Der StIGH verneinte dies mit der gleichen Argumentation, wonach ein solches Recht außerhalb des Vertrages existiere und es daher nicht nötig ist, diese Recht noch einmal vertraglich zu konstituieren. Dazu: *Fitzmaurice*, BYIL 1957, S. 233 f.

329 Vgl. etwa: *ICJ*, Reparation for Injuries Suffered in the Service of the United Nations, Advisory Opinion, ICJ Rep. 1949, S. 174 ff.; *ICJ*, Effects of Awards of Compensation made by the United nations Aministrative Tribunal, Advisory Opinion, ICJ Rep.

Kompetenzen der durch die Satzung geschaffenen Organe einer Internationalen Organisation reichen. So bejahte der IGH etwa im *Reparations*-Gutachten ein implizites Recht der Vereinten Nationen auf Wiedergutmachung wegen Verletzung ihrer Bediensteten gegenüber den Mitgliedsstaaten. Der IGH stellte fest, dass unter dem Völkerrecht einer Organisation diejenigen impliziten Befugnisse zugesprochen werden müssen, die zur Erfüllung ihrer Pflichten wesentliche Voraussetzung sind.[330]

Die Anwendung der *implied powers*-Lehre setzt demnach voraus, dass erstens eine planwidrige Regelungslücke vorliegt und zweitens die Zuerkennung ungeschriebener Organkompetenzen bzw. damit korrespondierender Pflichten der Parteien zur Erfüllung des von den Parteien angestrebten vertraglichen Regelungszwecks unerlässlich ist.[331]

Ordnet man die *implied powers*-Lehre als Auslegungsmittel ein[332], ist sie bei genauer Betrachtung eine Spielart des *Effektivitätsprinzips*. Die Zuerkennung von impliziten Befugnissen eines Organs folgt daraus, dass dem Vertrag die von den Parteien gewollte Effektivität fehlt. Die tatsächliche Effektivität des Vertragstextes hinkt somit hinter der von den Parteien tatsächlich gewollten oder von ihnen als gewollt unterstellten Effektivität hinterher.

1954, S. 57 ff.; *EuGH*, Urteil vom 31.3.1971, Kommission gegen Rat (AETR), Rs. 22/70, Slg. 1971, S. 263.

330 „Under international law, the Organization must be deemed to have those powers which, though not expressly provided in the Charter, are conferred upon it by necessary implication as being essential to the performance of its duties." *ICJ*, Reparation for Injuries Suffered in the Service of the United Nations, Advisory Opinion, ICJ Rep. 1949, S. 182. Ähnlich: *ICJ*, Effects of Awards of Compensation made by the United nations Aministrative Tribunal, Advisory Opinion, ICJ Rep. 1954, S. 57 ff.: „(…) essential to ensure the efficient working of the Secretariat and to give effect to the paramount consideration of receiving the highest standards of efficiency, competence and integrity (…) capacity to do this arises by necessary intendment out of the Charter."

331 Vgl. auch: *Hillgruber*, Grenzen der Rechtsfortbildung durch den EuGH, S. 40.

332 Nach der hier vertretenen Ansicht ist die implied powers-Lehre kein Anwendungsfall der Vertragsergänzung. Sie ist ein Auslegungsmittel, da mit ihrer Hilfe den geschriebenen Vertragstext begleitende ungeschriebene Kompetenznormen, die vom ursprünglichen Willen der Staaten, dem Vertrag zur Wirksamkeit zu verhelfen, miterfasst sind, lediglich aufgedeckt (nicht aber neu hinzugefügt) werden. Auch *Ipsen*, Europäisches Gemeinschaftsrecht, S. 436 ff. sieht in ihr ein Vertragsauslegungsmittel.

Grenzen ergeben sich daraus, dass die *implied-powers*-Lehre niemals gegen den tatsächlichen Willen oder den eindeutigen Vertragswortlaut, in dem der Wille der Staaten zum Ausdruck kommt, angewendet werden darf.[333]

Implizite Befugnisse von Organen können auch nur dann angenommen werden, wenn die Organisation in dem einschlägigen Bereich bereits ausdrücklich zugewiesene Befugnisse besitzt.[334] Nur dann kann nach Treu und Glauben angenommen werden, dass die Parteien grundsätzlich willens sind, ihre Handlungsfreiheit in dem einschlägigen Bereich zugunsten von Befugnissen der Organisation einzuschränken.

Außerdem müssen die implizit zuerkannten Befugnisse notwendig und essentiell für die Wahrnehmung der Funktionen der Organisation sein. Es muss geprüft werden, dass der Vertrag oder die Vertragsnorm ohne die Anerkennung impliziter Befugnisse praktisch ineffektiv wäre und damit leer laufen würde. Allein aus der Formulierung von abstrakten Zielbestimmungen und Aufgabenbeschreibungen der Organisation, die häufig in den Anfangsbestimmungen der Satzung vorgenommen werden, kann jedoch nicht geschlossen werden, dass damit verbundene Kompetenzen enthalten sind.[335]

---

333 In institutioneller Hinsicht bedeutet dies, dass bei der Zuerkennung von impliziten Befugnissen das institutionelle Gefüge der Organisation nicht geändert weden darf und Aufgaben, die einem Organ zugewiesen sind, nicht auf ein anderes implizit verlagert werden dürfen. Dazu: *Blokker*, EJIL 2000, S. 548.

334 Vgl. Richter Hackworth in seiner *dissenting opinion*: „Powers not expressed cannot freely be implied. Implied powers flow from a grant of expressed powers and are limited to those that are necessary to the exercise of powers expressly granted." *ICJ*, Reparation for Injuries Suffered in the Service of the United Nations, Advisory Opinion, ICJ Rep. 1949, ICJ Rep. 1949, S. 198.

335 Vgl. auch: *Köck*, Die „implied powers" der Europäischen Gemeinschaften als Anwendungsfeld der „implied powers" internationaler Organisationen überhaupt, S. 279 ff. Zurückgegriffen kann insofern auch auf die aus dem deutschen Verwaltungsrecht bekannte dogmatische Unterscheidung zwischen Aufgabennorm und Befugnisnorm: Befugnisnormen können als Ermächtigung- bzw. Eingriffgrundlagen dienen, Aufgabennormen hingegen nicht. Aus der Aufgabenzuweisung kann nicht auf das Bestehen einer entsprechenden Befugnis geschlossen werden. Dem entspricht im Europarecht das „Prinzip der begrenzten Einzelermächtigung" gemäß Art. 5 EUV.

IV. Die Auslegung anhand der *späteren Übung* der Vertragsparteien

Das Verhalten der Vertragsparteien nach dem Abschluss des Vertrages[336], die sogenannte *spätere Übung* oder *nachfolgende Praxis*, ist eine weitere völkergewohnheitsrechtliche Auslegungsregel zur Erforschung des Willens der Vertragsparteien.[337] Diese Vertragsauslegungsregel ist in der Wiener Vertragsrechtskonvention als „*spätere Übereinkunft*" gemäß Art. 31 Abs. 3 lit. a WVK sowie als „*spätere Übung*" gemäß Art. 31 Abs. 3 lit. b WVK kodifiziert worden.

1. Die Abgrenzung der vertragsbezüglichen *späteren Übung* der Vertragsparteien von anderen Erscheinungsformen der Staatenpraxis

Von der *späteren Übung* sind zunächst die Verhaltensweisen der Vertragsparteien vor oder bei Vertragsabschluss abzugrenzen.[338]

Ferner ist die vertragsbezügliche *spätere Übung* von der Staatenpraxis zu unterscheiden, die für die Entstehung von Völkergewohnheitsrecht relevant ist. Im Rahmen der Entstehung von Völkergewohnheitsrecht kann das Verhalten der Staaten als *allgemeine Übung* (*consuetudo*) in Erscheinung treten und damit das objektive Element für die Entstehung von Völkergewohnheitsrecht neben dem subjektiven Element der Rechtsüberzeugung (*opinio iuris*) bilden.[339]

Da Völkervertrags- und Völkergewohnheitsrecht zwei verschiedene, grundsätzlich voneinander unabhängige Rechtsquellen bilden[340], ist zu prüfen, ob

---

336 Der Zeitpunkt des Vertragsabschlusses ist nicht gleichbedeutend mit dem Zeitpunkt des Inkrafttretens des Vertrages. Maßgeblich ist der Zeitpunkt der Einigung der Parteien.

337 *Verdross/Simma*, Universelles Völkerrecht, S. 391; *Aust*, Modern treaty law and practice, S. 191 ff.; vgl. *ICJ*, Advisory Opinion on the Legal Consequences for States of the Continued Presence of South Africa in Namibia, ICJ Rep 1971; Case Concerning the Temple of Preah Vihear (Cambodia v. Thailand), ICJ Rep 1962, S. 6.

338 Vgl. etwa Art. 31 Abs. 2 WVK, der die authentische Auslegung bei Vertragsschluss regelt.

339 Vgl. Art. 38 Abs. 1 IGH Statut, der das Völkergewohnheitsrecht als „Ausdruck einer allgemeinen, als Recht anerkannten Übung" bezeichnet.

340 Eine Ausnahme bildet Völkergewohnheitsrecht mit dem Rang von *ius cogens*, das unmittelbar auf einen Vertrag einwirken kann, indem ein Vertrag, der gegen *ius cogens* verstößt, nichtig ist. Vgl. Art. 53 WVK.

es sich bei der Praxis um eine vertragsbezügliche handelt oder ob sie für die Bildung von Völkergewohnheitsrecht relevant ist. Die Abgrenzung gestaltet sich vor allem beim Vorliegen von sogenanntem vertragsparallelen Völkergewohnheitsrecht schwierig. Ein solches Völkergewohnheitsrecht kann etwa im Zuge der Anwendung einer Satzung einer Internationalen Organisation durch die Vertragsparteien parallel zum Vertragsrecht entstehen.[341]

Schwierigkeiten bei der Feststellung, ob sich die Praxis auf einen Vertrag oder auf daneben existierendes Völkergewohnheitsrecht bezieht, bereitet der Umstand, dass die Praxis als tatsächliche Verhaltensweise *per se* objektiv neutral ist. Entscheidend kommt es daher auf die durch die Praxis vermittelte Rechtsüberzeugung der Staaten, mithin ihren Konsens, an. Es ist anhand der Umstände des konkreten Falles zu prüfen, ob die Rechtsüberzeugung der Parteien in Bezug auf den Vertrag vorliegt oder ob eine von der Vertragsnorm unabhängige Rechtsüberzeugung durch die Praxis impliziert wird.[342]

Als *spätere Übung* können verschiedene Arten des Staatenverhaltens relevant sein, wie etwa förmliche Rechtsgeschäfte im Sinne von Art. 31 Abs. 3 lit. a WVK[343] und rein tatsächliche (aktive oder passive) Verhaltensweisen der Parteien, also jede *„spätere Übung"* im Sinne von Art. 31 Abs. 3 lit. b WVK, sofern sie geeignet ist, die Übereinstimmung der Parteien über den Vertragsinhalt zu implizieren.[344]

---

341 Art. 38 WVK erkennt diese Möglichkeit an und stellt fest: „Die Artikel 34 bis 37 (betreffend Verträge zugunsten oder zulasten Dritter, Anm. d. Verf.) schliessen nicht aus, dass eine vertragliche Bestimmung als ein Satz des Völkergewohnheitsrechts, der als solcher anerkannt ist, für einen Drittstaat verbindlich wird." Vgl. auch: *Karl*, Vertrag und spätere Praxis, S. 109. Zur Bedeutung eines Vertrages für das Entstehen von Völkergewohnheitsrecht: *Doehring*, ZaöRV 1976, S. 77 ff. mwN. Ein Beispiel ist das neben dem EU-Recht entstandene Gewohnheitsrecht, vgl. dazu: *Ostertun*, Gewohnheitsrecht in der Europäischen Union, S. 83 ff., 165 ff., 211 ff. Denkbar ist, dass die neben der Vertragsnorm entstandene Norm des Völkergewohnheitsrechts sogar inhaltlich dem Vertrag widerspricht. Sie entsteht ja gerade nur anlässlich des Vollzugs des Vertrages. Ihr Inhalt ist unabhängig von dem Inhalt der Vertragsnorm.

342 Für die Annahme einer vertragsbezüglichen Praxis ist nicht erforderlich, dass das Verhalten sich auf eine bestimmte Vertragsnorm bezieht. Ausreichend ist, dass irgend ein sachlicher Bezug zum auszulegenden Vertrag besteht. Vgl. *Gardiner*, Treaty Interpretation, S. 232. Vgl. auch die Formulierung in Art. 31 Abs. 3 lit. b WVK „Practice (…) in the application of the treaty".

343 „Übereinkunft zwischen allen Vertragsparteien über die Auslegung des Vertrages oder die Anwendung seiner Bestimmungen".

344 Dazu gehört jedes Verhalten, das den Vertragsparteien nach den Regeln der völkerrechtlichen Verantwortlichkeit zurechenbar ist. Davon umfasst sind zum einen Verhaltensweisen der Staaten im internationalen Verkehr. Zum anderen gehören

Daher ist es möglich, dass im Rahmen eines multilateralen Vertrages die Praxis nur aktiv von einem Teil der Vertragsparteien vorgenommen wird und die anderen nicht aktiv daran beteiligten Parteien dieser Praxis (ausdrücklich oder stillschweigend) zustimmen.[345]

Ferner ist bei der Auslegung einer Satzung einer internationalen Organisation auch die Praxis der Organe, die den Vertrag ausführen, zu berücksichtigen.[346] Wendet ein Organ den Vertrag konsistent über eine längere Zeitdauer in einer bestimmten Art und Weise an, so kann sich aus den Reaktionen der Staaten darauf (gegebenenfalls unter Anwendung der Grundsätze der *acquiescence* und *estoppel*) ein Indiz für ihre Zustimmung, also ihren Konsens, ableiten lassen.[347]

2. Die Bedeutung der *späteren Übung* für die Vertragsauslegung

Bei der Vertragsauslegung kann die *spätere Übung* als ein Indiz für die Ermittlung des subjektiv-historischen Willens der Parteien dienen. Darüber hinaus kann sie losgelöst von der historischen Vertragsabsicht der Parteien als selbständiger Auslegungsfaktor den aktuellen Konsens der Parteien im Rahmen einer evolutiven Vertragsinterpretation widerspiegeln. Schließlich hat die *spätere Übung* auch eine objektive Funktion, indem sie die Vertragswirklichkeit widerspiegelt.[348]

---

dazu auch rein innerstaatliche Verhaltensweisen, aus denen auf eine bestimmte Vorstellung des Staates über den Inhalt des Vertrages geschlossen werden kann. Unter den innerstaatlichen Akten kommen neben Akten der Legislative und Exekutive vor allem Gerichtsentscheidungen große Bedeutung zu, da in diesen eine entsprechende Rechtsauffassung ausdrücklich zutage tritt. Zur Bedeutung der innerstaatlichen Praxis für das Völkerrecht allgemein: vgl. *Bleckmann*, ZaöRV 1976, S. 394 ff. Mit der Frage, welche Verhaltensweisen als „spätere Praxis" zu qualifizieren sind, soll sich die 2007 von der UN-Generalversammlung ins Leben gerufene Study Group der International Law Commission „Treaties over Time" näher beschäftigen. Vgl. *ILC*, Topical summary of the discussion held in the Sixth Committee of the General Assembly during its sixty-first session, para. 31, U.N. Doc. A/CN.4/577/Add.1 (Jan. 23, 2007).

345 Zu dieser Konstellation vgl. die umfassenden Ausführungen im FÜNFTEN KAPITEL, ZWEITER TEIL, B.

346 *Linderfalk*, On the Interpretation of Treaties, S. 166.

347 Vgl. dazu die Ausführungen im FÜNFTEN KAPITEL, ZWEITER TEIL, B.

348 Zu den Funktionen der *späteren Übung* bei Vertragsauslegung grundlegend: *Karl*, Vertrag und spätere Praxis, S. 123 ff.

a) Die Ermittlung des subjektiv-historischen Willens der Vertragsparteien

Die *spätere Übung* kann Anhaltspunkte für die bei Vertragsabschluss vorhandene Vorstellung der Parteien vom Vertragsinhalt liefern.[349] Indem sich die Staaten nach Abschluss des Vertrages bei seiner Anwendung in einer bestimmten Weise verhalten, geben sie zu erkennen, wie sie die entsprechende Vertragsnorm von Anfang an verstanden haben. So gesehen, ist die *nachfolgende Praxis* der spätere Ausdruck des schon ursprünglich subjektiv vorhandenen, aber sich noch nicht eindeutig im Vertragstext manifestierten Willens der Parteien. So kann die *spätere Übung* beispielsweise darüber Auskunft gegeben, ob die Parteien einen bestimmten Begriff im Vertragstext statisch oder evolutiv, also nachfolgende tatsächliche oder rechtliche Veränderungen in ihren Tatbestand mit einbeziehend, verstanden haben.[350]

In dieser Funktion der historisierenden Deutung des Vertragswillens ist der Grad der Beweiskraft der nachfolgenden Praxis für die Erforschung des historischen Konsenses allerdings beschränkt. Zum einen ist die *nachfolgende Praxis* dabei nur eines von mehreren Auslegungsmitteln. Sie konkurriert insbesondere mit dem Vertragstext, den *traveaux preparatoires* sowie den Begleitumständen des Vertragsabschlusses. Diese Auslegungsmittel können ebenfalls Rückschlüsse auf den subjektiv-historischen Willen liefern und wirken sich so, je nach eigenem Gewicht für die Auslegung, verstärkend oder schwächend auf den Beweiswert der *nachfolgenden Praxis* aus.[351]

Zum anderen hängt der Beweiswert der nachfolgenden Praxis vom Grad ihrer Einheitlichkeit, Konsistenz und Dauerhaftigkeit ab. Erforderlich ist, dass mehrere gleichlautende, gemeinsame und konsistente Akte oder Erklärungen, die auf die Zustimmung der Parteien über eine bestimmte Vertragsauslegung schließen lassen, einander folgen.[352] Ein isolierter, singulärer Akt in der Anwendung des Vertrages genügt demnach nicht.[353]

---

349 Diese Bedeutung der *späteren Übung* wird vor allem von der älteren Völkerrechtsliteratur hervorgehoben, vgl. etwa *Fitzmaurice*, BYIL 1957, S. 203.

350 *Schollendorf*, Die Auslegung völkerrechtlicher Verträge in der Spruchpraxis des Appellate Body der Welthandelsorganisation, S. 57.

351 *Karl*, Vertrag und spätere Praxis im Völkerrecht, S. 138; *Fitzmaurice*, BYIL 1957, S. 223.

352 „(A) concordant, common and consistent sequence of acts or pronouncements which is sufficient to establish a discernable pattern implying the agreement of the parties regarding its interpretation.“ *Sinclair*, The Vienna Convention on the Law of Treaties, S. 136.

353 *Sinclair*, aaO., S. 137.

Ferner ist die *spätere Übung* mit zunehmendem zeitlichen Abstand zum Vertragsabschluss immer weniger verlässlich, auf den Willen der Parteien bei Vertragsabschluss zurückzuschließen.[354]

Schließlich ist die *spätere Übung* als Auslegungsfaktor zur Ermittlung der ursprünglichen Vertragsabsicht im Rahmen von multilateralen Verträgen mit offenem Mitgliederkreis auch deshalb nachrangig zu berücksichtigen, weil die nach Vertragsabschluss neu hinzugetretenen Parteien bei der Ausarbeitung des Vertragswerkes nicht teilgenommen haben und dem Vertrag in der Regel auf Grundlage des aktuellen Vertragsverständnisses beigetreten sind. Diese neuen Mitgliedsstaaten an den subjektiv-historischen Willen im Wege der Auslegung ohne ihre Zustimmung zu binden, würde gegen das Konsensprinzip verstoßen.

b) Die Ermittlung des aktuellen Verstragsverständnisses der Parteien

Eine maßgebliche Rolle entfaltet die *spätere Übung*, um das aktuelle Vertragsverständnis der Parteien zu ermitteln.[355] Im tatsächlichen Verhalten der Parteien bei der Vertragsanwendung kann ihr aktuelles Vertragsverständnis in Erscheinung treten, das vom ursprünglichen Vertragsverständnis abweichen kann.[356] Aufgrund des Konsensprinzips sind die Vertragsparteien grundsätzlich frei, jederzeit Art und Umfang ihrer Rechte und Pflichten aus dem Vertrag verbindlich festzulegen bzw. zu modifizieren. Daher muss ein nach Vertragsabschluss geänderter Wille der Vertragsparteien über die Bedeutung einer Norm bei der Interpretation berücksichtigt werden.

In der Funktion, den aktuellen Konsens zu ermitteln, ist die *spätere Übung* ein primäres Auslegungsmittel.[357] Sie ist gleichberechtigt neben dem Wortlaut, der Systematik und der Teleologie als Auslegungsmittel anwendbar, wenn sich aus ihr ein *Meinungskonsens* der Vertragsparteien folgern lässt. Darunter ist

---

354 So auch: *Schollendorf*, Die Auslegung völkerrechtlicher Verträge in der Spruchpraxis des Appellate Body der Welthandelsorganisation, S. 55.

355 *Feldman*, ILP 2009, S. 657; *Schollendorf*, aaO., S. 55.

356 Insbesondere bei Verträgen mit langerer Laufzeit können Umstände hinzutreten, die von den Parteien im Zeitpunkt des Vertragsabschlusses nicht vorhergesehen waren. Darüber hinaus kann sich ein geändertes Vertragsverständnis auch aufgrund veränderter Macht- und Interessenslagen oder dem Hinzukommen neuer rechtlicher oder sozialer Bedürfnisse ergeben.

357 Dies zeigt auch die systematische Stellung von Art. 31 Abs. 3 zu Art. 31 Abs. 1 WVK.

die gemeinsame Rechtsauffassung aller Vertragsparteien ohne die Absicht der Rechtsgestaltung oder Rechtsbekräftigung zu verstehen.[358]

Die stärkste Wirkungskraft für die Vertragsauslegung entfaltet die *spätere Übung* jedoch dann, wenn sie auf das Vorliegen eines *Willenskonsenses* bei allen Vertragsstaaten folgern lässt. Ein *Willenskonsens* liegt vor, wenn alle Vertragsparteien über eine bestimmte Auslegung einer Vertragsnorm übereinstimmen und gleichzeitig den Inhalt der Norm über den Einzelfall hinaus verbindlich für alle Parteien *ex tunc* festlegen wollen (*authentische Interpretation*).[359]

Eine *authentische Interpretation* durch *nachfolgende Praxis* kann mittels eines förmlichen Auslegungsvertrages[360] oder durch ein konkludentes Verhalten der Vertragsparteien erfolgen, durch das sie zu erkennen geben, dass sie eine bestimmte Auslegung der Norm generell und verbindlich für die Zukunft festlegen wollen.[361] Die *authentische Interpretation* wirkt unmittelbar auf die Norm ein, indem sie alle anderen, bis dahin noch zulässigen, Deutungen der Norm mit verbindlicher Wirkung ausschließt.[362] Bei ihr steht nicht die Erkenntnis des Vertragsinhalts, sondern die Information darüber im Vordergrund; sie ist nicht nur Wissens-, sondern auch Willenserklärung.[363]

In dieser Funktion bringt die Berücksichtigung der *nachfolgenden Praxis* ein dynamisches Element in die Vertragsauslegung hinein. Der Vertrag hat damit Entwicklungsmöglichkeiten, die über die Grenzen eines förmlichen Vertragsänderungsverfahrens hinausgehen.

---

358 *Karl*, Vertrag und spätere Praxis im Völkerrecht, S. 145.

359 Zum *Willenskonsens* in Abgrenzung zum bloßen *Meinungskonsens*: *Karl*, aaO., S. 144 ff.

360 Vgl. Art. 31 Abs. 3 lit. a WVK.

361 Vgl die Aussage von *Waldock*: „Subsequent practice when it is consistent and embraces all the parties would appear to be decisive of the meaning to be attached to the treaty, at any rate when it indicates that the parties consider the interpretation to be binding upon them." Third Report on the law of treaties in: *ILC*, YBILC 1966 II, S. 60; *Feldmann*, ILP 2009, S. 663.

362 Der Vorrang der *authentischen Interpretation* vor den übrigen Auslegungsregeln lässt sich methodisch dadurch erklären, dass die Vertragsparteien übereinstimmend die Geltung der übrigen Auslegungsregeln abbedungen haben. Die Auslegungsregeln eines völkerrechtlichen Vertrages sind *ius dispositivum* und können nur solange vom nicht authentischen Interpreten angewendet werden, solange die Parteien nichts Abweichendes geregelt haben.

363 *Karl*, Vertrag und spätere Praxis im Völkerrecht, S. 41. Zur Abgrenzung einer authentischen Auslegung mittels späterer Übung zur stillschweigenden Vertragsänderung vgl. die Ausführungen im FÜNFTEN KAPITEL, ZWEITER TEIL, B.

c) Der objektive Aspekt der *späteren Übung*

Erlaubt die *spätere Übung* aufgrund ihrer Eigenart (etwa wegen fehlender Konsistenz, Dauerhaftigkeit oder Einheitlichkeit) keinen hinreichenden Schluss auf das Vorliegen eines Konsenses der Vertragsparteien oder kann aus dem Schweigen einer an der Praxis unbeteiligten Partei nicht auf deren stillschweigende Billigung geschlossen werden, so kann die *spätere Übung* trotzdem insoweit berücksichtigt werden, als sie ein objektives Bild der Vertragsrealität liefert.[364]

Die Vertragswirklichkeit wird im Rahmen einer Internationalen Organisation auch durch das Handeln der Organe reflektiert. In Ausübung seiner satzungsmäßigen Kompetenzen ist jedes Organ zur Auslegung des Vertrages befugt. Mit Ausnahme der Fälle, in denen die Vertragsparteien das Organ zur verbindlichen Vertragsauslegung ermächtigt haben, ist die von dem Organ vorgenomme Vertragsinterpretation jedoch nicht verbindlich. Gleichwohl verkörpert die Organpraxis den tatsächlichen Entwicklungsstand des Vertrages, mithin seine soziale Realität.

Dieses Wissen über die Vertragswirklichkeit kann in dem Auslegungsvorgang vom Interpreten nach *Treu und Glauben*[365] gleichsam als „Hintergrundwissen" berücksichtigt werden.

Darüber hinaus besitzt ein vertraglich eingesetztes und mit bestimmten Befugnissen ausgestattetes Organ *Autorität*. Daraus ergibt sich für die Vertragsparteien jedenfalls ein sozialer Befolgungsanspruch, der aus ihrer sozialen Verantwortung für die Stabilität und Kontinuität des Vertragssystems entspringt.[366] Der Vertragsinterpret hat diese *Autoriät* daher zur Kenntnis zu nehmen und sich mit ihr geistig auseinanderzusetzen.

Insoweit hat die *spätere Übung* eine nachrangige, den übrigen Auslegungsregeln untergeordnete Funktion: Sie kann nur herangezogen werden, um entweder ein bereits gefundenes Auslegungsergebnis zu bestätigen oder um eine nach der Anwendung der übrigen Auslegungsregeln mehrdeutig gebliebenes oder offensichtlich sinnwidriges Ergebnis zu erhellen.[367]

---

364 Dazu grundlegend: *Karl*, aaO., S. 194 f.

365 Vgl. Art. 31 Abs. 1 WVK: Treu und Glauben.

366 *Karl*, Vertrag und spätere Praxis, S. 194 f.

367 Im Sinne von Art. 32 WVK.

V. Die Auslegung anhand des den Vertrag umgebenden Völkerrechts

Gemäß der in Art. 31 Abs. 3 lit. c WVK kodifizierten Auslegungsregel ist „außer dem Zusammenhang in gleicher Weise zu berücksichtigen (...) jeder in den Beziehungen zwischen den Vertragsparteien anwendbare einschlägige Völkerrechtssatz.“ Danach wird in den Auslegungsvorgang die den Vertrag umgebende Völkerrechtsordnung als primäre Auslegungsregel einbezogen.

Methodisch ist die Völkerrechtsumgebung erst nach den allgemeinen Auslegungsregeln anhand des Wortlauts, der Systematik und der Teleologie anzuwenden. Zunächst ist der Parteiwille dadurch zu suchen, dass der konkrete Vertrag betrachtet wird. Dafür spricht *prima facie* die widerlegbare Vermutung, dass die Parteien den Vertrag als speziellen Ausdruck ihres Konsenses grundsätzlich als in sich geschlossene Regelungseinheit verstanden wissen wollen. Alles, was die Parteien in dem Vertrag niedergelegt haben, soll in der Regel auch innerlich zusammenhängen. Erst wenn die Auslegung des Vertrages nicht weiterhilft, ist der Parteiwille jenseits der Vertragsgrenzen in der den Vertrag umgebenden Völkerrechtsordnung zu suchen.

1. Das „*Principle of Systemic Integration*“ und das Konsensprinzip

Die in Art. 31 Abs. 3 lit. c WVK kodifizierte völkergewohnheitsrechtliche Auslegungsregel wird als Ausdruck des „*principle of systemic integration*“ angesehen.[368] Dahinter verbirgt sich der Versuch, das Völkerrecht als kohärentes System, in dem die einzelnen Normen Teil eines großen Ganzen sind, zu begreifen und dies bei der Interpretation eines Vertrages dementsprechend zu berücksichtigen.

Die *International Law Commission* (ILC) hat sich in einer Studie aus den Jahren 2002–2006 mit der Frage auseinandergesetzt, wie in der Völkerrechtswissenschaft und Völkerrechtspraxis mit der Fragmentierung des Völkerrechts umzugehen ist und dabei die Bedeutung des Art. 31 Abs. 3 lit. c WVK hervorgehoben, um die verschiedenen Teilbereiche des Völkerrechts in einen Gesamtzusammenhang zu bringen.[369]

---

368 Vgl. etwa: *McLachlan*, ICLQ 2005, S. 279 ff.

369 *International Law Commission*, Study Group, Fragmentation of International Law: difficulties arising from the diversification and expansion of international law, online abrufbar unter: http://legal.un.org/ilc/summaries/1_9.htm (zuletzt besucht am 31.3.2014).

Dafür spricht, dass jede Rechtsordnung ein Interesse an der Kohärenz ihrer normativen Strukturen hat.[370] Es wird dabei vermutet, dass die Parteien eines Vertrages im Zweifel die konkrete Norm im Einklang mit dem geltenden Völkerrecht, also ihrer normativen Umgebung, verstanden wissen wollten, sofern sie in dem Vertrag nichts Gegenteiliges bestimmt haben (kein *contracting-out*).[371]

Bei dieser Betrachtung darf allerdings der besondere Charakter des Völkerrechts nicht außer Acht gelassen werden, das seiner Natur nach eine fragmentarische Rechtsordnung ist, die aus einem losen Netz unabhängig voneinander existierender Regeln besteht, bei denen im Unterschied zur nationalen Rechtsordnung die sachlich ordnende Hand eines übergeordneten Gesetzgebers oder eines übergeordneten Regelungsziels fehlt.

Daher muss sich die Heranziehung der umgebenden Völkerrechtsordnung bei der Auslegung einer Norm stets an dem aus dem Konsensprinzip fließenden Grundsatz *pacta tertiis nec nocent nec prosunt* messen lassen.[372]

Wird eine außerhalb des auszulegenden Vertrages stehende völkerrechtliche Norm als Interpretationshilfe herangezogen, so beeinflusst dies den Vertragsinhalt. Die vertragsfremde Norm kann der auszulegenden Norm eine Bedeutung geben, die sie ohne deren Berücksichtigung nicht hätte. Daraus folgt, dass die außerhalb des Vertrages stehenden Völkerrechtsregeln in den Auslegungsvorgang nur insofern mit einbezogen werden können, als dies vom ausdrücklichen oder konkludenten Willen der Vertragsparteien umfasst wird.

---

370 Vgl. *International Law Commission*, Conclusions of the work of the Study Group on the Fragmentation of International Law: Difficulties arising from the Diversification and Expansion of International Law, aaO.: „International law is a legal system. Its rules and principles (i.e. its norms) act in relation to and should be interpreted against the background of other rules and principles. As a legal system, international law is not a random collection of such norms. There are meaningful relationships between them."

371 *McLachlan*, ICLQ 2005, S. S. 280; *McNair*, The Law of Treaties, S. 466. Vgl. auch die Feststellung des IGH im Namibia-Gutachten: „(A)n international instrument has to be interpreted and applied within the framework of the entire legal system prevailing at the time of the interpretation." *IGH*, Legal Consequences for States of the Continued Presence of South Africa in Namibia, ICJ Rep. 1971, 16, S. 31. Auch der EGMR hat festgestellt: „(T)he principles underlying the Convention cannot be interpreted and applied in a vacuum. (...) (I)t must also take into account any relevant rules of international law (...)" *EGMR*, Loizidou v. Turkey, Judgement of 18. December 1996 (merits), Rn. 43.

372 Vgl. auch Art. 34 WVK.

Aus diesen Überlegungen ergeben sich die nachfolgenden Konsequenzen für die Einbeziehung der Völkerrechtsumgebung in den Interpretationsvorgang: In den Interpretationsvorgang einbezogen werden können nur Regeln des Völkerrechts.[373] Damit sind die in Art. 38 IGH-Statut genannten formellen Rechtsquellen (völkerrechtlicher Vertrag, Völkergewohnheitsrecht und allgemeine Rechtsgrundsätze) gemeint.[374] Diese Regeln müssen für den konkreten Interpretationsvorgang zudem relevant, mithin geeignet sein, Erkenntnisse für die Interpretation der Vertragsnorm zu liefern.[375] Schließlich dürfen nur solche Regeln des Völkerrechts als Interpretationshilfe herangezogen werden, die *„in den Beziehungen der Parteien anwendbar"* sind.[376] Bei der Prüfung dieser Voraussetzung ist, wie nachfolgend aufgeführt, nach der Art der angewandten Regel zu differenzieren.

2. Interpretation mithilfe einer Norm des universellen Völkergewohnheitsrechts oder eines allgemeinen Rechtsgrundsatzes

„In den Beziehungen der Parteien anwendbar" sind die universell geltenden Regeln des Völkergewohnheitsrechts und die allgemeinen Rechtsgrundsätze des Völkerrechts. Da alle Staaten daran gebunden sind, steht das Konsensprinzip grundsätzlich nicht entgegen, diese Regeln als Interpretationshilfe für einen Vertrag heranzuziehen.

Unzweifelhaft kann allgemeines Völkerrecht zur Auslegung einer Vertragsnorm herangezogen werden, wenn die Norm selbst ausdrücklich darauf verweist.[377] Darüber hinaus kann das allgemeine Völkerrecht auch dann ergänzend oder lückenfüllend bei der Interpretation herangezogen werden, wenn der auszulegende Begriff offen oder unbestimmt formuliert ist und einem allgemeinen völkerrechtlichen Konzept entspricht.[378] Etwas anderes gilt nur dann, wenn die

---

373 Vgl. Art. 31 Abs. 3 lit. c WVK: „rules of international law".

374 *Villiger*, Customary International Law and Treaties, S. 268 f.

375 Vgl. Art. 31 Abs. 3 lit. c WVK: „relevant rules". Davon ist grundsätzlich auszugehen, wenn derselbe Regelungsgegenstand betroffen ist.

376 Vgl. Art. 31 Abs. 3 lit. c WVK: „applicable in the relations between the parties".

377 Wie etwa im Falle von Art. 51 UN-Charta, der auf das völkergewohnheitsrechtliche Selbstverteidigungsrecht verweist.

378 *Villiger*, Customary Intenational Law and Treaties, S. 270. Vgl. auch die Feststellung des Iran-US Claims Tribunal: „(T)he rules of customary law may be useful in order to fill in possible lacunea of the Treaty, to ascertain the meaning of undefined terms in its text or, more generally, to aid interpretation of its provisions." Amoco International Finance Corporation v Iran (1987-fl) 15 Iran-USCTR 189, S. 222, Rn. 112. Die ILC

Parteien einen Rückgriff auf allgemeines Völkerrecht ausgeschlossen haben, mithin ein *„contracting out"* vorliegt.[379]

Eine völkergewohnheitsrechtliche Norm kann aber aufgrund des Konsensprinzips dann nicht als Interpretationshilfe herangezogen werden, wenn eine Streitpartei an diese Norm nicht gebunden ist, weil bei ihr die Voraussetzungen eines *persistent objectors* vorliegen.

Bei der Auslegung eines Vertrages immer zu berücksichtigen ist eine völkergewohnheitsrechtliche Norm mit dem Rang von *ius cogens*. Eine solche zwingende Norm des allgemeinen Völkerrechts ist gemäß der Definition in Art. 53 WVK *„eine Norm, die von der internationalen Staatengemeinschaft in ihrer Gesamtheit angenommen und anerkannt wird als eine Norm, von der nicht abgewichen werden darf und die nur durch eine spätere Norm des allgemeinen Völkerrechts derselben Rechtsnatur geändert werden darf."*

Art. 64 WVK ordnet als Rechtsfolge die Nichtigkeit eines Vertrages selbst dann an, wenn die *ius cogens*-Norm erst nachträglich entstanden ist. Daraus ist *a maiore ad minus* zu folgern, dass eine vertragliche Norm, sofern Interpretationsspielraum besteht, stets im Einklang mit *ius cogens* zu interpretieren ist[380].

---

hat in einer Studie die Bedeutung des Völkergewohnheitsrechts und der allgemeinen Rechtsgrundsätze für die Auslegung einer Vertragsnorm so zusammengefasst: „Customary international law and general principles of law are of particular relevance to the interpretation of a treaty under article 31 (3) (c) especially where: (a) The treaty rule is unclear or open-textured; (b) The terms used in the treaty have a recognized meaning in customary international law or under general principles of law; (c) The treaty is silent on the applicable law and it is necessary for the interpreter, applying the presumption (…) above („The parties are taken to refer to customary international law and general principles of law for all questions which the treaty does not itself resolve in express terms; Anm. d Verf.), to look for rules developed in another part of international law to resolve the point." *International Law Commission*, Study Group, Conclusions of the work of the Study Group on the Fragmentation of International Law: Difficulties arising from the Diversification and Expansion of International Law, Yearbook of the International Law Commission, 2006, Vol. II, Part Two, online abrufbar unter: http://untreaty.un.org/ilc/guide/1_9.htm (zuletzt besucht am 20.03.2014).

379 Vgl. etwa die Feststellung des WTO Panels im Fall „Korea-Measures affecting Government Procurement", 1 May 2000, WT 1DS163/R, S. 183, para 7.96: *„(T)o the extent that there is no conflict or inconsistency, or an expression in a covered WTO agreement that implies differently, we are of the view that the customary rules of international law apply to the WTO treaties".*

380 Dieser Aspekt ist bei der nachfolgenden Untersuchung vor allem im Hinblick auf die USA relevant. Vgl. dazu die Ausführungen im FÜNFTEN KAPITEL, ZWEITER TEIL, B III 2.

3. Interpretation mithilfe eines anderen völkerrechtlichen Vertrages oder einer Norm des nicht universell geltenden Völkergewohnheitsrechts

Verweist der auszulegende Vertrag nicht ausdrücklich auf eine nicht universell geltende Völkerrechtsregel[381], kann deren Anwendung als Interpretationshilfe problematisch sein. Fraglich ist, ob es für das Konsensprinzip genügt, wenn nur die Streitparteien, in deren Verhältnis die Vertragsnorm im konkreten Streitfall anzuwenden und auszulegen ist, an die als Interpretationshilfe verwendete Regel gebunden sind oder ob über den konkreten Fall hinaus sämtliche Parteien des auszulegenden Vertrages an die als Interpretationshilfe verwendete Regel gebunden sein müssen.[382]

Fordert man nur eine Kongruenz im Hinblick auf die konkreten Streitparteien, so würde dies dazu führen, dass die Vertragsnorm in jedem Streitfall unterschiedlich ausgelegt werden könnte. Auf diese Weise könnten zwischen den Parteien eines multilateralen Vertrages vertragliche Bindungen unterschiedlichen Inhalts zustande kommen.[383]

Wird hingegen verlangt, dass sämtliche Vertragsparteien an die als Interpretationshilfe verwendete Regel gebunden sind, so könnte etwa ein Vertrag mit großer Mitgliederzahl niemals mithilfe eines Vertrages mit kleinerer Mitgliederzahl ausgelegt werden.

Für das Konsensprinzip genügt es, dass die als Interpretationshilfe verwendete Regel lediglich für die konkreten Streitparteien verbindlich ist. Denn die Auslegung einer Vertragsnorm anlässlich eines konkreten Streitfalles hat grundsätzlich keinen Einfluss auf die Rechtsstellung der übrigen Vertragsparteien. Etwas anderes gilt nur dann, wenn die Interpretation durch ein Organ vorgenommen

---

381 Wie etwa beim regionalen oder bilateralen Völkergewohnheitsrecht. Regionales Völkergewohnheitsrecht bildet sich bei einer lang andauernden Übung und Rechtsüberzeugung aller Staaten innerhalb einer Region. Vgl. *Doehring*, Völkerrecht, S. 129. Bilaterales Völkerrecht kann sich durch Übung und Rechtsüberzeugung zwischen zwei Staaten bilden. Der StIGH hat anerkannt, dass sich Gewohnheitsrecht zwischen nur zwei Staaten bilden kann. Vgl. *StIGH*, Free City of Danzig and International Labour Organization, Advisory Opinion, 1930, Ser. B, No. 18, S. 12. Auch der IGH hat die Existenz von bilateralem Völkergewohnheitsrecht bestätigt. Vgl. *IGH*, Case Concerning Right of Passage over Indian Territory (Portugal v India), ICJ Rep. 1960, S. 39 f.

382 *McLachlan*, ICLQ 2005, S. 314.

383 Auf die so entstehende Desintegration des Vertrages weist auch *Schollendorf*, Die Auslegung völkerrechtlicher Verträge in der Spruchpraxis des Appellate Body der Welthandelsorganisation (WTO), S. 62 hin.

wird, das die Kompetenz zur *authentischen Auslegung* besitzt. Eine *authentische Auslegung* ist über den konkreten Einzelfall hinaus für alle Vertragsparteien verbindlich. Das Konsensprinzip verlangt in diesem Fall, dass nur solche Normen auf die Auslegung Einfluss haben dürfen, an die sämtliche Vertragsparteien gebunden sind.

4. Die Bedeutung von nachträglich entstandenem Völkerrecht

Eine nach Vertragsabschluss enstandene Regel des Völkerrechts ist bei der Interpretation des Vertrages grundsätzlich unberücksichtigt zu lassen. Die Parteien haben den Vertrag damals in dem Bewusstsein und vor dem Hintergrund der zum Zeitpunkt des Vertragsabschlusses bestehenden Völkerrechtsordnung geschlossen.

Nachträgliche Änderungen in der umgebenden Völkerrechtsordnung sind aber dann zu berücksichtigen, wenn sich mittels Auslegung des Vertrages der Wille der Vertragsparteien ergibt, dass die Bedeutung der Norm den nachfolgenden Entwicklungen der Völkerrechtsordnung folgen soll.[384] Davon kann ausgegangen werden, wenn der Vertrag auf eine längere Dauer angelegt ist und die Parteien Begriffe verwendet haben, die offen und evolutiv sind.[385]

VI. Ergänzende Auslegungsregeln

Die ergänzenden Auslegungsregeln, die in Art. 32 WVK nicht abschießend aufgezählt sind, sind gegenüber den übrigen Auslegungsregeln nachrangig.

---

384 *Thirlway*, BYIL 1989, S. 135 ff.; *Higgins*, ICLQ 1997, S. 515 ff.

385 So auch *IGH*, Advisory Opinion on the Legal Consequences for States of the Continued Presence of South Africa in Namibia, ICJ Rep. 1971, S. 31; Aegean Sea Continental Shelf Case (Greece v Turkey), ICJ Rep. 1978, S. 3. Die ILC hat dazu folgendes festgestellt: „Rules of international law subsequent to the treaty to be interpreted may be taken into account especially where the concepts used in the treaty are open or evolving. This is the case, in particular, where: (a) the concept is one which implies taking into account subsequent technical, economic or legal developments; (b) the concept sets up an obligation for further progressive development for the parties; or (c) the concept has a very general nature or is expressed in such general terms that it must take into account changing circumstances." *ILC*, Study Group: Conclusions of the work of the Study Group on the Fragmentation of International Law: Difficulties arising from the Diversification and Expansion of International Law, Yearbook of the International Law Commission, 2006, vol. II, Part Two.

Sie dürfen nur herangezogen werden, um ein zuvor bereits mittels der primären Auslegungsregeln gefundenes Auslegungsergebnis zu bestätigen oder letzte Zweifel darüber auszuräumen.[386]

Zu den ergänzenden Auslegungsmitteln gehören beispielsweise die den Vertragsabschluss vorbereitenden Arbeiten (*traveaux preparatoires*) wie die Verhandlungsprotokolle, die Vertragsentwürfe und andere Erklärungen der Staaten im Hinblick auf den Vertragsabschluss.[387] Auch die tatsächlichen Umstände des Vertragsabschlusses, die historische Gesamtsituation sowie die Bedürfnisse und Interessen der Parteien können zur Erhellung des Vertragsinhaltes subsidiär herangezogen werden.[388] Zudem kann die von nur einem Teil der Vertragsparteien vorgenommene *spätere Übung* zur Erhellung der ursprünglichen Vertragsabsicht klarstellend berücksichtigt werden.[389]

VII. Besondere Auslegungsregeln bei mehrsprachigen Verträgen

Art. 33 WVK kodifiziert besondere Regeln für die Auslegung eines mehrsprachigen Vertrages. Darunter ist ein Vertrag zu verstehen, dessen authentische Texte in mindestens zwei Sprachen abgefasst sind. Als authentische Sprachfassung ist nur diejenige Fassung anzusehen, die vom Vertrag selbst oder von den Parteien auf andere Weise als authentische Sprachfassung festgelegt wird.[390] Haben die Parteien keine Entscheidung darüber getroffen, welche von mehreren authentischen Sprachfassungen vorgehen soll, so ist von der Gleichrangigkeit aller authentischen Sprachfassungen auszugehen.[391] Im Zweifel haben die Begriffe in allen authentischen Sprachfassungen dieselbe Bedeutung.[392]

Zunächst muss unter Anwendung der allgemeinen Auslegungsregeln versucht werden, zu einem allen authentischen Texten gerecht werdenden Ergebnis zu gelangen.[393] Können die Bedeutungsunterschiede in den Sprachfassungen

386 Vgl. Art. 32 WVK.

387 *Villiger*, Commentary on the 1969 Vienna Convention on the Law of Treaties, S. 445.

388 *Dahm*, Völkerrecht 1/3, S. 646.

389 Vgl. dazu die Ausführungen im Rahmen des objektiven Aspekts der *nachfolgenden Übung* oben. So auch: *Torres Bernárdez*, Interpretation of Treaties by the International Court of Justice Following the Adoption of the 1969 Vienna Convention on the Law of Treaties, S. 726 f.

390 Von der authentischen Fassung zu unterscheiden sind die amtlichen Übersetzungen, denen keine völkerrechtliche Verbindlichkeit zukommt.

391 Vgl. Art. 33 Abs. 1 WVK.

392 Vgl. Art. 33 Abs. 3 WVK.

393 *Dahm*, Völkerrecht 1/3, S. 653.

nicht mit Hilfe der allgemeinen oder ergänzenden Auslegungsregeln beseitigt werden, so ist diejenige Bedeutung des Textes als verbindlich anzusehen, die Ziel und Zweck des Vertrages am besten miteinander in Einklang bringt.[394]

D. Zusammenfassung im Hinblick auf das methodische Vorgehen in der nachfolgenden Bearbeitung

Die oben geführte Diskussion über die Auslegungsregeln und Auslegungsmethoden eines völkerrechtlichen Vertrages zugrundelegend lässt sich im Hinblick auf das methodische Vorgehen in der nachfolgenden Bearbeitung feststellen: Ziel der Auslegung ist die Ermittlung des Konsenses der Parteien über ihre menschenrechtlichen Verpflichtungen. Auslegungsgegenstand ist die OAS-Charta.

Angefangen wird im ersten Schritt mit der Ermittlung des subjektiv-historischen Konsenses (DRITTES KAPITEL). Im Anschluss daran wird im zweiten Schritt der fortentwickelte Konsens zum Zeitpunkt des Inkrafttetretens des *Protokolls von Buenos Aires* aufgezeigt (VIERTES KAPITEL). Schließlich wird im dritten und letzten Schritt der aktuelle, gegenwärtige Konsens der OAS-Staaten im Hinblick auf ihre Menschenrechtsverpflichtungen im Inter-Amerikanischen System ermittelt (FÜNFTES KAPITEL).

Dabei kommen sowohl die objektive, also textorientierte Auslegungsmethode, als auch die subjektive, d.h. auch außerhalb des Vertragstextes orientiere Auslegungsmethode, zur Anwendung, wenngleich der Schwerpunkt auf der subjektiven Methode liegt. Die Bedeutung des Vertragstextes ganz zu vernachlässigen, wäre hier deshalb verfehlt, weil die OAS-Charta ein multilateraler Vertrag mit offenen und sich im Laufe der Zeit erweitertem Mitgliederkreis ist. Wie bereits erläutert, kommt bei solchen Verträgen den Aspekten des Vertrauensschutzes und der Rechtssicherheit der neu beitretenden Staaten im Hinblick auf das Konsensprinzip eine nicht zu vernachlässigende Bedeutung zu. Gleichwohl wird der Schwerpunkt auf die subjektive Auslegungsmethode gelegt. Da die Parteien als *Herren der Verträge* eine grundsätzlich unbeschränkte Dispositionsbefugnis über den Vertragsinhalt haben, muss eine Einigung außerhalb des Vertragstextes über den Vertragsinhalt bzw. Vertragszweck zwingend berücksichtigt werden. Insofern kommt der *späteren Übung* der Parteien in der nachfolgenden Untersuchung eine herausragende Rolle zu. Diese aktualisiert den im Vertrag niedergelegten Konsens und bringt somit ein dynamisches Element in die Auslegung hinein.

394 Vgl. Art. 33 Abs. 4 WVK. Dazu: *Germer*, HarvIntLJ 1970, S. 400 ff.

Drittes Kapitel
Ursprünglicher Konsens und Vertragstext: Inhalt und Verpflichtungsgrad der materiellen Menschenrechtsvorschriften der OAS-Charta und die Bedeutung der Amerikanischen Deklaration nach dem subjektiv-historischen Willen (ohne Berücksichtigung der *späteren Übung*)

> *„Der gemeinsame Wille der Kontrahenten bestimmt den Anfang, den Inhalt und das Ende der vertraglichen Bindung (…). (B)ei der Auslegung nicht nach dem Parteiwillen zu fragen, würde die Ausschaltung derjenigen Instanzen bedeuten, die die auszulegenden Normen geschaffen haben.“*[395]

Diese Aussage von *Bernhardt* fasst das Ziel einer jeden Auslegung, deren Regeln im vorhergehenden Kapitel beleuchtet wurden, prägnant zusammen und bestimmt den Leitfaden der nachfolgenden Untersuchung.

Untersucht wird in diesem Kapitel, ob sich für die OAS-Mitgliedsstaaten aus der OAS-Charta rechtlich bindende Verpflichtungen im Hinblick auf Menschenrechte ergeben und, falls dem so ist, welchen Inhalt diese Verpflichtungen haben. Ziel der Untersuchung in diesem Kapitel ist die Feststellung des im Vertragstext angelegten subjektiv-historischen Willens der Staaten.

Damit verbunden ist die Frage, welche Bedeutung dabei der Amerikanischen Deklaration der Rechte und Pflichten des Menschen zukommt. Schon die zeitliche, sachliche und personelle Nähe zwischen der OAS-Charta und der Amerikanischen Deklaration könnte *prima facie* darauf hindeuten, dass nicht nur eine faktische, sondern auch eine rechtliche Beziehung zwischen beiden Texten besteht. Beide Texte haben den Schutz der Menschenrechte zum Gegenstand. Beide Texte wurden auf derselben internationalen Konferenz 1948 in zeitlich unmittelbarer Nähe von demselben Kreis der Staaten angenommen.

Die nachfolgende Untersuchung fokussiert sich auf eine an dem Vertragstext orientierte Auslegung der materiellen Vorschriften der OAS-Charta in Bezug auf Menschenrechte anhand des Wortlauts und der Systematik. Diese Vorschriften sind insbesondere die Art. 3 lit. l und 17 OAS-Charta. Diese beiden Normen waren bereits in der ursprünglichen OAS-Charta von 1948 enthalten und sind bis heute sprachlich unverändert geblieben. Ergänzend und unterstützend kommen

---

395 *Bernhardt*, Die Auslegung völkerrechtlicher Verträge, S. 37.

auch andere Auslegungsmittel, insbesondere die Entstehungsgeschichte und, soweit relevant, die *nachfolgende Praxis* zur Erhellung der ursprünglichen Vertragsabsicht zur Anwendung.

Die erst nachträglich durch das *Protokoll von Buenos Aires* eingefügten institutionellen Vorschriften, welche die Einrichtung und Aufgaben der Inter-Amerikanischen Kommission für Menschenrechte zum Gegenstand haben, bleiben an dieser Stelle unberücksichtigt.[396] Ebenfalls in diesem Kapitel außer Betracht bleibt die *spätere Übung* als Faktor zur Ermittlung des aktuellen Vertragsverständnisses der Vertragsparteien.[397]

Diese Aufteilung hat nicht nur den Zweck, den Auslegungsvorgang übersichtlicher zu gestalten. Sie trägt darüber hinaus dem Grundsatz Rechnung, dass jeder Auslegungsvorgang zunächst am objektiven Vertragstext anzusetzen ist. Der Vertragstext spiegelt als Manifestation des Konsenses der Parteien am augenscheinlichsten die Vorstellung der Parteien über die Bedeutung der Vertragsnormen wider. Zugleich bildet der Vertragstext auch die äußerste Grenze der Auslegung. Wird die Grenze des Wortlauts überschritten, so handelt es sich nicht mehr um eine Vertragsauslegung, sondern um eine Vertragsänderung. Die Bedeutung der *späteren Übung* der Vertragsparteien, als Vertragsauslegungs- oder als Vertragsänderungsfaktor, kann nur ermittelt werden, wenn zunächst der Sinngehalt der Norm, wie er sich im Vertragstext verobjektiviert hat, festgestellt wird. Schließlich rechtfertigt sich die gewählte Gliederung auch dadurch, dass so die schrittweise Fortentwicklung des Konsenses der Parteien über den Bedeutungsgehalt der menschenrechtlichen Vorschriften der OAS-Charta im Zuge einer evolutiven Vertragsauslegung nachgezeichnet werden kann.

A. Die materiell-rechtlichen Vorschriften der OAS-Charta über Menschenrechte (Art. 3 lit. l und 17 OAS-Charta)

Inhaltliche Bezüge der OAS-Charta zu Menschenrechten finden sich im 4. Erwägungsgrund der Präambel sowie in den Art. 3 lit. l und Art. 17.[398]

Darüber hinaus enthält Kapitel VII der OAS-Charta unter der Überschrift *„Integral Development"* Vorschriften hinsichtlich einzelner wirtschaftlicher, sozialer und kultureller Standards, wie etwa im Hinblick auf materiellen Wohlstand

396 Diese werden im VIERTEN KAPITEL behandelt.

397 Die *nachfolgende Praxis* wird eingehend im FÜNFTEN KAPITEL behandelt.

398 Zum Text dieser Vorschriften vgl. Anhang II zu dieser Arbeit.

und geistige Entwicklung (Art. 45 lit. a OAS-Charta), das Recht auf eine Arbeit und soziale Absicherung der Arbeitnehmer (Art. 45 lit. b und c, 46 OAS-Charta) sowie die Ausbildung des Einzelnen (Art. 49 OAS-Charta).

Als unmittelbarer Anknüpfungspunkt für eine allgemeine rechtliche Bindung der OAS-Parteien an die Menschenrechte kommen nur die Art. 3 lit. l und Art. 17 OAS-Charta in Betracht.

I. Die Entstehungsgeschichte der Art. 3 lit. l und Art. 17 OAS-Charta

Bevor Art. 3 lit. l und 17 OAS-Charta anhand des Wortlauts, der Systematik und der Teleologie untersucht werden, ist vorab zunächst die Entstehungsgeschichte dieser beiden Vorschriften zu beleuchten. Auch wenn die Entstehungsgeschichte bei der Auslegung eines völkerrechtlichen Vertrages gegenüber den primären Auslegungsregeln Wortlaut, Systematik und Teleologie nur untergeordnete, also das Auslegungsergebnis bestätigende bzw. unterstützende Funktion hat[399], ermöglicht der Blick auf die Entstehungsgeschichte, sich diesen Normen zumindest anzunähern.

Die Entstehungsgeschichte dieser beiden Normen ist im Kontext des Entstehungsprozesses der OAS-Charta insgesamt zu betrachten. Wie bereits im ERSTEN KAPITEL erläutert, wurde die Gründung der OAS auf der *Inter-Amerikanischen Konferenz über Probleme des Krieges und Friedens* 1945 in Mexiko eingeleitet, auf der die Staaten das *Governing Board* der Pan Amerikanischen Union damit beauftragten, einen Entwurf der Charta der künftigen OAS zu erarbeiten.[400] Es war zunächst vorgesehen, dass die für die Mitgliedsstaaten der OAS geltenden völkerrechtlichen Rechte und Pflichten in zwei Deklarationen, die der Charta als Annex beigefügt werden sollten[401], definiert und konkretisiert werden: Der „*Declaration of the Rights and Duties of States*" und der „*Declaration of the Rights and Duties of Man*".

Die „*Declaration of the Rights and Duties of States*" sollte die bereits auf früheren Inter-Amerikanischen Konferenzen postulierten Rechte und Pflichten

399 Vgl. Art. 32 WVK.

400 Vgl. dazu die Ausführungen im ERSTEN KAPITEL, C.

401 Dadurch sollte gewährleistet werden, dass diese Instrumente unabhängig von einer Änderung der OAS-Charta flexibler an zukünftige Entwicklungen und Erfordernisse angepasst werden konnten. Vgl. *Bevans*, aaO., S. 1031.

der Staaten zusammenfassen. Die *„Declaration of the Rights and Duties of Man"* hingegen sollte etwas Neues schaffen und konkrete Menschenrechte auflisten.[402]

Art. 3 des vom *Governing Board* ausgearbeiteten Entwurfs zur OAS-Charta bestimmte, dass die Mitgliedsstaaten der OAS einander versprechen, die in der *„Declaration of the Rights and Duties of States"* und der *„Declaration of the Rights and Duties of Man"* normierten Standards einzuhalten.[403] Zu dieser Vorschrift kommentierte das *Governing Board*, dass die in den beiden Deklarationen enthaltenen Bestimmungen erst verbindlich werden sollten, nachdem die Staaten diese Deklarationen, ggf. nach dem Durchlaufen eines innerstaatlichen Zustimmungsverfahrens, ratifiziert haben. Ohne eine solche Ratifikation sollten die in den Deklaration enthalten Prinzipien rechtlich unverbindlich sein.[404] Allerdings schlug das *Governing Board* gleichzeitig vor, eine Bestimmung in die OAS-Charta aufzunehmen, die eine Pflicht zur Ratifikation der Deklarationen statuierte.[405]

---

402 Vgl. *Bevans*, Treaties and Other International Agreements of the United States of America 1776–1949, S. 1030 ff.

403 Art. 3 des Entwurfs lautet: „The American States, members of the Inter-American System, recognize international law as the effective rule of conduct in their relations with one another and with states in other parts of the world; reaffirm their adherence to the priniciples and procedures established by them for the pacific settlement of their differences and for the maintenance of continental security; and pledge themselves to observe the standards enunciated in the „Declaration of the Rights and Duties of States" and in the „Declaration of the International Rights and Duties of Man", annexed to this Convention, on which, in order that they may at all times respond to the requirements and aspirations of international life, may be revised and modified as juridical instruments independent of the present Convention." Report of the Subcommittee of Four Members presented to the Comittee of Ten of the Governing Board of the Pan American Union with a Project of Organic Pact of the Inter-American System, in: *Pan American Union*, Project of Organic Pact of the Inter-American System, S. 6 f.

404 „Under the terms of the final part of Article 3, the declarations on the international rights and duties of men and of states would require ratification by the signatory states in accordance with their respective constitutional processes. Without such ratification the undertaking contemplated by Resolution IX of Mexico requiring the various States to obverve the principles set forth in the said Declarations would not be legally binding." Ibid.

405 Das *Governing Board* bemerkte: „Article 3 of the project is drafted with the thought not only that the Declarations would be signed at the Conference but also that they would subsequently be ratified by each one of the Signatory States as an integral part of the Convention. An objection to this procedure arises, however, from the possibility that the consideration of the problems connected with the principles set

Der Entwurf des *Governing Board* zur OAS-Charta wurde jedoch auf der Gründungskonferenz der OAS 1948 in Bogotá von den Staaten mehrheitlich abgelehnt. Die „*Declaration of the Rights and Duties of States*" wurde nicht, wie usprünglich vorgesehen, als eigenständiges Dokument der OAS-Charta als Annex hinzugefügt.

Stattdessen wurden die in ihr enthaltenen Konzepte in den operativen Teil der OAS-Charta verlegt und in selbständigen Charta-Artikeln normiert. Nach Ansicht der Staaten sollte diesen Vorschriften dadurch eine „größere Normativität" zukommen.[406] Lediglich Argentinien sprach sich gegen diese Vorgehensweise aus, da es eine viel zu weitgehende Einschränkung der staatlichen Souveränität durch eine unmittelbare Bindung an diese Konzepte über die OAS-Charta befürchtete.[407] Panama entkräftete diese Bedenken, indem es darauf aufmerksam machte, dass nicht alle OAS-Charta-Artikel gleichermaßen rechtlich verbindliche Rechte und Pflichten der Staaten begründeten. Vielmehr müsse jeder einzelne Artikel für sich betrachtet und dahingehend untersucht werden, ob er echte rechtliche Verpflichtungen oder lediglich einen unverbindlichen Programmsatz enthält.[408]

---

forth in the Declarations may result in a delay in the ratification of the Convention itself. It is for this reason that the Juridical Subcomittee believes it desirable to suggest that as a substitute for the final part of Article 3, consideration be given to the following formula, which might bet he subject of a separate article: „The Declarations shall be ratified by the Signatory States independently of this Convention and may be revised in the same manner so that they may at all times respond to the requirements and aspirations of international life."" Report of the Subcommittee of Four Members presented to the Comittee of Ten of the Governing Board of the Pan American Union with a Project of Organic Pact of the Inter-American System, in: *Pan American Union*, Project of Organic Pact of the Inter-American System, S. 7.

406 Vgl. die Stellungnahme Perus und Uruguays in: Primera Comisión, Primera Sesión, 2.4.1948, S. 124 und die zustimmenden Kommentare von Mexiko, Chile, Costa Rica, Bolivien, Ecuador, die Dominikanische Republik, Venezuela, Kuba und Argentinien in: Primera Comisión, Primera Sesión, 2.4.1948 und Segunda sesión, 5.4.1948, S. 124 ff., enthalten in: *Ministerio de Relaciones Exteriores, Colombia*, Novena Conferencia Internacional Americana, Actas y Documentos, Bd. III.

407 Primera Comisión, Primera Sesión, 2.4.1948, S. 161, enthalten in: *Ministerio de Relaciones Exteriores, Colombia*, Novena Conferencia Internacional Americana, Actas y Documentos, Bd. III.

408 Comisión de Iniciativas, Sexta Sesión, 16.4.1948, S. 115., enthalten in: *Ministerio de Relaciones Exteriores, Colombia*, Novena Conferencia Internacional Americana, Actas y Documentos, Bd. II.

Auch die „*Declaration of the Rights and Duties of Man*“ wurde entgegen der ursprünglichen Intention der Staaten nicht als Annex zur OAS-Charta angefügt, sondern als davon getrennte Resolution verabschiedet.[409] Bemerkenswerterweise wurde auch jeglicher Bezug auf die Amerikanische Deklaration in der endgültig angenommenen Version der OAS-Charta gestrichen.

Stattdessen ist in der endgültigen Version der OAS-Charta ein Kapitel II mit der Überschrift „*Principles*“ sowie ein Kapitel III (heute: Kapitel IV) mit dem Titel „*Rights and Duties of States*“ enthalten. Die Menschenrechte werden als allgemeines Konzept sowohl in Kapitel II (Art. 3 lit. j OAS-Charta (1948); heute: Art. 3 lit. l) als auch in Kapitel III (heute: Kapitel IV, Art. 17) erwähnt.

Die endgültige Version des Art. 3 lit. l OAS-Charta ist im Unterschied zu früheren Fassungen dieses Artikels abgeschwächt.[410] Dadurch wollten die OAS-Staaten sicherstellen, dass diese Norm nicht so ausgelegt werden konnte, dass die OAS oder die Vertragsparteien zur Vornahme zu kollektiven Aktionen zum Schutz der Menschenrechte befugt seien.[411] Bei der Annahme von Art. 3 lit. l erklärten alle Staaten einstimmig zu Protokoll, dass diese Vorschrift nicht die Inkorporation der Amerikanischen Deklaration der Rechte und Pflichten des Menschen in die OAS-Charta impliziert.[412] Die USA erklärten zusätzlich zu Protokoll, dass sich Art. 3 lit. l weder auf die Amerikanische Deklaration noch auf „ein anderes besonderes Dokument mit diesem Gegenstand“ bezieht.[413]

Im Unterschied zu den Kontroversen um die Fassung von Art. 3 lit. l OAS-Charta führten die Staaten im Hinblick auf den Text von Art. 17 OAS-Charta, der ebenfalls Menschenrechte erwähnt, keine größeren Debatten. Lediglich Mexiko versuchte

---

409 Vgl. dazu auch die Ausführungen zur Entstehungsgeschichte der Amerikanischen Deklaration im ERSTEN KAPITEL, D I.

410 So hatte Uruguays die Aufnahme einer Formulierung für diesen Artikel vorgeschlagen, wonach es die Angelegenheit jedes Staates sein soll, innerhalb seiner Jurisdiktion den Schutz der Menschenrechte sicherzustellen, unbeschadet einer etwaigen hierzu geschaffenen internationalen Instanz: „It is the concern of each state, within ist jurisdiction, to ensure protection for the fundamental rights and liberties of the human person, without prejudice to the international competence that is established.“ Doc. CB-170-C, C.I-20, 8.4.1948, enthalten in: *Ministerio de Relaciones Exteriores, Colombia*, Novena Conferencia Internacional Americana, Actas y Documentos, Bd. III.

411 Aus diesem Grund forderte Mexiko sogar die komplette Streichung dieses Artikels. Vgl. *Ministerio de Relaciones Exteriores, Colombia*, aaO., S. 301 f.

412 *Medina*, The Battle of Human Rights, S. 45.

413 Vgl. *Department of State, USA*, Report of the Delegation of the United States of America to the Ninth International Conference of American States, S. 36.

die Annahme dieses Artikels zu verhindern. Nachdem der Versuch jedoch am Widerstand der überwiegenden Mehrheit der Staaten scheiterte, erklärte Mexiko zu Protokoll, dass sich Art. 17 OAS-Charta wie Art. 3 lit. l OAS-Charta nicht auf die Amerikanische Deklaration der Rechte und Pflichten des Menschen bezieht.[414]

II. Die „*principles*“ in Art. 3 OAS-Charta – Unverbindliche Programmsätze oder verpflichtende Rechtssätze?

Art. 3 lit. l OAS-Charta steht systematisch in Kapitel II der OAS-Charta unter der Überschrift "Principles". Gemäß der Eingangsformulierung in Art. 3 bestätigen die Staaten die nachfolgend in den einzelnen Buchstaben aufgeführten Prinzipien.

Fraglich ist, ob die in dieser Norm aufgeführten Konzepte einen rechtlich verbindlichen Verpflichtungsgehalt aufweisen oder ob sie lediglich unverbindliche Programmsätze darstellen.

Nach dem allgemeinen Begriffsverständnis wird ein "Prinzip" als allgemeiner Wertungsmaßstab für ein bestimmtes Verhalten verstanden. Das Wörterbuch liefert folgende Definitionen für "*principle*":

- *"A settled rule of action; a governing law of conduct; an opinion or belief which exercises a directing influence on the life and behavior; a rule (usually, a right rule) of conduct consistently directing one's actions.*"[415]
- *"(A) fundamental truth or proposition that serves as the foundation for a system of belief or behaviour or for a chain of reasoning: (...) a rule or belief governing one's behaviour.*"[416]

Im juristischen Sprachgebrauch wird der Begriff „Prinzip“ zum einen als Beschreibung für die Unbestimmtheit und Abstraktheit einer Norm, aus der keine unmittelbaren rechtlichen Schlüsse gezogen werden können, verwendet. Zum anderen wird dieser Begriff auch zur Hervorhebung des fundamentalen Charakters einer Norm, ihrer besonderen Qualität bzw. Bedeutung, benutzt.[417]

---

414 Doc. CB-411-C, C.I-32, 26.4.1948, S. 3 ff., enthalten in: *Ministerio de Relaciones Exteriores, Colombia*, Novena Conferencia Internacional Americana, Actas y Documentos, Bd. III.

415 *Webster*, Webster's Revised Unabrigded Dictionary, Stichwort „*principle*“.

416 *Oxford English Dictionary Online*, Stichwort: „*principle*“, Onlineresource, abrufbar unter: https://oxforddictionaries.com (zuletzt besucht am 20.03.2014).

417 Vgl. etwa *Schroeder*, Das Gemeinschaftsrechtssystem, S. 265. Vgl. dazu auch die nachfolgenden Ausführung im Hinblick auf die rechtstheoretische Unterscheidung zwischen Regel und Prinzip in diesem Kapitel unter A V 1.

Innerhalb der Satzung einer internationalen Organisation kann ein „Prinzip" jedenfalls als Grundgedanke, auf dem die Organisation aufbaut und das Verhalten der Akteure bestimmen soll, verstanden werden.

Indem die Staaten die in Art. 3 aufgezählten Konzepte bekräftigen bzw. bestätigen („*reaffirm*"), weisen sie erstens darauf hin, dass diese Konzepte bereits früher, insbesondere auf den vergangenen Inter-Amerikanischen Konferenzen, postuliert wurden. Sie sollen nunmehr im neu geschaffenen OAS-System weitergelten und damit Kontinuität im Inter-Amerikanischen System schaffen.

Zweitens verleiht der Begriff „*reaffirm*" den „Prinzipien" darüber hinaus auch ein qualitatives Element. Durch die nochmalige Bestätigung der Prinzipien betonen die Staaten ihre hervorgehobene Bedeutung als Stützpfeiler des OAS-Systems.

Allerdings bleibt damit noch unklar, ob die „Prinzipien" des Art. 3 auch eine rechtliche Verpflichtung für die Normadressaten begründen und, falls dem so ist, welchen konkreten Inhalt diese Verpflichtung hat.

Ein systematischer Vergleich des Art. 3, der unter Kapitel II mit dem Titel „*Principles*" steht, zu den in Kapitel IV mit „*Fundamental Rights and Duties of States*" überschriebenen Normen liefert keinen Aufschluss über den normativen Gehalt der „Prinzipien" des Art. 3. Zwar enthalten die in Kapitel IV stehenden Artikel, wie die Überschrift „*Fundamental Rights and Duties of States*" bereits vermuten lässt, grundlegende völkerrechtliche Rechte und Pflichten der Staaten, die zudem überwiegend geltendes Völkergewohnheitsrecht widerspiegeln. So befinden sich im Kapitel IV Normen über die Gleichheit der Staaten (Art. 10 OAS-Charta), die Souveränität (Art. 11, 17 OAS-Charta), die Anerkennung von Staaten (Art. 13, 14 OAS-Charta), den Grundsatz *pacta sunt servanda* (Art. 18 OAS-Charta) sowie das Gewalt- und Interventionsverbot (Art. 19–23 OAS-Charta).

Daraus kann aber nicht im Umkehrschluss gefolgert werden, dass die in Kapitel II, Art. 3 formulierten „*principles*" keine völkerrechtlichen Regeln enthalten. Ein genauer Blick auf die einzelnen Buchstaben des Art. 3 zeigt vielmehr, dass dort eine bunte Mischung von Konzepten mit ganz unterschiedlichem Charakter und Aussagegehalt enthalten ist. So stellen Art. 3 lit. a (Völkerrecht als Standard im Verhältnis der Staaten zueinander), lit. b (die Achtung der Souveränität der Staaten), lit. c (Geltung des Prinzips des guten Glaubens), lit. e S. 1 (Interventionsverbot), lit. h (Ein Akt der Aggression gegen einen Staat ist eine Aggression gegen alle Staaten), lit. g (Verurteilung des Aggressionskrieges) und lit. i (Grundsatz der friedlichen Streitbeilegung) zweifellos völkerrechtliche Ge- und Verbote dar. Diese gehören teilweise, wie lit. a, lit. b, lit. c, oder lit. e S. 1, sogar zu den fundamentalen Grundlagen der Völkerrechtsordnung als solche. Diese Konzepte werden darüber hinaus in der OAS-Charta noch an anderer Stelle (in den Kapiteln IV bis VI) erwähnt und näher konkretisiert.

Neben diesen eindeutig rechtlich verbindlichen Ge- und Verboten enthält Art. 3 aber auch Konzepte, deren rechtliche Qualität zweifelhaft und deren Inhalt nur sehr vage formuliert ist. Dazu gehören lit. d, lit. f, lit. j, lit. k, lit. m und lit. n.[418]

Mit Ausnahme der lit. d und f, die eine Grundlage von noch näher zu konkretisierenden Verhaltenspflichten für die OAS-Staaten sein können, sind diese Konzepte schon sprachlich so unbestimmt formuliert, dass sie sich mehr als schlichte Feststellungen ohne normativen Gehalt denn als vollzugsfähige und bindende Verhaltensanweisungen an die Normadressaten darstellen. Diese Konzepte sind bloße Leitvorstellungen ohne konkrete Ziel- oder Handlungsvorgaben, die ihre Wurzeln somit nicht in rechtlichen, sondern in sozialen, wirtschaftlichen und politischen Grundsätzen haben.

Ein näherer Blick in Art. 3 ergibt damit, dass diese Vorschrift einen ambivalenten Charakter besitzt. Art. 3 ist ein Auffangbecken für normative Standards unterschiedlichen und auslegungsbedürftigen Inhalts sowie für Konzepte, die die Schwelle zu rechtlich verbindlichen Normen noch nicht überschritten haben. Bestätigt wird diese Feststellung durch die Entstehungsgeschichte des Art. 3. Wie bereits oben erläutert[419], hatten die Staaten unterschiedliche Auffassungen über den rechtlichen Gehalt der einzelnen in Art. 3 aufgeführten Prinzipien. Die Staaten brachten in diesem Artikel somit alle Konzepte unter, die nicht schon im Kapitel IV erwähnt werden.

Im Ergebnis ist damit aber festzuhalten, dass den in Art. 3 aufgezählten „*principles*“ jedenfalls nicht allein aufgrund ihrer Bezeichung und ihrer systematischen Verortung in Kapitel II von vornherein der Charakter als rechtlich verbindliche Normen, die den Staaten bestimmte Verhaltenspflichten vorschreiben, abgesprochen werden darf.[420]

---

418 Zum Text dieser Vorschriften vgl. Anhang II zu dieser Arbeit.

419 DRITTES KAPITEL, A I.

420 A.A.: *Thomas/Thomas*, The Organization of American States, S. 142: „(The principles) merely proclaim general aspects of inter-American conduct and are not to be considered as legally binding norms. They are broad policy expressions upon which legal norms may be constructed in the future“; für bloße Programmsätze ohne rechtliche Verbindlichkeit auch: *Kunz*, AJIL 1948, S. 572.

III. Art. 3 lit. l OAS-Charta als Anomalie innerhalb des Art. 3 OAS-Charta

Art. 3 lit. l sticht unter den übrigen in Art. 3 enthaltenen Konzepten hervor. Diese Norm bestimmt, dass die Amerikanischen Staaten die fundamentalen Rechte des Individuums ohne Unterschied auf Rasse, Nationalität, Herkunft oder Geschlecht proklamieren.

Im Unterschied zu anderen in Art. 3 enthaltenen Grundsätzen statuiert Art. 3 lit. l auf der einen Seite keinen bereits existierenden völkerrechtlich anerkannten Grundsatz. Vor der Gründung der OAS hatten sich die Amerikanischen Staaten zwar bereits mehrfach mit Fragen des Menschenrechtsschutzes auseinandergesetzt. Allerdings betrafen die vor 1948 erlassenen Resolutionen und Konventionen jedoch nur punktuelle Aspekte der Menschenrechte und besaßen lediglich politische bzw. moralische Wirkkraft. Zudem betrachteten die Staaten zu jener Zeit den Menschenrechtsschutz noch nicht als eine völkerrechtliche Frage, eine „*international concern*", sondern eine Angelegenheit allein des innerstaatlichen Rechts.[421] Art. 3 lit. l knüpft somit nicht an bereits bestehende regionale Rechtspflichten in Bezug auf Menschenrechte an. Indem die Amerikanischen Staaten zum ersten Mal in einem inter-amerikanischen Vertrag die Menschenrechte „*proklamieren*", schreibt Art. 3 lit. l somit etwas Neues fest.[422]

Auf der anderen Seite hebt sich Art. 3 lit. l auch von den in Art. 3 aufgezählten bloßen unverbindlichen Programmsätzen ab. Das wird bereits durch die sprachlich indikative und imperative Formulierung des lit. l im Vergleich zu den lediglich feststellenden und idealistischen Formulierungen der übrigen Prinzipien innerhalb des Art. 3 deutlich.

Zudem hebt sich Art. 3 lit. l auch durch die darin formulierte Nichtdiskriminierungsklausel ab.[423] Art. 3 lit. l ist somit sprachlich wie ein rechtliches Gebot formuliert.

Schließlich wird die Bedeutung des Art. 3 lit. l durch Art. 17 OAS-Charta verstärkt. Art. 17, der systematisch unter Kapitel IV „Rights and Duties of States" steht, bestimmt in Satz 2, dass die Amerikanischen Staaten innerhalb ihrer freien innerstaatlichen Entwicklung die Rechte des Individuums respektieren.

---

421 Vgl. dazu die Ausführungen im ERSTEN Kapitel, B.

422 Zum genauen Inhalt des Art. 3 lit. l vgl. die Ausführungen unten in diesem Kapitel unter V.

423 Zur Bedeutung der Nichtdiskriminierungsklausel vgl. die Ausführungen unten in diesem Kapitel unter V 3 e).

Art. 3 lit. l ist in Verbindung mit Art. 17 zu lesen. Beide Vorschriften haben mit dem Schutz der Menschenrechte inhaltlich denselben Regelungsgegenstand. Ihre unterschiedliche systematische Verortung in Kapitel II bzw. Kapitel IV ist lediglich darauf zurückzuführen, dass die OAS-Staaten über die früheren Fassungen der OAS-Charta und der Frage, ob sie konkrete Verpflichtungen im Bereich der Menschenrechte eingehen sollten, unterschiedliche Auffassungen hatten.[424] Dass die Menschenrechte sowohl in Art. 3 lit. l als auch in Art. 17 erwähnt werden, spiegelt einerseits die ambivalente Haltung der Mehrheit der Mitgliedsstaaten in Bezug auf den völkerrechtlichen Schutz der Menschenrechte und die Eingehung konkreter Verpflichtungen in diesem Bereich wider. Gleichzeitig dokumentiert die zusätzliche Erwähnung der Menschenrechte in Art. 17 jedoch auch, dass die Staaten in Bezug auf den völkerrechtlichen Menschenrechtsschutz bereit waren, mehr als als nur eine bloße moralisch oder politisch wirkende Zielbestimmung oder Idealvorstellung zu normieren, was durch die nachfolgende Untersuchung belegt wird.

IV. Der Inhalt des Begriffs der Menschenrechte in Art. 3 lit. l und 17 OAS-Charta

Die Art. 3 lit. l und 17 OAS-Charta enthalten als Regelungsgegenstand die „fundamentalen Rechte des Individuums“ (*fundamental rights of the individual;* Art. 3 lit. l) bzw. die „*Rechte des Individuums*“ (*rights of the individual;* Art. 17). Diese Begriffe werden in der OAS-Charta an keiner Stelle legaldefiniert. Ihr Inhalt ist daher auslegungsbedürftig.

1. Die „*Rechte*“ aus Art. 45 und 49 OAS-Charta als Konkretisierung des Menschenrechtsbegriffs im Sinne von Art. 3 lit. l, 17 OAS-Charta?

Die OAS-Charta erwähnt einzelne „*Rechte*“ der Person in Art. 45 und 49. Art. 45 lit. a OAS-Charta bestimmt, dass alle Menschen, ohne Unterschied auf Rasse, Geschlecht, Nationalität, Geburt oder sozialer Stellung das Recht auf materiellen Wohlstand und geistige Entwicklung unter Bedingungen der Freiheit, Würde, Chancengleichheit und wirtschaftlicher Sicherheit haben. Gemäß Art. 45 lit. b OAS-Charta ist Arbeit sowohl ein Recht als auch eine soziale Pflicht und soll

424 Vgl. dazu die Ausführungen zur Entstehungsgeschichte dieser Normen oben in diesem Kapitel unter A I.

unter bestimmten Arbeits- und Lebensbedingungen ausgeübt werden. Gemäß Art. 49 OAS-Charta richten die Staaten ihre größten Bemühungen darauf aus, die effektive Ausübung des Rechts auf Ausbildung zu ermöglichen.

Diese in diesen Vorschriften erwähnten „*Rechte*“ sind nicht als Konkretisierung des Menschenrechtsbegriffs im Sinne von Art. 3 lit. l und 17 OAS-Charta zu verstehen. Dies folgt bereits daraus, dass die Staaten bei der Formulierung der Art. 3 lit. l und 17 allein den klassischen Begriff der Menschenrechte vor Augen hatten.[425] Nach dem klassischen Menschenrechtsverständnis sind Menschenrechte als Freiheitsrechte des Einzelnen gegen staatliche Eingriffe zu verstehen. Bei den in Art. 45 und 49 erwähnten Konzepten handelt es sich hingegen um einzelne wirtschaftliche, soziale und kulturelle Standards. Diese Vorschriften wurden auch erst nachträglich durch das *Protokoll von Buenos* Aires in die OAS-Charta eingefügt.

Bei diesen Standards handelt sich vor allem um Handlungsmaximen und Leitvorstellungen, um deren Verwirklichung die Staaten sich im innerstaatlichen Bereich lediglich bemühen sollen („*dedicate every effort*“), damit zukünftig eine gerechte soziale Ordnung und wirtschaftliche Entwicklung geschaffen werden.[426] Diesen Aspekt verdeutlich auch die systematische Stellung der Art. 45 und 49 in Kapitel VII der OAS-Charta unter der Überschrift „*Integral Development*“. Art. 45 selbst spricht daher auch nicht von „*Rechten*“, sondern von „*Prinzipien und Mechanismen*“ („*principles and mechanisms*“).

Auch die Inter-Amerikanische Kommission hat die Art. 45 und 49 mittels einer systematischen Auslegung im weiteren Sinne im Lichte der zwischen den Staaten geltenden völkerrechtlichen Normen betrachtet und dabei festgestellt, dass diese Vorschriften keine völkerrechtlich anerkannten Standards enthalten, die geschützt werden könnten. Diese Vorschriften enthielten keine die Staaten verpflichtenden Menschenrechte, sondern lediglich Zielbestimmungen für die wirtschaftliche und soziale Entwicklung, die die Staaten durch internationale Bemühungen und Kooperation erreichen sollen.[427]

---

425 Vgl. die Aussagen der Staaten bei den Vorarbeiten zur OAS-Charta und zur Amerikanischen Deklaration. Dazu in diesem Kapitel unter A I und B.

426 Gegen bindende Menschrechtsverpflichtungen aus Art. 45, 49 auch: *Harris*, Regional Protection of Human Rights, S. 5, Fn. 21.

427 „(T)he rights incorporated in to the Charter are considered in the context of the standards of international law applicable to relations among the American States, for which reason they do not constitute a base of standards that makes possible their international protection. In other words, that instrument does not recognize human rights, compliance with which may be claimed against a state, but rather it establishes objectives of economic and social development to be reached by the

Damit kann festgestellt werden, dass ein rechtlicher Zusammenhang zwischen den Art. 3 lit. l, 17 einerseits und Art. 45 und 49 andererseits nicht hergestellt werden kann.

2. Verweis auf die *Amerikanische Deklaration der Rechte und Pflichten des Menschen* oder auf andere Menschenrechtstexte?

Gegen eine unmittelbare rechtliche Bezugnahme auf die Amerikanische Deklaration durch Art. 3 lit. l, 17 OAS-Charta spricht der bei Unterzeichnung der OAS-Charta eindeutig erklärte entgegenstehende Wille der Vertragsparteien. Die Staaten erklärten bei Vertragsabschluss einstimmig und ausdrücklich zu Protokoll, dass die Annahme von Art. 3 lit. l nicht die Inkorporation der Deklaration der Rechte und Pflichten des Menschen in die OAS-Charta impliziert.[428]

Diese Protokollerklärung ist als eine sich *„auf den Vertrag beziehende Übereinkunft, die zwischen allen Vertragsparteien anlässlich des Vertragsabschlusses getroffen wurde"* im Sinne von Art. 31 Abs. 2 lit. a WVK zu qualifizieren. Sie stellt somit eine *authentische Auslegung bei Vertragsabschluss* dar. Eine solche Auslegungserklärung ist bindend und schließt andere, dazu im Widerspruch stehende Interpretationsmöglichkeiten der Norm aus, solange und sofern dieser subjektiv-historische Wille nicht nachfolgend durch einen geänderten, aktuellen Konsens der Parteien ersetzt wird.

Eine Interpretation des Art. 3 lit. l dergestalt, dass sich diese Norm auf andere, im Jahre 1948 bereits existierende Menschenrechtstexte bezieht, kommt ebenfalls nicht in Betracht. Zwar hatten die Staaten vor 1948 auf den Inter-Amerikanischen Konferenzen bereits mehrere Konventionen und Resolutionen über spezielle Menschenrechte verabschiedet. Diese Menschenrechtstexte wurden jedoch bei den Beratungen über die menschenrechtlichen Vorschriften der OAS-Charta von den Staaten gänzlich außer Acht gelassen. Die Staaten gingen vielmehr davon aus, dass nach dem Ende des Zweiten Weltkrieges 1945 ein Wendepunkt und eine neue Ära des Menschenrechtsschutzes eingeleitet werden sollte. Bis dahin wurden Menschenrechte noch nicht als international zu schützendes Konzept betrachtet, sondern fielen nach der Vorstellung der Staaten ausschließlich in die innerstaatliche *domaine reservée*.

---

states through internal effort and internal cooperation." Annual Report of the Inter-American Commission on Human Rights, 1983–1984, OEA/Ser.L/V/II.63 Doc. 10, 24.9.1984, S. 138.

428 Vgl. *Department of State, USA*, Report of the Delegation of the United States of America to the Ninth International Conference of American States, S. 35 f.

Dies wird durch die Erwägungsgrunde zum ersten Entwurf zur Amerikanischen Deklaration der Rechte und Pflichten des Menschen belegt. Darin betonen die Staaten, dass es notwendig ist, die Menschenrechte zu internationalisieren.[429] Auch die Amerikanische Deklaration der Rechte und Pflichten des Menschen geht in ihren Erwägungsgründen davon aus, dass erst noch inter-amerikanisches Recht in Bezug auf Menschenrechte geschaffen werden muss und macht damit deutlich, dass vorher noch kein (regionales) Recht in Bezug auf Menschenrechte existiert hatte.

Schließlich wird dieses Ergebnis auch durch die Protokollerklärung der USA zu Art. 3 lit. l gestützt, wonach sich Art. 3 lit. l weder auf die Amerikanische Deklaration noch auf „jedes andere spezifische Dokument mit diesem Gegenstand" bezieht.[430] Diese Erklärung wurde von den übrigen OAS-Staaten widerspruchslos hingenommen, was auf ihre Zustimmung deutet.

3. Abstrakter und dynamischer Verweis auf den völkerrechtlichen Bestand an Menschenrechten

Da die Art. 3 lit. l und 17 OAS-Charta keine bestehenden Menschenrechtsinstrumente oder einzelne konkrete Menschenrechte in ihren Tatbestand mit einbeziehen, kann der Begriff „*(fundamental) rights of the individual*" nur als Bezugnahme auf Menschenrechte als allgemeines und abstraktes Konzept verstanden werden.

Die Idee der unveräußerlichen Menschenrechte wurde als ein zentrales Thema in der geschichtlichen Epoche der Aufklärung aufgegriffen. Nach dem naturrechtlichen Verständnis sind Menschenrechte subjektive Rechte des Einzelnen gegen staatliche Eingriffe, die jedem Menschen gleichermaßen aufgrund seines Menschseins zustehen und ihm nicht erst durch hoheitlichen Akt verliehen werden müssen.[431]

Menschenrechte wurden zunächst im 18. und 19. Jahrhundert in nationalen Verfassungen festgeschrieben.[432] Auch wenn bereits seit Anfang des 19.

---

429 *Inter-American Juridical Committee, Draft Declaration of the Rights and Duties of Man and Accompanying Report*, enthalten in: The American Journal of International Law, Bd. 40 (1946), S. 93 ff.

430 *Department of State, USA*, Report of the Delegation of the United States of America to the Ninth International Conference of American States, S. 36.

431 *Forsythe*, The Internationalization of Human Rights, S. 1.

432 Als der erste nationale Menschenrechtstext gilt die *Virginia Declaration of Rights* vom 12.7.1776, die die naturrechtliche Idee von John Locke aufnahm, wonach

Jahrhunderts einzelne Menschenrechte, wie das Sklavereiverbot, international anerkannt waren und sich im Bereich des humanitären Völkerrechts einzelne menschenrechtliche Standards entwickelt haben, wurde auf universeller Ebene der generelle Schutz der Menschenrechte erst durch die Annahme der UN-Charta und der Verabschiedung der *Allgemeinen Erklärung der Menschenrechte* von 1948 eingeleitet. Nach dem Ende des Zweiten Weltkrieges erkannten die Staaten, dass schweren Menschenrechtsverletzungen nur dadurch entgegengetreten werden kann, wenn Menschenrechte auf internationaler Ebene anerkannt und entsprechend geschützt werden.

Diese nach 1945 eingeleitete Entwicklung hat dazu geführt, dass im Laufe der Zeit verschiedene allgemeine und spezielle Menschenrechtskonventionen auf universeller und regionaler Ebene geschaffen worden sind. Daneben existiert heute auch ein allgemeiner Konsens darüber, dass bestimmte Menschenrechte auch ohne vertragliche Bindung von allen Staaten der Welt einzuhalten sind. Zu diesem völkergewohnheitsrechtlichen Mindeststandard gehört etwa das Verbot von Völkermord, Folter, rassischer Diskriminierung, willkürlicher Verhaftung und das Verbot vollständiger Rechtsschutzverweigerung (*déni de justice*).[433] Heute ist zudem anerkannt, dass die Beachtung der Menschenrechte und die Wahrung des internationalen Friedens, der Hauptaufgabe des modernen Völkerrechts, zusammenhängen.[434]

Menschenrechte werden heute aufgrund ihrer historischen Entwicklung in verschiedene „Generationen“ oder „Arten“ eingeteilt.[435] Als Menschenrechte der „ersten Generation“ werden die bürgerlichen und politischen Rechte bezeichnet, die sich primär als Abwehrrechte gegen die Eingriffe des Staates in die Freiheit des Einzelnen entwickelt haben. Die Menschenrechte der „zweiten Generation“ sind verstärkt erst Mitte des 20. Jahrhunderts aufgekommen und umfassen soziale, wirtschaftliche und kulturelle Rechte, wie etwa das Recht zu arbeiten oder das Recht auf eine soziale Absicherung. Diese Rechte legen den Staaten

---

„(men are) by nature all free, equal and independent“. Ein ebenso bedeutender nationaler Menschenrechtstext ist die französiche *Déclaration des Droits de l'Homme et du Citoyen* vom 26.8.1789. Zur Geschichte des internationalen Menschenrechtsschutzes und zu den historischen Vorläufern der Menschenrechte, vgl. *Doehring*, Völkerrecht, S. 425 ff.

433 Eine Aufzählung dieser Fundamentalgarantien enthält z.B.: *American Law Institute*, Restatement of the Law, Third, § 702.

434 Vgl. *Klein*, Menschenrechte, S. 11.

435 Vgl. die Übersicht in *Tomuschat*, Human Rights between Idealism and Realism, S. 25 ff.

aber grundsätzlich nur eine allgemeine Verpflichtung zu einer progressiven Realisierung auf. Zu den Menschenrechten der „dritten Generation" gehören etwa das Recht auf Entwicklung, auf eine saubere Umwelt, auf Frieden sowie weitere kollektive Rechte. Diese Konzepte sind jedoch nicht als echte Menschenrechte anerkannt. Sie stellen grundsätzlich lediglich unverbindliche, politische Absichtserklärungen dar.[436]

Bei der Formulierung der menschenrechtlichen Vorschriften der OAS-Charta in Art. 3 lit. l und 17 ließen sich die Gründungsstaaten der OAS von dem damaligen Verständnis der Menschenrechte leiten.[437] Art. 3 lit. l und Art. 17 OAS-Charta sind daher als abstrakter Verweis auf Menschenrechte als Gattung und abstraktes Konzept zu verstehen. Die unterschiedliche Terminologie in Art. 3 lit. l (*„fundamental rights of the individual"*), Art. 17 (*„rights of the individual"*) und in der Präambel der OAS-Charta (*„essential rights of man")* ist dabei unschädlich. Der Zusatz *„fundamental"* bzw. *„essential"* bedeutet nicht eine qualitative Beschränkung auf einige ganz besonders wichtige Menschenrechte. Sie hebt lediglich die besondere Bedeutung der Menschenrechte und ihre ideengeschichtlichen Wurzeln als die der Person innewohnenden, eigentümlichen und damit fundamentalen Rechte hervor.

Die Staaten haben den Begriff der Menschenrechte bewusst offen und undefiniert gelassen. Dies hat zweierlei Gründe: Zum einen wollten die Staaten dadurch eine Bindung an spezifische Menschenrechte, wie sie etwa in der Amerikanischen Deklaration formuliert waren, vermeiden. Der allgemeine und abstrakte Verweis auf Menschenrechte sollte den Vorschriften eine unmittelbare Vollzugsfähigkeit nehmen, damit diese Normen nicht als Grundlage für kollektive Sanktionen im Bereiche der Menschenrechte herhalten konnten.[438] Zum anderen verstanden die Amerikanischen Staaten die Neuorganisitation des Inter-Amerikanischen Systems durch die Gründung der OAS auch als Startpunkt, von dem aus der regionale Menschenrechtsschutz sukzessive fortentwickelt werden sollte. Indem die Staaten den Begriff der Menschenrechte bewusst offen und abstrakt gehalten haben, wollten sie eine schrittweise Entwicklung der Menschenrechte im Rahmen

---

436 *Tomuschat*, aaO., S. 25.

437 Darauf deuten die Aussgen der Staaten bei den Vorarbeiten der OAS-Charta und der Amerikanischen Deklaration hin, vgl. dazu die Ausführungen in diesem Kapitel unter A I und B.

438 Darauf wurde in diesem Kapitel unter A I im Hinblick auf den Entwurf zu Art. 3 lit. l hingewiesen, der deshalb gestrichen wurde, weil die Staaten befürchteten, dass dadurch die OAS oder die Staaten zu kollektiven Aktionen zum Schutz der Menschenrechte ermächtigt sein könnten.

der OAS ermöglichen. So ist der Begriff der Menschenrechte im Sinne der OAS-Charta nicht als statisches Konzept zu verstehen, das auf die vorhanden Vorstellungen im Jahre 1948 versteinert ist. Vielmehr ist dieser Begriff dynamisch bzw. evolutiv zu verstehen. Den Art. 3 lit. l und 17 ist also bereits tatbestandlich eine in die Zukunft gerichtete Konkretisierungsdimension immanent. Konkretisiert bzw. präzisiert werden kann und soll der Begriff der Menschenrechte durch nachfolgende Verhaltensweisen der Staaten oder der OAS-Organe, die so den Menschenrechtsschutz ausbauen und den Begriff der Menschenrechte nach der OAS-Charta mit spezifischem Inhalt füllen können.

Aufgrund dieser bereits im Tatbestand angelegten prospektiven Dimension der Art. 3 lit. l, 17 kann sich die Amerikanische Deklaration, obschon ein Bezug auf sie durch die Staaten in ihrer Protokollerklärung explizit ausgeschlossen wurde, im Laufe der Zeit durch veränderte Umstände und *nachfolgende Praxis* als Konkretisierung und Definition der Menschenrechte der OAS-Charta fortentwickeln, sofern ein dahingehender Wille der Staaten vorhanden bzw. nachweisbar ist.

V. Der Inhalt der Verpflichtungen aus Art. 3 lit. l und 17 OAS-Charta

Nachdem auf der Tatbestandsseite der Begriff der Menschenrechte in Art. 3 lit. l, 17 OAS-Charta festgestellt wurde, ist nachfolgend auf der Rechtsfolgenseite zu untersuchen, welche Verpflichtungen diese Vorschriften den OAS-Staaten auferlegen.

1. Rechtstheoretische Vorüberlegungen zum Verpflichtungsspektrum einer Norm

Um die Rechtsfolgen der Art. 3 lit. l, 17 OAS-Charta genau erfassen zu können, sind vorab Überlegungen allgemeiner Art über das mögliche Verpflichtungsspektrum einer Norm hilfreich. Dabei kann auf die aus der nationalen Rechtstheorie bekannten Differenzierungskategorien für Normen zurückgegriffen werden. Diese können grundsätzlich auch auf das Völkervertragsrecht übertragen werden, da diese Kategorisierungskriterien nicht an einer subordinationsrechtlichen Struktur der Rechtsordnung ansetzen. Vielmehr beschreiben sie allgemein die Verpflichtungswirkung einer Norm in Bezug auf einen festgelegten Adressatenkreis, wie er auch im Rahmen einer durch völkerrechtlichen Vertrag begründeten Rechtsgemeinschaft besteht.[439]

Angelehnt an den US-amerikanischen Rechtstheoretiker *Ronald Dworkin* wird im anglo-amerikanischen Rechtskreis zwischen Rechtsregeln („*rules*") und Rechtsprinzipien („*principles*") unterschieden.[440] Danach wirken Regeln nach dem sogenannten *Alles-oder-Nichts-Prinzip*, während Prinzipien nicht zwingend eine bestimmte Rechtsfolge anordnen, sondern nur Gründe für eine bestimmte Entscheidung liefern. *Dworkin* versteht ein Prinzip als *„standard that is to be observed, not because it will advance or secure an economic, political or social situation deemed desirable, but because it is a requirement of justice or fairness or some other dimension of morality"*.[441] Im Verhältnis zur Regel hat das Prinzip die Bedeutung eines materiellen, die Regel bestimmenden Leitgedankens.

Der deutsche Rechtsphilosoph *Robert Alexy* sieht den Unterschied zwischen Rechtsregel und Rechtsprinzip in den verschiedenen *„Sollensgeboten"*. Während Prinzipien *„Optimierungsgebote"* sind, also Normen, die *„gebieten, dass etwas in einem relativ auf die rechtlichen und tatsächlichen Möglichkeiten möglichst hohen Maße realisiert wird"*[442], sind Regeln *„Festsetzungen, die stets nur entweder erfüllt oder nicht erfüllt werden können"*.[443] Damit unterscheiden sich Regeln und Prinzipien voneinander durch die Intensität, mit der sie eine Rechtsfolge als „gesollt" anordnen. Insofern kann auch von *„harten"* bzw. *„weichen"* Verpflichtungen gesprochen werden.

Auf der Ebene des Völkerrechts hat die *International Law Commission* (ILC) in ihrer Studie zur Staatenverantwortlichkeit zwischen einer sogenannten Handlungsverpflichtung („*obligation of conduct*") und einer sogenannten Ergebnisverpflichtung („*obligation of result*") unterschieden.[444] Dieses Begriffspaar wird in der völkerrechtlichen Literatur über den Aspekt der Staatenverantwortlichkeit

---

439 Vgl. etwa: *Dillard*, RdC 1957, S. 477 zur Unterscheidung zwischen Regeln, Prinzipien and Standards im Völkerrecht; zur Übertragung dieser rechtstheoretischen Unterscheidung auf das Europarecht: *Schroeder*, Das Gemeinschaftsrechtssystem, S. 262.

440 Vgl. etwa: *Dworkin*, Taking Rights Seriously, S. 22.

441 *Dworkin*, Taking Rights Seriously, S. 22.

442 *Alexy*, Theorie der Grundrechte, S. 75 f.

443 *Alexy*, Theorie der Grundrechte, S. 76. Auch das BVerfG differenziert zwischen Norm und Prinzip, vgl. etwa BVerfGE 51, 324 (350). Zur Übertragung dieser rechtstheoretischen Unterscheidung auf das Europarecht: *Schroeder*, Das Gemeinschaftsrechtssystem. S. 262.

444 Vgl. *ILC*, YBILC 1977 II, S. 11 ff.

hinaus auch dazu verwendet, um die völkerrechtlichen Verpflichtungen der Staaten zu beschreiben.[445] Eine „*obligation of conduct*“ ist dann gegeben, wenn der Normadressat dazu verpflichtet ist, sich auf eine bestimmte Weise zu verhalten, ohne dass die Herbeiführung eines bestimmten Erfolges geschuldet wird. Demgegenüber verpflichtet eine „*obligation of result*“ den Adressaten, einen bestimmten Zustand bzw. Erfolg herbeizuführen, wobei der Adressat die Mittel zur Erreichung dieses Ziels grundsätzlich frei wählen kann.

Das von der ILC geprägte Begriffspaar wird vor allem zur Beschreibung der menschenrechtlichen Verpflichtungen aus dem Internationalen Pakt über wirtschaftliche, soziale und kulturelle Rechte (IPwskR) von 1966 herangezogen.[446] Gemäß Art. 2 Abs. 1 IPwskR verpflichtet sich jeder Vertragsstaat „*einzeln und durch internationale Hilfe und Zusammenarbeit, insbesondere wirtschaftlicher und technischer Art, unter Ausschöpfung aller seiner Möglichkeiten Maßnahmen zu treffen, um nach und nach mit allen geeigneten Mitteln, vor allem durch gesetzgeberische Maßnahmen, die volle Verwirklichung der in diesem Pakt anerkannten Rechte zu erreichen.*“ Das darin zum Ausdruck kommende Konzept wird als „*principle of progressive realisation*“ bezeichnet.[447]

Aufgrund dieser vagen Formulierung der Staatenverpflichtungen in Art. 2 Abs. 1 IPwskR wird in der Literatur teilweise die Ansicht vertreten, dass der IPwskR überhaupt keine völkerrechtlich verbindlichen Rechtspflichten der Vertragsparteien normiere und die darin einthaltenen Standards nur außerrechtliche Programmsätze seien.[448] Diese Ansicht ist abzulehnen. Die Pflicht aus Art. 2 Abs. 1 IpwskR ist eine echte völkerrechtliche Verhaltenspflicht. Sie schreibt den Staaten vor, durch progressive Maßnahmen ein bestimmtes Endziel anzustreben, wobei den Staaten ein Beurteilungsspielraum hinsichtlich der konkreten Mittel zur Erreichung dieses Ziels verbleibt. Die Progressivität der Entwicklung ist als solche eine abstrakte verbindliche Verpflichtung. Verboten ist ein Stillstehen (*stand-still*) der Staaten.

Dabei besteht als Minimalverpflichtung den Kerngehalt des jeweiligen Rechts, die sogenannte „*core obligation*“, nicht zu verletzen.[449] Durch die Pflicht

---

445 *Sepúlveda*, The Nature of the Obligations under the International Covenant on Economic, Social and Cultural Rights, S. 185 ff.

446 *Sepúlveda*, aaO., S. 185 ff.

447 Vgl. *Sepúlveda*, aaO., S. 312.

448 *Vierdag*, NYIL 1978, S. 93.

449 Vgl. etwa: Committee on Social and Cultural Rights, The nature of States parties obligations (Art. 2, par.1), General comment 3, 14.12.1990, Ziff. 10; *v. Arnauld*, Völkerrecht, S. 237 m.w.N.

zur Beachtung des Kerngehalts des Rechts soll verhindert werden, dass das jeweilige Recht nicht sinnentleert wird. Zudem enthält Art. 2 Abs. 1 IPwskR das Verbot regressiver Maßnahmen. Dieses stellt als Ausfluss der staatlichen Systemverantwortung eine harte Verpflichtung für die Staaten dar und untersagt, hinter dem bereits realisierten menschenrechtlichen Entwicklungsstand zurückzubleiben. Das Verbot regressiver Maßnahmen spiegelt den Inhalt der progressiven Pflichten in Form einer Verbotsnorm. Es ist somit akzessorisch zur progressiv wirkenden Primärverpflichtung.[450]

Diese Beispiele aus der nationalen Rechtstheorie und aus der völkerrechtlichen Praxis verdeutlichen das mögliche Verpflichtungsspektrum einer Norm: Aus der Kombination von Zielvorgaben und Erfüllungsmodalitäten können unterschiedlich intensive Verpflichtungen für die Normadressaten resultieren.

Dabei ist genau zu prüfen, welche Art von Verpflichtungen nach dem Willen der Parteien in der Vertragsnorm angelegt sind. Eine Vertragsnorm kann neben unmittelbaren auch mittelbare rechtliche Wirkungen entfalten. Eine mittelbare rechtliche Wirkung entfaltet die Norm etwa, indem sie als leitender Grundgedanke die normative Richtschnur für die teleologische Auslegung anderer Vertragsbestimmungen darstellt. Überdies kann eine Norm den Vertrag nach einem bestimmten normativen Ziel „programmieren" und so die Auslegung des Vertrages anhand der *nachfolgenden Praxis* maßgeblich mitsteuern. Dadurch kann je nach den Umständen des Einzelfalls sogar eine spätere konsensunabhängige Bindung der Parteien im Rahmen einer dynamischen bzw. evolutiven Vertragsauslegung zu bejahen sein.[451]

2. Die Art. 3 lit. l, 17 OAS-Charta im Spannungsverhältnis zwischen Menschenrechtsschutz und Interventionsverbot

Art. 3 lit. l und 17 OAS-Charta sind zunächst im Lichte ihres Spannungsverhältnisses zum Interventionsverbot zu betrachten. Zentrales Anliegen der Amerikanischen Staaten im Jahre 1948 war es sicherzustellen, dass ihre staatliche Souveränität durch die Gründung der OAS nicht erodiert wird. Nach dem Willen der Staaten sollte die OAS im Verhältnis zu den Mitgliedsstaaten keine starke

450 Vgl. dazu auch: *Sepúlveda*, The Nature of the Obligations under the International Covenant on Economic, Social and Cultural Rights, S. 185 ff. sowie *Committee on Social and Cultural Rights*, The nature of States parties obligations (Art. 2, par.1), General comment 3, 14.12.1990.

451 Darauf wird umfassend im FÜNFTEN KAPITEL, ZWEITER TEIL eingegangen.

eigenständige Rolle besitzen.[452] Vielmehr sollte sie lediglich als Plattform für die internationale Zusammenarbeit und Koordination dienen. Dies zeigt sich schon an der Struktur der OAS-Organe, die als institutionalisierte multilatere Zusammenkünfte der Amerikanischen Staaten unter dem Dach der OAS geschaffen wurden. Diese Organe traten im Verhältnis der Mitgliedsstaaten nicht als eigenständige, vom Willen der Staaten unabhängige, Akteure auf.[453]

Den Schutz der staatlichen Souveränität wollten die OAS-Mitgliedsstaaten vor allem durch die ausdrückliche Verankerung des Interventionsverbots in der OAS-Charta sicherstellen. In Art. 19–23 OAS-Charta sind detaillierte Ausnahmen vom Interventionsverbot normiert.

Die besondere Betonung des Interventionsverbots als zentrales Prinzip innerhalb der OAS-Charta mit detaillierten Ausnahmeregelungen spricht zwar dafür, dass die Staaten im Zweifel eine souveränitätsschonende Auslegung ihrer Verpflichtungen aus der OAS-Charta wollten. Die Reichweite bzw. die Ausnahmen des Interventionsverbots sind aber wiederum im Lichte der übrigen vertraglichen Bestimmungen der OAS-Charta zu bestimmen. Daher kann von vornherein kein bestimmtes Rangverhältnis zwischen dem Interventionsverbot einerseits und den Vorschriften im Hinblick auf Menschenrechte andererseits bestehen.[454]

3. Die Verpflichtungen aus den Art. 3 lit. l, 17 OAS-Charta im Einzelnen

Die obigen Vorüberlegungen berücksichtigend, ergeben sich aus den Art. 3 lit. l, 17 OAS-Charta die nachfolgend dargestellten Rechtsfolgen bzw. Rechtswirkungen.

a) Der Schutz der Menschenrechte als *international concern*

Art. 3 lit. l in Verbindung mit Art. 17 OAS-Charta enthält als erste Aussage, dass die Staaten den Schutz der Menschenrechte nicht mehr als ausschließliche

452 Vgl. auch: *Cabranes*, MichLRev 1967, S. 1147.

453 Vgl. dazu schon die Ausführungen im ERSTEN KAPITEL, D II zu Struktur und Inhalt der OAS-Charta.

454 Auch die *Inter-Amerikanische Kommission für Menschenrechte* hat zum Interventionsverbot bemerkt: „A proper interpretation of the principle of non-intervention (…) is the protection of the right of States to non-intervention, provided that the State conducts itself in such a way that the rights of the individual are respected.“ *Annual Report of the Inter-American Commission on Human Rights*, 1990–1991, OEA/Ser.L/V/II.74, Doc. 12 rev. 1, 22.02.1991, S. 516.

innerstaatliche Angelegenheit begreifen, sondern diesen auch als internationale Angelegenheit anerkennen.[455]

Dies folgt bereits aus dem Wortlaut des Art. 3 lit. l, wonach die Staaten die Menschenrechte proklamieren („*proclaim*"). Nach der Wörterbuchdefinition ist der authentische englische Begriff "*proclaim*", der von den übrigen authentischen spanischen („*proclaman*") französischen ("*proclament*") und portugiesischen („*proclamam*") Fassungen nicht abweicht, gleichzusetzen mit:

- *to declare publicly, typically insistently, proudly, or defiantly.*
- *to declare or declare to be solemnly, officially, or formally*
- *to praise or glorify openly or publicly.*[456]

Indem die Staaten die Menschenrechte feierlich öffentlich erklären und anpreisen, stellen sie klar, dass sie sich der Existenz der Menschenrechte als internationale Angelegenheit gewahr werden und sich dazu gemeinsam bekennen.

In diesem Sinne ist auch die einleitende Formulierung in Art. 3 „*reaffirm the following principles*" zu verstehen. Zum einen wollten die Staaten damit betonen, dass die Prinzipien des Art. 3 teilweise bereits auf vergangenen Inter-Amerikanischen Konferenzen postuliert wurden und nun als gemeinsamer *acquis* in der neuen OAS bestätigt werden.[457] Zum anderen werden diese Prinzipien dadurch aber gerade auch als *internationale* und nicht mehr als nur rein nationale Prinzipien bestätigt.[458]

Dass Menschenrechte als internationale Angelegenheiten aus der exklusiven innerstaatlichen Zuständigkeit herausfallen, wird auch durch Art. 17 S. 2 in Verbindung mit Art. 17 S. 1 OAS-Charta deutlich. Während Art. 17 S. 1 noch deklaratorisch auf das Recht jedes einzelnen Staates, sein kulturelles, politisches und wirtschaftliches Leben frei zu gestalten, hinweist, nimmt Art. 17 S. 2 den Bereich der Menschenrechte explizit aus dieser *domaine réservé* heraus, indem er konstitutiv den Staaten den Respekt der Menschenrechte auch im innerstaatlichen Bereich vorschreibt.

---

455 So auch: *Gros-Espiell*, The Organization of American States, S. 543.

456 *Encyclopaedia Britannica*, Onlineresource, abrufbar unter: http://www.britannica.com, Stichwort "proclaim" (zuletzt besucht am 23.06.2013).

457 So auch: *LeBlanc*: The OAS and the promotion and protection of human rights, S. 7 f.

458 Vgl. dazu schon die Ausführungen oben in diesem Kapitel unter A III.

b) Der programmatische Gehalt von Art. 3 lit. l OAS-Charta: Abstrakter Handlungsauftrag zur Fortentwicklung des inter-amerikanischen Menschenrechtsschutzes

Art. 3 lit. l OAS-Charta weist einen programmatischen Gehalt auf, indem er den Staaten einen abstrakten Handlungsauftrag zur Fortentwicklung des inter-amerikanischen Menschenrechtsschutzes erteilt. Dieser Handlungsauftrag verpflichtet die Staaten, progressive Maßnahmen mit dem Ziel, das Inter-Amerikanische Menschenrechtssystem fortzuentwickeln, zu ergreifen.

Dieser abstrakte Handlungsauftrag folgt schon aus dem Wortlaut des Art. 3 lit. l OAS-Charta. Indem die Staaten die Menschenrechte *„proklamieren"*, geben sie zu verstehen, dass sie die Menschenrechte als etwas zukünftig Anzustrebendes und zu Verwirklichendes betrachten. Das Verb *„proclaim"* enthält somit ein in die Zukunft gerichtetes Element in Form eines an die Mitgliedsstaaten der OAS gerichteten Gebots, die Menschenrechte in der Zukunft zu beachten und fortzuentwickeln.

Die internationale Praxis zeigt, dass der Begriff *„proclaim"* häufig für unverbindliche Instrumente benutzt wird, mit denen die Staaten die Erwartung verbinden, dass sich dieses Dokument zukünftig zu rechtlich verbindlichen Regeln verdichten wird. So wurde etwa die EU-Grundrechtecharta in Nizza 2000 feierlich proklamiert, obwohl diese zum damaligen Zeitpunkt noch rechtlich unverbindlich war. Ein prominentes Beispiel ist auch die Proklamation der *Allgemeinen Erklärung der Menschenrechte* 1948 durch die UN-*Generalversammlung*. In ihrer Präambel heißt es: *„The General Assembly proclaims this Universal Declaration of Human Rights as a common standard of achievement for all peoples and all nations (…)"*. Damit war eine Erwartungshaltung verbunden, dass die Staaten schrittweise diesen gemeinsamen angestrebten menschenrechtlichen Mindeststandard zukünftig in rechtlich verbindliche Normen transferieren.[459]

Dem Art. 3 lit. l wohnt somit ein doppelt dynamisches Element inne: Wie oben gezeigt, ist bereits der Tatbestand, also der Begriff der *„fundamental rights of the individuals"*, entwicklungsoffen und dynamisch zu verstehen. Darüber hinaus beinhaltet auch die Rechtsfolgenseite, also die *„Proklamation"* der Menschenrechte, ein materiell-prospektives Element. Den Staaten wird der verbindliche Auftrag vorgegeben, das in dieser Norm enthaltene Programm zu realisieren. Leitidee dieses Programms ist die Fortentwicklung der Menschenrechte im Inter-Amerikanischen System. Art. 3 lit. l enthält damit eine Zielbestimmung,

459 Vgl. *Nettesheim*, Die Allgemeine Erklärung der Menschenrechte und ihre Rechtsnatur, S. 216 ff.

die als normatives Gebot fordert, eine Veränderung im Vergleich zur aktuellen Situation herbeizuführen. Diese Leitidee übt auf die Staaten einen unmittelbaren Zwang aus, sich mit dem vorprogrammierten Ziel zu befassen und dieses voranzubringen.

Mangels konkreter Vorgaben hinsichtlich des zu erreichendes Ziels, der Fortentwicklung der Menschenrechte, beinhaltet Art. 3 lit. l aber nur einen abstrakten Handlungsauftrag. Insofern liegt ein Konsens vor, den Menschenrechtsschutz graduell auszubauen, wobei die Staaten selbst bestimmen können, wie schnell und intensiv und mit welchen Mitteln sie das vorgebene Ziel verfolgen.[460] Unterstützt wird dieses Ergebnis durch den vierten Erwägungsgrund der Präambel der OAS-Charta, der von einem „System", das auf dem Respekt der Menschenrechte basiert, spricht.[461]

Dieses Ergebnis entspricht auch dem oben festgestellten Charakter des Art. 3 lit. l, der sich von den übrigen „Prinzipien" innerhalb des Art. 3 OAS-Charta unterscheidet.[462] Die Konzeption des Art. 3 lit. l OAS-Charta als abstrakten Handlungsauftrag (und nicht als „harte" Verpflichtung) trägt dem subjektiv-historischen Willen der Gründungsstaaten Rechnung. Eine derartige Konstruktion des Art. 3 lit. l war für die Staaten im Jahre 1948 akzeptabler als die Festlegung von konkreten Verpflichtungen im Bereich der Menschenrechte. Die Staaten können so, je nach ihren Interessen und den tatsächlichen Gegebenheiten, die Geschwindigkeit und die Art der Realisierung des regionalen Menschenrechtsschutzes steuern. Art. 3 lit. l bringt damit eine gewisse Flexibilität hinsichtlich der Verwirklichung des Schutzes der Menschenrechte in das Inter-Amerikanische Menschenrechtssystem hinein.

---

460 Mit der von ILC geprägten Terminologie gesprochen, beinhaltet Art. 3 lit. l damit eine *obligation of conduct*, mithin eine Verpflichtung, den von der Norm vorgegebenen Auftrag in das staatliche Handeln mit einzubeziehen und das Programm voranzubringen, ohne jedoch die Herbeiführung eines bestimmten Ergebnisses zu schulden. Vgl. dazu die Ausführungen oben in diesem Kapitel zu den rechtstheoretischen Vorüberlegungen unter A V 1.

461 Auch wenn die Präambel eines Vertrages vom operativen Teil dadurch zu unterscheiden ist, dass sie nicht unmittelbare Rechte und Pflichten statuiert, sondern nur beschreibend wirkt, ist sie sowohl „Orientierungsrahmen" als auch „Quintessenz" des dem Vertragswerk zugrunde liegenden Menschenrechtskonzepts. Vgl. *Häberle*, Präambeln im Text und Kontext von Verfassungen, S. 211ff. Sie gibt Aufschluss über die inhaltlichen Vorstellungen der Staaten, die den operativen Vertragsbestimmungen zugrunde liegen. Vgl. auch: *Kotzur*, Theorieelemente des internationalen Menschenrechtsschutzes, S. 104.

462 Vgl. oben in diesem Kapitel unter A III.

c) Die Adressaten des abstrakten Handlungsauftrages

Verpflichtungsadressaten der Art. 3 lit. l i.V.m. 17 OAS-Charta sind die Mitgliedsstaaten der OAS. Nach Art. 3 lit. l sind es die Staaten, nicht die OAS und ihre Organe, die die Menschenrechte proklamieren.

Damit unterscheiden sich die menschenrechtlichen Vorschriften der OAS-Charta von denen der UN-Charta. Art. 55 lit. c in Verbindung mit Art. 1 Abs. 3 UN-Charta spricht primär die UN als Adressat des darin enthalten Programmauftrages zur Fortentwicklung des Menschenrechtsschutzes an. Dem Wortlaut von Art. 56 UN-Charta nach haben die UN-Mitgliedsstaaten lediglich eine Kooperationspflicht im Hinblick auf die Ziele der UN gemäß Art. 55 UN-Charta.

Demgegenüber besitzt die OAS nach der Konzeption der OAS-Charta von 1948 keine Handlungskompetenzen im Bereich der Menschenrechte. Der Bereich der Menschenrechte wird nicht einmal in den Vorschriften über die allgemeinen Aufgaben- und Zielbestimmungen der OAS erwähnt. So umschreibt Art. 1 S. 1 OAS-Charta den allgemeinen Gründungszweck der OAS, ohne jedoch den Bereich der Menschenrechte zu erwähnen. Auch Art. 2 OAS-Charta, der die allgemeinen Handlungsgegenstände der OAS näher konkretisiert, erwähnt Menschenrechte nicht ausdrücklich.[463]

Aus der einleitenden Formulierung in Art. 2 OAS-Charta, wonach die OAS die in Art. 2 aufgeführten Ziele proklamiert, um die Prinzipien, auf denen sie beruht, in die Praxis umzusetzen, könnte jedoch gefolgert werden, dass damit die Prinzipien des Art. 3 OAS-Charta gemeint sind. Dazu gehören gemäß lit. l ausdrücklich auch die Menschenrechte. Aus dem „Beruhen auf diesen Prinzipien" allein kann jedoch noch kein allgemeiner Handlungsauftrag in dem jeweiligen Bereich für die OAS abgeleitet werden. Nach dem *Prinzip der begrenzten Einzelermächtigung* bedarf es dafür einer speziellen Ermächtigungsgrundlage.[464]

---

463 Die fehlende Erwähnung der Menschenrechte in dieser Aufzählung ist darauf zurückzuführen, dass, wie oben unter A I erläutert, viele Staaten eine starke und eigenständige OAS ablehnten. Die Entwicklung eines regionalen Menschenrechtsschutzes sollte allein in den Händen der Mitgliedsstaaten liegen, die die Mittel und die Geschwindigkeit selbst bestimmen sollten.

464 Vgl. dazu die Ausführungen zur *implied powers*-Lehre im ZWEITEN KAPITEL, C III b) im Hinblick auf die Unterscheidung zwischen Aufgaben- und Kompetenznormen.

Die OAS kann damit nicht unmittelbar zum Schutze oder zur Entwicklung der Menschenrechte tätig werden. Allerdings ist eine (mittelbare) Zuständigkeit, sich mit dem Bereich der Menschenrechte zu befassen, gegeben, wenn ein anderer Bereich betroffen ist, für den die OAS nach Art. 1, 2 OAS-Charta eine allgemeine Handlungsermächtigung besitzt. Denkbar ist dies etwa bei der Bedrohung des Friedens (Art. 2 lit. a OAS-Charta), deren potenzielle Ursache Menschenrechtsverletzungen sein können, sowie im Bereich der Förderung der repräsentativen Demokratie (Art. 2 lit. b OAS-Charta).

Diese Situation hat sich jedoch durch das Inkrafttreten des *Protokolls von Buernos Aires* 1970 geändert. Durch das *Protokoll von Buenos Aires* wurde die Inter-Amerikanische Kommission für Menschenrechte als Organ der OAS in die OAS-Charta integriert, deren Hauptaufgabe nach Art. 106 OAS-Charta es ist, den Schutz und die Befolgung der Menschenrechte zu fördern.[465] Daraus folgt, dass der Bereich der Menschenrechte seitdem auch zu den Zielen der OAS gehören muss. Daher muss in Art. 2 OAS-Charta der Bereich der Menschenrechte als ungeschriebener „*essential purpose*" der OAS hineingelesen werden.

d) Das Verbot der Regression in Bezug auf den erreichten Menschenrechtsstandard und das Verbot von schweren und systematischen Menschenrechtsverletzungen als Mindeststandard

Der abstrakte Handlungsauftrag, den Menschenrechtsschutz im inter-amerikanischen System schrittweise voranzubringen, wird von der negativen Verpflichtung, den bereits erreichten Menschenrechtsstandard nicht zu unterschreiten, flankiert.

In seinem Kernbereich enthält Art. 3 lit. l in Verbindung mit Art. 17 OAS-Charta einen substanziellen menschenrechtlichen Mindeststandard, den die Staaten aktuell und nicht nur zukünftig einzuhalten haben.[466] Ein Staat, der bewusst Rückschritte im Bereich der Menschenrechte macht und dadurch hinter dem vorgegebenen Standard zurückbleibt, verletzt seine Pflichten

---

465 Diese Vorschrift wird unten im VIERTEN KAPITEL, D eingehend beleuchtet.

466 Für eine echte aktuelle Rechtspflicht: *Gros-Espiell*, The Organization of American States, S. 543. A.A. *Harris*, Regional Protection of Human Rights, S. 5: „This reads more like a statement of priniciple in the light of which other Charter provisions might be interpreted, than as a provision that itself imposes a binding legal obligation concerning human rights."

aus der OAS-Charta. Art. 3 lit. l und 17 entfalten damit eine *Sperrwirkung nach unten*. Dieser substanzielle Mindeststandard des in diesen Normen enthaltenen Menschenrechtsschutzes kann sich im Laufe der Zeit weiter nach oben verschieben. Er ist gleichsam akzessorisch zum bereits verwirklichten Menschenrechtsstandard.

Zu Beginn des OAS-Charta-Systems im Jahre 1948 liegt dieser substanziell einzuhaltende menschenrechtliche Mindeststandard in dem Verbot der massiven und systematischen Menschenrechtsverletzungen. Darunter sind solche Verhaltensweisen der Staaten zu verstehen, die Menschenrechte nicht in einzelnen, konkreten Fällen, sondern in einer deratigen Qualität und Quantität innerhalb einer bestimmten Zeitspanne verletzen, die einer Verkennung der Menschenrechte als Ganzes gleichkommt.[467]

Eine systematische Negierung der Menschenrechte als Ganzes ist mit dem Sinn und Zweck der Art. 3 lit. l, 17 OAS-Charta unvereinbar. Andernfalls wäre dem Bekenntnis zu den Menschenrechten in Art. 3 lit l, 17 und dem darin enthaltenden abstrakten Handlungsauftrag jegliche Effektivität geraubt. Das Bekenntnis zu den Menschenrechten würde zu einer bloßen Platitüde verkommen; diese Vorschriften wären sinnentleert.

Die Staaten sind aus Art. 3 lit. l, 17 OAS-Charta verpflichtet, alle Maßnahmen zu unterlassen, die die Verwirklichung dieses Handlungsauftrages erheblich erschweren oder gar unmöglich machen. Dies ergibt sich ergänzend aus der Nebenpflicht, die vertraglichen Normen *bona fide* auszuführen. Dem widerspricht ein Verhalten, das sich völlig konträr zu den von den Staaten proklamierten Zielen verhält.

Bestätigt wird dies auch durch die Entstehungsgeschichte der menschenrechtlichen Vorschriften der OAS-Charta: Indem die Staaten die menschenrechtlichen Prinzipien nicht nur in die Präambel, sondern auch in den operativen Teil der Charta niedergelegt haben[468], haben sie zu erkennen gegeben, dass diese Vorschriften Grundlage rechtlicher Verpflichtungen sein sollen. Grobe, systematische Menschenrechtsverletzungen, die einer Verkennung der Menschenrechte als solche gleichkommen, stellen damit eine evidente Zielverfehlung des durch Art. 3 lit. l, 17 vorgegebenen Programms dar.

---

467 Von den UN-Organen wurde seit den 1960er Jahre der Begriff „consistent pattern of gross violations of human rights" geprägt, der als Verletzung der Prinzipien der UN-Charta angesehen wurde. Vgl. dazu: *Ermacora*, HRJ 1974, S. 670 ff.

468 Vgl. dazu die Ausführungen zur Entstehungsgeschichte der Art. 3 lit. l, 17 OAS-Charta in diesem Kapitel unter A I.

Darüber hinaus bezeugt die Tatsache, dass die Staaten neben Art. 3 lit. l zusätzlich noch Art. 17 S. 2 aufgenommen haben, dass die Beachtung der Menschenrechte nicht bloß eine moralische Verpflichtung darstellt. Bereits die systematische Stellung des Art. 17 unter der Überschrift *"Rights and Duties of States"* deutet darauf hin, dass eine aktuelle Rechtspflicht im Hinblick auf Menschenrechte besteht. Der in Art. 17 S. 2 verwendete Begriff *„shall respect"* enthält ein imperatives Element.[469] Stattdessen hätten die Staaten auch eine schwächere Formulierung wählen können.

Aus den Diskussionen über die Fassung des Art. 3 lit. l OAS-Charta lässt sich lediglich der Schluss ziehen, dass die Staaten nicht an einzelne, individuelle Menschenrechte rechtlich gebunden werden wollten. So wurde, wie gezeigt[470], die ursprüngliche strengere Fassung des Artikels[471] nur deshalb gestrichen, um sicherstellen, dass diese Norm nicht zugungsten einer Kompetenz der OAS oder der Vertragsparteien zur Vornahme kollektiver Aktionen zum Schutz der Menschenrechte ausgelegt werden konnte. Dennoch konnten sich Forderungen, die Vorschrift ganz aus der OAS-Charta zu streichen, nicht durchsetzen.[472] Die schließlich angenommene Fassung des Art. 3 lit. l erweist sich somit als Kompromiss zwischen denjenigen Staaten, die jedwede Interventionen zugunsten Menschenrechten ablehnten und denjenigen Staaten,

---

469 Das Wort *„shall"* in Verbindung mit einem nachfolgenden Verb ist gleichzusetzen mit *„must"*. Dies wird durch die imperativen Formulierungen in den anderen authentischen Sprachfassungen bestätigt. Auch der spanische (*"respetarán"*), der französische *("respectera")* sowie der portugiesische Wortlaut *("respeitará")* deuten auf ein strenges Befolgungsgebot hin. Zustimmend: *Montealegre*, Cuatro Perspectivas de los Derechos Humanos en le Sistema Interamericano, S. 54.So auch: *Thomas/ Thomas*, MinnLRev 1961, S. 355; *Gardiner*, Treaty Interpretation, S. 175. Kritisch, aber nicht ganz eindeutig: *Harris*, Regional Protection of Human Rights, S. 5: „Although the wording here, with the obligation being tucked away at the end, is also not what one might expect in a text intended to do something as important as impose a legal obligation concerning human rights, it can certainly be understood as setting a legal limit to state sovereignty."

470 Vgl. dazu die Ausführungen oben unter A I.

471 „It is the concern of each state, within ist jurisdiction, to ensure protection for the fundamental rights and liberties of the human person, without prejudice to the international competence that is established." Doc. CB-170-C, C.I-20, 8.4.1948, enthalten in: *Ministerio de Relaciones Exteriores, Colombia*, Novena Conferencia Internacional Americana, Actas y Documentos, Bd. III.

472 Vgl. die Forderung der mexikanischen Abgeordneten, *Ministerio de Relaciones Exteriores, Colombia*, Novena Conferencia Internacional Americana, Actas y Documentos, Bd. III S. 301 f.

die sogar eine verbindliche Definition der Menschenrechte in der Charta forderten.[473]

Als Minimalkonsens beinhaltet Art. 3 lit. l, 17 OAS-Charta daher jedenfalls eine inhaltliche Bindung an die Menschenrechte dergestalt, dass eine Verkennung der Menschenrechte als solche eine Verletzung der Charta darstellt.

Dass schwere Menschenrechtsverletzungen innerhalb eines Staates nicht mehr allein in die *domaine réservé* des Staates fallen und die Staaten international verpflichtet sind, Menschenrechte zu beachten, haben die Staaten bereits 1959 auf dem *Fünften Konsultationstreffen der Außenminister* deutlich gemacht. Die Staaten stützten die Resolution VIII „Human Rights", durch die die Inter-Amerikanische Kommission unmittelbar geschaffen wurde, ausdrücklich auf Art. 3 lit. l und 17 OAS-Charta.[474] Die Schaffung eines Organs mit der Kompetenz zur Förderung der Menschenrechte setzt implizit voraus, dass zumindest rudimentäre staatliche Pflichten zur Achtung der Menschenrechte im Allgemeinen (nicht: im Einzelfall) bestehen.[475]

In der Folgezeit haben, wenn auch anfänglich noch zurückhaltend, auch die übrigen Organe der OAS zu schweren Menschenrechtsverletzungen in einzelnen Mitgliedsstaaten Stellung genommen und diese öffentlich als Verstoß gegen die OAS-Charta verurteilt.[476]

---

473 So äußerten Kolumbien und Guatemala, die sogar für die Schaffung eines Menschenrechtsvertrages waren, dass sie jedenfalls eine Deklaration statt überhaupt nichts bevorzugten. Ninth International Conference of American States, Acta de la Comisión VI, 3a Sesion, Doc. CB-287-c, c.VI-13, April 21, 1948, S. 4 f., enthalten in: *Ministerio de Relaciones Exteriores, Colombia*, Novena Conferencia Internacional Americana, Actas y Documentos, Bd. III.

474 Resolution VIII „Human Rights", enthalten in: *OAS*, Fifth Meeting of Consultation of Ministers of Foreign Affairs: Santiago, Chile, August 12–18, 1959, Final Act, S. 10 f. Vgl. dazu auch die Ausführungen im ERSTEN KAPITEL, E.

475 Vgl. dazu auch die Ausführungen im VIERTEN KAPITEL, D zur Art der Bindung an die Amerikanische Deklaration über Art. 106, 145 OAS-Charta.

476 Vgl. dazu: *Medina*, The Battle of Human Rights, S. 330. Vgl. auch die Äußerung der Inter-Amerikanischen Friedenskommission, die 1948 noch vor der Bogotá-Charta als Organ zur friedlichen Streitbeilegung gegründet wurde: „La grave y sistemática violación de los derechos humanos por el Gobierno de Cuba no sólo constituye una de las causas principales de las tensiones internacionales que actualmente afectan a la paz continental, sino que está en abierta contradicción con varios instrumentos del Sistema Interamericano y, en particular, con la Carta de la Organización, cuyo articulo 16 (heute: Art. 17; Anm. d. Verf.) establece que en el libre desenvolvimiento de su vida cultural, política y económica „el Estado respetará los derechos de la persona humana."" OEA/Ser. L/III. CIP/1/62.

e) Die Nichtdiskriminierungsklausel des Art. 3 lit. l OAS-Charta als eigenständige materielle Verpflichtung

Gemäß Art. 3 lit. l OAS-Charta proklamieren die Staaten die fundamentalen Rechte des Individuums *„ohne Unterschied auf Rasse, Nationalität, Herkunft oder Geschlecht"*. Diese Nichtdiskriminierungsklausel stellt eine selbständige materielle Verpflichtung für die Mitgliedsstaaten dar.[477]

Dies ergibt sich bereits daraus, dass diese Klausel klar und explizit vier verbotene Unterscheidungskriterien formuliert und damit unmittelbar vollzugsfähig ist. Einem Staat ist ein Verhalten, mit dem er unmittelbar oder mittelbar, *de jure* oder *de facto* ein unterschiedliches Schutzniveau für Menschenrechte aufgrund einer der vier genannten Gründe aufstellt, untersagt.

Das in Art. 3 lit. l enthaltene rechtliche Diskriminierungsverbot wird untermauert durch die im Naturrecht verwurzelte Vorstellung von der Unteilbarkeit der Menschenrechte. Dieser Gedanke hat sich auch in der OAS-Charta und den anderen Inter-Amerikanischen Menschenrechtstexten positiv-rechtlich niedergeschlagen.[478]

Bemerkenswert ist darüber hinaus der Verweis auf die *„universale Moral"* in Art. 17 S. 2 OAS-Charta, wo der Respekt der Menschenrechte im Gleichklang

---

477 Vgl. auch die Argumente im Hinblick auf das Diskriminierungsverbot in Art. 55 lit. c UN-Charta. Dazu: *Partsch* in: Simma (Hrsg.): The Charter of the United Nations, S. 780; *Sieghart*, The International Law of Human Rights, S. 51 ff.; Vgl. auch *IGH*, Namibia-Gutachten, ICJ Rep. 1971, 16, S. 57: „(D)istinctions, exclusions, restrictions and limitations exclusively based on grounds of race, colour, descent or national or ethnic origin (…) constitute a denial of fundamental human rights is a flagrant violation of the purposes and principles of the Charter."

478 So qualifiziert die OAS-Charta in der Präambel die Menschenrechte als *„essential"* und in Art. 3 lit. l als *„fundamental"*. Besonders deutlich treten die naturrechtlichen Einschläge in der Präambel der Amerikanischen Deklaration der Rechte und Pflichten des Menschen und in der AMRK zu Tage. Das *Inter-Amerikanische Juristenkommittee* erläuterte bereits zum ersten Entwurf der Deklaration: „The state is not an end in itself, it is only a means to an end; it is not itself a source of rights but the means by which the inherent rights of the individual person may be made practically effective. (…) Not only, therefore, are particular governments bound to respect the fundamental rights of man, but the state itself is without authority to override them. The individual man is the ultimate basis of law, and he may claim his essential rights against the state itself as well as against the particular officers of the government." *Inter-American Juridical Committee*, Draft Declaration of the International Rights and Duties of Man and Accompanying Report, Washington, D.C., March, 1946, S. 21.

mit der Achtung der *„principles of universal morality"* genannt wird. Bereits in der Präambel des Ursprungsentwurfs zur OAS-Charta war ebenfalls ein Verweis auf die *„moralische Ordnung"* im Zusammenhang mit Menschenrechten enthalten.[479]

Die Bezugnahme auf die Moral in den Inter-Amerikanischen Menschenrechtsinstrumenten knüpft an die bereits im völkergewohnheitsrechtlichen Kriegsrecht anerkannte Vorstellung an, dass das positive Recht unmittelbar mit elementaren Erwägungen der menschlichen Moral zusammenhängt. Dies bedeutet, dass das positive Recht sich im Hinblick auf die Aufnahme naturrechtlicher Prinzipien öffnet und von diesen elementaren Erwägungen der Menschlichkeit durchdrungen wird. Auf dieser Vorstellung beruht auch die in der Präambel der Haager Konventionen von 1899 und in den vier Genfer Konventionen von 1949 kodifizierte *Martens'sche Klausel.*[480] Auch der IGH hat im Korfu-Kanal-Fall festgestellt, dass die Pflicht Albaniens zur Warnung vor den in seinen Hoheitsgewässern liegenden Minen aus elementaren Erwägungen der Menschlichkeit, die noch mehr in Friedens- als in Kriegszeiten gefordert seien entspringe.[481]

Diese Vorstellungen liegen, wie die Nichtdiskriminierungsklausel des Art. 3 lit. l und die Bezugnahme auf die universale Moral in Art. 17 S. 2 OAS-Charta verdeutlichen, dem Inter-Amerikanischen Menschenrechtssystem zugrunde: Demnach haben Menschenrechte einen Doppelcharakter. Sie sind zum einen „legale" Rechte, da sie durch ein positives (Völker-)Recht erst gesetzt werden müssen. Zum anderen sind sie auch moralische Rechte, indem sie universale Moral- und Gerechtigkeitsprinzipien verkörpern.

---

479 Die OAS sollte demnach basieren auf *„justice and moral order and, therefore, on the protection of the internationally recognized rights and liberties of the human person".*

480 Die Präambel der Vierten Haager Konvention in der Fassung von 1907 bestimmt: „Until a more complete code of the law of war has been issued, the High Contracting Party deem it expendient to declare that, in cases not include in the regulations adopted by them, the in habitants and the belligerent remain under the protection and the role of the principles of the law of nations, as they result from the usages established among civilized peoples, from the laws of humanity, and the dictates of the public conscience." Die Genfer Konventionen bestimmen: „The denunciation (…) shall in no way impair the obligations which the Parties to the conflict shall remain bound to fulfil by virtue of the principles of the law of nations, as they result from the usages established among civilized peoples, from the laws of humanity and the dictates of the public conscience." Das Internationale Militärtribunal von Nürnberg hat festgestellt, dass die *Martens'sche Klausel* nicht nur eine moralische Verpflichtung enthalte, sondern dass sie auch rechtlich verbindlich ist.

481 Vgl. *IGH*, Corfu Channel (United Kingdom v. Albania), ICJ Rep. 1949, 4, S. 22.

Aus dieser der OAS-Charta zugrunde liegenden Wertvorstellung folgt, dass das Nichtdiskriminierungsgebot eng mit dem Wesen der Menschenrechte verbunden ist und sich daraus eine unmittelbar verbindliche Rechtspflicht für die OAS-Staaten ergibt. Auch der Inter-Amerikanische Gerichtshof für Menschenrechte hat in einem Gutachten aus dem Jahr 2003 festgestellt, dass ein untrennbarer Zusammenhang zwischen der Verpflichtung zum Respekt der Menschenrechte und dem Prinzip der Gleichheit und Nichtdiskriminierung besteht, welches sogar den Rang von *ius cogens* habe.[482]

---

482 „There is an inseparable connection between the obligation to respect and guarantee human rights and the principle of equality and non-discrimination. States are obliged to respect and guarantee the full and free exercise of rights and freedoms without any discrimination. Non-compliance by the State with the general obligation to respect and guarantee human rights, owing to any discriminatory treatment, gives rise to its international responsibility. (...) The notion of equality springs directly from the oneness of the human family and is linked to the essential dignity of the individual. (...) It is impermissible to subject human beings to differences in treatment that are inconsistent with their unique and congenerous character." *Inter-American Court of Human Rights*, „Juridical Condition and Rights of the Undocumented Migrants", Advisory Opinion Requested by the United Mexican States, OC-18/03, Ser. A, No 18, Rn. 85 ff. Der Inter-Amerikanische Gerichtshof ist sogar über den Wortlaut des Art. 3 lit. l OAS-Charta noch einen Schritt hinausgegangen, indem er festgestellt hat, dass das Verbot der Diskriminierung aus jeglichen Gründen eine Norm mit dem Charakter von *ius cogens* darstellt: „(W)hen referring to the obligation to respect and ensure human rights, regardless of which of those rights are recognized by each State in domestic or international norms, the Court considers it clear that all States (...) must comply with these obligations without any discrimination; this is intrinsically related to the right to equal protection before the law, which, in turn, derives "directly from the oneness of the human family and is linked to the essential dignity of the individual." (...) Indeed, this principle may be considered peremptory under general international law, inasmuch as it applies to all States, whether or not they are party to a specific international treaty, and gives rise to effects with regard to third parties, including individuals." *Inter-American Court of Human Rights*, aaO., Rn. 100. Der Gerichtshof folgt dabei einem nicht an der Staatenpraxis, sondern sehr stark an naturrechtlichen Vorstellungen orientierten Begründungsansatz für die Herleitung von *ius cogens*. Vgl. etwa: *Inter-American Court of Human Rights*, Case of La Cantuta, Judgement of November 29, 2006, Series C, No. 162 (2006): Systematische Exekutionen und Verschwindenlassen als Verbrechen gegen die Menschlichkeit und *ius cogens*; *Inter-American Court of Human Rights*, Bueno Alves v. Argentina, Judgment of May 11, 2007, Series C, No. 164 (2007): Verbot der Folter als *ius cogens*. Nach überwiegender Ansicht ist auf universeller Ebene jedoch nur eine Diskriminierung aufgrund der Rasse als *ius*

In der Praxis der OAS-Organe hat die Nichtdiskriminierungsklausel des Art. 3 lit. OAS-Charta lange Zeit keine größere Rolle gespielt, auch wenn im Inter-Amerikanischen System Diskriminierungen weit verbreitet waren. Dies lag zum einen daran, dass die Organe der OAS aus politischen Gründen bis in die 1980er-Jahre hinein sehr zurückhaltend mit Äußerungen über die Menschenrechtssituation in einzelnen Mitgliedsstaaten waren. Zum anderen war dies auch dem Umstand geschuldet, dass die einzige regionale Institution, die explizit mit Aufgaben im Bereich des Menschenrechtsschutzes betraut war, die Inter-Amerikanische Kommission für Menschenrechte, in den Anfangsjahren ihrer Tätigkeit überfordert war. Aufgrund ihrer begrenzten Kapazitäten und der Flut von Individualbeschwerden beschränkte sie ihre Untersuchung auf die Verletzung einzelner konkreter Menschenrechte.[483] Probleme der Diskriminierung erschienen im Vergleich dazu eher untergeordneter Natur.[484] Erst seit dem demokratische Regierungen in den OAS-Staaten aufgekommen und schwerste Menschenrechtsverbrechen allmählich zurückgegangen sind, haben sich die Kommission und andere Organe auch mit dem Problem von Diskriminierungen beschäftigt und die Mitgliedsstaaten regelmäßig aufgefordert, ihren Verpflichtungen aus der OAS-Charta nachzukommen.[485]

f) Der objektiv-rechtliche Gehalt der Art. 3 lit. l, 17 OAS-Charta in Form des Bekenntnisses zu den Menschenrechten als gemeinsames Interesse bzw. inter-amerikanischer *ordre public*

Die Art. 3 lit. l, 17 OAS-Charta haben auch einen *objektiv-rechtlichen* Gehalt. Diese Normen heben sich von den übrigen Vertragsbestimmungen der OAS-Charta dadurch ab, dass sie nicht nur alleine vom Gedanken der Reziprozität[486] der

---

cogens-Norm anerkannt. Vgl. *Sieghart*, The International Law of Human Rights, S. 72 ff.

483 Zur Praxis der Kommission vgl. umfassend das FÜNFTE KAPITEL, ERSTER TEIL, A.

484 Vgl. *Buergenthal*, Non-Discrimination and Equal Protection in the Inter-American System, S. 162 ff.

485 Eine Auflistung der Resolutionen und Instrumente der OAS in Bezug auf Diskrimierungen enthält das Rechtsgutachten der *International Human Rights Law Group* von 2003 „An Inter-American Convention against Racial Discrimination: A Legal Assessment", in: *Permanent Council of the Organization of American States*, Committee on Juridical and Political Affairs, OEA/Ser.G, CP/CAJP-2020/03, 14 Febr. 2003.

486 Reziprozität bedeutet, dass jede Vertragspartei der anderen Partei – oder im Falle eines multilateralen Vertrages den anderen Parteien – Vertragserfüllung schuldet

dadurch begründeten Rechte und Pflichten der Staaten getragen sind, sondern darin ein „Mehr" gegenüber lediglich wechselseitigen Pflichten zum Ausdruck kommt. Dieses „Mehr" besteht darin, dass die Staaten zum einen den Bereich der Menschenrechte als gemeinsames Interesse aller Vertragsparteien hervorheben. Zum anderen werden auch der Schutz und die Fortentwicklung der Menschenrechte im inter-amerikanischen System von den Staaten als gemeinsames, und damit als den Individualinteressen jedes einzelnen Staates übergeordnetes, objektives Ziel verfolgt. Damit enthalten die Art. 3 lit. l, 17 OAS-Charta das Bekenntnis der OAS-Staaten zu Menschenrechten als objektives Ordnungsprinzip des OAS-Systems, mithin als *inter-amerikanischer ordre public.*

Die Vorstellung, dass bestimmte völkerrechtliche Normen nicht nur im Interesse einzelner Staaten sondern im Interesse der gesamten Völkerrechtsgemeinschaft bestehen und dabei die Staaten unabhängig von ihrer konkreten Zustimmung binden, ist dem Völkerrecht nicht fremd.[487] So bestätigt Art. 53 WVK die Existenz von Normen mit dem Rang von *ius cogens*, die nicht mehr in der freien Disposition einzelner Staaten stehen und entgegenstehendes dispositives Recht verdrängen. Auch wenn die genauen Voraussetzungen der Entstehung einer solchen Norm zwingenden Charakters umstritten sind, ist weitgehend anerkannt, dass etwa das Gewaltverbot, das Verbot von Völkermord oder das Folterverbot derartigen zwingenden Charakter haben.[488]

Daneben ist auch anerkannt, dass die Einhaltung bestimmter Normen nicht lediglich dem oder den Vertragspartner(n) gegenüber geschuldet wird, sondern der internationalen Staatengemeinschaft als Ganzes.[489] Derartige Normen begründen Verpflichtungen *erga omnes.*[490] Verstößt ein Staat gegen eine solche Norm, so können alle Staaten Maßnahmen zur Beseitigung der Rechtsverletzung ergreifen.[491]

---

und ihrerseits im Gegenzug von der oder den Vertragspartei(en) Vertragserfüllung verlangen kann. Der Gedanke der Gegenseitigkeit kommt in der OAS-Charta vor allem in Art. 3 lit. a und Art. 11 zum Ausdruck.

487 Zum *gemeinsamen Interesse* im Völkerrecht: *Simma*, RdC 1994-VI, S. 233 ff.; *Kokott*, Grund- und Menschenrechte als Inhalt eines internationalen ordre public, BDGVR 38 (1997), S. 77 ff.).

488 Vgl. *Simma*, RdC 1994-VI, S. 233ff.

489 Das Konzept der Verpflichtungen *erga omnes* hat der IGH in einem *obiter dictum* im Barcelona Traction Urteil angesprochen. *IGH*, Case Concerning the Barcelona Traction, Light and Power Co., Ltd. (Belgium v. Spain) (Second Phase), ICJ Rep. 1970, 3.

490 Vgl. dazu Zemanek, UNYB 2000, S. 1 ff.

491 Ibid.

Wie bereits oben gezeigt, verbirgt sich dahinter die Annahme von gemeinsamen Werten, auf denen die Staatengemeinschaft beruht. Diese Ansicht ist vor dem Hintergrund, dass die Staaten auf unterschiedlichen, teils gegensätzlichen Werte- und Kulturkreisen beruhen, kritisch zu hinterfragen.[492] Allerdings lässt sich der Gedanke von gemeinsamen objektiven Interessen oder Werten dann erst recht auf eine durch völkerrechtlichen Vertrag begründete Regionalorganisation übertragen, da die darin vertretenen Mitgliedsstaaten im Kern einen ähnlichen Werte- und Kulturkreis besitzen. So betont etwa der Europäische Gerichtshof für Menschenrechte (EGMR) in ständiger Rechtsprechung den besonderen Charakter der EMRK als gemeinsamen europäischen Menschenrechtsstand.[493] Im Rahmen der Europäischen Union wird die EMRK, zunächst durch die Rechtsprechung des EuGH, die von den Mitgliedssstaaten der EU stillschweigend akzeptiert worden und seit dem *Vertrag von Maastricht* in Art. 6 Abs. 3 EUV kodifiziert ist, als „Rechtserkenntnisquelle" zur Ermittlung der Grundrechte der EU herangezogen.[494] Überdies legt Art. 53 EU-Grundrechtecharta die EMRK als verbindlichen Mindeststandard für die Auslegung der EU-Grundrechte fest.

Im Inter-Amerikanischen Menschenrechtssystem lässt sich der objektive Charakter der Art. 3 lit. l, 17 OAS-Charta mit mehreren Gesichtspunkten begründen:

Zunächst zeigt sich der objektive Charakter dieser Vorschriften daran, dass nicht die Staaten, sondern die Individuen faktisch Begünstigte sind. Zwar haben die Individuen daraus keinen eigenen Rechtsanspruch. Jedoch entfalten die Art. 3 lit. l, 17 OAS-Charta eine Art „Schutzwirkung zugunsten Dritter".

Darüber hinaus wird aus weiteren Vorschriften der OAS-Charta der objektive Charakter der Menschenrechte deutlich: So weisen die Staaten in der Präambel

---

492 Vgl. dazu auch die Anmerkungen im ZWEITEN KAPITEL, B im Hinblick auf die „objektive" Auslegung von Gründungsverträgen Internationaler Organisationen. Kritisch im Hinblick auf wertbezogene Ansätze im Völkerrecht auch: *Fink*, Der Kosovo-Konflik und die Entstehung von Völkergewohnheitsrecht, S. 809 f.

493 Der EGMR nennt die EMRK ein „Verfassungsinstrument des europäischen *ordre public*". Vgl. *EGMR*, Loizidou (Prel. Objections), Urteil vom 23.3.195, Serie A 310, § 75. Im Schrifftum finden sich ähnliche Bezeichnungen, vgl. etwa: Frowein, JuS 1986, S. 845: „Europäische Menschenrechtsverfassung"; Häberle, EuGRZ 1991, S. 265: „Teil des ordre public européen".

494 Vgl. EuGH, Verb. Rs. 97–99/87, Slg. 1989, 3165, Rn. 14 ff. (Dow Chemical Ibérica u.a. / Kommission); Rs. C-112/00, Slg. 2003, I-5659, Rn. 71 (Schmidberger); Rs. C-36/02, Slg. 2004, I-9609, Rn. 33 (Omega). Zum Begriff und den rechtlichen Implikationen der Rechtserkenntnisquelle vgl. die Ausfühungen unten in diesem Kapitel unter B III.

der OAS-Charta darauf hin, dass der Respekt der Menschenrechte durch die Staaten auch dem Prinzip der Solidarität und der Guten Nachbarschaft zwischen den Amerikanischen Staaten dient.[495] Hieraus wird die Vorstellung der Staaten deutlich, dass die Verpflichtung zum Respekt und zur Fortentwicklung der Menschenrechte letztlich dem übergeordneten Ziel, den internationalen Frieden zu sichern, eine der Hauptfunktionen des modernen Völkerrechts, dient.

Den Zusammenhang zwischen der Achtung der Menschenrechte und dem internationalen Frieden haben die Amerikanischen Staaten darüber hinaus auch in der auf dem Fünften Außenministertreffen 1959 verabschiedeten „Declaration of Santiago" betont, in der die Staaten feststellten, dass die Harmonie zwischen den Amerikanischen Staaten nur wirksam ist, solange der Respekt der Menschenrechte und die repräsentative Demokratie Wirklichkeit sind.[496]

Entscheidend begründet wird die objektive Natur der menschenrechtlichen Normen im System der OAS-Charta dadurch, dass die Staaten den Bereich der Menschenrechte vertraglich institutionalisiert und formalisiert haben. So haben die Staaten die Inter-Amerikanische Kommission für Menschenrechte geschaffen und diese dazu ermächtigt, die Beachtung und den Schutz der Menschenrechte auf inter-amerikanischer Ebene voranzubringen. Die Aufgabenbeschreibung der Kommission ist dabei sehr allgemein gefasst.[497] Dadurch haben die Staaten der Kommission „freie Hand" gelassen, ihr Mandat auszufüllen, während die Staaten zugleich selbst ein Stück weit ihren staatlichen Handlungsspielraum in diesem Bereich beschränkt haben.

Um ihrem Auftrag nachzukommen, ist die Kommission zudem mit der für alle OAS-Staaten obligatorischen Kompetenz ausgestattet, Individualbeschwerden gegen die OAS-Staaten wegen Verletzung der Menschenrechte zu prüfen und Empfehlungen an die Staaten zu richten. Die Schaffung des obligatorischen Individualbeschwerdeverfahrens, wodurch die in der Amerikanischen Deklaration enthaltenen Menschenrechte zu subjektiven, verfahrensmäßig einklagbaren, Rechten gemacht wurden, unterstreicht den Charakter der Menschenrechtsverpflichtungen als vom Willen der Staaten zumindest verfahrensrechtlich losgelöste Normen. Den Staaten obliegt nicht mehr die Herrschaft über die Einleitung eines Verfahrens zur Überprüfung ihres Verhaltens in Bezug auf die Einhaltung der Menschenrechte. Hinzu kommt, dass die Zulässigkeit des

495 Vgl. 4. Erwägungsgrund der Präambel der OAS-Charta.

496 *OAS*, Fifth Meeting of Consultation of Ministers of Foreign Affairs: Santiago, Chile, August 12–18, 1959, Final Act, OEA/Ser.C/11.5, S. 3.

497 Zu den Aufgaben und Kompetenzen der Kommission vgl. ausführlich das VIERTE KAPITEL.

Individualbeschwerdeverfahrens unabhängig von der individuellen Beschwer des Beschwerdeführers ist.[498]

Schließlich wird der objektive Charakter der Menschenrechtsnormen der OAS-Charta auch dadurch verstärkt, dass diese Normen mit dem Prinzip der repräsentativen Demokratie verzahnt sind.

So hat die Inter-Amerikanische Kommission darauf hingewiesen, dass ein untrennbarer Zusammenhang zwischen dem Konzept der repräsentativen Demokratie und der Ausübung politischer Rechte, die wiederum die Beachtung anderer grundlegender Menschenrechte voraussetze, besteht.[499]

Das Prinzip der repräsentativen Demokratie ist von den OAS-Staaten in verschiedenen Resolution immer wieder bekräftigt[500] und in die OAS-Charta durch die Änderungsprotokolle von *Cartagena de Indias* und *Washington* eingefügt und verfahrensrechtlich verstärkt worden.[501]

Auch der *Inter-Amerikanische Juristenausschuss* stellte schon in einer Studie aus dem Jahre 1960 dazu fest, dass eine eindeutige Beziehung zwischen dem Respekt der Menschenrechte und der effektiven Ausübung der Demokratie besteht. Ein demokratisches Regime müsse notwendigerweise auf der Achtung einiger fundamentaler Menschenrechte basieren.[502]

---

498 Vgl. dazu die Ausführungen im VIERTEN KAPITEL.

499 „Hemispheric legal discourse has insisted, for its part, on the existence of a direct relationship between the exercise of political rights thus defined and the concept of representative democracy as a form of the organization of the State, which at the same time presupposes the observance of other basic human rights." *IACHR*, Annual Report 1989–90, OEA/Ser.L/V/II.77 rev.1 doc. 7, 17 May 1990, S. 107, § 41.

500 So in der „Declaration of Santiago" des Außenministertreffens 1959, *OAS*, Fifth Meeting of Consultation of Ministers of Foreign Affairs: Santiago, Chile, August 12–18, 1959, Final Act, OEA/Ser.C/11.5, S. 3. Vgl. auch die vom Außenministertreffen 1979 verabschiedete Resolution über das Somoza-Regime in Nicaragua, dem wegen der Begehung schwerer Menschenrechtsverletzungen die Legitimität abgesprochen wurde. *OAS*, Seventeeth Meeting of Consultation of Ministers of Foreign Affairs, Washington, DC., September 21, 1978 to December 14, 1992, *Resolution II*, Doc. 40/79 rev. 2, 23.06.1979.

501 Vgl. dazu die Ausführungen im ERSTEN KAPITEL, L III.

502 „(T)here is not only a possible, there is a clear, relationship between respect for human rights and the effective exercise of democracy. A democratic regime must necessarily be based upon certain essential rights and freedoms." *Inter-American Juridical Committee*, „Study of the Juridical Relationship Between Respect for Human Rights and the Exercise of Democracy", Pan American Union, Washington, D.C., May 1960, S. 2.

Der Schutz von Menschenrechten und das Prinzip der repräsentativen Demokratie sind im Laufe der Zeit auf diese Weise von den OAS-Staaten als wesentliche Strukturprinzipien der OAS bestätigt worden. Damit kann heute festgestellt werden, dass das Prinzip der respräsentativen Demokratie zusammen mit dem Prinzip der Achtung der Menschenrechte den Kern eines in der OAS-Charta angelegten Wertekonsenses bildet.

B. Die Bedeutung der *Amerikanischen Deklaration der Rechte und Pflichten des Menschen* nach dem subjektiv-historischen Willen

Da die Staaten auf der Gründungskonferenz der OAS ausdrücklich erklärten, dass Menschenrechte im Sinne von Art. 3 lit. l OAS-Charta nicht diejenigen aus der Amerikanischen Deklaration sind, liegt kein unmittelbarer rechtlicher Zusammenhang zwischen der OAS-Charta und der Amerikanischen Deklaration nach dem Willen der Staaten im Jahre 1948 vor.

Dies bedeutet aber nicht, dass die Amerikanische Deklaration rechtlich gänzlich wirkungslos ist. Um die Bedeutung der Deklaration für Art. 3 lit. l, 17 OAS-Charta zu charakterisieren, kann auf völkerrechtliche Konzepte zurückgegriffen werden, die das Wirkungspotenzial von Normen unterhalb der Schwelle der unmittelbaren rechtlichen Verbindlichkeit beschreiben.

I. Die Amerikanische Deklaration als *soft law*

Der Begriff *soft law*, also „weiches Völkerrecht", wird in der völkerrechtlichen Literatur zur Bezeichnung von rechtlich unverbindlichen Verhaltensformen verwendet, denen aber im Vergleich zu anderen unverbindlichen Verhaltensweisen eine gesteigerte Bedeutung zukommt, indem sie bestimmte Wirkungen nach sich ziehen können.[503] Nach diesem Verständnis ist *soft law* zwischen verbindlichen Völkerrechtsnormen und solchen Verhaltensweisen, denen jegliche Bindungswirkung fehlt[504], angesiedelt.[505]

---

503 Vgl. etwa: *Schachter*, International Law in Theorie and Practice, S. 89.

504 In der Litetur werden derartige Normen ohne jegliche Bindungswirkung als „hortatory" (dt.: mahnend) bezeichnet. Vgl. Guzman/Mayer, Explaining Soft Law, S. 2, Onlineresource, abrufbar unter: http://www.asil.org/files/guzman.pdf (zuletzt besucht am 28.07.2013).

505 Vgl. *Schachter*, aaO., S. 89, der solche Normen als *„evidentiary"* bezeichnet. Vgl. dazu auch: Guzman/Mayer, Explaining Soft Law, aaO., S. 1 ff. mwN.

Als *soft law* werden in der Regel Erklärungen, Resolutionen, Aktionsprogramme, Verhaltenskodizes und andere völkerrechtliche Verhaltensweisen, die keine unmittelbare Bindung der Staaten begründen, bezeichnet, von denen aber moralische oder politische Verpflichtungen unterschiedlichen Grades ausgehen. Dazu werden beispielsweise die „Schlussakte von Helsinki" der Konferenz über Sicherheit und Zusammenarbeit in Europa (KSZE), bestimmte Resolutionen der UN-*Generalversammlung*, Akte im Umweltvölkerrecht oder Verhaltenskodizes (*codes of conduct*) im Bereich der Wirtschaftsbeziehungen zwischen Industrie- und Entwicklungsstaaten gezählt.[506]

Trotz der (unzutreffenden) Bezeichnung als „*law*", stellt das *soft law* keine eigenständige Völkerrechtsquelle dar.[507] Eine Verletzung desselben löst daher auch nicht die völkerrechtliche Verantwortlichkeit aus. Vielmehr wird durch die Qualifizierung einer Norm als *soft law* auf bestimmte Eigenschaften und potenzielle (mittelbare) rechtliche Wirkungen dieser Norm hingewiesen.[508] So wird vorgebracht, dass bei einstimmig angenommenen Resolutionen von Organen, die sich aus Vertretern aller Staaten zusammensetzen, oder bei Resolutionen, die im Plenum auf internationalen Konferenzen verabschiedet werden, jedenfalls in verfahrensmäßiger Hinsicht sichergestellt ist, dass alle Staaten ihre spezifischen Interessen im Vorfeld einbringen konnten. Durch diesen verfahrensrechtlichen Aspekt wird darüber hinaus auch eine materielle „Richtigkeit" des Aktes verbürgt. Will der Interpret von der in diesem Akt enthaltenen Aussage abweichen, so entsteht eine argumentative Beweislast. Es ist zu begründen, weshalb es gerechtfertigt ist, die darin enthaltene Aussage, die von den Staaten nach langer Verhandlung und Kompromissen festgelegt worden ist und für die eine Vermutung spricht, dass sie die gewollte Lösung der den einzelnen Bestimmungen zugrunde liegenden Interessenkonflikte ist, beiseite zu schieben.[509]

Soft law kann demnach sowohl für das Völkergewohnheitsrecht als auch für das Vertragsrecht eine Rolle spielen: So kann ein derartiger Akt etwa eine

---

506 Vgl. *Thürer*, in: Bernhardt, EPIL IV, S. 455, Stichwort: *soft law*.

507 Problematisch an dieser Auffassung ist jedoch, dass sie die Unterscheidung zwischen Recht und Nicht-Recht verwischt und die in Art. 38 Abs. 1 IGH-Statut bezeichneten Rechtsquellen aufweicht. Für eine Kritik an der Existenz von *soft law* vgl. etwa: *Weil*, RGDIP 1982, S. 5 ff.

508 Vgl. etwa *Falk*, AJIL 1966, S. 782, der, gestützt auf eine empirische Beobachtung, feststellt, dass vor allem die als Deklarationen bezeichneten Resolutionen der UN-Generalversammlung in rechtlichen Auseinandersetzungen zwischen Staaten als Argumentationshilfe eine bedeutende Rolle spielen.

509 *Tomuschat*, ZaöRV 1976, S. 480.

deklaratorische Bekräftigung einer völkergewohnheitsrechtlichen Regel darstellen.[510] Im Völkervertragsrecht kann eine solche Verhaltensweise als ergänzende, subsidiäre Auslegungshilfe dienen, um den Bedeutungsgehalt einer vertraglichen Norm zu ermitteln.[511]

Aus dem eigentlich rechtlich unverbindlichen Akt können gleichwohl bestimmte Rechtsüberzeugungen und Tendenzen der Staaten in Bezug auf die Weiterentwicklung des Völkerrechts abgeleitet werden. So kann *soft law* als eine Vorstufe auf dem oft langwierigen Weg zur Schaffung von verbindlichem Völkerrecht angesehen werden. Soweit *soft law* im Entstehen befindliche völkergewohnheitsrechtliche Normen (*in statu nascendi*) betrifft, kann es zur Bildung von Völkergewohnheitsrecht fördernd und beschleunigend wirken.[512] Eine Norm des *soft law* kann sich auch selbst zu bindendem Vertragsrecht (*lex lata*) entwickeln, wenn sich ein entsprechender vertraglicher Rechtsbindungswille der Staaten später herauskristallisiert.[513]

Diese Überlegungen können fruchtbar gemacht werden, um die Bedeutung und die Wirkungen der Amerikanischen Deklaration im Hinblick auf die menschenrechtlichen Vorschriften der OAS-Charta zu beschreiben:

---

510 Zu den deklaratorischen und konsitutiven Inhalten von *soft law* vgl. am Beispiel der von der UN Generalversammlung 1974 verabschiedeten „Charta der wirtschaftlichen Rechte und Pflichten der Staaten": *Tomuschat,* ZaöRV 1976, S. 462 ff.

511 Mangels Charakter einer Rechtsquelle kann eine solche Norm kein primäres Auslegungsmittel als Systematik i.w.S. haben. Allerdings kann sie als ergänzendes, subsidiäres Auslegungsmittel zur Verdeutlichung des Bestehens oder des Fehlens eines entsprechenden Konsenses herangezoen werden. Vgl. dazu auch die Ausführungen zu den Auslegungsregeln, der Systematik i.w.S. und den ergänzenden Auslegungsregeln im ZWEITEN KAPITEL.

512 So wird etwa vorgebracht, dass bestimmte in Resolutionen der UN-Generalversammlung niedergelegte Prinzipien sich immer weiter zu rechtlich bindenden Normen verdichten, wenn die Generalversammlung diese Resolutionen in ständiger Praxis wiederholt zitiert und bekräftigt. Vgl. dazu: Bleicher, AJIL 1969, S. 444 ff. Insofern manifestiert und verfestigt sich eine entsprechende Rechtsüberzeugung der Staaten.

513 So ist z.B. im Bereich des Umweltrechts aus den Kairoer Richtlinien des UNEP von 1987 über den Umgang mit gefährlichen Abfällen (UNEP Cairo Guidelines and Priniciples for Environmentally Sound Management of Hazardous Wastes (Decision 14/3) die Baseler Konvention von 1989 hervorgegangen. Das gleiche gilt für die Transformation der vormals unverbindlichen EU-Grundrechtecharta von 2000 in primäres EU-Vertragsrecht durch den Vertrag von Lissabon. Allgemein zur Entstehung von Vertragsrecht aus vormaligem soft law: *Chinkin,* ICLQ (1989), S. 856 ff.

Zwar ist die Deklaration von den Staaten gewollt als unverbindliche Resolution der Neunten Internationalen Konferenz verabschiedet worden. Doch geht aus den Begleitumständen ihrer Verabschiedung sowie aus dem Text der Deklaration selbst hervor, dass sie nicht gänzlich bedeutungs- und wirkungslos sein soll. So stellen die Staaten im dritten und vierten Erwägungsgrund der Deklaration fest:

> *"The international protection of the rights of man should be the principal guide of an evolving American law;*
>
> *The affirmation of essential human rights by the American States together with the guarantees given by the internal regimes of the states establish the initial system of protection considered by the American States as being suited to the present social and juridical conditions, not without a recognition on their part that they should increasingly strengthen that system in the international field as conditions become more favourable".*

In diesen Erwägungsgründen sind fünf wichtige Kernaussagen enthalten, aus denen sich der subjektiv-historische Wille beziehungsweise die Vorstellungen der Amerikanischen Staaten im Hinblick auf die Fortentwicklung des Inter-Amerikanischen Menschenrechtsschutz und die der Amerikanischen Deklaration dabei zukommende Bedeutung herauslesen lassen. Diese Kernaussagen sind:

Erstens: Die Staaten gehen davon aus, dass es bis 1948 noch kein Schutzsystem für Menschenrechte im Inter-Amerikanischen System gab.

Zweitens: Die Staaten wollen, dass sich in der Zukunft ein solches regionales System zum Schutz der Menschenrechte schrittweise entwickelt.

Drittens: Das Bekenntnis zu den Menschenrechten durch die Amerikanischen Staaten in der Amerikanische Deklaration der Rechte und Pflichten des Menschen zusammen mit den nationalen Menschenrechtsgarantien stellt den Grundstein beziehungsweise den Ausgangspunkt für die künftige Herausbildung eines Inter-Amerikanischen Menschenrechtssystems dar.

Viertens: Die Amerikanische Deklaration wird ihrer Form und ihres Inhalts nach von den Staaten als passend zu den gegenwärtigen, also im Jahr 1948 vorherrschenden sozialen und rechtlichen Umständen angesehen. Die Staaten gestehen ein, dass ein „Mehr", also ein stärkerer Schutz der Menschenrechte, in Anbetracht der tatsächlichen und rechtlichen Rahmenbedingungen zum damaligen Zeitpunkt nicht durchführbar war.

Fünftens: Gleichwohl erachten die Staaten es für notwendig, das Inter-Amerikanische Menschenrechtssystem zukünftig weiter auszubauen und zu stärken, sobald die Umstände und Rahmenbedingungen hierfür günstiger werden. Damit legen sich die Staaten, jedoch ohne sich an ein bestimmtes Zeitschema oder konkrete Schritte zu binden, auf das gemeinsame abstrakte Ziel fest, den

Menschenrechtsschutz im Inter-Amerikanischen System schrittweise weiter auszubauen.

Daraus wird erstens ein in die Zukunft gerichteter Bindungswille der Staaten im Hinblick auf den regionalen Schutz der Menschenrechte deutlich. Die Staaten betrachten die Deklaration als Hauptleitfaden („*principal guide*") eines werdenden amerikanischen Rechts („*evolving American law*"). Ausdrücklich wird von einem künftigen amerikanischen *Recht* gesprochen, also von verbindlichen Normen. Für dieses *lex lata* soll die Amerikanische Deklaration Leitbild und Basis bilden.

Die Staaten betrachten die Deklaration schon als grundlegenden Bestandteil des angestrebten künftigen Schutzsystems für Menschenrechte. Das Inter-Amerikanische Menschenrechtssystem ist damit seinem Kern nach auf Weiterentwicklung angelegt.[514] Nach dem Willen der Staaten sollen von der Amerikanischen Deklaration also gerade (mittelbare) Rechtswirkungen ausgehen.

Großes Gewicht hat dabei, dass die Deklaration einstimmig von allen Gründungsmitgliedern der OAS im Gesamtplenum der Neunten Internationalen Konferenz 1948 verabschiedet wurde. Sie ist somit Ausdruck einer allgemeinen Rechtsüberzeugung.

Die Amerikanische Deklaration leistet einen in die Zukunft gerichteten Beitrag für die Enstehung eines verbindlichen Rechts im Bereich der Menschenrechte. Dieses kann, mit der Amerikanischen Deklaration als Ausgangspunkt, auf zwei unterschiedliche Arten entstehen:

Zum einen kann die Deklaration Ausgangspunkt für die Herausbildung von regionalem Völkergewohnheitsrecht sein. Unter regionalem Völkergewohnheitsrecht sind Normen zu verstehen, die in ihrer Erzeugung und nach ihrem persönlichen Geltungsbereich auf einen bestimmten Kreis von Staaten beschränkt sind, die in der Regel, aber nicht notwendigerweise, zu einer geographischen Region gehören.[515] Der Frage, ob sich im Laufe der Zeit derartiges regionales Völkergewohnheitsrecht herausgebildet hat, wird in dieser Arbeit nicht weiter nachgegangen.

---

514 Wie bereits oben festegstellt, enthalten auch die Art. 3 lit. l, 17 OAS-Charta eine abstrakte Handlungspflicht zur Fortentwicklung des Menschenrechtssystems.

515 *Bleckmann*, ZaöRV 1976, S. 379 nennt als Beispiele das amerikanische, das europäische und das sozialistische Sondervölkerrecht. Zum regionalen Völkergewohnheitsrecht vgl. auch: *Duisberg*, Das Völkergewohnheitsrecht nach der Rechtsprechung der internationalen Gerichte, S. 71; Zu seinen Entstehungsvoraussetzungen: *Bernhardt*, ZaöRV 1976, S. 70; Zur Bedeutung eines völkerrechtlichen Vertrages für das Entstehen von Völkergewohnheitsrecht: *Doehring*, ZaöRV 1976, S. 77 ff mwN.

Zum anderen kann die Deklaration zukünftig als weitere Konkretisierung der menschenrechtlichen Normen der OAS-Charta bedeutsam werden. In der Deklaration angelegt ist die Erwartungshaltung der Staaten, dass sich dieser Text als Ganzes oder teilweise im Laufe der Zeit zu rechtlich bindenden Regeln verdichtet. Insofern entfaltet die Deklaration eine „vorgeschobene Bindungswirkung", die sich in dem Maße verstärkt, je öfter die Staaten durch ihr nachträgliches Verhalten zu erkennen geben, dass sich ihr Konsens hinsichtlich der Auslegung der menschenrechtlichen Vorschriften der OAS-Charta geändert bzw. weiter verfestigt hat.

Abschließend kann somit festgehalten werden, dass die Amerikanische Deklaration nach dem subjektiv-historischen Willen der Gründungsstaaten der OAS nicht unmittelbar rechtsverbindlich ist und keine Definition der Menschenrechte im Sinne der OAS-Charta darstellt. Gleichwohl ist in der Deklaration ein antizipatorischer Konsens der Staaten darüber enthalten, dass sich dieses Instrument durch die *nachträgliche Praxis* der Staaten zu verbindlichem Recht als „kleinster gemeinsamer Nenner" für die Staaten verdichten soll.[516]

II. Die Amerikanische Deklaration als Auslöser einer Bindung qua *estoppel*

Da die Amerikanische Deklaration kein völkerrechtlicher Vertrag ist, ruft sie keine rechtliche Bindungswirkung über den Grundsatz *pacta sunt servanda* hervor. Rechtliche Bindungswirkung kann sie aber über das völkerrechtliche *estoppel*-Prinzip entfalten.

Das *estoppel*-Prinzip ist ein allgemeiner Rechtsgrundsatz des Völkerrechts.[517] Seine nationalen Wurzeln liegen im anglo-amerikanischen Recht. Das dahinterstehende Prinzip des Verbots widersprüchlichen Verhaltens ist darüber hinaus in

516 In diesem Sinne hat auch der Inter-Amerikanische Gerichtshof im Gutachten OC-10/89, auf das im FÜNFTEN KAPITEL, ERSTER TEIL, D ausführlich eingegangen wird, festgestellt, dass der Umstand, dass die Deklaration kein Vertrag sei, nicht zu dem Schluss führe, dass ihr keine rechtlichen Wirkungen zukomme: „That the Declaration is not a treaty does not, then, lead to the conclusion that it does not have legal effect (…)." *Inter-American Court of Human Rights,* Interpretation of the American Declaration of the Rights and Duties of Man within the Framework of Article 64 of the American Convention on Human Rights. Advisory Opinion OC-10/89, 14.7.1989, Series A No. 10, Rn. 47. Die Frage, ob sich die Rechtsnatur der Deklaration durch *nachfolgende Praxis* geändert hat, ist Hauptuntersuchungsgegenstand des FÜNFTEN KAPITELS dieser Arbeit.

517 Dazu: *Sinclair*, Estoppel and acquiescence, S. 104 ff.

den meisten Rechtssystemen bekannt, etwa in Deutschland unter dem Grundsatz *venire contra factum proprium*. Das *estoppel*-Prinzip ist vor allem in der Spruchpraxis des StIGH und des IGH herangezogen worden.[518] Als völkerrechtlicher Grundsatz hat sich das *estoppel*-Prinzip jedoch vom nationalen Verständnis weitgehend losgelöst und in seinen Voraussetzungen und Wirkungen weiterentwickelt.[519]

Das *estoppel*-Prinzip fußt auf dem Konsistenzargument und dem Prinzip des Vertrauensschutzes. Ersteres beruht auf der Anforderung, dass ein Staat in seinem völkerrechtlich relevanten Verhalten in Bezug auf eine gegebene rechtliche oder faktische Situation konsistent ist. Konsistentes Verhalten wird im Völkerrecht deshalb gefordert, da nur so ein Mindestmaß an Stabilität und Kontinuität sowie Vorhersehbarkeit des staatlichen Verhaltens in den völkerrechtlichen Beziehungen hergestellt werden kann.[520]

Ein inkonsistentes Verhalten allein löst jedoch grundsätzlich noch keine Rechtswirkungen aus. Das Völkerrecht schützt nicht die bloße Erwartung, dass ein Staat an einer einseitig vorgenommenen Handlung oder an einer in abstrakter Weise geäußerten Rechtsauffassung künftig festhalten wird.[521] Andernfalls würde die Handlungsfreiheit der Staaten im internationalen Verkehr und die Flexibilität ihrer Außenpolitik zu weit eingeschränkt werden, da die Staaten befürchten müssten, durch schlichtes Verhalten völkerrechtlich gebunden zu werden.

Daher setzt eine Berufung auf *estoppel* voraus, dass durch das Verhalten eines Staates berechtigte Erwartungen bei einem anderen Staat hervorgerufen werden, in die letzterer vertraut und dadurch einen Nachteil erlitten hat. Der IGH hat in seiner Nicaragua-Entscheidung dazu festgestellt:

> *„(E)stoppel may be inferred from the conduct, declarations and the like made by a State which (…) caused another State or States, in reliance on such conduct, detrimentally to change position or suffer some prejudice.“*[522]

---

518 Zur Anwendung des estoppel-Prinzips in der internationalen Praxis: *McGibbon*, ICLQ, 1958, S. 468 ff.

519 So hat Richter Alfaro im Temple of Preah Vihear-Fall festgestellt: „(T)here is a very substantial difference between the simple and clear-cut rule adopted and applied in the international field and the complicated classifications, modalities, species, subspecies and procedural features of the municipal system.“ *ICJ*, Case concerning the Temple of Preah Vihear, ICJ Rep. 1962, 6, Separate Opinion of Judge Alfaro, S. 39.

520 Vgl. *McGibbon*, ICLQ 1958, S. 469 und *McNair*, BYIL 1924, S. 35: „(I)nternational jurisprudence has a place for some recognition of the principle that a State cannot blow hot and cold – allegans contraria non audiendus est.“

521 Vgl. *Tomuschat*, ZaöRV 1976, S. 479 mwN.

522 *IGH*, Case Concerning Military and Paramilitary Activities in and Against Nicaragua, ICJ Rep. 1984, 392, S. 415.

Der IGH stellt an das Erfordernis des Vertrauens und des daraus resultierenden Nachteils allerdings keine hohen Anforderungen. So hat der IGH im *Nuklear-Test*-Fall allein aus der einseitigen Erklärung Frankreichs, dass „alle athmosphérischen Nukleartests, die bald ausgeführt würden, unter dem gewöhnlichen Lauf der Dinge, die letzten ihrer Art sein würden", im Ergebnis ein *estoppel* angenommen[523], ohne dabei auf ein Vertrauen oder einen etwaigen Vertrauensschaden Australiens näher einzugehen.[524] Hier hatte der IGH folglich der Konsistenz eines Verhaltens, mit dem eine Absicht bekundet wird, und dem zugrunde liegenden Prinzip der Stabilität in den rechtlichen Beziehungen größere Bedeutung beigemessen als dem subjektiven Vertrauen eines bestimmten Staates darauf.[525]

Der *estoppel*-Grundsatz wirkt nicht nur als Prozesseinrede, sondern auch als materiell-rechtlicher Verwirkungsgrundsatz. Einem Staat, der sich zu seinem früheren Verhalten, auf das ein anderer Staat berechtigterweise vertraut hat, in Widerspruch setzt, steht das geltend gemachte Recht materiell nicht mehr zu.[526]

Diese Überlegungen können auf die Beurteilung der Wirkungen der Amerikanischen Deklaration der Rechte und Pflichten des Menschen übertragen werden:

Durch die Verabschiedung der Deklaration haben die Amerikanischen Staaten klar ihren Willen zu erkennen gegeben, dass sie Menschenrechte im Allgemeinen rechtlich anerkennen und die in der Deklaration niedergelegten Menschenrechte im Einzelnen zumindest als politische und moralische Verpflichtungen betrachten. Darüber hinaus geht aus dem Text der Deklaration deutlich die Intention der Staaten hervor, die Deklaration als gemeinsame Zielvorgabe hinsichtlich eines zu erreichenden gemeinsamen Menschenrechtsstandards zu benutzen.

Gleichzeitig haben die Staaten auch ihre Absicht erklärt, den Menschenrechtsschutz in Zukunft progressiv auszubauen und ein Inter-Amerikanisches System zum Schutz der Menschenrechte auf Basis und nach dem Vorbild der Deklaration zu etablieren. In Verbindung mit der in Art. 3 lit. l, 17 OAS-Charta statuierten progressiven Verwirklichungsverpflichtung haben die Staaten somit objektiv berechtigte Erwartungen geschaffen, die Deklaration als Maßstab für ihr zukünftiges Verhalten anzusehen. Durch die Verabschiedung der

523 Ohne explizit *estoppel* als zugrunde liegendern Rechtsgrundsatz zu benennen.

524 *IGH*, Nuclear Tests (Australia v. France), ICJ Rep. 1974, 253, S. 267 f.

525 So auch *Wagner*, Cal. L. Rev. 1986, S. 1780.

526 *Vitzthum*, Völkerrecht, S. 68, Fn. 327.

Amerikanischen Deklaration der Rechte und Pflichten des Menschen haben die OAS-Staaten somit einen *estoppel*-begründenden Tatbestand gesetzt.

Dabei ist das für die Annahme eines *estoppel* grundsätzlich erforderliche Element des Vertrauens hier nicht in Form eines subjektiv-individuellen Vertrauens eines Staates zu sehen. Der Schaden bzw. Nachteil, der durch das Vertrauen bzw. die berechtigten Erwartungen eingetreten ist, muss dabei nicht zwangsläufig bei den Staaten selbst eingetreten sein. Es besteht vielmehr in dem kollektiven, verobjektivierten Vertrauen aller OAS-Staaten. Wie bereits oben erläutert, entfalten die menschenrechtlichen Normen der OAS-Charta als Ausdruck eines gemeinsamen Interesses aller Staaten objektive Wirkungen. Sie entfalten Schutzwirkung zugunsten der Individuen. Die OAS-Staaten agieren dabei als Sachwalter sowohl ihres gemeinsamen objektiven Interesses als auch des Interesses der Individuen.

Hinsichtlich der Frage der Bindungswirkung der Deklaration ist dabei folgendes zu beachten: Wie bereits eingangs erläutert, ist die Bindung qua *estoppel* von einer vertraglichen Bindung über den Grundsatz *pacta sunt servanda* qualitativ zu unterscheiden.[527] Eine Bindung qua *estoppel* darf daher nicht zu einer vertraglichen Bindung „durch die Hintertür" führen, da dies mit dem Konsensprinzip unvereinbar wäre.

Die Bindungswirkung von *estoppel* beschränkt sich daher darauf, dass die Erhebung bestimmter Argumente für die OAS-Staaten völkerrechtlich unzulässig ist. Die Staaten müssen sich an die in der Deklaration enthaltenden Erklärungen festhalten lassen und sind gehindert, das Gegenteil zu behaupten. Die Staaten sind insbesondere daran gehindert, ein Verhalten an den Tag zu legen, welches das in der Deklaration angestrebte Gesamtziel vereiteln würde. Dies wäre der Fall, wenn die Staaten die Deklaration als gemeinsame Wertegrundlage verleugnen würden.

Im Verhältnis der OAS-Staaten zueinander führt dies dazu, dass Bestrebungen eines Teils der Staaten zum Ausbau des Menschenrechtsschutzes von den übrigen Staaten nicht mehr mit dem Argument zurückgewiesen werden können, dass der Bereich der Menschenrechte ausschließlich in die *domaine réservé* falle. Die Staaten dürfen sich bei Kritik an ihrer innerstaatlichen Menschenrechtssituation im Allgemeinen nicht auf das Interventionsverbot berufen. Zudem kann ein Staat, der die in der Deklaration enthaltenen Menschenrechte einhält, berechtigterweise darauf vertrauen, dass die anderen Staaten nichts unternehmen, um dies zu unterbinden.

527 Dazu: *Müller*, Vertrauensschutz im Völkerrecht, S. 251 ff.

Im Hinblick auf die Auslegung der Art. 3 lit. l, 17 OAS-Charta führt die Bindung an die Deklaration qua *estoppel* dazu, dass bestimmte Auslegungmöglichkeiten dieser menschenrechtlichen Normen präkludiert sind. Die Deklaration mag zwar nach dem subjektiv-historischen Willen der Staaten nicht als positive Definition der Menschenrechte der OAS-Charta herangezogen werden. Allerdings ist das Argument, die Deklaration gänzlich im Rahmen dieser Vorschriften unberücksichtigt zu lassen, ausgeschlossen. Der Inhalt der Deklaration ist zumindest als Diskussionsbasis im Rahmen der evolutiven Auslegung der Art. 3 lit. l, 17 OAS-Charta anzuerkennen.

III. Die Amerikanische Deklaration als *Rechtserkenntnisquelle*

Die Amerikanische Deklaration kann aus den oben genannten Gründen auch als *Rechtserkenntnisquelle* für die Ermittlung des Inhalts der Art. 3 lit. l, 17 OAS-Charta bezeichnet werden.

Der Begriff *Rechtserkenntnisquelle* wurde maßgeblich für die Herleitung der EU-Grundrechte im Recht der Europäischen Gemeinschaften geprägt.[528] Die *Rechtserkenntnisquelle* ist von der Rechtsquelle zu unterscheiden. Im Unterschied zur Rechtsquelle, ist eine Rechtserkenntinisquelle nicht unmittelbar rechtlich bindend. Sie entfaltet ihre rechtliche Bedeutung aber mittelbar dadurch, dass sie die Auslegung einer Rechtsquelle im Rahmen der systematischen Auslegung im weiteren Sinne, also einer Auslegung anhand des die auszulegende Norm umgebenden Völkerrechts, maßgeblich steuert.[529]

Wie bereits im ZWEITEN KAPITEL beschrieben, beruht die Auslegung anhand des umgebenden Völkerrechts auf der Annahme, dass die auszulegende Norm Teil einer Gesamtrechtsordnung ist, aus der wesentliche Informationen für ihre Auslegung bezogen werden können. Dabei kommt der

---

528 Da im EU-Recht bis zum Inkraftreten der EU-Grundrechtekarte 2009 kein geschriebener Grundrechtekatalog existierte, schöpfte der EuGH zur Herleitung der ungeschriebenen EU-Grundrechte aus den Verfassungsüberlieferungen der Mitgliedsstaaten und der EMRK als sogenannte *Rechtserkenntnisquellen*. Vgl. EuGH, Verb. Rs. 97–99/87, Slg. 1989, 3165, Rn. 14 ff. (Dow Chemical Ibérica u.a. / Kommission); Rs. C-112/00, Slg. 2003, I-5659, Rn. 71 (Schmidberger); Rs. C-36/02, Slg. 2004, I-9609, Rn. 33 (Omega). Vgl. dazu die Ausführungenin diesem Kapitel oben unter A V 3 f) zum objektiv-rechtlichen Gehalt der Art. 3 lit. l, 17 OAS-Charta.

529 Vgl. *Kingreen*, in: Calliess/Ruffert (Hrsg.): EUV/AEUV Kommentar, Art. 52 EU GR-Charta.

Rechtserkenntnisquelle im Vergleich zu anderen Normen der umgebenden Völkerrechtsordnung normativ eine hervorgehobene Bedeutung zu: Der Interpret hat die *Rechtserkenntnisquelle* stärker zu berücksichtigen als andere mögliche systematische Argumente. Die völkerrechtliche Literatur sieht die Funktion der *Rechtserkenntnisquelle* darin, bestehende besondere Zusammenhänge zwischen zwei grundsätzlich rechtlich unabhängigen Normen, die sich nicht mehr alleine mit dem Aspekt der Einheitlichkeit und Widerspruchsfreiheit der Völkerrechtsordnung begründen lassen, normativ zu erschließen.[530]

Welche Voraussetzungen eine Norm erfüllen muss, damit sie als *Rechtserkenntnisquelle* charakterisiert werden kann, ist im völkerrechtlichen Schriftum bisher jedoch noch ungeklärt. Im Rahmen des EU-Rechts wird die EMRK für die Ermittlung der EU-Grundrechte deshalb als *Rechtserkenntnisquelle* bezeichnet, weil zum einen alle Mitgliedsstaaten der EU gleichzeitig auch Parteien der EMRK sind. Es wird angenommen, dass die EMRK einen gemeineuropäischen *ordre public* darstellt. So betont der EuGH in ständiger Rechtsprechung mit Blick auf die EMRK, dass *„die leitenden Grundsätze dieser Konvention im Rahmen des Gemeinschaftsrechts zu berücksichtigen"* sind[531] und außerdem *„in der Gemeinschaft keine Maßnahmen als Rechtens anerkannt werden können, die mit der Bedeutung der so anerkannten und gewährleisteten Menschenrechte unvereinbar sind"*.[532] Bestätigt wird dies durch Art. 6 Abs. 3 EUV, der bestimmt, dass die „Grundrechte, wie sie in der Europäischen Konvention zum Schutz der Menschenrechte und Grundfreiheiten gewährleistet sind (…), als allgemeine Grundsätze Teil des Unionsrechts" sind. Bekräftigt wird die normativ hervorgehobene Bedeutung der EMRK auch durch Art. 52 Abs. 3 S. 1 und Art. 53 EU-GR-Charta.[533]

---

530 *Kingreen*, in: Calliess/Ruffert (Hrsg.): EUV/AEUV Kommentar, Art. 52 EU GR-Charta, Rn. 20.

531 *EuGH*, Rs. 222/84, Slg. 1986, 1651, Rn. 18 (Johnston/Chief Constable of the Royal Ulster Constabulary).

532 *EuGH*, Rs. C-260/89, Slg. 1991, I-2925, Rn. 41 (ERT).

533 Art. 52 Abs. 3 S. 1 EU-GR-Charta ordnet an: „Soweit diese Charta Rechte enthält, die den durch die Europäische Konvention zum Schutz der Menschenrechte und Grundfreiheiten garantierten Rechten entsprechen, haben sie die gleiche Bedeutung und Tragweite, wie sie ihnen in der genannten Konvention verliehen wird." Art. 53 EU-GR-Charta bestimmt: „Keine Bestimmung dieser Charta ist als eine Einschränkung oder Verletzung der Menschenrechte und Grundfreiheiten auszulegen, die in dem jeweiligen Anwendungsbereich durch das Recht der Union und das Völkerrecht sowie durch die internationalen Übereinkünfte, bei denen die Union oder alle Mitgliedsstaaten Vertragsparteien sind, darunter insbesondere die

Selbst die Europäische Grundrechtecharta, die im Jahr 2000 in Nizza als unverbindliches Instrumet feierlich verkündet worden ist, ist, bereits bevor sie durch den Vertrag von Lissabon 2009 verbindlich gemacht und im Rang den Primärverträgen gleichgestellt worden ist (vgl. Art. 6 Abs. 1 EUV), zunächst vom Europäischen Gericht 1. Instanz (EuG)[534] und später auch vom EuGH[535] als *Rechtserkenntnisquelle* herangezogen worden, um die ungeschriebenen EU-Grundrechte zu konkretisieren. Auch die die Europäische Kommission, das Parlament und der Rat nahmen regelmäßig bei Erlass von Rechtsakten auf die EU-Grundrechtecharta Bezug und hatten sich so in einer verpflichtenden Selbstbindung der Grundrechtecharta unterworfen.[536]

So wie im europäischen System die EMRK und die EU-Grundrechtecharta für die Grundrechte der EU, kann im inter-amerikanischen Menschenrechtssystem die Amerikanische Deklaration für die menschenrechtlichen Vorschriften der OAS-Charta als *Rechtserkenntnisquelle* verwendet werden. Die Amerikanische Deklaration weist zu den menschenrechtlichen Vorschriften der OAS-Charta einen derart engen sachlichen, personellen und zeitlichen Zusammenhang auf, der es rechtfertigt, ihr im Rahmen der Interpretation dieser Normen eine hervorgehobene Bedeutung zukommen zu lassen: So wurde die Deklaration einstimmig von allen Staaten verabschiedet. Sie wurde auf derselben Internationalen Konferenz wie die OAS-Charta von denselben Staaten in unmittelbarem zeitlichem Zusammenhang zur OAS-Charta verabschiedet. Wie bereits gezeigt, ist die Deklaration Ausdruck eines inter-amerikanischen Wertekonsenses, indem sie die damals bestehenden Vorstellungen der Amerikanischen Staaten

---

Europäische Konvention zum Schutz der Menschenrechte und Grundfreiheiten, sowie durch die Verfassungen der Mitgliedsstaaten anerkannt werden."

534 Vgl. etwa: *EuG*, Urteil v. 20.1.2002, Rs. 54/99 („max mobil"), Slg. 2002, 313 Rn. 57.

535 *EuGH*, Urteil v. 27.6.2006, Rs. C-540/03 (Europäisches Parlament/Rat), Slg. 2006, I, Rn. 38, 58; Urteil v. 13.03.07, Rs. C-432/05, Rn. 37; Urteil v. 03.05.07, Rs. C-303/05, Rn. 46. Zuvor hatten mehrere Generalanwälte in ihren Schlussanträgen betont, dass die Grundrechte-Charta für die Herleitung der EU-Grundrechte nicht ignoriert werden könne. Vgl. etwa: GA *Tizzano*, SchlA, Rs. C-173/99 („*BECTU*"), Slg. 2001, 4881, 4883, Rn. 26 ff.; GA *Jacoby*, SchlA, Rs. 377/98 (Niederlande/Europäisches Parlament und Rat), Slg. 2001, 7079, 7084, Rn. 197, 210.

536 Vgl. etwa Sitzungsprotokoll des *Europäischen Parlaments* v. 8.10.2002, Bericht über die Wirkung der Grundrechtscharta der Europäischen Union und ihren zukünftigen Status (2002/2139(INI)), EP-Dok. A5-0332/2002, S. 5, 8 f.; *Europäische Kommission*, Memorandum vom 13.3.2001, Dek. SEK (2001) 380/3; *Rat der Europäischen Union*, Beschluss vom 3.12.2001 über das Europäische Jahr für Menschen mit Behinderungen 2003, 2001/903/EG, ABl. 2001 Nr. L 335, S. 15 (Erwägungsgrund 8).

über Menschenrechte und das gemeinsame Interesse der OAS-Mitgliedsstaaten im Bereich der Menschenrechte ausdrückt. Bei Fassung der Art. 3 lit. l und 17 OAS-Charta mussten die Staaten zumindest gedanklich eine Vorstellung von den in diesen Artikeln erwähnten Menschenrechten gehabt haben, zumal sie solche in der Amerikanischen Deklaration kurz vorher definiert hatten.

Wie durch die Präambel der Deklaration zum Ausdruck kommt[537], soll sie den Beginn und die Grundlage eines noch zu schaffenden inter-amerikanischen Menschenrechtssystems sein. Damit stellt sie auch die Grundlage für die Verwirklichung des Programms des Art. 3 lit. l OAS-Charta dar. Bestätigt wird der Zusammenhang zwischen der Deklaration und den Menschenrechtsvorschriften der OAS-Charta auch durch die Präambel der AMRK, in der die Deklaration und die OAS-Charta gemeinsam als Inspirationsgrundlage für die AMRK erwähnt werden.

Konkret bedeutet dies, dass der Interpret der Art. 3 lit. l, 17 OAS-Charta die Deklaration beachten, sie in Erwägung ziehen und sich mit ihr geistig auseinander setzen muss. An eine aus dem anglo-amerikanischen Recht stammende Figur angelehnt, ist die Amerikanische Deklaration somit eine „*persuasive authority*“ für die Auslegung der Charta-Vorschriften.[538]

C. Abschließende Zusammenfassung zum usprünglichen Konsens der Staaten im Jahr 1948

Art. 3 lit. l in Verbindung mit Art. 17 OAS-Charta enthält den Grundkonsens der Staaten über ein menschenrechtliches Entwicklungsprogramm, das sich sowohl auf den Tatbestand (Begriff der Menschenrechte) als auch auf die Rechtsfolgen gestaltend auswirkt. Dies ermöglicht, dass sich sowohl der Tatbestand als auch die Rechtsfolgen der Art. 3 lit. l, 17 OAS-Charta im Laufe der Zeit anhand der *späteren Übung* verändern und im Laufe der Vertragsdauer zu unmittelbar anwendbaren bindenden Regeln verdichten können.

537 Vgl. insbesondere den 4. Erwägungsgrund.

538 Im common law versteht man unter „persuasive authority“ die Anwendung von Präjudizien, die für das entscheidende Gericht nicht unmittelbar bindend sind, aber trotzdem eine Überzeugungskraft haben und daher bei der Urteilsfindung angewendet werden können: Vgl. etwa: *Bast/Pyle*, Foundations of Law, S. 91: „persuasive authority: authority that carries great weight even though not qualifying as precedent, for example decisions of other state courts.“

Der Fortentwicklungsauftrag richtet sich primär an die OAS-Staaten. Seit dem Inkrafttreten des Protokolls von Buenos Aires 1970, das unter anderem zur Integration der Inter-Amerikanischen Kommission in die OAS-Charta geführt hat, sind Adressaten dieses Auftrages auch die Organe der OAS, allen voran die Inter-Amerikanische Kommission.

Mit der Pflicht zur progressiven Fortentwicklung des Menschenrechtsschutzes geht das Verbot, den erreichten Menschenrechtsstandard nicht zu unterschreiten (Regressionsverbot) einher. Dieses Verbot ist akzessorisch zum erreichten Menschenrechtstandard. Dies bedeutet, dass sich der erreichte menschenrechtliche Mindeststandard im Laufe der Zeit nach oben verschieben kann. Im Jahre 1948 war die Untergrenze, also der kleinste gemeinsame Nenner, das Verbot der schweren, systematischen Menschenrechtsverletzungen.

Darüber hinaus enthält die Nichtdiskriminierungsklausel des Art. 3 lit. l OAS-Charta eine eigenständige materielle Verpflichtung.

Durch die Proklamation der fundamentalen Menschenrechte und der Verpflichtung, diese zu respektieren, enthält die OAS-Charta auch ein Bekenntnis der Staaten zum Wertordnungsgedanken, der in Art. 3 lit. l, 17 OAS-Charta im Keime angelegt ist. Die Amerikanische Deklaration kann aus dem Blickwinkel einer *subjektiv-historischen* Auslegung als *soft law* und *Rechtserkenntnisquelle* bezeichnet werden. Darüber hinaus kann sie über den völkerrechtlichen *estoppel*-Grundsatz mittelbare rechtliche Bindungswirkung erzeugen.

Viertes Kapitel Fortentwickelter Konsens durch die Institutionalisierung des Menschenrechtsschutzes in Art. 53 lit. e, 106, 145 OAS-Charta

In diesem Kapitel untersucht werden die durch das *Protokoll von Buenos Aires* 1970 in die OAS-Charta eingefügten institutionellen Vorschriften im Hinblick auf Menschenrechte, namentlich die Art. 106 und 145, die sich mit der Einrichtung und den Aufgaben der Kommission, die nunmehr gemäß gemäß Art. 53 lit. e OAS-Charta ein Organ der OAS ist, befassen.[539]

In der Literatur wird vertreten, dass die Einfügung dieser Vorschriften auch Auswirkungen auf die rechtliche Bindungswirkung der Amerikanischen Deklaration für die OAS-Staaten hat.[540] Durch diese Vorschriften sei eine Inkorporation des Kommissionsstatuts in die OAS-Charta erfolgt, womit letztlich die Amerikanische Deklaration für die OAS-Staaten materiell über die OAS-Charta

---

539 Diese Normen sind im Anhang II dieser Arbeit beigefügt.

540 So bringt etwa *Davidson* vor, dass die OAS-Charta implizit den Status der Amerikanischen Deklaration transformiert habe: „(The OAS-Charter) by implication, transformed the status of the American Declaration." *Davidson*, The Inter-American Human Rights System, S. 23. Auch *Thomas Buergenthal*, ehemaliger Präsident des Inter-Amerikanischen Gerichtshofs für Menschenrechte, argumentiert unter Verweis auf Art. 1 Abs. 2 Kommissionsstatut und Art. 145 OAS-Charta, dass die OAS-Charta den normativen Charakter der Deklaration signifikant gestärkt habe: „The revised OAS-Charter has also significantly strenghtened the normative character of the American Declaration of the Rights and Duties of Man. (…) (I)t should be recalled that Article 2 of the Statute (jetzt: Art. 1 Abs. 2, Anm. d. Verf.) provides that „for purposes of this Statute, human rights are understood to be those set forth" in the American Declaration. This provision must be read together with Article 150 (jetzt: Art. 145, Anm. d. Verf.) of the OAS-Charter which requires the Commission to „keep vigilance over the observance of human rights." The OAS-Charter does not, however, define „human rights". Therefore, since Article 150 (jetzt: Art. 145, Anm. d. Verf.) incorporates the provisions of the Statute by reference, „human rights" within the meaning of Article 150 (jetzt: Art. 145, Anm. d. Verf.) are those „set forth" in the American Declaration. The human rights provisions of the American Declaration can today consequently be deemed to derive their normative character from the OAS-Charter itself. This means, at the very least, that until the American Convention enters into force, the Commission is empowered by the OAS Charter to judge the conduct of ist member states by holding them to the standards articulated in the American Declaration." *Buergenthal*, AJIL 1975, S. 828 ff.

verbindlich geworden sei.[541] Allerdings liefern die Vertreter dieser Ansicht keine juristisch exakte Begründung dafür.

Nachfolgend wird untersucht, welche Rückschlüsse sich aus der formellen Integration der Inter-Amerikanischen Kommission in das OAS-Charta-System im Hinblick auf die Fortentwicklung des Inter-Amerikanischen Menschenrechtssystems und die Bedeutung der Amerikanischen Deklaration ziehen lassen. Die Untersuchung setzt zunächst bei Art. 106, 145 OAS-Charta an und klärt, welche Aussagen diese Normen im Hinblick auf die Struktur, die Aufgaben und die Kompetenzen der Inter-Amerikanische Kommission (bis zum Inkrafttreten der AMRK und nach dem Inkraftttreten der AMRK) treffen.[542]

Anschließend wird die Regelung der Kommission nach ihrem Statut, zunächst nach dem usprünglichen Statut von 1960, inklusive der Änderungen von 1965, und sodann nach dem Statut von 1979, untersucht. Dabei werden die Kompetenzen der Kommission eingehend behandelt.[543]

Den Umfang der Aufgaben und Kompetenzen der Kommission genau zu bestimmen, ist entscheidend für die Beantwortung der Frage, inwieweit sich aus diesen Vorschriften eine rechtliche Bindungswirkung für die OAS-Staaten an die Amerikanische Deklaration ergibt und welcher Art diese Bindung ist. Dabei wird zwischen einer verfahrensrechtlichen Bindung und einer materiell-rechtlichen Bindung unterschieden.[544] Den Kompetenzen eines Organs entsprechen rechtliche Pflichten der Staaten, die dieses Organ eingesetzt haben.

In methodischer Hinsicht werden diese Vorschriften mittels einer objektiven, also primär textorientierten Auslegung, untersucht. Da es sich hierbei um institutionelle und verfahrensmäßige Vorschriften handelt, die das Verhältnis der Staaten zu den Organen und das Verhältnis der Organe zueinander betreffen, gilt im Zweifel eine restriktive Auslegung.[545] Eine solche hat sich streng am Willen der Staaten, wie er sich im Vertragstext manifestiert hat, zu orientieren. Über den Vertragstext hinausgehende, ungeschriebene Kompetenzen des Organs bzw. Pflichten der Staaten anzunehmen, bedarf besonderer Begründung, wobei die strengen Maßstäbe der *implied powers*-Lehre einzuhalten sind.

---

541 So: *Buergenthal*, aaO., S. 828 ff.; Vgl. auch *Davidson*, The Inter-American Human Rights System, S. 23 und *Nacimiento*, Die Amerikanische Deklaration der Rechte und Pflichten des Menschen, S. 96 f.

542 Vgl. die nachfolgenden Gliederungspunkte A und B.

543 Vgl. den nachfolgenden Gliederungspunkt C.

544 Vgl. den nachfolgenden Gliederungspunkt D.

545 Zur Begründung vgl. die nachfolgenden Ausführungen in diesem Kapitel unter D II.

A. Die Kommission im Sinne von Art. 106, 145 OAS-Charta – Integration der alten oder Schaffung einer neuen Kommission?

Durch die Verwendung des unbestimmten Artikels in Bezug auf die Kommission in Art. 106 Satz 1OAS-Charta ("there shall be an Inter-American Commission on Human Rights") scheint diese Vorschrift auf den ersten Blick von der schon seit 1959 bestehenden Kommission keinerlei Notiz zu nehmen. Vielmehr wird der Eindruck erweckt, dass eine neue bzw. andere Kommission geschaffen werden soll.[546] Verstärkt wird dieser Eindruck dadurch, dass die OAS-Charta keine konkreten Regelungen hinsichtlich der Organisation und der Kompetenzen der Kommission enthält. Auch wird an keiner Stelle der OAS-Charta ausdrücklich auf das bestehende Kommissionsstatut verwiesen.

Stattdessen bestimmt Art. 106 S. 2 antizipatorisch, dass eine Inter-Amerikanische Konvention über Menschenrechte erst noch die Struktur, die Kompetenzen und das Verfahren der Kommission sowie anderer neu zu schaffender Organe festlegen soll. Art. 106 S. 2 OAS-Charta meint damit die im Zeitpunkt der Einfügung dieser Norm in die OAS-Charta bereits im Entwurfsstadium befindliche AMRK.

Daran anknüpfend bestimmt Art. 145 OAS-Charta, dass für die Zeit bis zum Inkrafttreten dieser Menschenrechtskonvention die "gegenwärtige Kommission" ("the present Commission") über die Einhaltung der Menschenrechte wachen soll. Art. 145 ist, wie sich aus der Überschrift des einschlägigen Kapitels der OAS-Charta ("Transitory Provisions") ergibt, als Übergangsbestimmung konzipiert. Bei der Einfügung der Art. 106, 145 OAS-Charta gingen die OAS-Staaten offenbar davon aus, dass alle Staaten die künftige AMRK ratifizieren und somit an die in der AMRK normierten Vorschriften über die Organisation und die Kompetenzen der Kommission gebunden sein würden.

Ein Blick in die *traveaux preparatoires* zu den Art. 106, 145 OAS-Charta macht deutlich, dass die OAS-Staaten unterschiedliche Vorstellungen über die Regelung der Kommission in der OAS-Charta hatten.[547] Die Staaten einigten sich darauf, die

---

546 Dies ergibt sich auch aus einem systematischen Vergleich zu Art. 145 OAS-Charta, der von der „gegenwärtigen Kommission" spricht.

547 Chile sprach sich auf der Konferenz in Buenos Aires dafür aus, in die OAS-Charta selbst Regelungen über die Struktur, Verfahrensweise und die Kompetenz der Kommission aufzunehmen. Chile brachte vor, es sei absurd, ein Organ der OAS nicht auch in der OAS-Charta vollständig zu regeln. Acta de la Primera Sesion de la Comisión „B", Doc. 33 Rev., 16.3.1967, OEA/Ser.E/XIV.I V.I., S. 17, enthalten in: *Pan American Union*, Tercera Conferencia Interamericana Extraordninaria, Buenos

Kommission in der OAS-Charta nur rudimentär zu regeln. Bei der Abstimmung über die Annahme des Art. 51 lit. e OAS-Charta enthielt sich nur Argentinien der Stimme unter Verweis auf das Fehlen von Bestimmungen in der OAS-Charta im Hinblick auf Struktur, Kompetenz und Verfahren der Kommission.[548] Art. 106 und 145 hingegen wurden von allen OAS-Staaten einstimmig angenommen.[549]

Vor diesem Hintergrund erklärt sich somit der auf den ersten Blick etwas verwunderliche Wortlaut von Art. 106 und 145 OAS-Charta: Die Staaten hatten

---

Aires, Argentina. Bd. III. El Salvador stimmte dem grundsätzlich zu und fügte hinzu, dass die Regelung der Struktur und Kompetenzen eines OAS-Organs notwendigerweise in der OAS-Charta selbst zu erfolgen sei, andernfalls bestünde weder eine Notwendigkeit noch eine logische Rechtfertigung, diese Organe in der OAS-Charta überhaupt zu erwähnen: „(E)s fundamental (…) de que todos estos organismos están regulados y reglamentados por la Carta que se va a aprobar. Su funcionamiento, su estructura, su competencia no se dejan a una convención posterior. Entonces sí es lógico y jurídicamente explicable que esos órganos, a los que la Carta se refiere en forma exhaustiva, se mencionen. Para los otros, a los que en la Carta no se les fija una estructura ni se les establece una competencia, que se dejan para una convención posterior, en realidad no estixte una imperiosa necesidad nu una justificación lógico de que aparezcan mencionados." Ibid, S. 27. Allerdings war El Salvador der Ansicht, dass vorliegend eine ausführliche Normierung der Kommission in der OAS-Charta deshalb nicht erforderlich sei, da sich die Kommission von den übrigen OAS-Organen dadurch unterscheide, dass sie kein gegenwärtiges Organ sei. Vielmehr würde sie erst konstitutiv durch das Inkrafttreten der AMRK geschaffen werden. Ibid, S. 21. Uruguay widersprach diesem Vorbringen und erklärte, dass die Kommission kein zuküftiges, sondern gegenwärtig schon existierendes Organ sei, das durch das Außenmistertreffen 1959 geschaffen worden war: „La Comisión Interamericana de Derechos Humanos no es un órgano por crearse. Existe. Fue creado (…) por la Quinta Conferencia de Consulta (…)". Ibid, S. 22f. Venezuela brachte vor, dass Sinn und Zweck des Art. 106 OAS-Charta nicht nur sei, die Situation und Arbeit der existierenden Kommission anzuerkennen, sondern dass die Staaten die Kommission darüber hinaus zu einem Hauptorgan der OAS erhoben haben: „De manera que esta provisión (…) no hizo sino reconocer la situación de que la Comisión de Derechos Humanos existe, trabaja, es muy viva y, sobre todo, vigente en América. En este caso, lo que tratamos de hacer es darle la categoría de órgano principal (…)." Ibid, S. 24.

548 Vgl. Comisión „B", Décima Sesión, Jueves 23 de febrero de 1967, OEA/Ser.E/XIV.I V. I, S. 107 f., in: *Pan American Union*, Tercera Conferencia Interamericana Extraordniaria, Buenos Aires, Argentina, Bd. I.

549 Vgl. Acta de la Primera Sesion de la Comisión „B", Doc. 33 Rev., 16.3.1967, OEA/Ser.E/XIV.I V.I., S. 30, in: *Pan American Union*, Tercera Conferencia Interamericana Extraordninaria, Buenos Aires, Argentina. Bd. III.

bei der Schaffung dieser Vorschriften gewisse Vorbehalte hinsichtlich der bestehenden Kommission. Der Verweis in Art. 106 auf die künftige Kommission und die künftige Regelung der Kommission in der AMRK deutet darauf hin, dass die Staaten sich, was den noch auszuhandelnden neuen Vertrag und die Struktur der Kommission betrifft, freie Hand lassen wollten, um sich von jedweder Bindung an das Bestehende lossagen zu können.

B. Die Regelung der Kommission gemäß Art. 106, 145 OAS-Charta

Gemäß Art. 106 S. 1 OAS hat die Kommission die Hauptaufgabe, die Einhaltung und den Schutz der Menschenrechte voranzubringen und der OAS in diesen Angelegenheiten beratend zur Seite zu stehen. Diese Vorschrift enthält zwei Grundaussagen über die Kommission:

Erstens hat die Kommission nicht nur eine repressive, also begangene Menschenrechtsverletzungen feststellende Funktion, sondern auch eine in die Zukunft gerichtete, den Menschenrechtsschutz fördernde, Funktion. Dies wird durch die Verwendung des Begriffs „*promote*" deutlich. Die Kommission soll präventiv aktiv werden und so den Menschenrechtsschutz auf inter-amerikanischer Ebene (noch) weiter ausbauen.

Zweitens erhebt Art. 106 S. 2 diese Funktion zur einzigen (und damit ausschließlichen) Hauptaufgabe („*principal function*") der Kommission. Dabei soll die Kommission für die OAS der Hauptansprechpartner in Menschenrechtsangelegenheiten sein und als Konsultativorgan fungieren. Weitere Funktionen kommen der Kommission als OAS-Organ demnach nicht zu. Deutlich wird dies durch die Streichung der ursprünglich vorgesehenen Fassung des Art. 106 S. 1, wonach die Förderung des Menschenrechtsschutzes nur eine unter anderen Funktionen („*entre otras funcionas*") darstellen sollte. Diese Formulierung wurde auf Vorschlag Boliviens durch die Formulierung „*como funciona principal*" ersetzt.[550]

Da die OAS-Charta keine Regelungen hinsichtlich der konkreten Struktur, der Kompetenzen und des Verfahrens der Kommission enthält, ist in den Art. 106 S. 2 und 145 OAS-Charta ein Verweis auf die einschlägigen Vorschriften im Kommissionsstatut bzw. in der AMRK zu sehen.

550 Vgl. Acta de la Primera Sesion de la Comisión „B", Doc. 33 Rev., 16.3.1967, OEA/Ser.E/XIV.I V.I., S. 30, in: *Pan American Union*, Tercera Conferencia Interamericana Extraordninaria, Buenos Aires, Argentina. Bd. III, S. 30 f., 534 ff.

Nach der Systematik der Art. 106 S. 2, 145 ist zwischen der Regelung der Kommission bis zum Inkrafttreten der AMRK und der Regelung der Kommission nach dem Inkrafttreten der AMRK zu differenzieren.

I. Die Regelung der Kommission bis zum Inkrafttreten der AMRK

Da Art. 145 OAS-Charta bestimmt, dass bis zum Inkrafttreten der AMRK die *„gegenwärtige Kommission"* über die Einhaltung der Menschenrechte wachen soll, ist daraus zu folgern, dass damit die seit 1959 bestehende Inter-Amerikanische Kommission für Menschenrechte, wie sie auf Grundlage ihres Kommissionsstatuts existiert, gemeint ist. Die OAS-Staaten werden dadurch unmittelbar über Art. 145 OAS-Charta an das Kommissionsstatut gebunden.

II. Die (beabsichtigte Regelung) der Kommission nach dem Inkrafttreten der AMRK

Art. 106 S. 2 sieht vor, dass sich nach dem Inkrafttreten der AMRK die konkrete Ausgestaltung der Kommission aus den Vorschriften der AMRK ergeben soll.

Die AMRK, die 1978 in Kraft getreten ist, enthält in Art. 34 ff AMRK Vorschriften im Hinblick auf die Organisation, Zuständigkeit und das Verfahren der Kommission. Neben den neuen Kompetenzen der Kommission als AMRK-Organ, listet die AMRK auch die bisherigen Kompetenzen der Kommission im Hinblick auf alle OAS-Staaten auf.

Art. 41 a-d AMRK entspricht den Art. 9 a-d des Kommissionsstatuts (1960/65). In Art. 41 AMRK fehlt lediglich die Kompetenz der Kommission zur Anfertigung von Länderberichten und der Durchführung von Vor-Ort-Besuchen. Daraus ist aber nicht zu folgern, dass diese Kompetenzen in Bezug auf die AMRK-Staaten nicht mehr gelten. Zum einen führt das von der OAS-*Generalversammlung* 1979 einstimmig verabschiedete neue Kommissionsstatut diese Kompetenz in Bezug auf alle OAS-Staaten, also auch auf AMRK-Mitglieder, wieder auf.[551] Überdies ist den *traveaux preparatoires* zur AMRK zu entnehmen, dass die OAS-Staaten nach dem Inkrafttreten der AMRK vom Weiterbestehen der alten Kommission mitsamt ihren bisherigen Befugnissen ausgingen.[552]

551 AG/Res. 447 (IX-0-79) „Statute of the Inter-American Commission on Human Rights".

552 Vgl. Proyecto de Resolucion (Presentado por las Delegaciones de los Estados Unidos y Guatemala), Doc. 79, 21.12.1969, enthalten in: *OAS*, Conferencia Especializada

Für alle OAS-Staaten, die Parteien der AMRK sind, ergeben sich die institutionellen und Verfahrensvorschriften der Kommission aus der AMRK. Art. 106 S. 2 OAS-Charta ist für diese Staaten eine Rechtsgrundverweisung auf die Art. 34 ff. AMRK. Im Verhältnis zum Kommissionsstatut ist die AMRK somit *lex specialis*. Nur wenn die AMRK keine Regelung enthält (wie im Falle der Länderberichte und Vor-Ort-Untersuchungen) ist ergänzend das Kommissionsstatut heranzuziehen.

Für diejenigen Staaten, die die AMRK bislang nicht ratifiziert haben, schließt der Grundsatz *pacta tertii nec nocent nec prosunt* hingegen eine Bindung an die AMRK aus.

Die in Literatur teilweise vertretene Auffassung, dass alle OAS-Staaten mit Art. 145, 106 S. 2 OAS-Charta ihre antizipierte Zustimmung gegeben haben, an die AMRK-Vorschriften hinsichtlich der näheren Ausgestaltung der Kommission gebunden zu sein, ist abzulehnen. Art. 106 S. 2 OAS-Charta stellt keinen Fall von gewollter vertraglicher Drittwirkung dar.[553] Eine dynamische Rechtsgrundverweisung von Art. 106 S. 2 OAS-Charta auf die AMRK darf den Staaten nicht *per se* als gewollt unterstellt werden. Würden sich Struktur, Verfahren und Kompetenzen der Kommission für Nicht-Mitglieder der AMRK konstitutiv aus der AMRK ergeben, so müssten diese Staaten bei einer Änderung dieser AMRK-Vorschriften stets ihre Zustimmung erteilen. Ansonsten würde eine Änderung der AMRK, zu denen gemäß Art. 76 AMRK nur die Parteien der AMRK berechtigt sind, eine unzulässige Regelung zulasten Dritter darstellen.

Die Staaten machten sich auf der Gründungskonferenz der AMRK auch Gedanken über die Frage, woraus sich die Kompetenz der Kommission bis zum Inkrafttreten und nach dem Inkrafttreten der AMRK für die Nicht-AMRK-Staaten ergeben sollte. Insbesondere die USA und Ecuador sahen die Notwendigkeit, Regelungen über die Zuständigkeit und Funktionen der Kommission in Bezug auf diejenigen Staaten zu schaffen, die der AMRK (noch) nicht beitreten.[554] Die

---

Interamericana Sobre Derechos Humanos, San José, Costa Rica, 7–22 de noviembre de 1969, Actas y Documentos, S. 388.

553 A.A.: *Kokott*, Das Inter-Amerikanische System zum Schutz der Menschenrechte, S. 115.

554 „Que es necesario tomar algunas disposiciones con respeto a la competencia y funciones que tiene la actual Comisión Interamericana de Derechos Humanos, al entrar en vigor la Convención preparada en esta Conferencia, en relación a los Estados que todavía no hayan raritifaco o adherido a efecto de cumplir con los propósitos sobre promoción y protección de los derechos humanos (…).“ Proyecto de Resolucion (Presentado por las Delegaciones de los Estados Unidos y Guatemala),

OAS-*Generalversammlung* schlug daher vor, dass sich, solange nicht alle OAS-Staaten der AMRK beigetreten sind, für die Nicht-AMRK-Staaten die konkrete Ausgestaltung der Kommission aus dem Kommissionsstatut ergeben soll.[555]

Damit ist festzustellen, dass die AMRK-Vorschriften im Hinblick auf das Verfahren und die Kompetenzen der Kommission als *res inter alios acta* keine Bindungswirkung für Nicht-AMRK-Staaten entfalten. Für Nicht-AMRK-Staaten gilt damit weiterhin Art. 145 OAS-Charta, der auf die gegenwärtige Kommission Bezug nimmt und damit auf das Kommissionsstatut verweist.

C. Die Konkretisierung der Kommission im Statut und in der AMRK

Nachfolgend werden die Struktur, das anwendbare Recht für die Kommission sowie ihre Kompetenzen im Einzelnen nach ihrem Statut sowie nach der AMRK beleuchtet. Vorab ist kurz auf die Rechtsnatur des Kommissionsstatuts einzugehen.

I. Die Rechtsnatur des Kommissionsstatuts

Das Kommissionsstatut von 1960 ist kein förmlicher völkerrechtlicher Vertrag. Es ist nicht nach dem in Art. 12 ff. der Wiener Vertragsrechtskonvention kodifizierten Vertragsabschlussverfahren zustande gekommen. Das Statut ist vielmehr durch einen Beschluss des *Rates* der OAS angenommen worden. Beschlüsse des *Rates* sind *per se* rechtlich unverbindlich.[556]

Doc. 79, 21.12.1969, enthalten in: *OAS*, Conferencia Especializada Interamericana Sobre Derechos Humanos, San José, Costa Rica, 7–22 de noviembre de 1969, Actas y Documentos, S. 388.

555 „Que durante el período que medie entre la entrada en vigor de la Convención Americana sobre Derechos Humanos y la fecha en que lleguen todos los Estados miembros de la Organización a ser Partes en la misma se establezca en el Estatuto de la Comisión a que se refiere el artículo (…) de la Convención Americana de Derechos Humanos que sea aprobado por la Asamblea General de la Organización, incluyendo las funciones y atribuciónes estipuladas en la Resolución XXII de la Segunda Conferecia Interamericana Extraordinaria." Ibid, S. 388.

556 Nach der maßgeblichen OAS-Charta von 1948 fehlte dem *Rat* die Kompetenz zur Vornahme von für die Mitgliedsstaaten verbindlichen Rechtsakte. Seine Befugnisse waren lediglich politischer Natur. Zu den wichtigsten Aufgaben des *Rates* gehörte die Einberufung der Inter-Amerikanischen Konferenz oder des

Gleichwohl ist das vom *Rat* verabschiedete Kommissionsstatut als völkerrechtlicher Vertrag im materiellen Sinne zu qualifizieren. Ein solcher konkludent geschlossener Vertrag liegt dann vor, wenn die Staaten einen übereinstimmenden vertraglichen Rechtsbindungswillen haben.[557] Ein solcher Rechtsbindungswille ist in der Abstimmung der im *Rat* vertretenen Staaten über die Annahme des Kommissionsstatuts enthalten. Dabei haben die Staaten ihre Zustimmung, an das Statut gebunden zu sein „auf eine andere vereinbarte Art" gemäß Art. 11 a.E. der Wiener Vertragsrechtskonvention erteilt. Die Schaffung einer internationalen Instanz, die mit bestimmten Aufgaben und Befugnissen betraut ist, impliziert zwingend einen rechtlichen Bindungswillen der Staaten.[558]

Ein dementsprechender vertraglicher Rechtsbindungswille lag bei allen OAS-Staaten vor. Die OAS-Staaten haben auf dem Außenministertreffen 1959 durch die Verabschiedung der Resolution VIII „Human Rights" die Gründung der Kommission vom Grundsatz her eingeleitet und anschließend innerhalb des *Rates* das die Resolution VIII konkretisisierende Kommissionsstatut verabschiedet. Zwar stimmten lediglich 15 der 21 Staaten auf dem Außenministertreffen der Annahme der Resolution VIII zu.[559] Bei der darauffolgenden Abstimmung im *Rat* über das Kommissionsstatut stimmten jedoch mit Ausnahme der Dominikanischen Republik, die sich der Stimme enthielt, alle Staaten zu. Die Zustimmung dieser Staaten im *Rat* über die Annahme des Statuts hat damit die fehlende Zustimmung der betreffenden Staaten zur Resolution VIII geheilt. Überdies hat

---

Außenministertreffens. Vgl. Art. 40 OAS-Charta i.d.F.v. 1948. Der Rat war lediglich dazu befugt, von einer Angelegenheit, die ihm von der Inter-Amerikanischen Konferenz oder dem Außenministertreffen vorgelegt wird, Kenntnis zu nehmen. Vgl. Art. 50 OAS-Charta i.d.F.v. 1948.

557 Vgl. *Vitzhum* in: Vitzthum, Völkerrecht, S. 52; vgl. auch Art. 2 Abs. 1 lit. a WVK.

558 Denn die Schaffung einer solchen Instanz durch ein völkerrechtliches Instrument, das nur empfehlenden Charakter besitzt, ist schon gar nicht denkbar. Eine solche Instanz wäre sonst ein rechtliches Nullum, dessen schiere Existenz von den Staaten ignoriert werden könnte. Bestätigt wird diese Schlussfolgerung auch im Rahmen der Pan-Amerikanischen Union. Gemäß Ziff. 16 der Resolution vom 29.3.1980 hatten Resolutionen, die mit Mehrheit der Mitgliedsstaaten angenommen wurden und die Änderung des institutionellen Gefüges der Pan-Amerikanischen Union betreffen, rechtlich verbindlichen Charakter.

559 15 Staaten stimmten dafür (Guatemala, Kuba, Haiti, Nicaragua, Kolumbien, Panama, Costa Rica, Peru, Venezuela, Honduras, El Salvador, Ecuador, Paraguay, Argentinien und Chile), vier Staaten votierten dagegen (Brasilien, Dominikanische Republik, Mexiko und Uruguay) und zwei Staaten enthielten sich (Bolivien und die USA).

kein aktiver OAS-Staat in der Folgezeit die Existenz der Kommission und ihre Kompetenzen nach dem Statut mehr bestritten.[560] Dies gilt auch für die Dominikanische Republik, die auf dem Außenministertreffen noch gegen die Resolution stimmte und sich bei der Abstimmung im *Rat* über das Statut der Stimme enthielt. Die Dominikanische Republik hat zwar nicht ausdrücklich ihren Konsens erteilt. Allerdings ist von einer stillschweigenden Billigung (*acquiescence*)[561] und damit einer Bindung an das Kommissionsstatut auszugehen. Die Dominikanische Republik hat in der Folgezeit, nach Aufnahme der Tätigkeit der Kommission und der Anfertigung von Länderberichten und Empfehlungen über die Dominikanische Republik, nie die Zuständigkeit und Kompetenzgrundlagen der Kommission bestritten.[562]

Das neue Kommissionstatut (i.d.F.v. 1979), das die durch das Inkrafftreten der AMRK erfolgten Änderungen im Hinblick auf die Kompetenzen der Kommission berücksichtigt[563], wurde von der *Generalversammlung* der OAS[564] auf ihrer neunten ordentlichen Sitzung in La Paz, Bolivien, 1979 durch Resolution von den Staaten einstimmig angenommen und der Resolution als Anhang beigefügt.[565] In der Annahme des Kommissionsstatut durch die *Generalversammlung*

---

560 Dies gilt auch für Kuba, das die Kompetenz der Kommission nicht vom Grundsatz her bestritt, sondern nur vorbrachte, dass die Kommission in Bezug auf Kuba wegen seines „Ausschlusses" aus der OAS nicht tätig werden dürfe. Darauf wird im FÜNFTEN KAPITEL, ZWEITER TEIL, B III 3 ausführlich eingegangen.

561 Zum völkerrechtlichen *acquiescence*-Grundsatz vgl. die Ausführungen im FÜNFTEN KAPITEL, ZWEITER TEIL, B III 1 b.

562 Die Dominkanische Republik hat bspw. im Rahmen des Länderberichts der Kommission 1965 die Kompetenz der Kommission bestätigt und Kooperation signalisiert: „*(C)onsent was implied in the requests made (…) and in the commitments assumed (…) to formally respect the American Declaration of the Rights and Duties of Man, as well as to give the Commission all the facilities that are essential for the fulfillment of its mission*", vgl. *Inter-American Commission on Human Rights, Report on the Situation of Human Rights in the Dominican Republic*, Doc. 14 Rev. (1965), OEA/Ser.L/V/II.13, online zu finden unter: http://www1.umn.edu/humanrts/iachr/country-reports/dominican1965-ch1.html (zuletzt besucht am 23.06.2013), Chapter I C. Zur Tätigkeit der Kommission im Hinblick auf die Dominikanische Republik: *Padilla*, The Inter-American Commission on Human Rights, S. 294 ff.

563 Dazu sogleich unter C III.

564 Die Generalversammlung ist gemäß Art. 54 lit. a OAS-Charta dazu befugt, die Kompetenzen, Strukturen und Funktionen der Organe der OAS festzulegen.

565 Vgl. OAS. Res. 447 (IX-0/79); siehe auch: Annual Report of the Inter-American Commission on Human Rights, 1979–1980, OEA/Ser.L/V/11.50 doc.13 rev. 1 at 10 (1980), online abrufbar unter: http://www.cidh.org/annualrep/79.80eng/toc.htm

liegt somit ebenfalls unzweifelhaft ein vertraglicher Bindungswille sämtlicher mitwirkender OAS-Staaten.[566]

II. Die Struktur und Zusammensetzung der Kommission

Die Struktur und Zusammensetzung der Kommission hat sich seit ihrer Gründung 1959 bis heute nicht geändert.

Die Kommission besteht aus sieben Mitgliedern, die die Staatsangehörigkeit eines der OAS-Staaten haben müssen und Personen von „hohem moralischen Charakter und anerkannter Kompetenz im Bereich der Menschenrechte" sein sollen.[567] Die Kandidaten werden von ihren jeweiligen Nationalstaaten vorgeschlagen und seit 1979 von der OAS-Generalversammlung (davor vom OAS-Rat) gewählt.[568] Sie werden in ihrer persönlichen Eigenschaft und nicht als Vertreter ihrer Heimatstaaten gewählt.[569] Ihre Dienstzeit beträgt vier Jahre, wobei sie einmal wiedergewählt werden können.[570] Der ständige Sitz der Kommission befindet sich beim Hauptquartier der OAS in Washington, D.C.[571] Die Kommission kann mit absoluter Mehrheit beschließen, temporäre Sitzungen innerhalb des Territoriums eines OAS-Mitgliedsstaates abzuhalten, wenn der betreffende Staat dazu sein Einverständnis erteilt.[572] Die Kommission trifft sich in ein oder zwei ordentlichen Sitzungen pro Jahr von insgesamt maximal acht Wochen.[573] Zusätzlich kann sie nach Einberufung durch den Vorsitzenden oder nach Mehrheitsbeschluss spezielle Sitzungen abhalten.[574] Die Entscheidungen der Kommission kommen mit einer absoluten Mehrheit der Stimmen zustande,

---

(zuletzt besucht am 23.06.2013). Das Kommissionsstatut ist auszugsweise im Anhang III dieser Arbeit beigefügt.

566 Mit Ausnahme Kubas, das seit 1962 nicht mehr aktiv in der OAS teilnimmt. Vgl. dazu das FÜNFTE KAPITEL, ZWEITER TEIL, B III 3.

567 Vgl. Art. 2 Abs. 1 Kommissionsstatut (i.d.F.v. 1979).

568 Vgl. Art. 3 Kommissionsstatut (i.d.F.v. 1979).

569 Vgl. Art. 3 Abs. 1 Kommissionsstatut (i.d.F.v. 1979).

570 Vgl. Art. 6 Kommissionsstatut (i.d.F.v. 1979).

571 Vgl. Art. 16 Abs. 1 Kommissionsstatut (i.d.F.v. 1979).

572 Vgl. Art. 16 Abs. 2 Kommissionsstatut (i.d.F.v. 1979).

573 Vgl. Art. 16 Abs. 3 Kommissionsstatut (i.d.F.v. 1979) i.V.m. der Verfahrensordnung der Kommission.

574 Vgl. Art. 16 Abs. 3 Kommissionsstatut (i.d.F.v. 1979) i.V.m. der Verfahrensordnung der Kommission.

mit Ausnahme von Beschlüssen über Verfahrensfragen, für die eine einfache Mehrheit genügt.[575]

III. Das anwendbare Recht für die Kommission

Die Tätigkeit der Kommission ist seit ihrer Gründung 1959 untrennbar mit der Amerikanischen Deklaration der Rechte und Pflichten des Menschen verbunden. Art. 1 Abs. 2 ihres ursprünglichen Statuts (1960) bzw. Art. 1 Abs. 2 lit. b) des aktuellen Statuts (1979) legt fest, dass unter „Menschenrechte" im Sinne des Statuts die Rechte aus der Amerikanischen Deklaration gemeint sind.

Die Amerikanische Deklaration ist mithin für die Kommission das anwendbare Recht, anhand dessen sie in Ausübung ihrer Kompetenzen das Verhalten der Staaten im Bereich der Menschenrechte messen soll.

Indem diese Vorschrift der Kommission einen ausdrücklich benannten Prüfungsmaßstab vorgibt, kommt ihr zugleich eine abschließende und eingrenzende Funktion zu. Die Kommission darf andere Menschenrechtstexte, inklusive der durch die Staaten ratifizierten Menschenrechtsverträge (z.B. den Internationalen Pakt über bürgerliche und politische Rechte), nicht als unmittelbaren Prüfungsmaßstab in Ausübung ihrer Kompetenzen anwenden.[576] Die Staaten haben durch die Beschränkung des anwendbaren Rechts auf die Amerikanische Deklaration vielmehr zu erkennen gegeben, dass die Kommission kein umfassendes Mandat hat, generell über die Einhaltung aller internationalen Menschenrechtsverpflichtungen zu wachen.[577]

Daher ist auch eine unmittelbare Anwendungskompetenz der Kommission für völkergewohnheitsrechtliche Menschenrechte über eine bloße Auslegungshilfe hinaus abzulehnen.[578] Zwar steht ein durch völkerrechtlichen Vertrag geschaffenes Organ mitsamt seinen Handlungen und Äußerungen auch unter der Geltung des Völkergewohnheitsrechts. Die spezifischen Kompetenzen eines Organs sind allerdings streng aus dem zugrunde liegenden Vertrag zu bestimmen.

---

575 Vgl. Art. 17 Kommissionsstatut (i.d.F.v. 1979).

576 Dies schließt nicht aus, dass die Kommission zur Auslegung einzelner Rechte aus der Deklaration andere Verpflichtungen der Staaten heranziehen darf. Art. 31 Abs. 3 WVK erlaubt es, als Auslegungsmethode das gesamte Völkerrecht heranzuziehen.

577 Dafür sprechen auch die im Vorfeld der Schaffung der Kommission geäußerten Vorbehalte der Staaten im Hinblick auf eine zu weitreichende Kompetenz der Kommission im Bereich der Menschenrechte. Vgl. dazu die Ausführungen im ERSTEN KAPITEL, E.

578 A.A.: *Tomuschat*, ZaöRV 1968, S. 538.

Sofern dieser, wie vorliegend in Art. 1 Abs. 2 Statut, eine abschließende Aussage getroffen hat, verbietet sich ein Rückgriff auf allgemein geltende Grundsätze des Völkergewohnheitsrechts.

Seit der Änderung des Kommissionsstatuts 1979 infolge des Inkrafttretens der AMRK und der zusätzlichen Kompetenzen der Kommission in Bezug auf AMRK-Mitgliedstaaten differenziert Art. 1 Abs. 2 Statut zwischen AMRK-Mitgliedstaaten und sonstigen OAS-Staaten. Demnach sind unter dem Begriff der Menschenrechte im Sinne des Statuts in Bezug auf AMRK-Mitgliedstaaten die Rechte aus der AMRK und in Bezug auf die sonstigen OAS-Staaten die Rechte aus der Deklaration gemeint.[579]

IV. Die Charakterisierung der Kommission nach ihrem Statut von 1960/65 und ihrem (aktuellen) Statut von 1979

Art. 1 Abs. 1 Statut (1960/65) charakterisiert die Kommission als *„autonome Einheit der OAS"* und stellt damit klar, dass die Kommission nicht als formelles Organ der OAS gegründet wurde.[580]

Die Bezeichnung der Kommission als *„autonome Entität"* reflektiert einerseits die Skepsis und ambivalente Haltung, die anfänglich viele OAS-Staaten der Kommission entgegenbrachten. Die Staaten hatten zwar die Kommission freiwillig als Instanz mit Befugnissen im Bereich der Menschenrechte geschaffen. Gleichzeitig aber hegten viele Staaten gegenüber einer solchen Instanz innerliche Vorbehalte, da sie vor allzu weitgehenden Souveränitätseinschränkungen zurückschreckten.[581]

Auf der anderen Seite wird jedoch der Wille der Staaten sichtbar, dass die Kommission der OAS zumindest nahe stehen soll: Die Kommission sollte eine autonome Einheit *„der OAS"* und nicht etwa lediglich eine Einheit innerhalb des Inter-Amerikanischen Systems im weiteren Sinne sein.

Mehrere Vorschriften ihres Statuts (1960) bestätigen, dass die Kommission inhaltlich an die OAS gekoppelt sein sollte: So bestimmt Art. 10 Statut (1960),

579 Zur Praxis der Kommission in Bezug zu AMRK-Mitgliedstaaten und sonstigen OAS-Staaten vgl. die Ausführungen im FÜNFTEN KAPITEL, ERSTER TEIL, A.

580 Dazu war weder das *Außenministertreffen* noch der *Rat* befugt. Nach der Bogotá-Charta lag die Kompetenz zur Schaffung neuer Organe der OAS sowie zur Festlegung deren Struktur und Funktionen ausschließlich bei der *Inter-Amerikanischen Konferenz.* Vgl. Art. 33 OAS-Charta (i.d.F.v. 1948).

581 Vgl. dazu die Ausführungen im ERSTEN KAPITEL, E.

dass die Kommission in Ausübung ihrer Befugnisse materiell an die Einhaltung der Grundsätze der OAS-Charta gebunden ist.[582]

Eine inhaltliche Bindung an die OAS führt auch Art. 3 Statut (1960) herbei. Diese Vorschrift bestimmt, dass die Kommission im Namen der OAS-Staaten handelt. Schließlich werden sowohl die Organisation der Kommission als auch ihr rechtliches Schicksal von den OAS-Organen bestimmt: So können Änderungen des Kommissionsstatuts gemäß Art. 16 Statut (1960) durch Beschluss des OAS-Rates vorgenommen werden.

Aus alledem folgt, dass die Staaten zwar nicht bereit waren, die Kommission formell in die OAS-Charta als Organ der OAS zu integrieren, sie aber dennoch eine inhaltliche Bindung der Kommission an die OAS herstellen wollten.

Seit der Revision der OAS-Charta durch das 1970 in Kraft getretene *Protokoll von Buenos Aires* ist die Kommission als Organ in die OAS formell integriert worden.[583] Demnach beschreibt das geänderte Kommissionsstatut (1979) die Kommission nunmehr in Art. 1 Abs. 1 als „Organ der OAS".

V. Die allgemeine Aufgabenbeschreibung der Kommission nach ihrem Statut von 1960/65 und ihrem (aktuellen) Statut von 1979

Nach Art. 1 Abs. 1 des Kommissionsstatuts (1960/65) besitzt die Kommission die Hauptaufgabe, den Respekt für Menschenrechte voranzubringen („to promote respect for human rights"). Damit wird deutlich, dass die Kommission als Organ zur Förderung der Menschenrechte geschaffen wurde, womit primär eine präventive, zukunftsgerichtete Funktion (im Unterschied zu einer begangene Menschenrechtsverstöße sanktionierenden Funktion) impliziert ist. Die Kommission soll den Ausbau des Inter-Amerikanischen Menschenrechtssystems und die Beachtung der Menschenrechte in den

---

582 Art. 10 Kommissionsstatut (1960): „In performing its assignment, the Commission shall act in accordance with the pertinent provisions of the Charter of the Organization and bear in mind particularly that, in conformity with the American Declaration of the Rights and Duties of Man, the rights of each man are limited by the rights of others, by the security of all, and by the just demands of the general welfare and the advancement of democracy."

583 Vgl. Art. 53 lit. e OAS-Charta. Damit ist die Kommission als Organ der OAS unmittelbar an die Grundsätze der OAS gebunden. Dies hat u.a. auch zur Folge, dass die Kommission seitdem nur noch nach dem in der OAS-Charta vorgesehenen förmlichen Verfahren geändert oder abgeschafft werden kann.

Amerikanischen Staaten durch ihre Tätigkeit verbessern und weiter voranbringen.[584] Dies trägt dem Umstand Rechnung, dass bei Gründung der Kommission im Jahre 1960 die meisten Amerikanischen Staaten im innerstaatlichen Bereich die Menschenrechte nur wenig beachteten und auf regionaler Ebene noch kein ausreichender und verbindlicher Schutzstandard für Menschenrechte vorhanden war.

Im Unterschied dazu weist das geänderte Statut von 1979 in Art. 1 Abs. 1 der Kommission die Aufgabe zu, „die Beachtung und die Verteidigung der Menschenrechte voranzubringen" („to promote the observance and defense of human rights") und der OAS als Konsultativorgan in dieser Angelegenheit zu dienen. Die Aufgabenbeschreibung der Kommission ist damit sprachlich verschärft worden. Die Kommission hat demnach zwar immer noch eine den Menschenrechtsschutz fördernde Funktion. Allerdings machen die Begriffe „observance" und „defense" deutlich, dass die Amerikanischen Staaten im Unterschied zu 1960 davon ausgehen, dass ein bestimmter menschenrechtlicher Standard auf regionaler Ebene vorhanden ist, dessen Wahrung und Verteidigung[585] die Kommission voranzubringen hat, womit der Kommission quasi-gerichtliche Aufgaben zukommen.

VI. Die Kompetenzen der Kommission im Hinblick auf alle OAS-Staaten

Die Kompetenzen der Kommission waren bei ihrer Gründung zunächst auf die in Art. 9 Statut (1960/65)/Art. 18 Statut (1979) abschließend normierten Kompetenzen beschränkt. Im Jahr 1965 wurden in Art. 9 (bis) Statut (1965)/ Art. 20 Statut (1979) weitere Kompetenzen eingefügt. Diese Vorschriften sind im Anhang III dieser Arbeit aufgeführt.

Die Kompetenzen der Kommission lassen sich unterteilen in solche allgemeiner Art sowie in spezifische Kompetenzen zur Abgabe von Empfehlungen an die OAS-Mitgliedsstaaten.

---

584 Gleichwohl nehmen die Empfehlungen der Kommission in ihrer Praxis von 1960 bis 1979 auch schon begangene Menschenrechtsverstöße sanktionierende, repressive Züge an. Vgl. zur Kommissionspraxis die umfassende Darstellung im FÜNFTEN KAPITEL, ERSTER TEIL, A.

585 Nach dem allgemeinen Begriffsverständnis kann nur „verteidigt" werden, was bereits existiert.

1. Die allgemeinen Kompetenzen

Kompetenzen allgemeiner Art sind in den Art. 9 lit. a, c, e Statut (1960/65) und Art. 9 (bis) lit. c Statut (1965) bzw. (in leicht erweiterter Form) in den Art. 18 lit. a, c, e, f, g, h Statut (1979) enthalten.[586]

a) Die Schaffung eines Bewusstseins für Menschenrechte unter den Amerikanischen Völkern

Gemäß Art. 9 lit. a Statut (1965)/ Art. 18 lit. a Statut (1979) soll die Kommission dazu beitragen, ein Bewusstsein für Menschenrechte unter den Amerikanischen Völkern zu schaffen. Diese Norm gibt der Kommission damit ein sehr weites Betätigungfeld vor. Sinn und Zweck dieses Kompetenztitels ist es, durch die Tätigkeit der Kommission tatsächliche und rechtliche Umstände in den OAS-Staaten zu schaffen, in denen die Menschenrechte beachtet werden.

Hinter dieser Norm verbirgt sich die Annahme, dass ein künftiger Ausbau des internationalen Schutzes der Menschenrechte erst dann tatsächlich Erfolg haben wird, wenn bei den innerstaatlichen Organen und Privatpersonen zunächst ein derartiges Bewusstsein über die Bedeutung der Menschenrechte und der Wille zu ihrem Schutz entsteht.

Art. 9 lit. a Statut (1960/65)/ Art. 18 lit. a Statut (1979) ermöglicht der Kommission ein weites Tätigkeitsfeld vor allem im Bereich der Öffentlichkeitsarbeit und Menschenrechtsausbildung. So hat die Kommission auf Grundlage dieser Kompetenz etwa die Schaffung sogenannter Nationaler Kommittees über Menschenrechte in den OAS-Staaten angeregt.[587] Zudem hat die Kommission auch die Schaffung von OAS-Stipendienprogrammen und Praktika im Bereich der Menschenrechte, die Veranstaltung von Seminaren, Symposien und Wettbewerben im Bereich der Menschenrechte in Zusammenarbeit mit nationalen Universitäten und Forschungseinrichtungen angestoßen.[588] Die Zusammenarbeit der innerstaatlichen Stellen mit der Kommission erfolgt dabei auf freiwilliger Basis. Für die OAS-Staaten besteht keine Pflicht zur Kooperation mit der Kommission.

---

586 Eine Gegenüberstellung der Kompetenzen nach dem Statut von 1960/65 und dem Statut von 1979 findet sich in Anhang III dieser Arbeit.

587 Vgl. *LeBlanc*, The OAS and the Promotion and Protection of Human Rights, S. 78 ff.

588 Eine Übersicht über die Aktivitäten im Bereich der Menschenrechtsförderung ist abrufbar unter: http://www.oas.org/en/iachr/activities/promotion.asp (zuletzt besucht am 29.07.2913).

Die Kommission gibt darüber hinaus regelmäßig eigene Publikationen und Informationsschriften, wie etwa das „Handbook of Existing Rules Pertaining to Human Rights“[589], heraus.

b) Die Erstellung von Studien und Berichten sowie eines Jahresberichts über Menschenrechte

Gemäß Art. 9 lit. c Statut (1960/65)/ Art. 18 lit c Statut (1979) ist die Kommission dazu ermächtigt, diejenigen Studien und Berichte zu erstellen, die sie zur Erfüllung ihrer Aufgaben für nötig erachtet. In der Praxis erfolgt dies durch einzelne Kommissionsmitglieder, die von der Kommission beauftragt werden, über bestimmte Fragen Untersuchungen vorzunehmen und die Ergebnisse der Kommission vorzulegen.

Seit der Änderung des Kommissionsstatuts im Jahre 1965 ist die Kommission darüber hinaus auch gemäß Art. 9 (bis) lit. c Statut (1965) ermächtigt, einen Jahresbericht zu erstellen und an die Inter-Amerikanische Konferenz oder das Außenministertreffen weiterzuleiten.[590] Seit der Revision der OAS-Charta durch das Protokoll von Buenos Aires 1970 schickt die Kommission gemäß Art. 18 lit. f den Jahresbericht, der auch das anwendbare rechtliche Regime in Bezug auf den konkreten OAS-Staat darstellen soll, an die OAS-Generalversammlung.

Die Publikationen sollen das Bewusstsein der OAS-Staaten über Menschenrechte schärfen. Daneben können derartige Veröffentlichungen einen Staat in den Fokus der Öffentlichkeit bringen und so zumindest politischen Druck erzeugen.

c) Aufforderung an die OAS-Staaten zur Beibringung von Informationen

Um die Informationen, die sie für ihre Arbeit benötigt, zu erhalten, kann die Kommission die OAS-Staaten gemäß Art. 9 lit. d Statut (1960/65) auffordern („*urge*“) bzw. gemäß Art. 18 lit. d Statut (1979) von ihnen verlangen („request“), Informationen beizubringen. Allerdings ist damit keine korrespondierende Pflicht der OAS-Staaten verbunden, den Aufforderungen bzw. dem Verlangen der Kommission Folge zu leisten.[591] Die Beibringung von Informationen durch die Staaten erfolgt vielmehr auf freiwilliger Basis.

---

589 Vgl. das „Handbook of existing rules pertaining to human rights / Inter-American Commission on Human Rights“ von 1979, OEA/SER. L/V/II.23, doc.21 rev.6.

590 Seit 1979 ist der Jahresbericht an die *Generalversammlung* zu richten.

591 Die Änderung des Wortlauts von „urge“ in „request“ ist nur eine sprachliche Verschärfung, die mehr politischen Druck auf den betreffenden Staat ausüben soll,

In den Anfangsjahren der Tätigkeit der Kommission zeigten sich nur wenige Staaten kooperativ. Viele Regierungen ignorierten die Anfragen der Kommission. Dies führte dazu, dass die Kommission ein Verfahren beschloss, wonach eine behauptete Tatsache als wahr angenommen wird, wenn die betroffene Regierung innerhalb von 180 Tagen keine Informationen beibringt.[592] Damit soll zusätzlicher politischer Druck auf den Staat ausgeübt werden.

d) Beratung in Menschenrechtsfragen

Gemäß Art. 9 lit. e Statut (1960/65) soll die Kommission die OAS in Fragen des Menschenrechtsschutzes beraten. Diese Vorschrift ist im Lichte des damaligen Status der Kommission zu betrachten, die noch kein formelles Organ der OAS war.[593]

Das geänderte Statut von 1979 erwähnt die beratende Funktion als allgemeine Aufgabenbeschreibung in Art. 1 Abs. 1 Statut (1979). Durch die formelle Integration der Kommission als Organ der OAS und der Bestimmung in Art. 106 S. 1 OAS-Charta, wonach die Kommission als Konsultativorgan der OAS dienen soll, hat diese Norm keine konstitutive Bedeutung mehr, sondern nur noch eine klarstellende. Gemäß Art. 18 lit. e Statut (1979) kann die Kommission Anfragen jedes OAS-Mitgliedsstaates, die über das OAS-Generalsekretariat gestellt werden, über alle Angelegenheiten, die Menschenrechte innerhalb des betreffenden Staaten betreffen, beantworten und, im Rahmen ihrer Möglichkeiten, diesen Staat mit gutachterlichen Tätigkeiten unterstützen.

e) Durchführung von Vor-Ort-Besuchen

Gemäß Art. 18 lit. g Statut (1979) kann die Kommission Vor-Ort-Besuche auf dem Territorium eines Staates auf Einladung oder mit Zustimmung dessen Regierung

---

um dem Anliegen der Kommission größere moralische/politische Wirkkraft zu verleihen.

592 Vgl. Art. 51 Abs. 1 VerfO a.F./ Art. 39 VerfO (2002).

593 Eine wichtige Beratungstätigkeit übte die Kommission etwa beim Entwurf der AMRK aus, an dessen endgültiger Fassung sie maßgeblich beteiligt war. Vgl. etwa die von der Kommission angefertigte vergleichende Studie „Comparative Study of the Draft Convention on Human Rights Prepared by the Interamerican Council of Jurists (Approved at its Fourth Meeting, Santiago, Chile 1959) and Those Presented by Uruguay and Chile to the Second Special Inter-American Conference (Rio de Janeiro, 1965)“, OEA/Ser.L/V/II.14 doc.7 15 doc.2, 15 doc.3 (rev.2).

durchführen. Im ursprünglichen Statut der Kommission war eine solche Kompetenz zwar nicht ausdrücklich enthalten. Allerdings sind solche Vor-Ort-Besuche mit Einverständnis der betreffenden Regierung schon nach allgemeinem Völkerrecht erlaubt, da es sich dann nicht um eine Intervention handelt.[594]

2. Die besonderen Kompetenzen zur Abgabe von Empfehlungen

Gemäß Art. 9 lit. b Statut (1960/65)/ Art. 18 lit. b Statut (1979) kann die Kommission allgemeine Empfehlungen an die OAS-Staaten richten. Darüber hinaus kann sie im Rahmen von Individualbeschwerdeverfahren gemäß Art. 9 (bis) lit. b Statut (1965)/ Art. 20 lit. b Statut (1979) besondere Empfehlungen an einzelne OAS-Staaten abgeben.

a) Der Rechtscharakter der Empfehlungen

Die an die Staaten einzeln oder in ihrer Gesamtheit gerichteten Empfehlungen (sowohl im Rahmen von allgemeinen Länderberichten als auch im Rahmen von Individualbeschwerden) stellen (formelle) Rechtsakte[595] dar, die für den Adressaten keine rechtliche Verbindlichkeit besitzen.[596] Sie haben lediglich informativen Charakter und sprechen nur Handlungsempfehlungen an die Staaten aus.[597]

---

594 Die ersten Vor-Ort-Besuche fanden in der Dominikanischen Republik in den Jahren 1961, 1963 und 1965 statt. Bis heute hat die Kommission 92 Vor-Ort-Besuche in verschiedenen OAS-Staaten durchgeführt. Eine Übersicht über alle bisherigen Vor-Ort-Besuche der Kommission gibt: http://www.oas.org/en/iachr/activities/countries_all.asp (zuletzt besucht am 29.07.2013).

595 Der Begriff des Rechtsaktes kann sowohl im formellen als auch im materiellen Sinne definiert werden. Ein materieller Rechtsakt entfaltet rechtliche Verbindlichkeit. Ein Rechtsakt im formellen Sinne wird im Rahmen eines dafür vorgesehenen Verfahrens erlassen; er begründet aber keine rechtliche Verbndlichkeit für die Adressaten. Die Empfehlungen der Inter-Amerikanischen Kommission stellen (nur) formelle Rechtsakte dar, da sie auf Grundlage des im Kommissionsstatut vorgesehenen Verfahrens erlassen werden.

596 Eine Ausnahme bilden etwa die als „Empfehlungen" bezeichneten Sekundärrechtsakte der EG, die rechtlich verbindlich sind.

597 In diesem Sinne hat auch der Inter-Amerikanische Gerichtshof festegstellt: „In the Court's judgment, the term „recommendations" (...) should be interpreted to conform to its ordinary meaning, in accordance with Article 31(1) of the Vienna Convention on the Law of Treaties. For that reason, a recommendation does

Auch wenn die Empfehlungen der Kommission rechtlich unverbindlich sind, sind sie doch Feststellungen einer dazu befugten internationalen Instanz und besitzen damit *Autorität*. Wie Richter *Lauterpacht* in seiner *separate opinion* im Voting Procedure-Fall feststellte, haben die Adressaten sich mit den Empfehlungen eines Organs nach dem Grundsatz von Treu und Glauben jedenfalls auseinaderzusetzen und die Entscheidung, einer Empfehlung nicht nachzukommen, zu begründen.[598]

Dabei ist die Frage, welche Rechtsnatur die Aussprüche der Kommission haben, unabhängig von der Frage, ob die von dieser Instanz angewendete Rechtsgrundlage, also die Amerikanische Deklaration, rechtlich verbindlich ist.[599] Es liegt gerade im Wesen des auf dem Konsensprinzip begründeten Völkerrechts, dass es den Staaten grundsätzlich frei steht, Art und Umfang ihrer rechtlichen Bindungen (sowohl hinsichtlich der Existenz des Rechts als auch hinsichtlich seiner Durchsetzung) selbst zu definieren.

b) Die Abgabe von Empfehlungen allgemeiner Art

Die Kommission ist gemäß Art. 9 lit. b Statut (1965) befugt, „*Empfehlungen an die Regierungen der Mitgliedsstaaten im allgemeinen (zu) richten, damit diese innerhalb ihres nationalen Rechts progressive Maßnahmen zugunsten der*

---

not have the character of an obligatory judicial decision for which the failure to comply would generate State responsibility. As there is no evidence in the present Convention that the parties intended to give it a special meaning, Article 31(4) of the Vienna Convention is not applicable. Consequently, the State does not incur international responsibility by not complying with a recommendation which is not obligatory.“ *Inter-American Court of Human Rights*, Caballero Delgado and Santana v. Colombia, Urteil vom 8.12.1995 (Merits). Inter-Am. Ct. H.R. (Ser. C) No. 22 (1995).

598 „A Resolution recommending to (a ...) State a specific course of action creates some legal obligation which, however rudimentary, elastic and imperfect, is nevertheless a legal obligation and constitutes a measure of supervision. The State in question, while not bound to accept the recommendation, is bound to give it due consideration in good faith. If (...) it decides to disregard it, it is bound to explain the reasons for its decision.“ *IGH*, Voting Procedure on Questions Relating to Reports and Petitions Concerning the Territory of South-West Africa, Advisory Opinion, 7.6.1955, ICJ Rep. 1955, Separate Opinion of Judge Lauterpacht, S. 118 f.

599 So kann, können wie im Falle des IPbpR, die materiell-rechtliche Grundlage verbindlich sein, während die Aussprüche des Human Rights Committee unverbindliche Empfehlungen darstellen.

Menschenrechte ergreifen und im Einklang mit ihren Verfassungsbestimmungen geeignete Maßnahmen durchführen, um die treue Achtung dieser Rechte sicherzustellen".

Wie bereits im ERSTEN KAPITEL beschrieben[600], wurden von den Kommissionsmitgliedern verschiedene Ansichten über die Reichweite dieser Befugnis vertreten. So wurde einerseits angenommen, dass diese Vorschrift lediglich zu Empfehlungen an die Gesamtheit der Mitgliedsstaaten (also nicht an die Adresse lediglich eines einzelnen Staates) ermächtige.[601] Andererseits wurde vertreten, dass diese Vorschrift es der Kommission auch gestatte, Empfehlungen an einen einzelnen, konkreten Mitgliedsstaat zu richten.[602]

Die Kommission einigte sich auf die extensive Auslegung und beschloss, dass Art. 9 lit. b des Statuts (1965) die Kommission ermächtige „*allgemeine Empfehlungen sowohl an alle als auch an einzelne Mitgliedsstaaten zu richten*".[603] Die Kommission kündigte an, dass sie im Rahmen dieser Kompetenz von Eingaben Privater Kenntnis nehmen und diese als Informationsquelle für die Erstellung von Länderberichten benutzen werde.[604] Die Kommission beschloss ferner, dem Beschwerdeführer den Eingang der Beschwerde zu bestätigten und ihn über die weitere Behandlung der Beschwerde zu unterrichten. Dem betroffenen Staat sollte der Inhalt der Beschwerde unter Wahrung der Anonymität des Beschwerdeführers mitgeteilt werden.[605]

Diese Kompetenz zur Abgabe von Empfehlungen ist im geänderten Statut von 1979 in Art. 18 lit. b enthalten. In sprachlicher Hinsicht ist diese Kompetenz im neuen Statut präziser gefasst: Im Vergleich zu Art. 9 lit. b Statut (1960/65) ist in Art. 18 lit. b Statut (1979 die Formulierung „*in general*" weggefallen. Dadurch ist die bisherige textliche Unklarheit im Hinblick auf die Ermächtigung der Kommission zur Abgabe von Empfehlung an alle OAS-Staaten insgesamt

600 Vgl. ERSTES KAPITEL, F I.

601 *Inter-American Commission on Human Rights*, Report on the Work Accomplished During its First Session, October 3 to 28, 1960, OEA/Ser. L/V/II.1., Doc. 32, March, 1961, S. 9 f.

602 Ibid, S. 10.

603 Ibid, S. 10.

604 *Inter-American Commission on Human Rights*, Report on the Work Accomplished During its First Session, October 3 to 28, 1960, OEA/Ser. L/V/II.1., Doc. 32, March, 1961, S. 12.

605 *Inter-American Commission on Human Rights,* Report on the Work Accomplished during its Second Session, April 10–26, 1961, OEA/Ser.L/V/II.2, Doc. 24, 1962, S. 8 ff.

bzw. zu Empfehlungen an lediglich einen einzelnen Staat zu Gunsten der letzteren Auslegungsalternative klargestellt worden.

Ferner ist die Kommission nach Art. 18 lit. b Statut (1979) dazu ermächtigt, bei ihren Empfehlungen zur Verbesserung der Menschenrechtssituation neben dem nationalen Recht auch die internationalen Verbindlichkeiten ("*international commitments*"[606]) der Staaten zu berücksichtigen. Dies trägt dem Umstand Rechnung, dass die OAS-Staaten zunehmend weitere internationale Verträge, auch solche mit menschenrechtlichem Schwerpunkt, sowohl auf universeller Ebene als auch auf regionaler Ebene eingehen und diese internationalen Verpflichtungen der Staaten von der Kommission bei der Beurteilung der Menschenrechtslage in einem Staat nicht unbeachtet gelassen werden sollen. Dabei dienen diese internationalen und nationalen Verpflichtungen für Kommission nur als Informationsquelle, um den Grad der Verwirklichung der Menschenrechte in den Staaten zu messen, insbesondere durch Vergleich der Rechtslage mit der Rechtswirklichkeit. Unmittelbarer Prüfungsmaßstab für die Kommission bleibt wegen Art. 1 Abs. 2 lit. b Statut jedoch alleine die Amerikanische Deklaration.

c) Die Abgabe von Empfehlungen im Rahmen von Individualbeschwerdeverfahren

Nach Art. 9 (bis) lit. b Statut (1965)/ Art. 20 lit. b Statut (1979) ist die Kommission dazu befugt, *„die an sie gerichteten Mitteilungen („communications") und sämtliche verfügbaren Informationen zu prüfen, sich an die Regierungen aller amerikanischen Staaten zu wenden mit dem Ziel, alle sachdienlichen Auskünfte zu erhalten, und, falls sie es für erforderlich hält, Empfehlungen an sie zu richten, um die Beachtung der fundamentalen Menschenrechte effektiver zu gestalten"*.

Gemäß Art. 20 lit. b Statut (1979) gilt diese Kompetenz lediglich in Bezug auf Nicht-Mitgliedsstaten der AMRK. Im Hinblick auf AMRK-Mitgliedsstaaten ergibt sich die Kompetenz der Kommission zur Abgabe von Empfehlungen

---

606 Nach dem allgemeinen Begriffverständnis bedeutet *commitment*: the act of committing, pledging, or engaging oneself und *obligation*: something by which a person is bound or obliged to do certain things, and which arises out of a sense of duty or results from custom, law, etc., Vgl. www.dictionary.com (zuletzt besucht am 29.07.2013). Demnach bezeichnet „commitment" etwas, das man aktiv eingeht, während obligation etwas meint, das man bekommt bzw. einfach hat. Die deutsche Sprache kennt eine solche Unterscheidung nicht, sondern übersetzt beides mit „Verpflichtung".

bei Individualbeschwerdeverfahren aus Art. 19 lit. a Statut (1979) i.V.m. Art. 44 ff. AMRK.

Die Kompetenz zur Abgabe von Empfehlungen im Rahmen von Individualbeschwerden wird durch die in Art. 9 (bis) lit. c Statut (1965) aufgeführte Kompetenz der Kommission, Berichte über ihre Beobachtungen, Schlussfolgerungen und Empfehlungen an die Inter-Amerikanische Konferenz oder an das Außenministertreffen zu übermitteln, unterstützt. Diese Berichte sollen die Einschätzungen der Kommission über den Fortschritt im Hinblick auf die Verwirklichung der Ziele der Amerikanischen Deklaration und über weitere notwendige Schritte, um den Menschenrechten aus der Deklaration Wirksamkeit zu geben, sowie die Beobachtungen der Kommission über weitere relevante Themen enthalten. Dadurch kommt wieder die menschenrechtsfördernde Zielrichtung der Funktion der Kommission nach dem alten Statut zum Ausdruck.

Diese Vorschrift ist im Statut von 1979 nicht mehr enthalten. Stattdessen enthält Art. 18 lit. f Statut (1979) die Befugnis der Kommission, einen Jahresbericht an der Generalversammlung zu schicken.

Art. 9 (bis) lit. d Statut (1965)/ Art. 20 lit. d Statut (1979) normiert als Zulässigkeitsvoraussetzung für Individualbeschwerden das Erfordernis der vorherigen Erschöpfung des innerstaatlichen Rechtswegs (*local remedies rule*).[607] Dadurch soll dem Staat die Möglichkeit der vorherigen innerstaatlichen Befassung mit dem Beschwerdegegenstand gegeben werden, bevor die Sache von einer internationalen Instanz geprüft wird.

aa) Die Menschenrechte aus Art. 9 (bis) lit. a Statut (1965)/ Art. 20 lit. a Statut (1979) und ihr Verhältnis zur Individualbeschwerdekompetenz

Art. 9 (bis) lit. a Statut (1965)/ Art. 20 lit. a Statut (1979) bestimmt, dass die Kommission *„besondere Aufmerksamkeit"* den in dieser Vorschrift aufgeführten Rechten widmen soll. Bei diesen Rechten handelt es sich um das Recht auf Leben, Freiheit und persönliche Sicherheit (Art. I), den allgemeinen Grundsatz der Gleichheit vor dem Gesetz (Art. II), die Religions- und Bekenntnisfreiheit (Art. III), die Meinungs- und Informationsfreiheit (Art. IV), das Recht auf ein faires Verfahren (Art. XVIII), das Recht auf Schutz vor willkürlicher Verhaftung (Art XXV) sowie die sogenannten *due process of law*-Garantien (strafrechtliche Unschuldsvermutung, Recht auf rechtliches Gehör vor einem unabhängigen

607 Art. 20 lit. d Statut (1979) gilt nur in Bezug auf Nicht-AMRK-Staaten.

Gericht, Verbot retroaktiver Strafgesetze, keine grausame oder ungewöhnliche Bestrafung, Art. XXVI).

Diese Vorschrift gibt nicht vor, auf welche Art und mit welchen Mitteln die Kommission diesem Auftrag nachkommen soll. Damit stellt sich die Frage, welche Bedeutung dieser Vorschrift zukommt und in welcher Beziehung die dort genannten Rechte zu der in Art. 9 (bis) lit. b Statut (1965)/ Art. 20 lit. b Statut (1979) geregelten Kompetenz für Individualbeschewerdeverfahren stehen.

Möglich ist, die Individualbeschwerdekompetenz restriktiv auszulegen und sie auf die Prüfung der in lit. a genannten Rechte zu beschränken. Alle übrigen Menschenrechte würden demnach weiterhin nur von der allgemeinen (Auffang-) Kompetenz zur Abgabe von allgemeinen Empfehlungen im Rahmen von Länderberichten gemäß Art. 9 lit. b Statut (1960/65)/ Art. 18 lit. b Statut (1979) erfasst sein. Für diese Auslegung spricht die systematische Stellung von lit. a, die sich innerhalb der speziellen Kompetenzen des Art. 9 (bis) Statut (1965)/ Art. 20 Statut (1979) und gerade nicht innerhalb der allgemeinen Kompetenz des Art. 9 Statut (1969/65) /Art. 18 Statut (1979) befindet.

Eine solche restriktive Auslegung der Individualbeschwerdekompetenz ist jedoch nicht zwingend geboten. Zum einen ist eine solche Beschränkung dem allgemein formulierten Wortlaut des Art. 9 (bis) lit. a/ Art. 20 lit. a nicht zu entnehmen. Auch Art. 9 (bis) lit. b/ Art. 20 lit. b reduziert das Individualbeschwerdeverfahren nicht nur auf die in lit. a besonders erwähnten Rechte, sondern erstreckt es auf alle *„fundamental human rights“*. Mit dem Begriff *„fundamental human rights“* wird lediglich die besondere, fundamentale Bedeutung der Menschenrechte für den Einzelnen betont und auf die naturrechtliche Begründung der Menschenrechte verwiesen. Eine qualitative Beschränkung auf besonders bedeutende Rechte ist damit aber nicht gemeint.[608]

Warum die Staaten einige Menschenrechte im Kommissionsstatut besonders hervorgehoben haben, kann nur vermutet werden. Die Entstehungsmaterialien zur Änderung des Statuts 1965 lassen keine eindeutigen Schlussfolgerungen zu. Einen vagen Hinweis liefert allenfalls eine Äußerung Brasiliens. Brasilien erarbeitete den Entwurf für die Änderung des Kommissionsstatuts 1965 und merkte dabei an, dass das neue Statut nunmehr ausdrücklich die Kompetenzen der Kommission festschreibe, die die Kommission bislang bereits schon in ihrer Praxis ausgeübt habe, mit der Ausnahme, dass im neuen Statut die zusätzliche

608 Vgl. zum Begriff der „fundamental human rights“ schon die Ausführungen oben im DRITTEN KAPITEL.

Kompetenz für Individualbeschwerden enthalten sei.[609] Dies spricht dafür, lit. a lediglich als nachträgliche Bestätigung der Kommissionspraxis zu deuten. Die Kommission wird darin bekräftigt, sich (weiterhin) besonders den dort genannten Rechten in ihrer Tätigkeit zu widmen. Art. 9 (bis) lit. a hat demnach lediglich klarstellende Bedeutung. Dafür spricht auch die Resolution der 2. Speziellen Inter-Amerikanischen Konferenz 1965, die die unmittelbare Rechtsgrundlage für die Erweiterung der Kompetenzen der Kommission bildet.[610] Dort heißt es:

> „*The Second Special Inter-American Conference*
> *Resolves:*
> 1. *To request the Inter-American Commission on Human Rights to conduct a continuing survey of the observance of fundamental human rights in each of the member States of the Organization.*
> 2. *To request the Commission to give particular attention in this survey to observance of the human rights referred to in Articles I, II, III, IV, XVIII, XXV, XXVI of the American Declaration of the Rights and Duties of Man*
> 3. *To authorize the Commission to examine communications submitted to it and any other availble information, to address the government of any American state for information deemed pertinent by the Commission; and to make recommendations, when it deems this appropriate, with the objective of bringing about more effective observance of fundamental human rights;*
> 4. *To request the Commission to submit a report annually to the Inter-American Conference or to the Meeting of Consultation of Ministers of Foreign Affairs, which should include: (i) a statement of progress achieved in realization of the goals set forth in the American Declaration; (ii) a statement of areas in which further steps are needed to give effect to the human rights set forth in the American Declaration; and (iii) such observations as the Commission may deem appropriate on matters covered in the communications submitted to it and in other information available to the Commission; (…)*"[611]

Ein Vergleich dieser Resolution mit Art. 9 (bis)/ Art. 20 macht deutlich, dass der Text der Resolution fast wortgleich in die Formulierung des Art. 9 (bis)/Art. 20 Statut eingeflossen ist. Eine Ausnahme bildet lediglich Nr. 1 der Resolution, die keinen Eingang in das Statut gefunden hat. Aus der Resolution wird aber ersichtlich, dass die Aufforderung an die Kommission, weiterhin über die Einhaltung

609 *OAS*, Segunda Conferencia Interamericana Extraordinaria, Río de Janeiro, Brasil, 17 a 30 de noviembre de 1965, S. 465.

610 Die redaktionelle Änderung des Statuts erfolgte durch die Kommission selbst aufgrund der Ermächtigung in dieser Resolution.

611 *OAS*, Second Special Inter-American Conference, Rio de Janeiro, Brazil, November 17–30, 1965, Resolution XXII "Expanded Functions of the Inter-American Commission on Human Rights".

der Menschenrechte zu wachen (Nr. 1) und die Aufforderung, besondere Aufmerksamkeit den speziellen Rechten zu widmen (Nr. 2), miteinander verknüpft sind. Die Kommission soll gerade „in Ausübung" („in this survey") ihrer Tätigkeit nach Nr. 1 den aufgezählten Rechten besondere Aufmerksamkeit widmen. Erst danach und von Nr. 1 und 2 inhaltlich getrennt erfolgt die Autorisierung der Kommission zur Behandlung von Individualbeschwerden.

Dies lässt den Schluss zu, dass sich die Aufforderung, den in lit. a genannten Rechten besondere Aufmerksamkeit zu widmen, sich nicht auf das Individualbeschwerdeverfahren in lit. b bezieht. Die Einfügung von lit. a in das Kommissionsstatut ist lediglich als Billigung der Kommissionspraxis von 1960–1965 durch die Staaten zu verstehen. Die Kommission stellte 1960 bereits fest, dass es im Hinblick auf die Erfüllung der ihr übertragen Aufgaben effizienter sei, sich zunächst nur auf eine kleine Gruppe von Menschenrechten zu konzentrieren, die ihrer Ansicht nach unter den gegebenen Umständen in den Staaten besonders schützenswert waren.[612]

bb) Die Ausgestaltung des Individualbeschwerdeverfahrens in der alten Verfahrensordnung der Kommission (1967)

Die Kommission hat das Individualbeschwerdeverfahren in ihrer Verfahrensordnung von 1967 näher konkretisiert.[613]

Obwohl sich, wie oben erläutert, aus Art. 9 (bis) lit. b nicht zwingend ergibt, dass das Individualbeschwerdeverfahren nur für die in Art. 9 (bis) lit. a genannten Rechte gelten soll, waren in der Verfahrensordnung von 1967[614] zwei

---

612 Vgl. etwa: *Inter-American Commission on Human Rights, Report on the Work Accomplished During its First Session, October 3 to 28, 1960*, OEA/Ser. L/VII.1, Doc. 32, 1961; *Inter-American Commission on Human Rights, Report on the Work Accomplished during its Second Session*, April 10–26, 1961, OEA/Ser.L/V/II.2, Doc. 24, 1962; *Inter-American Commission on Human Rights*, Report on the Work Accomplished during its Third Session, 2 October to 4 November 1961, OEA/Ser.L/V/II.3, Doc.32, 1961, online zu finden unter: www.wcl.american.edu/pub/humright/digest/inter-american/english/sessions/index.html (zuletzt besucht am 23.06.2013).

613 Die Verfahrensordnung der Kommission von 1967 ist abgedruckt in: *Buergenthal/Norris*, Human Rights, Bd. 9, S. 59 ff. Die Verfahrensordnung kann zwar als internes Verfahrensrecht der Kommission keine Rechte und Pflichten der Staaten begründen. Gleichwohl ist sie deshalb zu betrachten, da sie Aufschluss über das Verständnis der Kommission hinsichtlich ihrer Kompetenzen und der Anwendung der Amerikanischen Deklaration gibt.

614 Gültig bis 1979.

verschiedene Modalitäten zur Behandlung von Individualbeschwerden vorgesehen: Ein *allgemeines Verfahren* (Art. 37–52 VerfO a.F.) und ein *besonderes Verfahren* (Art. 53–58 VerfO a.F.).

Im Rahmen des *allgemeinen Verfahrens* bestimmte Art. 37 VerfO (a.F.), dass die Kommission zum Zwecke der wirksamen Erfüllung ihrer Aufgaben über die unterschriebenen Mitteilungen entscheidet, die Anzeigen oder Beschwerden über die Verletzung von Menschenrechten innerhalb der amerikanischen Staaten enthalten.[615]

Im Rahmen des *besonderen Verfahrens* bestimmte Art. 53 lit. a VerfO (a.F.), dass die Kommission nur diejenigen Mitteilungen prüft, die ihr von Einzelpersonen, Personengruppen oder juristischen Personen zugehen, soweit darin die Verletzung eines der folgenden Menschenrechte gerügt wird.[616] Die dort nachfolgend aufgeführten Menschenrechte entsprechen den in Art. 9 bis lit. a Statut genannten Rechten.

Ferner ordnete Art. 53 lit. b VerfO (a.F.) an, dass die Kommission alle Mitteilungen prüft, in denen Repressalien gegen die Urheber von Mitteilungen an die Kommission oder gegen die in solchen Mitteilungen als verletzt bezeichneten Personen gerügt werden.[617] Damit wurde das Petitionsrecht zur Kommission verfahrensrechtlich den Menschenrechten gleichgestellt, und konnte so ebenfalls im Rahmen des *besonderen Verfahrens* von der Kommission geprüft werden.

Obwohl die Verfahrensordnung das Verhältnis des *allgemeinen* zum *besonderen Verfahren* nicht regelt, ist aus dem Umkehrschluss von Art. 53 VerfO (a.F.) zu folgern, dass das *allgemeine Verfahren* bei allen übrigen, vom *besonderen Verfahren* nicht erfassten, Rechten statthaft war.

Art. 38–44 VerfO (a.F.) enthielten allgemeine Regelungen hinsichtlich der Zulässigkeitsvoraussetzungen für die Mitteilungen, ihrer Behandlung durch die Kommission sowie weiterer prozessualer Vorschriften, welche subsidiär auch für das *besondere Verfahren* zu beachten waren, wenn dieses keine abweichenden Regelungen enthielt.

Die Zulässigkeitsvoraussetzungen für Mitteilungen ähneln im Wesentlichen den Zulässigkeitsvoraussetzungen von Individualbeschwerden vor internationalen Gerichten. Art. 42–44 VerfO (a.F.) bestimmten, dass der betreffende Staat von der Mitteilung und den ihr zugrunde liegenden Tatsachen (allerdings ohne namentliche Nennung des Beschwerdeführers) in Kenntnis zu setzen ist.

615 Übersetzung nach *Tomuschat*, ZaöRV 1968, S. 557.
616 Übersetzung nach *Tomuschat*, aaO., S. 559.
617 Übersetzung nach *Tomuschat*, aaO., S. 559.

Desweiteren enthielten Art. 50–51 VerfO (a.F.) Regeln zur Beweisprüfung und Beweiswürdigung durch die Kommission.

Sowohl das *allgemeine* als auch das *besondere Verfahren* setzen keine individuelle Betroffenheit des Beschwerdeführers voraus. Damit weist das Verfahren vor der Kommission Züge einer Popularklage auf.

Wesentliche Unterschiede zwischen beiden Verfahren bestanden hinsichtlich der Beschwerdefrist, des Erfordernisses der Rechtswegerschöpfung, des Beweisverfahrens sowie der Entscheidungskompetenzen über das Rechtsschutzbegehren: Während im Rahmen des *allgemeinen Verfahrens* lediglich vorgeschrieben war, dass der Kommission die Beschwerde innerhalb *„angemessener Frist"* ab dem Zeitpunkt der angeblichen Rechtsverletzung vorzulegen ist, verlangte das *besondere Verfahren* in Art. 54 und 55 (als Konkretisierung des Art. 9 (bis) lit. d Statut), dass die Kommission innerhalb von 6 Monaten nach Erschöpfung des innerstaatlichen Rechtswegs bzw. nach Kenntnis von der willkürlichen Verhinderung der Rechtswegerschöpfung mit der Beschwerde befasst werden kann.

Im *besonderen Verfahren* galten zudem erhöhte Anforderungen an die Beweiserbringung. Hier war gemäß Art. 58 voller Beweis zu erbringen, während beim *allgemeinen Verfahren* eine Tatsache gemäß Art. 51 als wahr unterstellt werden konnte, wenn der betroffene Staat nicht innerhalb von 180 Tagen Stellung zum Vorwurf bezog. Allerdings konnte gemäß Art. 58 vom *besonderen Verfahren* auf das *allgemeine Verfahren* übergegangen werden, *„wenn aus irgendwelchen Gründen der Beweis nicht oder nicht vollständig geführt werden kann"*.

Ein grundlegender Unterschied zwischen beiden Verfahren bestand in den Befugnissen der Kommission im Falle der Begründetheit einer Beschwerde:

Art. 52 VerfO (a.F.) bestimmte für das *allgemeine Verfahren*, dass im Falle der Feststellung einer Menschenrechtsverletzung die Kommission, soweit sie es für erforderlich hält, nach Artikel 9 lit. b ihres Statuts Empfehlungen an die Mitgliedstaaten im allgemeinen, d.h. an alle oder einzelne Mitgliedstaaten, richten kann, damit diese im Einklang mit ihren Verfassungsbestimmungen geeignete Maßnahmen ergreifen, um die treue Achtung jener Rechte sicherzustellen, unbeschadet ihrer Befugnis nach Artikel 9 lit. c ihres Statuts Berichte auszuarbeiten und zu veröffentlichen, soweit sie dies für erforderlich erachtet.[618]

Art. 56 (a.F.) bestimmte demgegenüber für das *besondere Verfahren*, dass die Kommission im Falle des Nachweises einer Verletzung einen Bericht über den Fall erstellt und die gebotenen Empfehlungen an die betroffene Regierung

618 Übersetzung nach *Tomuschat*, aaO., S. 560.

richtet.[619] Kommt die Regierung innerhalb eines angemessenen Zeitraum den Empfehlungen nicht nach, so erlaubte Art. 57 Abs. 1 (a.F.) es der Kommission, in dem Jahresbericht, den sie nach Artikel 9 bis lit. c ihres Statuts der Inter-Amerikanischen Konferenz oder dem Konsultationstreffen der Außenminister zu erstatten hatte, die ihr geeignet erscheinenden Bemerkungen abgeben. Darüber hinaus war die Kommission gemäß Art. 57 Abs. 2 (a.F.) befugt, ihren Bericht zu veröffentlichen, falls die Inter-Amerikanische Konferenz oder das Konsultationstreffen zu den Empfehlungen der Kommission nicht Stellung nehmen und die betroffene Regierung die empfohlenen Maßnahmen noch nicht ergriffen hat.[620]

Daraus folgt, dass die Kommission im *allgemeinen Verfahren* lediglich Empfehlungen im Sinne von Art. 9 lit. b Statut (1965) abgeben kann. Dabei stellt Art. 52 VerfO (a.F.) klar, dass die Empfehlungen *„an die Mitgliedsstaaten im allgemeinen, d.h. an alle oder einzelne Mitgliedsstaaten“* gerichtet werden können. Das *allgemeine Verfahren* konkretisiert damit die bisherigen Kompetenzen der Kommission aus Art. 9 Statut (1965). Das *besondere Verfahren* konkretisiert die Individualbeschwerdekompetenz aus Art. 9 (bis) lit. b Statut (1965).

Hinsichtlich der Frage, warum die Kommission das Individualbeschwerdeverfahren auf die Rechte aus Art. 9 (bis) lit. a Statut (1965) in ihrer Verfahrensordnung von 1967 beschränkt hat, auch wenn dies vom Wortlaut des Art. 9 (bis) nicht zwingend geboten ist, ist auf die obigen Überlegungen zu verweisen. Indem die Kommission das Individualbeschwerdeverfahren restriktiv ausgelegt hat, konnte sie sich „auf der sicheren Seite“ fühlen. Die selbst auferlegte Beschränkung könnte als vorsichtiges, schrittweises Vortasten verstanden werden, um zu erforschen wie weit die Staaten die Aktivitäten der Kommission billigen würden, hatten doch gerade die Diskussionen im Rahmen der Vorarbeiten zum ersten Kommissionsstatut im OAS-Rat 1960[621] gezeigt, dass die Staaten allzu weitgehende Befugnisse der Kommission ablehnten.

Abschließend ist noch Folgendes festzuhalten: Im Gegensatz zum *allgemeinen Verfahren*, welches vor allem präventive Ziele verfolgt, nähert sich das *besondere Verfahren* einem gerichtlichen Verfahren an, das begangene Menschenrechtsverstöße feststellt und sanktioniert. Während beim *allgemeinen Verfahren* die konkrete Menschenrechtsverletzung für die Kommission lediglich Anlass zu einer Untersuchung bot, an deren Ende eine Empfehlung an den betreffenden Staat erfolgte, geeignete Maßnahmen und Vorkehrungen zu treffen, um künftigen

619 Übersetzung nach *Tomuschat*, aaO., S. 560.

620 Übersetzung nach *Tomuschat*, aaO., S. 559.

621 Vgl. *OAS Council*, Acta de la Sesión Celebrada el 11 de Mayo de 1960, OAS Off. Rec. OEA/Ser.G/II (c-a-370), S. 10–51.

Menschenrechtsverletzungen vorzubeugen, konnte sich im *besonderen Verfahren* hingegen eine Empfehlung nach Art. 56 VerfO (a.F.) mit der konkreten Menschenrechtsverletzung in allen Einzelheiten befassen und für den Staat eine bestimmte Lösung nahelegen. Dieser Umstand stellt – wie später gezeigt wird – eine entscheidende Weichenstellung für die weitere Entwicklung und die nachfolgende Praxis der Kommission dar.[622]

VII. Die zusätzlichen Kompetenzen der Kommission als AMRK-Organ seit 1979

Seit dem Inkrafttreten der AMRK 1978 besitzt die Kommission eine Doppelrolle: Sie ist seitdem gemäß Art. 33 lit. a AMRK auch ein Organ der AMRK.

Als Organ der AMRK ist es gemäß Art. 41 AMRK ihre Aufgabe, den Respekt und die Verteidigung der Menschenrechte voranzubringen.[623]

Der Doppelrolle der Kommission als OAS-Organ und AMRK-Organ trägt, wie gezeigt, das geänderte Kommissionsstatut Rechnung.[624] So differenziert das Statut in Kompetenzen der Kommission gegenüber allen OAS-Staaten[625] und den (zusätzlichen) Kompetenzen in Bezug auf AMRK-Mitgliedstaaten.[626]

In Bezug auf einen OAS-Mitgliedsstaat, der gleichzeitig auch Vertragspartei der AMRK ist, folgt die Kompetenz der Kommission für Individualbeschwerden aus Art. 19 Statut (n.F.)[627] in Verbindung mit Art. 44–51 AMRK.

Nach Art. 44 AMRK kann jede Person, Personengruppe oder in mindestens einem AMRK-Mitgliedstaat anerkannte Nichtregierungsorganisation eine Beschwerde zur Kommission einreichen, in denen die Verletzung der AMRK durch eine Vertragspartei gerügt wird.

---

622 Die Praxis der Kommission wird ausführlich im FÜNFTEN KAPITEL, ERSTER TEIL dargestellt.

623 Vgl. Art. 41 S. 1 AMRK: „The main function of the Commission shall be to promote respect for and defense of human rights."

624 Handelt die Kommission in Bezug auf einen AMRK-Mitgliedsstaat, so gibt Art. 1 Abs. 2 lit. a vor, dass die Kommission das Verhalten des Staates am Maßstab der AMRK messen soll. Handelt es sich hingegen um einen OAS-Mitgliedsstaat, der die AMRK nicht ratifiziert hat, so ist der Prüfungsmaßstab gemäß Art. 1 Abs. 2 lit. b (weiterhin) die Amerikanische Deklaration.

625 Vgl. Art. 18, 20 Statut (1979).

626 Vgl. Art. 19 Statut (1979).

627 Zum Wortlaut dieser Vorschrift vgl. Anhang III dieser Arbeit.

Art. 46–51 AMRK enthalten Verfahrens- und Zulässigkeitsvoraussetzungen für die Beschwerde.[628] Individualbeschwerden nach der AMRK sind zunächst der Kommission zuzuleiten, welche die Beschwerde auf ihre Zulässigkeit und Begründetheit hin prüft und einen Bericht verfasst, den sie zusammen mit den Empfehlungen an den betreffenden Staat schickt. Kommt der Staat den Empfehlungen der Kommission innerhalb einer bestimmten Frist nicht nach, so leitet die Kommission die Beschwerde an den Inter-Amerikanischen Gerichtshof für Menschenrechte weiter, der die Beschwerde nochmals auf ihre Zulässigkeit und Begründetheit prüft und ein endgültiges und völkerrechtlich bindendes Urteil erlassen kann.

Die Kommission hat in Art. 23 ihrer Verfahrensordnung (zuletzt geändert: 2009) das Individualbeschwerden konkretisiert.[629] Für Individualbeschwerden gegen AMRK-Staaten und Nicht-AMRK Staaten gelten dieselben Zulässigkeitsvoraussetzungen nach Art. 28 ff. VerfO (n.F.). Demnach hat eine Individualbeschwerde folgende Zulässigkeitsvoraussetzungen: Die Mitteilung des Beschwerdegegenstandes (eine Handlung oder Unterlassung des Staates, Art. 28 lit. f VerfO), die Behauptung der Verletzung der AMRK oder der Amerikanischen Deklaration, wobei der Beschwerdeführer nicht selbst verletzt sein muss (Art. 28 lit. f), die vorherige Erschöpfung des innerstaatlichen Rechtsweges bzw. die Entbehrlichkeit der Rechtswegerschöpfung (Art. 28 lit. h, 31), die Einhaltung der Beschwerdefrist von 6 Monaten nach Bekanntgabe der letztinstanzlichen innerstaatlichen Entscheidung bzw., falls keine letztinstanzliche Entscheidung

628 Zum Verfahrensablauf ausführlich: *Cerna*, The Inter-American Commission on Human Rights: its Organization and Examination of Petition and Communications, S. 78 ff.; *Gómez*, HRLR 2001, S. 112 f.

629 Article 23 Presentation of Petitions: "Any person or group of persons or nongovernmental entity legally recognized in one or more of the Member States of the OAS may submit petitions to the Commission, on their behalf or on behalf of third persons, concerning alleged violations of a human right recognized in, as the case may be, the American Declaration of the Rights and Duties of Man, the American Convention on Human Rights "Pact of San José, Costa Rica", the Additional Protocol to the American Convention on Human Rights in the Area of Economic, Social and Cultural Rights "Protocol of San Salvador", the Protocol to the American Convention on Human Rights to Abolish the Death Penalty, the Inter-American Convention to Prevent and Punish Torture, the Inter-American Convention on Forced Disappearance of Persons, and/or the Inter-American Convention on the Prevention, Punishment and Eradication of Violence Against Women "Convention of Belém do Pará", in accordance with their respective provisions, the Statute of the Commission, and these Rules of Procedure (…)".

vorliegt, die Einhaltung einer vernüftigen Frist (Art. 28 lit. g, 32) sowie weitere Zulässigkeitsvoraussetzungen (keine anonyme Beschwerde, wobei in den Mitteilungen an den Beschwerdegegner auf Wunsch des Beschwerdeführers seine Anonymität gewahrt werden kann (Art. 28 lit. a, b), keine *res iudicata* durch die Kommission (Art. 33 Nr. 1 lit. a 2. Alt.), keine Anhängigkeit vor einer anderern internationalen Beschwerdeinstanz (Art. 28 lit. l, 33 Nr. 1 lit. a 1. Alt.); keine offensichtliche Unzulässigkeit oder offensichtliche Unbegründetheit, Art. 34 lit. b, c).

Nach dem Beschluss der Kommission, dass eine Beschwerde zulässig ist (Art. 36 VerfO), prüft die Kommission die Begründetheit der Beschwerde (Art. 37 ff. VerfO). Findet die Kommission keine Verletzung der Menschenrechte, so wird dieses Ergebnis den Parteien mitgeteilt und in dem Jahresbericht der Kommission an die OAS-*Generalversammlung* veröffentlicht (Art. 44 Abs. 1 VerfO). Stellt die Kommission hingegen die Verletzung eines oder mehrerer Rechte fest, so verfasst sie einen vorläufigen Bericht mit Vorschlägen und Empfehlungen an den Beschwerdegegner, der darin aufgefordert wird, innerhalb einer bestimmten Frist über die getroffenen Abhilfemaßnahmen zu berichten (Art. 44 Abs. 2 VerfO).

Im darauffolgenden Verfahren wird nun danach differenziert, ob das Verfahren gegen einen AMRK-Mitgliedsstaat, der die Jurisdiktion des Gerichtshofs akzeptiert hat, oder gegen einen sonstigen OAS Staat geführt wird. In letzterem Fall kann die Kommission, falls der Staat den Empfehlungen aus dem vorläufigen Bericht innerhalb von 3 Monaten nicht nachkommt, einen abschließenden Bericht an den betreffenden Staat schicken und den Bericht an die OAS-*Generalversammlung* weiterleiten, die ihn anschließend veröffentlicht. (Art. 47 VerfO). Damit endet das Verfahren.

Ist Beschwerdegegner hingegen ein Staat, der die AMRK ratifiziert und auch die Jurisdiktion des Gerichtshofs nach Art. 62 AMRK akzeptiert hat, leitet die Kommission gemäß Art. 45 VerfO, den Bericht, sofern der Staat den Empfehlungen nicht nachgekommen ist, an den Gerichtshof weiter[630]. Der Gerichtshof prüft die Beschwerde eigenständig auf ihre Zulässigkeit und Begründetheit. Anschließend ergeht ein endgültiges und völkerrechtlich *interpartes* bindendes Urteil (Art. 67 und 68 AMRK).

630 Seit der Neuregelung ihrer Verfahresordnung 2001 ist die Kommission grds. dazu verpflichtet, die Beschwerde an den Gerichtshof weiterzuleiten, vgl. Art. 45 Abs. 1 a.E. VerfO.

Die frühere Unterscheidung in der alten Verfahrensordnung zwischen einem *allgemeinen* und einem *besonderen Verfahren* ist in der neuen Verfahrensordnung seit 1979 nicht mehr vorgesehen. Vielmehr werden alle Rechte aus der Deklaration nun verfahrensmäßig von der Kommission gleichbehandelt. Deutlich wird dies anhand Art. 31 VerfO (n.F.), der das Erfordernis der Rechtswegerschöpfung für alle Beschwerden statuiert, gleichgültig ob es sich um ein Recht aus der AMRK oder Deklaration handelt. Damit hat die Kommission die restriktive Auslegung ihrer Individualbeschwerdekompetenz aufgegeben.

D. Die Art der Bindung der OAS-Staaten an die Amerikanische Deklaration über Art. 106, 145 OAS-Charta

Wie bereits oben festgestellt, sind die OAS-Staaten über Art. 106, 145 OAS-Charta an das Kommissionsstatut gebunden. Es stellt sich nun die weitergehende Frage, welche Auswirkungen dies auf die rechtliche Bindungswirkung der Amerikanischen Deklaration hat.

Dabei ist zwischen einer materiell-rechtlichen und einer (bloßen) verfahrensrechtlichen Bindung zu unterscheiden: Mit einer materiellen Bindung ist eine unmittelbare, finale Bindung an den Menschenrechtstext selbst gemeint, sodass eine Verletzung der Pflichten die völkerrechtliche Verantwortlichkeit hervorruft.[631] Dies erfordert einen dahingehenden vertraglichen Bindungswillen der Staaten.

Eine verfahrensrechtliche Bindung hingegen ist eine konditionale Bindung an bestimmte formelle bzw. institutionelle Vorschriften. Sie ist mithin an ein bestimmtes Verfahren oder Organ angekoppelt. Die Bindung an den materiell zugrundeliegenden Menschenrechtstext selbst ist dabei nur eine mittelbare Bindung. Sie kann nur soweit reichen, wie die verfahrensrechtliche Bindung reicht; der Grad der Bindung an das Menschenrechtsinstrument wird von dem Grad der Bindung an das Organ bzw. Verfahren determiniert.[632]

631 Dies hätte zur Folge, dass etwa der IGH, sofern seine Zuständigkeit gegeben ist, den Bruch einer völkerrechtlichen Norm feststellen könnte.

632 Bei einer bloßen verfahrensrechtlichen Bindung über die Inter-Amerikanische Kommission könnte ein anderes internationales Gericht, sofern dessen Zuständigkeit vorliegt, bei der Missachtung der in der Amerikanischen Deklaration niedergelegten Menschenrechte mangels Rechtsverbindlichkeit keinen Bruch einer völkerrechtlichen Pflicht feststellen. Das Gericht könnte nur feststellen, dass die Staaten ggf. eine Verfahrenspflicht zur Kooperation mit dem eingesetzten Menschenrechtsorgan verletzt haben.

Ob im Ergebnis auch eine materielle Bindung oder nur eine verfahrensrechtliche Bindung vorliegt, ist deshalb von Bedeutung, da nur die materielle Bindung Rechtssicherheit gewährt. Würden die Kommission bzw. die verfahrensrechtlichen Normen abgeschafft werden, so würde auch die Bindung an die Amerikanische Deklaration wegfallen.

I. Die verfahrensrechtliche Bindung der OAS-Staaten an die Deklaration

Die Art. 106, 145 OAS-Charta in Verbindung mit dem Kommissionsstatut lösen jedenfalls eine verfahrensrechtliche Bindung der OAS-Mitgliedsstaaten an die Kommission aus.

Inhalt dieser verfahrensrechtlichen Bindung ist zum einen die Anerkennung der Kompetenz der Kommission, gemäß ihrer Befugnisse aus ihrem Statut tätig zu werden. Diese Kompetenznormen bewirken die Zuteilung von rechtlichen Befugnissen im Verhältnis der Kommission zu den OAS-Staaten; sie legen das rechtliche Dürfen der Kommission in Bezug zu den Staaten fest und schließen damit den Interventionseinwand der Staaten aus.

Zum anderen ist mit der Anerkennung der Befugnis der Kommission zum Tätigwerden auch die verfahrensrechtliche Anerkennung verbunden, dass die Kommission in Ausübung ihrer Befugnisse gemäß Art. 1 Abs. 2 lit. b Statut (n.F.) die Amerikanische Deklaration als Prüfungsmaßstab zur Beurteilung des Verhaltens der Staaten benutzen darf. Dies führt zu einer mittelbaren Bindung der OAS-Staaten an die Deklaration über das Verfahren der Kommission.

II. Materiell-rechtliche Bindung der OAS-Staaten an die Deklaration als *necessary implication* der Art. 106, 145 OAS-Charta?

Fraglich ist, ob über die rein verfahrensrechtliche Bindung hinaus auch eine materielle Bindung an die Amerikanische Deklaration durch die Art. 106, 145 OAS-Charta bewirkt wird.

Das Bestehen einer materiellen Bindung kann nicht ohne Weiteres angenommen werden. Zu bedenken ist, dass sich im Völkerrecht die Entscheidungsbefugnisse eines Organs nicht mit dem materiellen Recht decken müssen: So kann ein Staat zwar materiell-rechtlich zu etwas verpflichtet sein, ohne dass er jedoch von einem internationalen Organ wegen Verletzung dieser Pflicht mit verbindlicher Wirkung verurteilt werden kann.[633]

Daraus folgt, dass die Amerikanische Deklaration nur dann materiell-rechtlich verbindlich ist, wenn ein über die verfahrensrechtliche Bindung hinausgehender materieller Bindungswille der OAS-Staaten festgestellt werden kann.

Wie bereits erwähnt, erschöpft sich die Funktion des Art. 1 Abs. 2 lit. b Kommissionsstatut (1979) darin, dass sie der Kommission für die Ausübung ihrer Kompetenzen den anzuwenden rechtlichen Maßstab vorgibt. Adressat dieser Norm ist lediglich die Kommission, nicht jedoch unmittelbar die Mitgliedsstaaten. Art. 1 Abs. 2 Statut (1979) erzeugt somit lediglich eine verfahrensrechtliche Bindung für die Staaten.

Eine Auslegung der Art. 106, 145 OAS-Charta zugunsten einer materiellen Bindung der OAS-Staaten an die Deklaration kann auch nicht über die *implied-powers*-Lehre bzw. die *necessary implications*-Doktrin erfolgen. Die Anwendung dieser Lehre setzt voraus, dass das Bestehen einer materiellen Bindung der OAS-Staaten an die Deklaration eine notwendige Voraussetzung für die Erfüllung der der Kommission übertragenen Aufgaben ist.[634] Für die Erfüllung der Aufgaben der Kommission als OAS-Organ ist es jedoch nicht erforderlich, dass die Staaten auch materiell an die Deklaration gebunden sind. Auch wenn die Kommission die Kompetenz besitzt, Individualbeschwerden aufgrund begangener individueller Verletzungen von Menschenrechten aus der Deklaration zu prüfen, so sind ihre Aussprüche nur unverbindliche Empfehlungen. Für eine rein empfehlende und beratende Tätigkeit der Kommission schadet die fehlende materielle Gebundenheit der Staaten an die Deklaration nicht.[635] Anders wäre es nur zu beurteilen, wenn die Entscheidungen der Kommission rechtlich verbindlich wären. Dies würde notwendigerweise auch das Bestehen einer materiellen Pflicht zur Beachtung des Menschenrechtstextes implizieren.

Für eine restriktive Anwendung der teleologischen Auslegung bei institutionellen und verfahrensmäßigen Vorschriften spricht auch folgender Aspekt: Diese Vorschriften betreffen das institutionelle Gefüge bzw. das strukturelle Gerüst

---

633 Ein Beispiel ist der Internationale Pakt über bürgerliche und politische Rechte, der zwar materiell für alle Vertragsparteien verbindlich ist, aber die Entscheidungen (die „*views*") des nach dem 1. Zusatzprotokoll eingesetzten *Human Rights Comittees* rechtlich unverbindlich sind.

634 Zur *implied powers*-Lehre bei der teleologischen Auslegung vgl. KAPITEL ZWEI.

635 Eine Bindung besteht nur insoweit, als die Staaten nicht bestreiten dürfen, dass die Kommission als Prüfungsmaßstab bei ihrer Tätigkeit die Amerikanische Deklaration heranziehen darf. Vgl. Art. 1 Statut (1979).

des Vertrages, indem sie Organe schaffen, denen bestimmte Aufgaben und Kompetenzen zur selbständigen Wahrnehmung zugewiesen sind. Diese Vorschriften sind somit das Bindeglied zwischen den Staaten und den vertraglich geschaffenen Organen. Gründe der Rechtssicherheit, Funktionsfähigkeit der Organisation und der klaren Abgrenzung von Befugnissen und Aufgabenbereichen erfordern es, dass diese Vorschriften präzise formuliert sein müssen. Denn durch die Schaffung von Organen mit eigenen Handlungsbefugnissen schränken die Staaten ihre Souveränität ein, indem die Staaten auf die Ausübung dieser Handlungsbefugnisse zugunsten des Organs im Verhältnis zu allen Vertragsparteien verzichten. Aus diesen Gründen müssen die institutionellen Vorschriften untrennbar an den Willen der Parteien, wie er sich im Vertragstext ausdrücklich wiederfindet, gekoppelt bleiben.

Darüber hinaus verbietet sich bei diesen Vorschriften eine *objektiv-teleologische* Auslegung: Als rein technische Vorschriften regeln sie Art und Weise des Vollzugs des Vertrages. Sie haben keinen Selbstzweck, sondern dienen einem, von den Staaten bestimmten, anderen materiellen Vertragszweck.

Für diese Überlegung spricht auch die Praxis der OAS-Staaten: Immer wenn das Bedürfnis bestand, den Vertrag institutionell zu modifizieren bzw. die Kompetenzen der Organe zu erweitern, haben die Parteien den Vertrag förmlich geändert. Die förmlichen Änderungen des Kommissionsstatuts von 1965 und 1979 sind dafür Belege. Sogar die Kommission selbst hielt es für notwendig, das Statut von 1960 formell zu ändern, um ihre Praxis, generelle Berichte über bestimmte Staaten anzufertigen, auf eine rechtliche Grundlage zu stellen, obschon eine solche Auslegung des ersten Statuts von den Staaten stillschweigend gebilligt wurde.[636]

Dass die Staaten von der materiellen Unverbindlichkeit der Deklaration auch nach Einfügung der Art. 106, 145 OAS-Charta ausgingen, ergibt sich aus den Entstehungsmaterialien der AMRK. So stellte ein Delegierter von Costa Rica auf der Gründungskonferenz der AMRK fest, dass bislang noch die Verwirklichung der finalen Aufgabe ausstehe. Diese bestehe darin, den bereits proklamierten Prinzipien durch Ratifikation einer Konvention und durch die Schaffung von Organen zur Sanktionierung von Menschenrechtsverletzungen rechtliche Wirkungskraft zu verleihen.[637]

---

636 Zur Änderung des Kommissionsstatuts vgl. die Ausführungen im ERSTEN KAPITEL, F.

637 „Faltaba, y ha faltado hasta ahora, emprender la tarea final, la tarea de elevar a derecho sustantivo los principios proclamados, darles la fuerza jurídica que sólo se alcanza mediante una convención ratificada, y crear los órganos internacionales capacitados para juzgar y sancionar las violaciones." Discurso del Excelentisimo

Bei der Einfügung der Art. 106, 145 OAS-Charta auf der Konferenz von Buenos Aires diskutierten die Staaten weder über die Art. 3 lit. l, 17 OAS-Charta noch über die Amerikanische Deklaration.[638] Lediglich Peru kritisierte das Versäumnis der Staaten auf der Konferenz von Buenos Aires, die einzelnen Menschenrechte im Sinne von Art. 3 lit. l OAS-Charta näher zu konkretisieren, weise doch diese Vorschrift trotz ihrer Kürze einen ausreichend exakten, expliziten und kategorischen Inhalt auf.[639] Auch Uruguay bekräftigte die aus Art. 3 lit. l, 17 OAS-Charta folgende Verpflichtung zur Achtung der Menschenrechte. Danach sei die Einhaltung der Menschenrechte durch die Amerikanischen Staaten nicht lediglich eine Prinzipienerklärung, sondern eine einklagbare rechtliche Verpflichtung, die unmittelbar aus Art. 3 lit. l, 17 OAS-Charta folge.[640]

SeNor Fernando Lara, Ministro de Relaciones Exteriores de Costa Rica, Pronunciado el la Sesión Inaugural celebrada el Viernes 7 de Noviembre de 1969, Doc. 16, 7 noviembre 1969, in: *OAS*, Conferencia Especializada Interamericana Sobre Derechos Humanos, San José, Costa Rica, 7–22 de noviembre de 1969, Actas y Documentos, S. 413.

638 Vgl. dazu die Übersicht über alle Diskussionspunkte im Rahmen des Protokolls von Buenos Aires in: Anteproyecto de Reformas a la Carta de la OEA, Doc. 4 (español), 15 noviembre 1966, enthalten in: *OAS*, Tercera Conferencia Interamericana Extraordninaria, Buenos Aires, Argentina 15 a 27 de febrero de 1967, Documentos, Volumen IV, S. 73 ff.

639 "Nuestra Delegación desea dejar constancia de que, en cierta forma, hay un vicio en la Carta, por cuanto si bien en el artículo 5 de los principios existe una mención de que los Estados Americanos proclaman los derechos fundamentals de la persona humana, en realidad esta mención, por su brevedad, se alcanza a ser un enunciado principista suficientemente exacto, explícito y categórico. Ya no es oportuno próponer a este respecto una modificación (…) Pero la Delegación del Peru, repito, desea dejar constancia de que en su concepto la Carta – por la magnitud y la trascendencia que el problema tiene – debió haber dedicado un capítulo especial a los derechos humanos, en el cual existiera una proclamación de lo que los Estados Americanos entienden al respecto, es decir, un compromiso de considerar como fundamental y como inherente a la condición la la persona humana la existencia de derechos que son universals, inviolables e inalienables, agregando a ello que esos derechos y su ejecicio solo podrán ser limitados por la ley en aquellos casos en que consideraciones relativas al bien común así lo hicieran indispensable." Acta de la Decima Sesión de la Comosión "B", Doc. 63 Rev, 28 febrero de 1967, enthalten in: *OAS*, Tercera Conferencia Interamericana Extraordinaria, Buenos Aires, Argentina, 15 a 27 febrero de 1967, Documentos, Vol. III, S. 535.

640 „(L)a Delegación del Uruguay reitera también la tesis mantenida invariablemente en el sentido de que la observancia de los derechos humanos por los Estados Americanos constituye no solamente un enunciado de principios, sino una obligación

E. Fazit zur Institutionalisierung des Menschenrechtsschutzes in der OAS-Charta

Durch die institutionellen Änderungen infolge des Inkrafttretens des *Protokolls von Buenos Aires* ist eine verfahrensrechtliche Bindung der Mitgliedsstaaten über die OAS-Charta an die Amerikanische Deklaration der Rechte und Pflichten des Menschen eingetreten. Diese Verfahrensbindung erfolgt über die Ausübung der Kompetenzen der Inter-Amerikanischen Kommission für Menschenrechte, die gemäß Art. 2 Abs. 1 lit. b ihres Statuts dazu angehalten ist, die Deklaration als Bewertungsmaßstab für das Verhalten der OAS-Staaten im Bereich der Menschenrechte anzuwenden. Handelt die Kommission in Bezug auf einen Mitgliedsstaat, der die AMRK ratifiziert hat, so ist die Kommission angehalten, die AMRK als spezielleren Bewertungsmaßstab anzulegen.

Eine über die prozessuale Bindung hinausgehende materielle Bindung an die Deklaration ist hingegen aus den Art. 106, 145 OAS-Charta nicht abzuleiten. Dies ergibt sich schon daraus, dass ein dahingehender materieller Bindungswille der Staaten an die Amerikanische Deklaration nicht erkennbar ist und ein solcher auch nicht im Wege der teleologischen Auslegung nach der Doktrin der *necessary implication* bzw. *implied powers*-Lehre in den Vertrag hineingelesen werden darf.

Für die Bedeutung der Art. 3 lit. l, 17 OAS-Charta bestätigen die Äußerungen von Peru und Uruguay auf der Konferenz von Buenos Aires das schon im vorherigen Kapitel gefundene Ergebnis, wonach diese Normen nicht lediglich unverbindliche Programmsätze darstellen, sondern echte Rechtspflichten in Bezug auf Menschenrechte statuieren. Allerdings bleibt weiterhin der Inhalt des Begriffs der Menschenrechte ausfüllungsbedürftig. Der Begriff der Menschenrechte im Sinne von Art. 2 Abs. 1 lit. b Kommissionsstatut (die Amerikanische Deklaration), darf für die Bestimmung des Menschenrechtsbegriffs in Art. 3 lit. l, 17 OAS-Charta nicht unmittelbar herangezogen werden, da sich das Statut lediglich an die Kommission richtet. Daraus ergibt sich, dass auch der Inhalt des Begriffs „*human rights*" in Art. 145 OAS-Charta nicht deckungsgleich mit dem aus Art. 3 lit. l und 17 OAS-Charta ist. Der Menschenrechtsbegriff aus Art. 106, 145 ist enger als der in Art. 3 lit. l und 17 OAS-Charta. Er ist funktionell zu verstehen in Bezug auf Art. 1 Abs. 2 lit. b des Kommissionsstatuts.

---

jurídica exigible, de acuerdo con lo resuelto por el Artículo 5, letra j y por el Artículo 13 de la Carta (…)." Ibid, S. 536.

Gleichwohl ist mit dem Protokoll von Buenos Aires eine Fortentwicklung des charta-basierten Menschenrechtssystems der OAS festzustellen. Der in Art. 3 lit. l, 17 OAS-Charta angelegte Fortentwicklungs- und Schutzauftrag ist um eine verfahrensrechtliche Dimension über die Art. 106, 145 OAS-Charta aufgeladen und verstärkt worden. Dadurch verstärkt sich auch die Qualität der Deklaration als *Rechtserkenntnisquelle* und *soft law* für die Ermittlung des Bedeutungsgehalts der Menschenrechte in Art. 3 lit. l, 17 OAS-Charta.

Fünftes Kapitel
Aktueller Konsens und *spätere Übung* im Hinblick auf die Menschenrechte der OAS-Charta und die Amerikanische Deklaration der Rechte und Pflichten des Menschen

„(A) proper interpretation of a constitutional instrument must take into account not only the formal letter of the original instrument, but also its operation in actual practice and the light of the revealed tendencies in the life of the Organisation.“[641]

Im nachfolgenden FÜNFTEN KAPITEL ist die *spätere Übung* im Sinne von Art. 31 Abs. 3 lit. a WVK in die Auslegung einzubeziehen, um den aktuellen Konsens der OAS-Staaten über den Bedeutungsgehalt der Art. 3 lit. l, 17 OAS-Charta sowie über die Bindungswirkung der Amerikanischen Deklaration zu ermitteln.

Wie bereits im Rahmen der Auslegungsregeln eines völkerrechtlichen Vertrages erläutert[642], kann das nachträgliche Verhalten der OAS-Staaten bei der Anwendung der OAS-Charta das Vorliegen einer bestimmten Rechtsüberzeugung über den Bedeutungsgehalt der Vertragsnormen indizieren. Dabei sind sowohl die Verhaltensweisen der Staaten in ihrem internationalen Verkehr als auch die rein innerstaatliche Praxis relevant.

Darüber hinaus ist auch die Praxis der inter-amerikanischen Organe zu betrachten. Die OAS-Staaten haben zwar keinem Organ die Kompetenz zur verbindlichen Vertragsauslegung gegeben. Insofern hat die Organpraxis für sich alleine keine unmittelbare rechtliche Relevanz für die Auslegung. Allerdings ist die Organpraxis für die Auslegung mittelbar relevant: Bei Akten von Organen, die sich aus Staatenvertretern zusammensetzen (OAS-Generalversammlung, Außenministertreffen und ständiger Rat), kommt es auf das darin enthaltene und dem Staat zurechenbare Verhalten seines Repräsentanten an. Bei Organen, die sich (wie die Inter-Amerikanische Kommission und der Inter-Amerikanische Gerichtshof) aus unabhängigen, nicht-weisungsgebundenen und den Staaten somit nicht zurechenbaren Personen zusammensetzen, können die Reaktionen der Staaten auf diese Organpraxis Aufschluss über das Vertragsverständnis der Staaten liefern. Dabei ist es denkbar, dass unter bestimmten Voraussetzungen

641 *IGH*, Voting Procedure on Questions Relating to Reports and Petitions Concerning the Territory of South-West Africa, Advisory Opinion, 7.6.1955, ICJ Rep. 1955, Separate Opinion of Judge Lauterpacht, S. 106.
642 Vgl. die Ausführungen im ZWEITEN KAPITEL.

das Organverhalten sogar einen *estoppel-* oder *acquiescence*-begründenden Tatbestand für die Staaten auslösen kann.[643]

Die folgende Untersuchung gliedert sich in zwei Teile. Im ERSTEN TEIL wird die Praxis der inter-amerikanischen Organe und der Staaten im Hinblick auf die menschenrechtlichen Normen der OAS-Charta und der Amerikanischen Deklaration dargestellt. Im ZWEITEN TEIL dieses Kapitels folgt sodann eine umfassende rechtliche Bewertung dieser Praxis. Diese Unterteilung in einen ersten, darstellenden Teil und in einen zweiten, analysierenden Teil rechtfertigt sich daraus, dass bislang im völkerrechtlichen Schrifttum noch keine umfassende Systematisierung der einschlägigen Praxis der OAS-Staaten und OAS-Organe im Hinblick auf ihre menschenrechtlichen Pflichten aus der OAS-Charta und der Amerikanischen Deklaration existiert.[644] Indem diese Arbeit die relevante Praxis (zunächst) abstrakt darstellt, leistet sie einen wesentlichen Beitrag zur Erfassung und Systematisierung der auf der OAS-Charta und der Amerikanischen Deklaration basierten Praxis.

---

643 Dieser Frage wird weiter unten im ZWEITEN TEIL dieses KAPITELS nachgegangen.

644 Ansätze einer Zusammenfassung finden sich bei *Medina*, The Battle of Human Rights, S. 113 ff, 185 ff. und *LeBlanc*, The OAS and the Promotion and Protection of Human Rights, S. 69 ff., die jedoch hauptsächlich die Praxis der Kommission und nicht der übrigen OAS-Organe berücksichtigen. Die Darstellungen reichen allerdings nur bis. 1988 bzw. 1977 und betreffen lediglich allgemeine Aspekte des Menschenrechtssystems, ohne auf die Amerikanische Deklaration und die menschenrechtlichen Normen der OAS-Charta zu fokussieren. Darüber hinaus wird die internationale und nationale Praxis der OAS-Staaten fast gar nicht berücksichtigt.

Erster Teil
Darstellung der Praxis der inter-amerikanischen Organe und der OAS-Staaten bei der Anwendung der OAS-Charta und der Amerikanischen Deklaration

A. Die Praxis der Inter-Amerikanischen Kommission für Menschenrechte

Um die Entwicklung der Kommissionspraxis im Hinblick auf die Amerikanische Deklaration nachzuzeichnen, wird die Praxis in die Etappen von der Gründung der Kommission 1960 bis zur Änderung des Kommissionsstatuts 1979 (infolge des Inkrafttretens der AMRK) und von 1979 bis heute unterteilt. Beleuchtet wird dabei nur diejenige Praxis, aus der sich Anhaltspunkte über die Auffassung der Kommission in Bezug auf Art und Inhalt der menschenrechtlichen Verpflichtungen der OAS-Staaten ergeben. Zugleich werden die Reaktionen der OAS-Staaten auf diese Praxis, sofern vorhanden, dargestellt.

I. Ausgewählte Praxis der Kommission von 1960 bis 1979

Im Folgenden wird zwischen der Kommissionspraxis bei der Erstellung allgemeiner Länderberichte und der Kommissionspraxis im Rahmen von Individualbeschwerdeverfahren unterschieden.

1. Praxis bei der Erstellung allgemeiner Länderberichte

Schon in den Anfangsjahren nach ihrer Gründung fertigte die Kommission eine Reihe von allgemeinen Berichten über die Menschenrechtssituation in den OAS-Staaten (allgemeine Länderberichte) an.[645] Dabei nahm die Kommission konkrete Beschwerden von Personen über die Verletzung der Menschenrechte als Anlass zur Anfertigung ihrer Länderberichte.

645 Vgl. dazu allgemein: *Medina*, The Role of Country Reports in the Inter-American System, S. 115 ff. Sämtliche Länderberichte sind abrufbar unter: http://www.oas.org/en/iachr/reports/country.asp (zuletzt besucht am 05.04.2014).

Die meisten Beschwerden betrafen schwere Menschenrechtsverletzungen, wie z.B. willkürliche Inhaftierungen, willkürliche Tötungen und unmenschliche Behandlung von Gefangenen in Kuba, der Dominikanischen Republik, Haiti und Nicaragua.[646]

Bei der Anfertigung der Länderberichte verfuhr die Kommission regelmäßig nach demselben Schema: Zunächst forderte sie gemäß Art. 9 lit. d Statut (1960/65) die betroffene Regierung auf, einen Bericht über die innerstaatliche Menschenrechtssituation vorzulegen. Im Anschluss daran folgten eigene Untersuchungen der Kommission. Die Berichte endeten mit der Formulierung von Empfehlungen an die betreffende Regierung. Diese Empfehlungen enthielten neben dem Vorschlag zur Vornahme künftiger allgemeiner legislativer oder administrativer Maßnahmen[647] auch spezifische Empfehlungen zur Wahrung einzelner Menschenrechte in konkreten Fällen. So erging etwa die an Kuba 1962 gerichtete konkrete Aufforderung, von einer Hinrichtung der Überlebenden der fehlgeschlagenen Schweinebucht-Invasion abzusehen.[648] Auch die Dominikanische Republik wurde zwischen 1965–66 mehrfach von der Kommission aufgefordert, politische Gefangene im Einklang mit den Rechten aus der Amerikanischen Deklaration zu behandeln und sie aus der Haft zu entlassen.[649]

Durch die Abgabe derartiger spezifischer Empfehlungen an einzelne Staaten bewegte sich die Kommission auf einem schmalen Grat zwischen den vom Wortlaut des Art. 9 lit. b Statut (1960) gedeckten allgemeinen Empfehlungen und davon nicht mehr erfassten Einzelfallempfehlungen. Deutlich zeigt sich dies am Beispiel einer Note des Kommissionspräsidenten an den kubanischen Außenminister aus dem Jahre 1964, in der unter Bezeichnung der Namen einzelner Opfer die konkreten Versäumnisse der kubanischen Regierung zur Achtung der

---

646 Vgl. *IACHR,* Report on the Work Accomplished during its Second Session, April 10–26, 1961, OEA/Ser.L/V/II.2, Doc. 24, August 10, 1962, S. 12.

647 So etwa die Empfehlung, progressive Maßnahmen zur Verbesserung der Menschenrechtssituation vorzunehmen, im Länderbericht über Kuba 1961, *IACHR*, Report on the Work Accomplished during ist Third Session, 2 October to 4 November 1961, OEA/Ser.L/V/II.3, Doc.32, 4 November 1961.

648 Vgl. *IACHR*, Report on the Work Accomplished during its Fourth Session, 2 to 27 April 1962, OEA/Ser.L/V/II.4, Doc.34, 12 July 1962, S. 11.

649 Vgl. *IACHR*, Report on the Work Accomplished during its Eleventh Session (Special), 21 to 23 July 1965, OEA/Ser.L/V/II.12, Doc. 10, 20 September 1965, S. 5 ff; *IACHR*, Report on the Work Accomplished during its Twelfth Session: 4 to 15 October 1965, OEA/Ser.L/V/II.13, Doc.26, 2 March 1966, S. 8 f.; *IACHR*, Report on the Work Accomplished during its Thirteenth Session: 18 to 28 April 1966, OEA/Ser.L/V/II.14, Doc.35, 30 September 1966, S. 15 ff.

Menschenrechte, darunter die Verhängung unverhältnismäßig hoher Gefängnisstrafen, Todesstrafen an Minderjährigen, die rückwirkende Verschärfung von Strafgesetzen und die Einrichtung von sogenannten „fliegenden Gerichten“ angemahnt wurden. Im Anschluss an diese Schilderung benannte die Kommission die jeweils einschlägigen Rechte aus der Amerikanischen Deklaration, die nach Ansicht der Kommission verletzt waren. Die Kommission empfahl der Regierung zwar noch mit einer gewissen Zurückhaltung, die Vornahme „progressiver Maßnahmen zugunsten der Menschenrechte“ sowie geeigneter Maßnahmen zur „Verbesserung der treuen Beachtung dieser Rechte“.[650] Wie daraus zu erkennen ist, weisen die Empfehlungen der Kommission eine prospektive, also in die Zukunft gerichtete, Zielrichtung auf. Dem betreffenden Staat werden Vorschläge zur künftigen Verbesserung der innerstaatlichen Menschenrechtslage unterbreitet.

Allerdings rügte die Kommission zusätzlich in vielen Länderberichten auch bereits erfolgte Menschenrechtsverletzungen. Dadurch nehmen die Kommissionsempfehlungen eine repressive, begangene Menschenrechtsverletzung anprangernde Zielrichtung an. Exemplarisch ist der Bericht über die Dominikanische Republik 1965, in dem die Kommission die dort in der Zeit der Trujillo-Regierung vorgefunde Situation als „schlimmste Verletzung der Menschenrecchte“ charakterisierte und feststellte, dass auch noch unter der nachfolgenden Regierung „schwere Menschenrechtsverletzungen fortdauerten“.[651]

In ihren Länderberichten nimmt die Kommission auch ausdrücklich Bezug auf die Amerikanische Deklaration. So spricht die Kommission etwa im Länderbericht über die Dominikanische Republik 1965 davon, dass die beiden

650 „In accordance with the provisions of Article 9.b and d of the Statute of the Commission, I should like, through you, to acquaint the Cuban Government with the acts denounced and to request that you furnish us with all pertinent information. In the event that the allegations are correct, we also request that, within the framework of your domestic legislation, you adopt “progressive measures in favor of human rights” and those that may be appropriate “to further the faithful observance of those rights”. *IACHR*, Report on the Work Accomplished during its Ninth Session: 5 to 16 October 1964, OEA/Ser.L/V/II.10, Doc.21, 19 February 1965, Rn. 17.

651 „It can be deduced that the most flagrant violations of human rights in the Dominican Republic were perpetrated during the time of the regime headed by Generalissimo Rafael Leonidas Trujillo. While the situation with respect to human rights improved after July 1, 1961, and new legislation was passed containing reforms designed to bring this about during the government of President Balaguer, serious violations continued.“ *IACHR*, Report on the Situation Regarding Human Rights in the Dominican Republic, OEA/Ser. L/V/II.4, Doc. 32, May, 1962, S. 33.

Regierungen ihren Verpflichtungen („commitments“[652]) zugestimmt hätten, die Rechte aus der Amerikanischen Deklaration einzuhalten, und der Kommission alle Hilfsmittel zu geben, die zur Erfüllung ihrer Mission nötig seien.[653]

In einigen Berichten verweist die Kommission zusätzlich auch auf die Menschenrechtsartikel der OAS-Charta. So fordert die Kommission 1963 in ihrem zweiten Länderbericht über Kuba diesen Staat auf, *„das noble Prinzip aus Art. 5 lit. j OAS-Charta* (entspricht Art. 3 lit. l n.F.) *zu beachten und die darin enthaltenen Rechte sowie das Prinzip der universalen Moral aus Art. 13 OAS-Charta* (entspricht Art. 17 n.F.) *vollständig einzuhalten“.*[654]

Im Länderbericht über Kuba aus dem Jahr 1970 stellt die Kommission im Hinblick auf die dortigen politischen Gefangenen fest, dass diese Situation mit den Prinzipien der OAS-Charta, der Amerikanischen Menschenrechtskonvention sowie mit der Amerikanischen Deklaration und der Allgemeinen Erklärung der Menschenrechte unvereinbar ist.[655]

---

652 Zum Begriff „commitment“ vgl. die Ausführungen im VIERTEN KAPITEL, C VI 2 b.

653 „In the present situation of the Dominican Republic, consent was implied in the requests made by both governments, and in the commitments assumed by both to formally respect the American Declaration of the Rights and Duties of Man, as well as to give the Commission all of the facilities that are essential for the fulfillment of its mission.“ *IACHR*, Informe sobre la actuación de la Comisión Interamericana de Derechos Humanos en la República Dominicana, OEA/Ser.L/V/II.13 doc. 14 Rev. (español) 15 octubre 1965, Capitulo 1.

654 „La Comisión Interamericana de Derechos Humanos, siguiendo estrictamente las facultades que le otorga el Estatuto y las cuales fueron conocidas y aprobadas plena y conscientemente por el Gobierno cubano en el seno del Consejo de la Organización, hubiera deseado, cumpliendo su mandato de “promover el respeto de los derechos humanos” consagrados en la Declaración Americana de los Derechos y Deberes del Hombre, que en el caso de Cuba se cumpliera el noble principio expresado en la Carta de la Organización de los Estados Americanos que proclama los derechos fundamentales de la persona humana (Artículo 5, inc. j) y la plena observancia de esos derechos y de los principios de la moral universal (Art. 13).“ *IACHR*, Informe sobre la situación de los presos políticos y sus familiares en Cuba, OEA/Ser.L/V/II.7 doc. 4 (español), 17 mayo 1963, Capitulo 5.

655 „Que la situación de los presos políticos en Cuba (…) continúa revistiendo caracteres de extrema gravedad, incompatibles con los principios consagrados en la Carta de la Organización de los Estados Americanos, la Convención Americana sobre Derechos Humanos y las Declaraciones Americana y Universal de los Derechos Humanos.“ *IACHR*, Segundo informe sobre la situación de los presos políticos y sus familias en Cuba, OEA/Ser.L/V/II.23 doc. 6 (español), 7 mayo 1970.

Auch in einem Schreiben an Chile aus dem Jahre 1974 zeigt sich die Kommission tief darüber besorgt, dass die chilenische Regierung imminente und schwerwiegende Maßnahmen in Bezug auf die politische Opposition und politsche Flüchtlinge ergreifen könnte, die unvereinbar mit dem fundamentalen Respekt der Menschenrechte seien, der aus der OAS-Charta und der Amerikanischen Deklaration folge.[656]

Die Reaktionen der OAS-Staaten auf die Tätigkeit der Kommission waren nach außen weitgehend positiv. Mit Ausnahme des anfänglichen Widerstandes von Kuba und Haiti[657] bestritt kein OAS-Staat mehr die Zuständigkeit der Kommission. Vielmehr zeigten die Staaten bereits auf dem Achten Konsultationstreffen der Außenminister 1962 ihre generelle Akzeptanz der Praxis der Kommission, indem sie in der dort verabschiedeten *Resolution IX* die Verdienste der Kommission hervorhoben und dem OAS-Rat sogar noch eine Ausweitung der Kompetenzen der Kommission vorschlugen.[658]

Die Erfolge der Kommission trugen nach und nach zu einem Umdenken der OAS-Staaten über die Rolle der Kommission im Inter-Amerikanischen System bei. So bemerkte *Durward V. Sandifer*, US-amerikanisches Kommissionsmitglied, dass das Jahr 1965 den Höhepunkt des Übergangs der Kommission von einem Studien- und Berichtsorgan zu einem Organ mit einer viel größeren Reichweite und Rolle als von den Erschaffern der Kommission vorhergesehen markiere.[659]

Auch wenn in der Praxis die Empfehlungen der Kommission nur selten von den Staaten vollständig beachtet wurden[660], bekräftigten viele Staaten gegenüber der Kommission ihren Willen, den *„Verpflichtungen aus den inter-amerikanischen*

---

656 „(D)eeply concerned (…) that your excellency's government may apply imminent and severe measures to members of opposition and political refugees that would not be in harmony with the fundamental repect for rights of the individual, set forth in the OAS Charter and in the American Declaration of the Rights and Duties of Man (…)." *IACHR*, Report on the Status of Human Rights in Chile, Findings of "on the spot" Observations in the Republic of Chile, July 22–August 2, 1974, OEA/Ser.L/V/II.34 doc. 21 corr.1, 25, October 1974, Chapter 2.

657 *IACHR*, Report on the Situation Regarding Human Rights in Haiti, OEA/Ser.L/V/I.8 Doc. 5, 19 de noviembre de 1963, Teil VI, S. 2 ff.; *IACHR*, Report on the Work Accomplished during its Fifth Session: 24 September to 26 October 1962, OEA/Ser.L/V/II.5, Doc.40, 18 February 1963, S. 10.

658 *Eighth Meeting of Consultation of Ministers of Foreign Affairs*, Res. IX, Punta del Este, Uruguay, 22.–23.1.1962.

659 Vgl. *Sandifer*, The Inter-American Commission on Human Rights in the Dominican Republic, June 1965 to June 1966, S. 23.

660 Zur Befolgungsrate siehe unten im ZWEITEN TEIL des FÜNFTEN KAPITELS.

Vereinbarungen" bzw. aus der OAS-Charta nachzukommen.[661] El Salvador spricht in einer Note an die Kommission von 1978 im Hinblick auf die Amerikanische Deklaration von *„philosophischen und rechtlichen Prinzipien"*.[662] Nicaragua bekräftige auf eine Anfrage der Kommission aus dem Jahr 1978 seinen Willen, die Rechte aus der Amerikanischen Deklaration nicht nur aus politischen und moralischen Gründen, sondern auch als rechtliche Prinzipien als Teil eines internationalen Instruments einzuhalten.[663]

2. Praxis im Rahmen von Individualbeschwerdeverfahren

In der Praxis der Kommission spielt das Individualbeschwerdeverfahren gemäß Art. 9 (bis) lit. b Statut (1965) in der Phase bis 1979 im Vergleich zur

---

661 So antwortete der chilenische Außenminister auf eine Note der Kommission 1974: „In response to your cable (...) I assure the Inter-American Commission on Human Rights (...) that the chilean government will continue faithfully to fulfill ist obligations derived from inter-american agreements concerning respect of human rights." *IACHR*, Report on the Status of Human Rights in Chile, Findings of "on the spot" Observations in the Republic of Chile, July 22–August 2, 1974, OEA/Ser.L/V/II.34 doc. 21 corr.1 25, October 1974, Chapter 2. Vgl. auch etwa die Antwort Paraguays auf einen Länderbericht von 1978: „I would like to point out that the government of Paraguay duly recognizes the noble work of the Commission (...) of encouraging respect for human rights in our hemisphere in accordance with the lofty principles expressly set forth in the Charter of the Organization." *IACHR*, Report on the Situation of Human Rights in Paraguay, OEA/Ser.L/V/II.43 doc. 13 corr. 1, 31 January 1978, Introduction, Rn. 13.

662 „(T)his Delegation has reconfirmed, on numerous occasions during different sessions of the General Assembly of the Organization, El Salvador's adherence to the philosophical and juridical principles concerning the protection of the individual, which are upheld not only in such international instruments as the "Universal Declaration of Human Rights" and the "American Declaration of the Rights and Duties of Man" but also in most domestic laws, which in El Salvador's case is the Constitution itself." *IACHR*, Report on the Situation of Human Rights in El Salvador, OEA/Ser.L/V/II.46 doc. 23 rev. 1, 17 November 1978.

663 „I take advantage of this opportunity to reiterate the firmness of the juridical principles upon which the Government of Nicaragua is based, and its determination to comply with the rights set forth in the American Declaration of the Rights and Duties of Man, which are observed not only as part of an international instrument, but as natural, humane and civilized principles which sustain my government." *IACHR*, Report on the Situation of Human Rights in Nicaragua, Findings of the "on-site" observation in the Republic of Nicaragua, October 3–12, 1978, OEA/Ser.L/V/II.45 doc. 18 rev. 1, 17 November 1978, Introduction.

Anfertigung von allgemeinen Länderberichten nur eine untergeordnete Rolle.[664] Dies ist zum einen darauf zurückzuführen, dass eine entsprechende Kompetenz der Kommission erst nachträglich in ihr Statut im Jahre 1965 eingefügt wurde. Zum anderen hat die Kommission durch ihre Beschränkung des Individualbeschwerdeverfahrens auf die in Art. 9 (bis) lit. a Statut (1965) genannten Rechte in ihrer damaligen Verfahrensordnung dazu beigetragen, dass die Zahl der der tatsächlich durchgeführten Individualbeschwerdeverfahren bis 1979 niedrig blieb.

Hinzu kommt, dass aus den Tätigkeitsberichten und Empfehlungen der Kommission in dieser Periode nur schwer nachzuvollziehen ist, inwieweit die Kommission das *besondere Verfahren*, also das Individualbeschwerdeverfahren nach Art. 9 (bis) lit. b Statut (1965), tatsächlich zur Anwendung brachte oder lediglich das *allgemeine Verfahren* nach Art. 9 lit. b Statut (1965) im Rahmen von allgemeinen Länderberichten praktizierte.[665]

In ihren abschließenden Empfehlungen stellt die Kommission lediglich eine Verletzung der einschlägigen Rechte aus der Deklaration fest und empfiehlt dem betreffenden OAS-Staat die Ergreifung bestimmter Maßnahmen, ohne jedoch darauf hinzuweisen, ob es sich um eine Empfehlung nach Art. 9 lit. b oder nach Art. 9 (bis) lit. b Statut (1965) handelt. Das mag damit zusammenhängen, dass die Kommission gemäß Art. 58 ihrer Verfahrensordnung (a.F. bis 1979) eine ursprünglich im *besonderen Verfahren* statthafte Beschwerde, ohne weitere Voraussetzungen einhalten zu müssen, in das *allgemeine Verfahren* überleiten konnte, falls die spezifischen Voraussetzungen des *besonderen Verfahrens* (etwa mangels Darlegung der Erschöpfung des innerstaatlichen Rechtswegs) nicht erfüllt waren.

Einen vagen Hinweis über die konkrete Handhabung des *allgemeinen Verfahrens* und des *besonderen Verfahrens* durch die Kommission liefert lediglich

664 Individualbeschwerden in dieser Zeit betrafen vor allem Argentinien, Haiti, Nicaragua, die Dominikanische Republik, Chile, Venezuela, Guatemala, USA und Mexiko. Eine Auflistung der Individualbeschwerden ist seit 1970 in den Jahresberichten der Kommission an die Generalversammlung enthalten, abrufbar unter: http://www.wcl.american.edu/pub/humright/digest/inter-american (zuletzt besucht 23.06.2013).

665 Die Tätigkeitsberichte der Kommission von 1967–1970 sind abrufbar unter: http://www.wcl.american.edu/pub/humright/digest/inter-american/english/sessions/index.html (zuletzt besucht am 23.06.2013). Eine Übersicht über die Individualbeschwerden bis 1996 gibt: *Wilson*, AUInt'lLRev 1996, S. 1 ff.

ein Individualbeschwerdeverfahren gegen Brasilien aus dem Jahre 1970.[666] Hierin machten brasilianische Staatsangehörige geltend, dass Brasilien in einer Vielzahl von einzeln benannten Fällen die Rechte von politischen Gefangenen, darunter das Recht auf Leben, Freiheit und Integrität, den Schutz vor willkürlicher Verhaftung sowie die *due process of law*-Garantien, verletzt habe. Brasilien wandte ein, dass die Kommission es versäumt habe, die Erschöpfung des innerstaatlichen Rechtswegs zu prüfen und die Beschwerde daher unzulässig sei. Da das Erfordernis der Rechtswegerschöpfung nach der Verfahrensordnung der Kommission nur beim *besonderen Verfahren* einzuhalten war, musste die Kommission Stellung beziehen, welches der beiden Verfahren im vorliegenden Fall einschlägig war. Mit anderen Worten war zu klären, ob es sich um mehrere einzelne Individualbeschwerden nach Art. 9 (bis) lit. b Statut (1965) oder nur um eine allgemeine Beschwerde nach Art. 9 lit. b Statut (1965) handelte. Die Kommission behandelte die Beschwerde nach dem *allgemeinen Verfahren* und verwendete die individuell aufgeführten Fälle lediglich als Beispiele und Indikatoren für die Feststellung einer generellen massiven Menschenrechtsverletzungspraxis in Brasilien im Rahmen eines allgemeinen Länderberichts.[667]

Diese Vorgehensweise der Kommission verdeutlicht, dass die Kommission von der in ihrer Verfahrensordnung vorgesehenen Möglichkeit, vom *besonderen* ins *allgemeine Verfahren* überzuwechseln, Gebrauch machte. Die Wahl des Verfahrens machte die Kommission aber weniger von rechtlichen Erwägungen, sondern mehr von Zweckmäßigkeitserwägungen und Effektivitätsgesichtspunkten abhängig, wodurch sich die Kommission flexible Handlungsspielräume bei der Wahrnehmung ihrer Kompetenzen offen ließ.

Aus den Kommissionsberichten geht hervor, dass sich die Reaktionen der Staaten im Rahmen von Individualbeschwerdeverfahren ausschließlich auf inhaltliche Äußerungen hinsichtlich des konkreten Vorwurfs der

666 Bezeichnet als „Communication 1684 of June 25, 1970", vgl. dazu: *IACHR*, Report on the Work Accomplished during its Twenty-fourth Session, October 13–22, 1970, OEA/Ser.L/VII.24, doc. 32 (english), Rev. Corr., 5 April 1971, S. 16 f; *IACHR*, Report on the Work Accomplished by the Inter-American Commission on Human Rights during its Twenty-Eight Session, (Special), May 1 through 5, 1972, OEA/Ser.L/V/II.28, doc. 24 rev. 1, 24 August 1972, S. 16 ff.

667 *IACHR*, Report on the Work Accomplished by the Inter-American Commission on Human Rights during its Twenty-Eight Session, (Special), May 1 through 5, 1972, OEA/Ser.L/V/II.28, doc. 24 rev. 1, 24 August 1972, S. 19.

Menschenrechtsverletzung bezogen. Die Kompetenz der Kommission zum Tätigwerden hingegen wurde von keinem aktiven OAS-Staat mehr in Frage gestellt.

3. Fazit zur Kommissionspraxis von 1960 bis 1979

Eine Analyse der Praxis der Kommission von 1960 bis 1979 offenbart das Selbstverständnis der Kommission, die sich nicht nur als Instanz mit der Aufgabe der Verbesserung des abstrakten menschenrechtlichen Standards in der Region sieht. Vielmehr sieht sich die Kommission dazu berufen, über die Einhaltung der Menschenrechte im konkreten (Einzel-)Fall zu wachen und damit quasi-gerichtliche Funktionen wahrzunehmen. Die Kommission kann damit als *Wächterin der Menschenrechte aus der Amerikanischen Deklaration* charakterisiert werden.

Von diesem Hintergrund ausgehend, verwundert es nicht, dass die Kommission ihre Kompetenz zur Anfertigung von Länderberichten aus ihrem usprünglichen Statut weit auslegte, indem sie sich auch zur Abgabe von allgemeinen Empfehlungen an einen konkreten Staat befugt sah. In der Kommissionspraxis nehmen diese Empfehlungen teilweise auch schon Züge von Einzelfallempfehlungen an. Damit war die Kommission in ihrer Praxis schon vor Einfügung einer Individualbeschwerdekompetenz in ihr Statut ihren förmlichen Ermächtigungsgrundlagen einen Schritt voraus.

Mit der Einfügung des Individualbeschwerdeverfahrens in das geänderte Statut 1965 nehmen die Kommissionsempfehlungen in ihrer Wortwahl immer mehr an Schärfe zu und prangern konkrete Menschenrechtsverletzungen als Verletzung der Amerikanischen Deklaration an. Die Kommission gibt so ein Votum über die Rechtmäßigkeit des staatlichen Verhaltens in einem konkreten Einzelfall am Maßstab der Menschenrechte der Amerikanischen Deklaration ab. Damit setzt sie die betroffene Regierung gleichsam auf die internationale Anklagebank.

Diese Sprachwahl wird nicht nur als Instrument eingesetzt, um den lediglich rechtlich unverbindlichen Empfehlungen der Kommission mehr Gewicht und Tragweite zu geben. Indem die Kommission einzelne Artikel der Deklaration als „*verletzt*" ansieht, nähert sie die Prüfung einer Menschenrechtsverletzung am Maßstab der Amerikanischen Deklaration faktisch den Regeln der Staatenverantwortlichkeit an.

Bemerkenswert ist dabei auch, dass die Kommission im Zusammenhang mit den Menschenrechten aus der Deklaration die OAS-Staaten häufig auch auf ihre Menschenrechtsverpflichtungen, die aus der OAS-Charta resultieren, hinweist. Damit zeichnet sich bereits jetzt ihre später ausdrücklich vorgebrachte Auffassung ab, die einen rechtlichen Zusammenhang zwischen der Amerikanischen

Deklaration und den bindenden Menschenrechtsverpflichtungen aus der OAS-Charta sieht.

II. Ausgewählte Praxis der Kommission von 1979 bis heute

Durch das Inkrafttreten der AMRK 1979 erhielt die Kommission zusätzliche Kompetenzen im Hinblick auf die Parteien dieser Konvention. Seitdem besitzt sie eine Doppelrolle – als OAS-Organ auf der einen Seite und als AMRK-Organ auf der anderen Seite.

Dies macht es erforderlich zu untersuchen, wie die Kommission ihrer Doppelrolle nachkommt und inwieweit Unterschiede bzw. Gemeinsamkeiten in der Behandlung von Menschenrechtsverletzungen gegenüber AMRK-Staaten und den übrigen OAS-Staaten bestehen. Insbesondere ist der Frage nachzugehen, welche Bedeutung die Amerikanische Deklaration fortan noch für die AMRK-Staaten hat.

1. Praxis in Bezug auf AMRK-Mitgliedsstaaten

Es ist wieder zwischen der Kommissionspraxis bei der Anfertigung von Empfehlungen im Rahmen von allgemeinen Länderberichten sowie bei Empfehlungen im Rahmen von Individualbeschwerden zu differenzieren.

a) Praxis bei der Anfertigung von allgemeinen Länderberichten

In den Länderberichten über einen AMRK-Mitgliedsstaat prüft die Kommission regelmäßig nur eine Verletzung der entsprechenden Rechte aus der AMRK. Auf eine mögliche Verletzung der einschlägigen Menschenrechte aus der Amerikanischen Deklaration geht die Kommission hingegen in der Regel nicht näher ein.[668]

---

668 Vgl. etwa: *IACHR*, Report on the Situation of Human Rights in Haiti, OEA/Ser.L/V/II.46 doc. 66 rev. 1, 13 December 1979; *IACHR*, Report on the Situation of Human Rights in Bolivia, OEA/Ser.L/V/II.53 doc. 6, 1 July 1985; *IACHR*, Report on the Situation of Human Rights in Guatemala, OEA/Ser.L/V/II.53 doc. 21 rev. 2, 13 October 1981; *IACHR*, Report on the Situation of Human Rights in Colombia, OEA/Ser.L/V/II.53 doc. 22, 30 June 1981; *IACHR*, Report on the Situation of Human Rights of a Segment of the Nicaraguan Population of Miskito Origin, OEA/Ser.L./V.II.62 doc. 10 rev. 3, 29 November 1983; *IACHR*, Report on the Situation of Human Rights in Guatemala, OEA/Ser.L/V/II.61 doc. 47 rev.1, October 5, 1983; *IACHR*, Report on the Situation of Human Rights in Haiti OEA/Ser.L/V/II.74

Lediglich in Fällen aus neuerer Zeit ist eine Tendenz der Kommission bemerkbar, neben dem verletzten AMRK-Recht auch zusätzlich noch das entsprechende Recht aus der Amerikanischen Deklaration in ihrer Prüfung aufzuführen.[669]

Die Kommission hat in einem Länderbericht über Argentinien 1999 zum Verhältnis der AMRK zur Amerikanischen Deklaration Stellung genommen. Dabei hat sie festgestellt, dass für die AMRK-Vertragsparteien die AMRK der vorrangige Anwendungsmaßstab für die Kommission ist, soweit es um die Behauptung der Verletzung von identischen Rechten aus der Deklaration und AMRK geht und die behauptete Rechtsverletzung keine fortdauernde Situation darstellt.[670]

Diese Aussage der Kommission steht im Einklang mit Art. 1 Abs. 2 Kommissionsstatut (1979), aus dem sich ergibt, dass die AMRK das prozessual anwendbare Recht für die Kommission in Bezug auf AMRK-Mitgliedsstaaten und die Amerikanische Deklaration das prozessual anwendbare Recht in Bezug auf alle übrigen OAS-Staaten darstellt.

In praktischer Hinsicht ist der prozessuelle Vorrang der AMRK vor der Deklaration sinnvoll. Die AMRK-Rechte sind inhaltlich deutlicher und präziser formuliert als die nur sehr allgemein gehaltenen Menschenrechtsgarantien aus

---

doc. 9 rev. 1, 7 September 1988; *IACHR*, Report on the Situation of Human Rights in Panama OEA/Ser.L/V/II.76 doc. 16 rev.2, 9 November 1989; *IACHR*, Report on the Situation of Human Rights in Guatemala OEA/Ser.L/V/II.83 doc. 16 rev., June 1, 1993; *IACHR*, Report on the Situation of Human Rights in El Salvador OEA/Ser.L/II.85 doc. 28 rev., 11 February 1994; *IACHR*, Report on the Situation of Human Rights in Ecuador OEA/Ser.L/V/II.96 doc. 10 rev. 1, 24 April 1997; *IACHR*, Report on the Situation of Human Rights in Colombia OEA/Ser.L/V/II.102 doc. 9 rev. 1, 26 February 1999; *IACHR*, Report on the Situation of Human Rights in the Dominican Republic, OEA/Ser.L/V/II.104 doc. 49 rev. 1, 7 October 1999; *IACHR*, Report on the Situation of Human Rights in Venezuela OEA/Ser.L/V/II.118 doc. 4 rev. 2, 29 December 2003.

669 Vgl. etwa: *IACHR*, Report on the Situation of Human Rights in Venezuela, OEA/Ser.L/V/II. Doc. 54, 30 December 2009; *IACHR*, Report on the Situation of Human Rights in Honduras, OEA/Ser.L/V/II. Doc. 55, 30 December 2009.

670 „With respect to these claimed violations of the American Declaration, the Commission notes that once the American Convention entered into force for the Argentine State on September 5, 1984, the Convention and not the Declaration became the source of legal norms for application by the Commission insofar as the petition alleges violations of substantially identical rights set forth in both instruments and those claimed violations do not involve a continuing situation.“ *IACHR*, Victor Saldaño vs. Argentina, Report No. 38/99, March 11, 1999, enthalten in: *IACHR*, Annual Report of the Inter-American Commission on Human Rights 1998, OEA/Ser.L/V/II.102 doc. 6 rev., April 16, 1999, para. 13.

der Deklaration. Auch finden sich in der AMRK im Unterschied zur Deklaration ausdifferenzierte spezielle Schrankenvorbehalte.

Die AMRK enthält den in einen förmlichen Vertragstext gegossenen Willen der Konventionsparteien. Sofern ein AMRK-Recht einem Deklarationsrecht entspricht, ist das AMRK-Recht daher bei der Auslegung der Deklaration im Hinblick auf einen AMRK-Mitgliedsstaat als Kontext im weiteren Sinne gemäß Art. 31 Abs. 3 lit. c WVK zu berücksichtigen.[671]

Gleichwohl hat die Kommission mehrfach darauf hingewiesen, dass die Amerikanische Deklaration für alle OAS-Staaten, inklusive derjenigen Staaten, die der AMRK beigetreten sind, als materiell geltendes Recht fortbesteht. Dies macht die Kommission dadurch deutlich, indem ihre Länderberichte in Bezug auf AMRK-Staaten stets mit einer Aufzählung der internationalen Verpflichtungen, denen der betreffende Staat unterliegt, beginnen. Davon erfasst ist auch die Amerikanische Deklaration.[672]

Dabei verweist die Kommission regelmäßig auch auf die Menschenrechtsverpflichtungen aus der OAS-Charta allein oder in Verbindung mit der Amerikanischen Deklaration.[673]

---

671 Zur Auslegung anhand der Völkerrechtsumgebung vgl. das ZWEITE KAPITEL.

672 Vgl. etwa den Länderbericht über Brasilien 1997: „Brazil is obliged to comply with the obligations and guarantees stemming from the Organization of American States Charter which, insofar as human rights are concerned, are set forth in the American Declaration on the Rights and Duties of Man, the „American Declaration") and in the American Convention on Human Rights or „Pact of San José de Costa Rica" (the „American Convention") to which it became a signatory on September 25, 1992, (…) but has not yet accepted the compulsory jurisdiction of the Inter-American Court of Human Rights." *IACHR*, Report on the Situation of Human Rights in Brazil, OEA/Ser.L/V/II.97 doc. 29 rev.1, 29 September 1997; ebenso: *IACHR*, Report on the Situation of Human Rights in Mexico, OEA/Ser.L/V/II.100 doc. 7 rev., 1 September 24, 1998.

673 Vgl. etwa im Länderbericht über Haiti 1979: „Haiti has assumed certain international obligations in the field of human rights. It has signed the United Nations Charter and the Charter of the OAS, and has approved the Universal Declaration of Human Rights." *IACHR*, Report on the Situation of Human Rights in Haiti, OEA/Ser.L/V/II.46 doc. 66 rev. 1, 13 December 1979; vgl. auch den Länderbericht über Guatemala 2001: „Within the OAS system, Guatemala's obligations in the sphere of human rights derive from the Charter of the OAS, the American Declaration of the Rights and Duties of Man, and most specifically, the American Convention on Human Rights (…)." *IACHR*, Report on the Situation of Human Rights in Guatemala, OEA/Ser.L/V/II.111 doc. 21 rev., 6 April 2001. Deutlich fällt die Aussage der Kommission in einem Bericht über Haiti 2005 aus: „Member States of the OAS such as

b) Praxis im Rahmen von Individualbeschwerdeverfahren

Auch im Rahmen von Individualbeschwerden prüft die Kommission in Bezug auf AMRK-Staaten prozessual vorrangig die AMRK und lässt das einschlägige Deklarationsrecht grundsätzlich unerwähnt.[674]

Exemplarisch dafür ist die Individualbeschwerde *Bomchil and Ferrari vs. Argentina* (1988).[675] Beschwerdegegenstand war ein argentinisches Gesetz, das eine Registrierungspflicht für Rechtsanwälte vorschrieb. Obwohl die Beschwerdeführer auch eine Verletzung des Rechts auf Arbeit, das in Art. XXXIV der Amerikanischen Deklaration, hingegen nicht in der AMRK enthalten ist, rügten, ging die Kommission auf diese Rüge nicht ein. Die Kommission prüfte lediglich einen Verstoß gegen die in Art. 16 AMRK enthaltene Vereinigungsfreiheit, den sie im Ergebnis bejahte. Da die Beschwerde aber mit dem Recht auf Arbeit auch ein Menschenrecht betraf, das lediglich in der Deklaration, nicht aber in der AMRK enthalten ist, ist die Außerachtlassung der Amerikanischen Deklaration in der Prüfung durch die Kommission inkonsequent zu den vorhergehenden Äußerungen der Kommission, zumal die Kommission nur drei Jahre später im Fall *Aurelli vs. Argentina (1991)*[676] nochmals explizit klarstellte, dass auch nach

---

Haiti have undertaken to respect and ensure the fundamental rights of all persons subject to their jurisdiction (…). Respect for human rights is a fundamental principle of the Organization, guiding the actions of each member State. Pursuant to Article 3(l) of the Charter of the Organization of American States, which Haiti ratified on March 28, 1951, „[t]he American States proclaim the fundamental rights of the individual without distinction as to race, nationality, creed or sex." The fundamental rights of man are also referred to, inter alia, in the preamble of the Charter and Articles 17, 45, 47 and 49, as well as in those articles which address the role of the Commission as the principal organ charged with the promotion and protection of human rights in the hemisphere. The Member States have given specificity to the rights generally referred to in the Charter, initially through the American Declaration of the Rights and Duties of Man, and subsequently though the adoption of the American Convention on Human Rights." *IACHR*, Haiti: Failed Justice or the Rule of Law? Challenges ahead for Haiti and the international community, OEA/Ser/L/V/II.123 doc.6 rev 1, 26 October 2005, Rn. 64 f.

674 Zur Indivdualbeschwerdepraxis der Kommission vgl. auch: *Craven*, The Protection of Economic, Social and Cultural Rights under the inter-American System of Human Rights, S. 303.

675 *IACHR*, Bomchil and Ferrari vs. Argentina, Report Nos. 9777, 9718, OEA/Ser.L./V/II.74, doc. 10, rev. 1 (1988).

676 *IACHR*, Aurelli vs. Argentina, Case 9850, Report No. 74/90, OEA/Ser.L/V/II.79. rev.1 doc. 12 (1991).

Ratifikation der AMRK ein OAS-Staat an die Deklaration gebunden bleibt. Die Kommission betonte, dass die Ratifikation der AMRK den internationalen Schutz der Menschenrechtechte zumindest ergänzt, erhöht oder vervollständigt habe, diesen aber weder von Beginn an erschaffen noch die bereits bestehende sowie künftige Gültigkeit der Amerikanischen Deklaration aufgehoben habe.[677]

2. Praxis in Bezug auf Nicht-AMRK-Staaten

In Bezug auf Nicht-AMRK-Staaten hat seit 1979 das Individualbeschwerdeverfahren gemäß Art. 20 lit. b Kommissionsstatut (1979) eine weit wichtigere Rolle gespielt als die Anfertigung von allgemeinen Länderberichten. Daher ist zunächst auf die Individualbeschwerden einzugehen und danach ergänzend die Kommissionspraxis im Rahmen der Erstellung von allgemeinen Länderberichten zu betrachten.

a) Praxis im Rahmen von Individualbeschwerdeverfahren

Im Rahmen der Individualbeschwerdepraxis sind insbesondere die Fälle gegen die USA aufschlussreich. In diesen Fällen hat die Kommission einen verstärkten Begründungsaufwand für ihre Rechtsauffassung hinsichtlich der Bindungswirkung der Deklaration betrieben. Im Folgenden wird daher zwischen Fällen gegen die USA und Fällen gegen die übrigen Nicht-AMRK-Staaten getrennt.

677 „The Commission points out that the events that took place prior to the Convention's entry into force for Argentina were nevertheless grave violations of the rights of personal security and to human treatment, and to justice and due process established in Articles I, XVIII, and XXVI, respectively, of the American Declaration of the Rights and Duties of Man. Ratification of the Convention by the member States at least complemented, augmented or perfected the international protection of human rights in the inter-American system, but did not create them ex novo, nor did it extinguish the previous or subsequent validity of the American Declaration. (…) The American Declaration of the Rights and Duties of Man, by which the Argentine State was and remains bound, provides in articles I, XVIII, and XXVI the rights to the security and integrity of the person, to a fair trial, and to due process. In consequence, the acts charged constitute violations of those articles." *IACHR*, Aurelli vs. Argentina, Case 9850, Report No. 74/90, OEA/Ser.L/V/II.79.rev.1 doc. 12 (1991), Rn. 5 f.

aa) Fälle gegen die USA

Im Fall *Baby Boy vs. USA* aus dem Jahre 1981[678] geht die Kommission erstmals in den Entscheidungsgründen näher auf die Rechtsnatur der Verpflichtungen aus der Amerikanischen Deklaration ein. In diesem Fall ging es um eine Individualbeschwerde, die von einer christlichen Nichtregierungsorganisation in den USA erhoben wurde und eine Verletzung des Rechts auf Leben gemäß Art. I der Amerikanischen Deklaration durch die USA geltend machte. Beschwerdegegenstand war US-amerikanisches Recht, das eine ärztlich vorgenommene Abtreibung eines Fötus nicht unter Strafe stellte und damit im Ergebnis erlaubte.

Die Kommission verneinte einen Verstoß gegen das Recht auf Leben aus Art. I der Deklaration. Die Kommission folgte dem Vorbringen der USA, Art. I Deklaration schütze nicht das ungeborene Leben. Auch wenn dazu kein Anlass mehr bestand, ging die Kommission in den Entscheidungsgründen trotzdem näher auf die Rechtsnatur der Verpflichtungen aus der Amerikanischen Deklaration ein. Die Kommission stellte fest:

> „*The international obligation of the United States of America, as a member of the Organization of American States (OAS), under the jurisdiction of the Inter-American Commission on Human Rights (IACHR) is governed by the Charter of OAS (Bogotá, 1948) as amended by the Protocol of Buenos Aires on February 27, 1967, ratified by United States on April 23, 1968.*
>
> *As a consequence of articles 3 i, 16, 51 e, 112 and 150 of this Treaty, the provisions of other instruments and resolutions of the OAS on human rights, **acquired binding force**. Those instruments and resolutions approved with the vote of U.S. Government, are the following:*
>
> - *American Declaration of the Rights and Duties of Man (Bogotá, 1948)*
> - *Statute and Regulations of the IACHR 1960, as amended by resolution XXII of the Second Special Inter-American Conference (Rio de Janeiro, 1965)*
> - *Statute and Regulations of IACHR of 1979–1980.*“[679] (Hervorhebung d. Verf.)

Nach Ansicht der Kommission haben die Amerikanische Deklaration, das Kommissionsstatut und die Verfahrensordnung der Kommission über die menschenrechtlichen Vorschriften der OAS-Charta „*binding force*“ erlangt. Allerdings blieb in dieser Entscheidung noch unklar, was die Kommission genau unter „*binding force*“ verstand.

---

678 *IACHR*, Baby Boy vs. USA, Resolution 23/81, Case 2141, OEA/Ser.L/V/II.54 doc. 9 rev. 1 (1981).

679 *IACHR*, Baby Boy vs. USA, Resolution 23/81, Case 2141, OEA/Ser.L/V/II.54 doc. 9 rev. 1 (1981), Rn.: 15 f.

Die nächste gegen die USA gerichtete Individualbeschwerde, *Roach and Pinkerton vs. USA* (1987)[680], betraf die Frage einer Verletzung von Art. I der Amerikanischen Deklaration aufgrund der Verhängung der Todesstrafe an Personen unter 18 Jahren in den USA. In ihrer Klageerwiderung griff die USA die von der Kommission zuvor im Fall *Baby Boy* gemachten Ausführungen zur Bindungswirkung der Amerikanischen Deklaration auf und widersprach diesen deutlich:

> *„The Vienna Convention should not be relied on to interpret the American Declaration as the Declaration is not a treaty and it is not binding on the United States. The U.S. Government does not agree with the Commission's holding in Case N° 2141 (United States) (Baby Boy, Anm. d. Verf.) that the Declaration acquired binding force with the adoption of the revised OAS Charter. (...) The Declaration was not drafted with the intent to create legal obligations, therefore the Commission should take special care „where the intentions of the drafters are manifest with respect to any particular article," not to overturn that meaning."*[681]

Auf die Kritik der USA ging die Kommission jedoch in der Sache nicht ein. Die Kommission zitierte lediglich ihre Aussagen aus ihrer vorherigen Entscheidung im Fall *Baby Boy*.

Im Ergebnis bejahte die Kommission eine Verletzung der Amerikanischen Deklaration durch die USA. Dabei führte sie aus, dass Art. I der Deklaration seinem Wortlaut nach – im Unterschied zur Art. 4 AMRK – die Verhängung der Todesstrafe an Minderjährige nicht ausdrücklich verbiete. Die Verhängung der Todesstrafe hänge jedoch allein davon ab, in welchem US-Bundesstaat die strafbare Handlung begangen wird (in einigen Bundesstaaten war sie verboten, in anderen – auch in Bezug auf Minderjährige – erlaubt,). Das Versäumnis der USA, diese unterschiedliche Anwendung der Todesstrafe in den einzelnen Bundesstaaten zu unterbinden, stelle einen willkürlichen Entzug des Lebens und eine Ungleichbehandlung vor dem Gesetz dar, der unvereinbar mit Art. I und II der Amerikanischen Deklaration sei.[682]

---

680 *IACHR*, Roach and Pinkerton vs. USA, Case 9647, Report No. 3/87, OEA/Ser.L/V/II.71 doc. 9 rev.1 (1987).

681 *IACHR*, aaO., Rn. 38.

682 „The Commission finds that the diversity of state practice in the U.S.–reflected in the fact that some states have abolished the death penalty, while others allow a potential threshold limit of applicability as low as 10 years of age–results in very different sentences for the commission of the same crime. The deprivation by the State of an offender's life should not be made subject to the fortuitous element of where the crime took place. (...) For the federal Government of the United States to leave the issue of the application of the death penalty to juveniles which makes the

In einer weiteren Individualbeschwerde, *Mary und Carrie Dann vs. USA (2002)*[683], waren die zwei Beschwerdeführerinnen Mitglieder der indigenen Gruppe der Westlichen Shoshonen. Sie machten die Rechtswidrigkeit einer Enteignung von Grundstücken in Nevada zum Gegenstand einer Individualbeschwerde zur Inter-Amerikanischen Kommission. In ihrer Entscheidung legte die Kommission erstmalig das Eigentumsrecht der Deklaration aus Art. XXII dahingehend aus, dass es auch das Recht von indigenen Völkern auf ihr Stammesland umfasst. Neben der Verletzung des Eigentumsrechts stellte die Kommission auch die Verletzung weiterer Deklarationsrechte durch die USA, namentlich das Recht auf Gleichbehandlung vor dem Gesetz nach Art. II und den Grundsatz des *fair trial* aus Art. XVIII fest.

Auf Grund erneuter Einwände der USA hinsichtlich der Rechtsnatur der Verpflichtungen aus der Deklaration führte die Kommission aus:

> *„Beginning with the State's final objection relating to the legal status of the American Declaration, the State claims that the Commission erred in finding that the United States has violated provisions of the American Declaration because the Commission's competence, as defined through the 1967 amendment of the OAS Charter and the 1979 Statute of the Inter-American Commission approved by OAS Resolution No. 447, October 1979, "does not turn a non-binding document such as the American Declaration into a treaty that can be considered to be legally binding upon the United States." The State's observations fail to consider, however, the well-established and long-standing jurisprudence and practice of the inter-American system according to which the American Declaration is recognized as constituting a source of legal obligation for OAS members states, including in particular those states that are not parties to the American Convention on Human Rights. These obligations are considered to flow from the human rights obligations of member states under the OAS Charter, which member states have agreed are contained in and defined by the American Declaration, as well as from the customary legal status of the rights*

---

severity of the punishment dependent, not, primarily, on the nature of the crime committed, but on the location where it was committed. Ceding to state legislatures the determination of whether a juvenile may be executed is not of the same category as granting states the discretion to determine the age of majority for purposes of purchasing alcoholic beverages or to the discretion of state officials results in a patchwork scheme of legislation consenting to matrimony. The failure of the federal government to preempt the states as regards this most fundamental right–the right to life–results in a pattern of legislative arbitrariness throughout the United States which results in the arbitrary deprivation of life and inequality before the law, contrary to Articles I and II of the American Declaration of the Rights and Duties of Man, respectively." *IACHR*, aaO., Rn. 62 f.

683 *IACHR*, Mary and Carrie Dann vs. USA, Case 11.140, Report No. 75/02, OEA/ Ser.L/V/ II. 117 Doc. 1, rev. 1 (2002).

protected under many of the Declaration's core provisions. As a source of legal obligation, therefore, it is appropriate for the Commission to consider and, where substantiated, find violations of that instrument attributable to a member state of the OAS, including the United States."[684]

In diesem Fall wird die Deklaration erstmals als eine „*Quelle rechtlicher Verpflichtungen*" von der Kommission charakterisiert. Nach Ansicht der Kommission stammen diese Verpflichtungen zum einen aus den bindenden menschenrechtlichen Vorschriften der OAS-Charta. Zum anderen begründet die Kommission die Bindungswirkung auch mit dem völkergewohnheitsrechtlichen Status einiger Rechte aus der Deklaration, wobei sie allerdings nicht weiter darauf einging, welche Rechte aus der Deklaration völkergewohnheitsrechtlich anerkannt sind.[685]

Die USA reagierten auf diese Ausführungen im Kommissionsbericht, indem sie deutlich die Unverbindlichkeit der Amerikanischen Deklaration hervorhoben:

„*We must again inform the Commission that we respectfully disagree with the conclusions contained in the Commission's Report; (...) The Commission is erroneously attempting to second-guess those historical proceedings, based on a flawed interpretation of contemporary norms of international law and reliance on the American Declaration, a document that is not legally binding on the United States (...)*".[686]

Aussagen der Kommission hinsichtlich der Rechtsnatur und der Anwendung der Deklaration finden sich auch in *Rafael Ferrer-Mazorra et. al vs. USA* (2001).[687] Dort befand die Kommission, dass die USA gegen Art. I, II, XVII, XVIII und XXV der Deklaration verstoßen hatte, indem sie die 335 Kläger, allesamt in die USA illegal eingereiste Exil-Kubaner, ohne vorherige Prüfung ihrer individuellen Situation in unverhältnismäßiger Weise inhaftiert hatte. Die Kommission führte hinsichtlich der Rechtsnatur der Deklaration aus:

684 *IACHR*, Mary and Carrie Dann vs. USA, Case 11.140, Report No. 75/02, OEA/Ser.L/V/ II. 117 Doc. 1, rev. 1 (2002), Rn. 163.

685 Diese zwei Begründungsansätze verfolgt die Kommission ebenso in: IACHR, Hugo Armendariz vs. United States, Case 526-03, Report No. 57/06, Admissibility, OEA/Ser.L/V/II.127 Doc. 4 rev. 1 (2007), Rn. 29 f.; *IACHR*, Wayne Smith v. United States, Case 8-03, Report No. 56/06, OEA/Ser.L/V/II.127 Doc. 4 rev. 1 (2007), Rn. 33 f.

686 Response of the Government of the United States to October 10, 2002, Report No. 53/02, Case No. 11.140 (Mary and Carrie Dann), abrufbar unter: http://www.cidh.oas.org/Respuestas/USA.11140.htm (zuletzt besucht am 23.06.2013).

687 *IACHR*, Rafael Ferrer-Mazorra et al. vs. USA, Case 9903, Report No. 51/01, OEA/Ser.L./V/II.111, doc. 20 (2001); vgl. auch die Besprechung von: *Gómez*, HRLR 2002, S. 117 ff.

„In particular, the American Declaration, as a modern human rights instrument, must be interpreted and applied in such a way as to protect the basic rights of individual human beings irrespective of their nationality, both against the State of their nationality and all other States for which the instrument constitutes a source of international obligation. (...) It is evident that these basic human rights protections under the Declaration, as with international human rights protections generally, constitute obligations that states of the Americas, including the United States, must guarantee to all persons within their authority and control (...)".[688]

Die Wortwahl der Kommission, die Deklaration als *„verletzt"* anzusehen, ist aufgrund der weiteren Ausführungen der Kommission zur rechtlichen Bedeutung der Deklaration nicht mehr nur als rein rhetorische Wendung zu verstehen, um ihren Empfehlungen größeres moralisches Gewicht zu verleihen. Vielmehr versteht die Kommission die *„Verletzung"* der Deklaration als Bruch einer völkerrechtlichen Verpflichtung.[689] Daraus wird deutlich, dass die Kommission die Rechte aus der Amerikanischen Deklaration keineswegs nur als politische Zielvorgaben versteht, sondern als bindende völkerrechtliche Verpflichtungen, die die Staaten aktuell und nicht nur zukünftig garantieren müssen. In ihrer offiziellen Antwort auf die Veröffentlichung dieser Feststellungen der Kommission widersprachen die USA wieder vehement:

„With regard to each implication or direct assertion in the Commission's report that the American Declaration of the Rights and Duties of Man itself accords rights or imposes duties, some of which the United States has supposedly violated, the United States reminds the Commission that the Declaration is no more than a recommendation to the American States. Accordingly, the Declaration does ***not*** *create legally binding obligations and therefore* ***cannot*** *be "violated."*[690] *(Hervorhebung amtlich).*

Eine weitere Individualbeschwerde gegen die USA, *Ramon Martinez Villareal vs. United States* (2002)[691], verdeutlicht, dass die Kommission die Deklaration in ähnlicher Weise wie einen völkerrechtlichen Vertrag, nämlich mithilfe der in der Wiener Vertragsrechtskonvention kodifizierten Auslegungsregeln, auslegt.

---

688 *IACHR*, aaO., Rn. 78 f.

689 Vgl. etwa *IACHR*, Wayne Smith, Hugo Armendariz, et al vs. USA, Case 12.563, Report No. 81/10, Merits, OEA/Ser.L/V/II.139, Doc. 21 (2010).

690 Response of the Government of the United States of America to Inter-American Commission on Human Rights Report 85/00 of October 23, 2000 concerning Mariel Cubans (Case 9903), Rn. 2, online abrufbar unter: http://www.cidh.org/Respuestas/USA.9903.htm (zuletzt besucht am 23.06.2013).

691 *IACHR*, Ramón Martinez Villareal v. United States, Case 11.753, Report No. 52/02, OEA/Ser.L/V/II.118 Doc. 70 rev. 2 at 457 (2003); vgl. die Besprechung von: *Butler*, HRLR 2004, S. 295 ff.

In dieser Indiviualbeschwerde rügte der mexikanische Beschwerdeführer die Rechtswidrigkeit seiner Verhaftung durch US-amerikanische Behörden, da er dabei nicht über sein Recht auf konsularischen Beistand aus Art. 36 der Wiener Konsularrechtskonvention belehrt worden war und somit in seinen Rechten nach Art. XVIII (Recht auf ein faires Verfahren) und XXVI (*due process of law*-Garantien) der Deklaration verletzt worden sei.

Die USA wandten zunächst wieder ein, dass die Deklaration keine rechtlich bindenden Pflichten begründe. Darüber hinaus rügten die USA auch die Kompetenz der Kommission, über eine Verletzung der Wiener Konsularrechtskonvention zu befinden.[692]

Im Hinblick auf den ersten Einwand führte die Kommission getreu ihrer Linie wieder aus, dass die Deklaration *„eine Quelle internationaler Verpflichtungen"* für die USA und andere OAS-Mitgliedsstaaten, die nicht Partei der AMRK sind, darstelle.[693]

Auf den Einwand der USA über die fehlende Kompetenz der Kommission zur Prüfung einer Verletzung der Wiener Konsularrechtskonvention gab die Kommission zu verstehen, dass sie (mittelbar) über eine Verletzung von Art. 36 WKK befinden dürfe, da diese Norm völkergewohnheitsrechtlich gelte und insoweit als Auslegungsfaktor für die Rechte aus der Amerikanischen Deklaration herangezogen werden könne.[694]

---

692 *IACHR*, aaO., Rn. 92.

693 „With regard to the State's assertion that the American Declaration constitutes no more than a recommendation to OAS member states, the Commission reiterates the well-established precept, articulated in the admissibility report in this matter, that the American Declaration is a source of international obligations for the United States and other OAS member states that are not parties to the American Convention on Human Rights." *IACHR*, aaO., Rn. 96.

694 „As to the Commission's competence in relation to the Vienna Convention on Consular Relations (...) the Commission may properly consider the extent to which a state party to the Vienna Convention on Consular Relations has given effect to the requirements of Article 36 of that treaty, insofar as these requirements constitute part of the corpus juris gentium of international legal rules applicable in evaluating that state's respect for the rights under the American Declaration. (...) (N)on-compliance with the obligation under Article 36 can have a direct and deleterious effect on the quality of due process afforded to a defendant and thereby call into question compliance with the requirements of Articles XVIII and XXVI of the American Declaration as well as similar provisions of other international human rights instruments." *IACHR*, aaO., Rn. 97.

Aufschlussreich über die Auslegung der Rechte aus der Deklaration durch die Kommission ist auch die Individualbeschwerde *Michael Domingues vs. USA (2002).*[695] Darin ging es um die Vereinbarkeit der Vollstreckung der Todesstrafe an einem Minderjährigen (unter 18-Jährigen) in den USA mit dem Recht auf Leben aus Art. I der Amerikanischen Deklaration.

Wie bereits einige Jahre zuvor im Fall *Roach and Pinkerton vs. USA* (1987)[696] stellte die Kommission auch hier eine Verletzung von Art. I der Amerikanischen Deklaration durch die USA fest. Im Unterschied zu jenem Fall stützte die Kommission dieses Ergebnis aber nicht mehr auf eine uneinheitliche Todesstrafenpraxis in den einzelnen Bundesstaaten der USA und damit eine willkürliche Anwendung der Todesstrafe. Vielmehr begründete die Kommission die Verletzung von Art. I nunmehr damit, dass sich mittlerweile eine zwingende völkergewohnheitsrechtliche Norm, mithin *ius cogens*, herausgebildet habe, die es verbiete, die Todesstrafe an Personen unter 18 Jahren zu verhängen. In *Roach and Pinkerton* 1987 sah die Kommission eine solche Norm noch in *statu nascendi* an, wobei sie anmerkte, dass ein zwingendes Verbot der Todesstrafe an Minderjährigen zwar bereits dem Grundsatz nach existiere, jedoch noch nicht hinsichtlich einer konkreten Altersgrenze.

In *Michael Domingues* wies die Kommission erneut auf den Grundsatz der dynamischen bzw. evolutiven Auslegung eines völkerrechtlichen Instruments hin. Danach sei die Deklaration sowohl im Kontext des universellen als auch des inter-amerikanischen Menschenrechtssystems unter Berücksichtigung der Entwicklungen im Völkerrecht nach dem Entstehen der Deklaration auszulegen. Dabei sollten alle in Bezug auf die OAS-Staaten anwendbaren Regeln des Völkervertragsrechts sowie des Völkergewohnheitsrechts, inklusive *ius cogens*, gebührend berücksichtigt werden.[697]

---

695 *IACHR*, Michael Domingues vs. United States, Case 12.285, Report No. 62/02, OEA/Ser.L/V/II.116, Doc. 33 (2002); vgl. dazu auch die Besprechung von: *Gravdal*, Sw. J. L. & Trade Am. 2005, S. 257 ff.

696 *IACHR*, Roach and Pinkerton vs. USA, Case 9647, Report No. 3/87, OEA/Ser.L/V/II.71 doc. 9 rev.1 (1987).

697 „(T)he Commission recalls that in interpreting and applying the Declaration, its provisions (…) should be considered in the context of the broader international and inter-American human rights systems, in the light of developments in the field of international human rights law since it was first composed. Due regard should in this respect be given to other relevant rules of international law applicable to member states against which complaints of violations of the Declaration are properly lodged as well as developments in the corpus juris gentium of international human rights law over time and in present-day conditions. Developments in the

Die Kommission zog mehrere internationale Verträge, darunter Art. 37 UN-Kinderrechtskonvention, Art. 6 Abs. 5 IPbpR, Art. 4 AMRK, Art. 4 der Vierten Genfer Konvention, Resolutionen verschiedener internationaler Organe sowie die innerstaatliche Praxis einiger Staaten heran. Sie folgerte daraus die Existenz einer *ius cogens*-Norm, die es verbiete, die Todesstrafe an Personen unter 18 Jahren zu verhängen und die daher bei der Interpretation von Art. I der Amerikanischen Deklaration zwingend zu berücksichtigen sei.[698] Auf diesen Begründungsansatz verwies die Kommission in der Folgezeit noch in weiteren ähnlichen Fällen gegen die USA.[699]

Die USA äußern auch weiterhin in allen gegen sie gerichteten Individualbeschwerden, dass sie die Amerikanische Deklaration entgegen der Auffassung der Kommission als rechtlich unverbindliches Instrument betrachten. Dabei stellen die USA klar, dass ihr Einwand nicht die Kompetenz der Kommission, die Deklaration als Prüfungsmaßstab zu verwenden, sondern lediglich die materiellrechtliche Verbindlichkeit der Deklaration, betrifft.[700]

---

corpus of international human rights law relevant to interpreting and applying the American Declaration may in turn be drawn from various sources of international law, including the provisions of other international and regional human rights instruments (…) and customary international law, including those customary norms considered to form a part of jus cogens.“ *IACHR*, Michael Domingues vs. United States, Case 12.285, Report No. 62/02, OEA/Ser.L/V/II.116, Doc. 33 (2002), Rn. 44 f.

698 „On this basis, the Commission considers that the United States is bound by a norm of jus cogens not to impose capital punishment on individuals who committed their crimes when they had not yet reached 18 years of age. As a jus cogens norm, this proscription binds the community of States, including the United States. The norm cannot be validly derogated from, whether by treaty or by the objection of a state, persistent or otherwise. Interpreting the terms of the American Declaration in light of this norm of jus cogens, the Commission therefore concludes in the present case that the United States has failed to respect the life, liberty and security of the person of Michael Domingues by sentencing him to death for crimes that he committed when he was 16 years of age, contrary to Article I of the American Declaration.“ *IACHR*, aaO., Rn. 85 f.

699 Vgl etwa: *IACHR*, Douglas Christopher Thomas vs. United States, Case 12.240, Report No. 100/03, OEA/ser.L./V./II.118, doc. 5 rev. 2 (2002); *IACHR*, Napoleon Beazley vs. United States, Case 12.412, Report No. 101/03, OEA/ser. L./V.II.118, doc. 5 rev. 2 (2003).

700 So etwa die Aussage der USA: „The United States argued that under the Charter of the OAS, the Commission has of course the competence and responsibility to promote observance of and respect for the standards and principles set forth in the

In *William Andrews vs. United States* (1997) stellten die USA wiederholt und deutlich fest:

> *„(T)he United States categorically rejects (…) that the American Declaration and the Statute and Regulations of the Commission has acquired legally binding force for all OAS member countries. As the United States has previously noted, the Declaration is not a treaty and has not acquired binding legal force. This remains the view of the United States notwithstanding the Commission's decision (…) and the Advisory Opinion of the Inter-American Court of Human Rights OC-10/98 (Colombia) of July 14, 1989. (…) The United States accepts and promotes the importance of the American Declaration. It is a solemn moral and political statement of the OAS member states, against which each member state's respect for human rights is to be evaluated and monitored, including the policies and practices of the United States. (…) The United States does not believe, however, that the American Declaration has binding force as would an international treaty.“*[701]

In *Gonzales vs. USA* (2007) wiesen die USA zudem darauf hin, dass die mangelnde Genauigkeit und Klarheit des Textes der Amerikanischen Deklaration nicht verwunderlich sei, stelle doch die Deklaration ein rechtlich unverbindliches Instrument mit bloßen Zielbestimmungen dar.[702]

Dass die Kommission die *„Verletzung“* der Deklaration als Bruch einer materiellen völkerrechtlichen Verpflichtung versteht, wird auch in der Beschwerde *Wayne Smith, Hugo Armendariz, et al vs. USA* aus dem Jahr 2010[703] deutlich. Dort gaben die USA zu verstehen, dass sie die Feststellungen der Kommission,

---

Declaration. The United States has consistently displayed its respect for and support of the Commission in this regard, inter alia by responding to petitions presented against it on the basis of the Charter and the Declaration.“ *IACHR*, „William Andrews vs. United States“, Case 11.139, Report No 57/96, OEA/Ser.L/V/II.95 Doc. 7 rev. at 570 (1997), Rn. 60.

701 *IACHR*, aaO., Rn. 59 f.

702 „This lack of specificity in the Declaration is not surprising when it is recalled that the American Declaration is a non-binding instrument, and its provisions are aspirational." Response of the Government of the United States of America to the Inter-American Commission on Human Rights Regarding Jessica Gonzales Petition # P-1490–05 (Report No. 52/07, Petition 1490–05, Admissibility, Jessica Gomzales and Others vs. United States, July 24, 2007), S. 26, zu finden unter: www.aclu.org/files/pdfs/womensrights/gonzales_govtresponse20060925.pdf (zuletzt besucht am 23.06.2013).

703 *IACHR*, Wayne Smith, Hugo Armendariz, et al vs. USA, Case 12.563, Report No. 81/10, Merits, OEA/Ser.L/V/II.139, Doc. 21 (2010).

in denen sie von einer Verletzung der Amerikanischen Deklaration spricht, als *„ungültig"*, mithin *ultra vires*, betrachten.[704]

Daraufhin erläuterte die Kommission:

> *„In its observations on the Petitioners' petition, the United States contests the authority of the Commission to determine as against the State violations of the American Declaration. In the State's view, the Declaration does not create legally binding obligations and therefore cannot be "violated" as that term is used in the petition. According to the long-standing practice and jurisprudence of the inter-American human rights system, however, the American Declaration of the Rights and Duties of Man constitutes a source of international obligation for the United States and other OAS Member States that are not parties to the American Convention on Human Rights. These obligations are considered to flow from the human rights commitments of Member States under the OAS Charter, which Member States have agreed are contained in and defined by the American Declaration, as well as from the customary legal status of the rights protected under many of the Declaration's core provisions, and the Commission is empowered under Articles 18 and 20 of its Statute to receive and evaluate allegations that states have failed to respect these commitments. It is therefore appropriate to characterize a Member State's failure to guarantee the rights under the American Declaration as a violation of its obligations under international human rights law and the Commission rejects the State's contention that the American Declaration does not create legally binding obligations for Member States of the OAS."*[705]

Die Kommission geht sogar davon aus, dass die OAS-Staaten bereits ab dem Zeitpunkt ihrer Mitgliedschaft in der OAS an die Verpflichtungen aus der Deklaration materiell gebunden sind.[706]

---

704 „(T)he State contends that the American Declaration does not create legally binding obligations on OAS member states and cannot be said to create rights or impose duties on the United States, and therefore any assertion that the United States has violated any of the Declaration's provisions has no validity". *IACHR*, Hugo Armendariz vs. United States, Case 526–03, Report No. 57/06, Admissibility, OEA/Ser.L/V/II.127 Doc. 4 rev. 1 (2007), Rn. 21 f.

705 *IACHR*, aaO., 29 f.; vgl. auch: *IACHR*, Wayne Smith vs. United States, Case 8–03, Report No. 56/06, Admissibility, OEA/Ser.L/V/II.127 Doc. 4 rev. 1 (2007), Rn. 33 f.

706 Im Falle der USA sei das bereits seit 1951: „The United States has been bound by the obligations of the American Declaration since June 19, 1951, the date on which it deposited its instrument of ratification of the OAS Charter." *IACHR*, Undocumented Migrant, Legal Resident, and U.S. Citizen Victims of Anti-Immigrant Vigilantes vs. United States, Report No. 78/08, Petition 478–05, Admissibility, OEA/Ser.L/V/II Doc. 51, corr. 1 (2009), Rn. 45.

bb) Fälle gegen sonstige Nicht-AMRK-Staaten

Außer den USA haben Kuba, Antigua & Barbuda, die Bahamas, San Kitts & Nevis, Santa Lucia, Saint Vincent & die Grenadinen sowie Kanada die AMRK bislang nicht ratifiziert. Überdies sind einige OAS-Staaten erst nachträglich der AMRK beigetreten, sodass für sie bis zum Zeitpunkt ihres Beitritts zur AMRK ebenfalls nur das menschenrechtliche Regime der OAS-Charta und der Amerikanischen Deklaration anwendbar war.

Eine Analyse der Individualbeschwerdepraxis gegen diese Staaten ergibt, dass sich die Kommission, anders als bei Fällen gegen die USA, in der Regel mit der knappen Feststellung begnügt, dass die Deklaration *„eine Quelle rechtlicher Verpflichtungen für alle Mitgliedsstaaten der OAS“* darstelle.[707]

Bei näherer Betrachtung der Reaktionen der betreffenden Staaten auf das gegen sie geführte Individualbeschwerdeverfahren ist festzustellen, dass diese Staaten im Unterschied zu den USA die Äußerungen der Kommission zur Rechtsnatur der Verpflichtungen aus der Deklaration nicht in Frage stellen. Eine umfassende Analyse sämtlicher Kommissionsentscheidungen zwischen den Jahren 2000 und 2010[708] ergibt, dass die Reaktionen der Staaten sowohl im laufenden Verfahren als auch auf die Veröffentlichung des Kommissionsberichts entweder

---

707 Vgl. etwa die Individualbeschwerde gegen die Bahamas 2007: „As the Commission has noted on many previous occasions, the American Declaration constitutes a source of international legal obligation for all Member States of the Organization of American States, including The Bahamas.“ *IACHR*, Chad Roger Goodman vs. Commonwealth of the Bahamas, Case 12.265, Report No. 78/07, Merits, OEA/Ser.L/V/II.130 Doc. 22, rev. 1 (2007), Rn. 41. Ähnlich: *IACHR*, Grand Chief Michael Mitchell vs. Canada, Case 12.435, Report No. 61/08, Merits, OEA/Ser.L/V/II.134 Doc. 5, rev. 1 (2009), Rn. 62; *IACHR*, Maya Indigenous Communities of the Toledo District vs. Belize, Case 12.053, Report No. 40/04, OEA/Ser.L/V/II.122 Doc. 5 rev. 1 (2004), Rn. 85. In Bezug auf Kuba benutzt die Kommission regelmäßig folgende Formulierung: „As the Commission has stated on repeated occasions, the American Declaration is a source of binding international obligations for all member States of the Organization of American States, including Cuba. (…) Under the OAS Charter, member States undertake to respect individuals' fundamental rights which, in the case of States that are not parties to the Convention, are the rights established in the American Declaration of the Rights and Duties of Man.“ *IACHR*, Oscar Elías Biscet y Otros vs. Cuba, Case 12.476, Report No. 67/06, OEA/Ser.L/V/II.127 Doc. 4 rev. 1 (2006), Rn. 40.

708 Vgl. Annual Report of the Inter-American Commission on Human Rghts 2010, OEA/Ser.L/V/II. Doc. 5, rev. 1 (2011), Chapter III D „Status of compliance with the recommendations of the IACHR“, zu finden unter: http://www.cidh.org/annualrep/2010eng/TOC.htm (zuletzt besucht am 23.06.2013).

ganz ausbleiben[709] oder sich nur auf inhaltliche Aspekte der Auslegung der betreffenden Deklarationsrechte beziehen. Letzteres ist etwa bei Beschwerden gegen Kanada zu beobachten. Kanada bringt lediglich Argumente gegen eine inhaltliche Verletzung des entsprechenden Deklarationsrechts vor, stellt aber nicht die materielle Bindungswirkung der Deklaration als solche in Frage.[710]

Auch Belize hat der Kommission in *Maya Indigenous Communities of the Toledo District vs. Belize* (2004) im Hinblick auf ihre Äußerung, wonach die Deklaration eine „*Quelle rechtlicher Verpflichtungen*" sei, nicht widersprochen, sondern nur in der Sache argumentiert.[711] Überdies übermittelte Belize im Anschluss an die Empfehlungen der Kommission einen Bericht über die ergriffenen Abhilfemaßnahmen.[712] Darin bekräftigte Belize, den Empfehlungen der Kommission Folge zu leisten und verwies auf eine in der Zwischenzeit ergangene Entscheidung seines Obersten Gerichtshofs, der die Kommissionsempfehlung ausdrücklich in seiner Entscheidung berücksichtigte.[713]

Schließlich zeigt auch die Reaktion Brasiliens vor dessen Beitritt zur AMRK auf eine Kommissionsempfehlung, in der die Kommission eine Verletzung der

---

709 Wie die Fälle gegen die Bahamas: Cases 12.067, 12.068, 12.086, 12.265, 12.513; gegen Guyana: Cases 12.264, 12.504; gegen Trinidad und Tobago: Case 12.269, enthalten in: Annual Report of the Inter-American Commission on Human Rights, *ibid.*

710 Vgl. *IACHR*, Grand Chief Michael Mitchell vs. Canada, Case 12.435, Report No. 61/08, Merits, OEA/Ser.L/V/II.134 Doc. 5, rev. 1 (2009); Vgl. auch exemplarisch die Argumente Kanadas in: *IACHR*, James Demers v. Canada, Case P-225-04, Report No. 85/06, OEA/Ser.L/V/II.127 Doc. 4 rev. 1 (2007), enthalten in: *Toumola*, Petitioners Observations on Canada's Additional Information, September 2005, Onlineresource, abrufbar unter: http://works.bepress.com/jeffrey_tuomala/20; vgl. auch Kanadas Antwort in den Fällen *IACHR*, Sarah Joseph vs. Canada, Case 11.092, Report No. 27/93, OEA/Ser.L/V/II.85 Doc. 9 rev. (1994) und *IACHR*, Hul'Qumi'Num Treaty Group vs. Canada, Report No 105/09, Petition 592-07, Admissibility, OEA/Ser.L/V/II. Doc. 51, corr. 1 (2009). Vgl. dazu: *McEvoy/Fleming*, RCS 1997, S. 124 ff.

711 Vgl. *IACHR*, Maya Indigenous Communities of the Toledo District vs. Belize, Case 12.053, Report No. 40/04, OEA/Ser.L/V/II.122 Doc. 5 rev. 1 (2004).

712 „Report on the measures taken by the Government of Belize to comply with the recommendations of the Inter-American Commission on Human Rights as set forth in Report No. 40/04", erwähnt in: Annual Report of the Inter-American Commission on Human Rights 2009, Chapter III The Petition and Case System, OEA/Ser.L/V/II, Doc. 51, corr. 1 (2009), Rn. 79.

713 Vgl. Annual Report of the Inter-American Commission on Human Rghts 2010, OEA/Ser.L/V/II. Doc. 5, rev. 1 (2011), Chapter III D „Status of compliance with the recommendations of the IACHR", Rn. 144.

Deklaration feststellte, dass Brasilien an keiner Stelle seiner Verteidigungsschrift die Rechtsverbindlichkeit der Amerikanischen Deklaration bestreitet.[714]

b) Praxis bei der Erstellung allgemeiner Länderberichte

In den Länderberichten über Nicht-AMRK-Staaten folgt die Kommission auch nach 1979 ihrer gängigen Praxis, die Menschenrechtssituation innerhalb des betreffenden Staates am Maßstab der Amerikanischen Deklaration zu beurteilen. Dabei benennt die Kommission die ihrer Ansicht nach *„verletzten"* Deklarationsrechte und spricht konkrete Empfehlungen zur Beseitigung der Rechtsverletzung sowie zur künftigen Verbesserung der Menschenrechtssituation im betreffenden Staat aus.[715] Im Länderbericht über Suriname 1983 hebt die Kommission die menschenrechtlichen Vorschriften der OAS-Charta hervor und stellt anschließend fest, dass der Staat schwerwiegende Menschenrechtsverletzungen nach der Amerikanischen Deklaration begangen hat.[716]

Zu beobachten ist, dass sich die Sprachwahl der Kommission im Hinblick auf die Amerikanische Deklaration im Laufe der Zeit erheblich verschärft hat. So stellt die Kommission im Länderbericht über Chile 1985 (vor dessen AMRK-Beitritt) noch allein auf die prozessuale Bedeutung der Deklaration im Rahmen des Kommissionsstatuts ab.[717] In anderen Länderberichten aus späterer Zeit spricht die Kommission aber zunehmend davon, dass die Amerikanische

---

714 *IACHR*, Police District Parque Sao Lucas Sao Paulo vs. Brazil, Case 10.301, Report No. 40/03, OEA/Ser./L/V/II.114 Doc. 70 rev. 1 (2003).

715 Vgl. etwa: *IACHR*, Report on the Situation of Human Rights in Argentina, OEA/Ser.L/V/II.49 Doc. 19 corr.1 11 April 1980.

716 „The State of Suriname was admitted to the United Nations on November 4th, 1975, and became a member of the organization of American States on June 8th, 1977. The Charters of both organizations include dispositions related to the promotion, respect and guarantee of human rights. (…) In light of the foregoing, the Commission concludes that serious violations of important human rights provided in the Declaration of the Rights and Duties of Man have occurred in Suriname. The rights particularly affected are (…)." *IACHR*, Report on the Situation of Human Rights in Suriname, OEA/Ser.L/V/II.61 doc.6 rev. 1, 5 October 1983, Rn. 74 ff.

717 Vgl. etwa die Kommissionsaussage: „As a member state of the Organization of American States, Chile is bound by the 1948 American Declaration on the Rights and Duties of Man. An instrument that both the former and present Statute of the Inter-American Commission on Human Rights consider to be applicable law for the member states of the Organization." *IACHR*, Report on the Situation of Human Rights in Chile, OEA/Ser.L/V/II.66 doc.17, 9 September 1985, Rn. 91.

Deklaration in Verbindung mit der OAS-Charta „*eine Quelle rechtlicher Verpflichtungen*" sei. Dies wird zum Beispiel aus dem Länderbericht über Kanada 2000 deutlich, wo es heißt:

> „*The member States have given specificity to the rights generally referred to in the Charter. Most pertinently for the purposes of the present analysis, the American Declaration of the Rights and Duties of Man (hereinafter „American Declaration") specifies the fundamental rights to which each person is entitled, and which each member State is bound to uphold. While the majority of the OAS member States are also Parties to the American Convention on Human Rights, in the case of those States such as Canada that have yet to ratify that treaty, the OAS Charter and the American Declaration provide the source of legal obligation.*"[718]

Kanada griff die Bemerkungen der Kommission hinsichtlich der Deklaration und der OAS-Charta nicht an, sondern beschränkte sich nur auf Erwiderungen materieller Art über die Auslegung einzelner Menschenrechte. Kanada widersprach allerdings der Heranziehung anderer völkerrechtlicher Normen durch die Kommission und betonte, dass seine Verpflichtungen lediglich aus der Amerikanischen Deklaration herrühren.[719]

In ihrem neuesten Länderbericht über die USA von 2010[720] stellte die Kommission fest, dass das US-amerikanische Immigrationsrecht gegen die Verpflichtungen der USA aus der Amerikanischen Deklaration verstößt. Die USA lehnten die Schlussfolgerung der Kommission, wonach die Deklaration eine Quelle bindender rechtlicher Verpflichtungen sei, erneut ab und wiesen darauf hin, dass die Deklaration ein unverbindliches Dokument sei, dass als solches keine völkerrechtlichen Rechte oder Pflichten für die Signatarstaaten begründe.[721] Die

---

718 *IACHR*, Report on the Situation of Human Rights of Asylum Seekers within the Canadian Refugee Determination System, OEA/Ser.L/V/II.106 doc. 40 rev., February 28, 2000, Rn. 30.

719 „(T)he Government of Canada indicated that it understood that „many of the comments in the Report are suggestions to improve the Canadian refugee determination system and go beyond Canada's obligations under the American Declaration." The Government requested „therefore, that comments in the Report relate explicitly to Canada's compliance with the American Declaration."" *IACHR*, aaO., Rn. 38.

720 *IACHR*, Report on Immigration in the United States: Detention and Due Process, OEA/Ser.L/V/II. Doc. 78/10, 30 December 2010.

721 „The State agrees with the Commission that it has an obligation to ensure the human rights of all immigrants, documented and undocumented alike, but it also considers that many of the sources referred to by the Inter-American Commission do not give rise to binding legal obligations on the United States. According to the position of the State, the American Declaration is "a non-binding instrument that

Kommission erwiderte, dass die Deklaration sehr wohl ein Instrument sei, welches im Rahmen der OAS-Charta völkerrechtliche Verpflichtungen generiere.[722] Vor der Ratifikation der AMRK seien die menschenrechtlichen Verpflichtungen für die OAS-Staaten in der Deklaration ausgedrückt. Diese menschenrechtlichen Verpflichtungen richteten sich nach Vorschriften der OAS-Charta im Allgemeinen und nach den in der Deklaration statuierten Rechte im Besonderen. Die Rechte aus der Deklaration seien im Lichte der gegenwärtigen Entwicklungen im Bereich der internationalen Menschenrechte, wie sie durch Verträge, Gewohnheitsrecht und andere relevanten Völkerrechtsquellen verdeutlicht werden, zu interpretieren. In Bezug auf die OAS-Staaten, die der AMRK noch nicht beigetreten sind, könne auch die AMRK von der Kommission als Informationsquelle bei der Auslegung der Deklaration berücksichtigt werden.[723]

3. Überblick über die Befolgungsrate der Kommissionsempfehlungen

Ergänzend zur Kommissionspraxis und den dazu geäußerten Rechtsauffassungen der Staaten ist abschließend kurz die Kooperationsbereitschaft und die

does not itself create legal rights or impose legal obligations on signatory states". *IACHR*, aaO., Rn. 24.

722 „The Inter-American Commission appreciates the response of the State, and the positive engagement with the inter-American system of human rights. However, with respect to the position of the United States interpreting the nature of the American Declaration, it must be reiterated that it is indeed an instrument that generates international obligations in the framework of the OAS Charter, taking into account the IACHR's Statute.“ *IACHR*, aaO., Rn. 30.

723 „The IACHR has held before that for Member States that have yet to ratify the American Convention, the expression of their obligations in the sphere of human rights is set forth in the American Declaration; accordingly, such obligations have been interpreted in relation to the OAS Charter generally, and the American Declaration more specifically. The Inter-American Commission has also explained that it may interpret and apply the pertinent provisions of the American Declaration in light of current developments in the field of international human rights law, as evidenced by treaties, custom and other relevant sources of international law. (…) (T)he American Convention represent(s), in many instances, an authoritative expression of the fundamental principles set forth in the American Declaration. While the Commission clearly does not apply the American Convention in relation to member States that have yet to ratify that treaty, its provisions may well be relevant in informing an interpretation of the principles of the Declaration.“ *IACHR*, aaO., Rn. 30.

Befolgungsrate der Kommissionsempfehlungen darzustellen, ohne schon an dieser Stelle eine rechtliche Bewertung vorzunehmen.[724]

Bis zum Ende der 1980er-Jahre war die Kooperationsbereitschaft vieler OAS-Staaten mit der Kommission noch sehr gering ausgeprägt. Es war fast schon gängige Praxis vieler Staaten, die Empfehlungen der Kommission einfach zu ignorieren und auf Anfragen der Kommission nicht zu antworten. Von 1986 bis 1995 fehlte es in fast der Hälfte aller Fälle an einer Mitarbeit des betreffenden Staates.[725]

Seit 1995 ist eine Wende zu verzeichnen. Nach einem Kommissionsbericht von 1997 erreichte die Kooperationsrate der Staaten in den Jahren 1996 und 1997 sowohl in den schriftlichen als auch in den mündlichen Verfahrensstadien fast 100%.[726]

Zur Feststellung der ergriffenen Abhilfemaßnahmen nach dem Erlass einer Kommissionsempfehlung ist in Art. 48 Kommissionsstatut (1979) ein *follow-up*-Mechanismus vorgesehen. Danach kann die Kommission von den Staaten Informationen über die Befolgung der Empfehlungen anfordern und Anhörungen organisieren, um die Befolgung der Empfehlungen nachzuprüfen.[727]

Die Jahresberichte der Kommission, die von der *Generalversammlung* veröffentlicht werden, enthalten Informationen über den Status der Befolgung der Kommissionsempfehlungen. Daraus ist ersichtlich, dass die Befolgungsrate in den Anfangsjahren der Kommissionstätigkeit noch verschwindend gering war, jedoch im Laufe der Zeit deutlich angestiegen ist.[728] Dies hängt sicherlich vor allem damit zusammen, dass die Mehrzahl der OAS-Staaten mittlerweile der AMRK beigetreten sind und die Jurisdiktion des Inter-Amerikanischen

---

724 Eine rechtliche Bewertung erfolgt im ZWEITEN TEIL des FÜNFTEN KAPITELS.

725 Vgl. *Buergenthal/Cassel*, The Future of the Inter-American Human Rights System, S. 550.

726 Vgl. dazu die Übersicht in: *IACHR*, Annual Report of the Inter-American Commission of Human Rights 1997, OEA/Ser.L/V/II.98 doc. 6 rev., 13 April 1998 und *IACHR*, Annual Report of the Inter-American Commission on Human Rights 1996, OEA/Ser.L/V/II.95 Doc. 7 rev., 14 march 1997.

727 Art. 48 Statut (1979) lautet: „1. Once the Commission has published a report on a friendly settlement or on the merits in which it has made recommendations, it may adopt the follow-up measures it deems appropriate, such as requesting information from the parties and holding hearings in order to verify compliance with friendly settlement agreements and its recommendations. 2. The Commission shall report on progress in complying with those agreements and recommendations as it deems appropriate."

728 *Cassel*, Inter-American Human Rights Law Soft and Hard, S. 415.

Gerichtshofs akzeptiert haben. Diese Staaten sind in Bezug auf Anfragen und Empfehlungen der Kommission meistens kooperationsfreudiger, um so zu verhindern, dass die Kommission den Fall an den Inter-Amerikanischen Gerichtshof weiterleitet.

Allerdings ist zu beobachten, dass der Kooperationswille und die Befolgungsrate bei Nicht-AMRK-Staaten noch immer schwach ausgeprägt sind. Der Jahresbericht der Kommission von 2010, der eine Auflistung der Befolgungsrate aller Individualbeschweden der Jahre 2000 bis 2010 enthält, verdeutlicht dies. Daraus ergibt sich im Hinblick auf Nicht-AMRK-Staaten folgendes Bild:

In Bezug auf die Bahamas gab die Kommission drei Empfehlungen zur Beseitigung der Deklarationsverletzung ab, wovon keine bislang erfüllt wurde. In Bezug auf Belize und Trinidad & Tobago sprach die Kommission jeweils in einem Fall eine Empfehlung aus, die bislang noch nicht befolgt wurden. Kuba leistete den Empfehlungen aus insgesamt zwei gegen diesen Staat erfolgreichen Individualbeschwerden keine Folge. Guyana kam ebenfalls den Empfehlungen aus den zwei erfolgreichen Individualbeschwerden nicht nach. Im Hinblick auf die USA sprach die Kommission in insgesamt 15 Fällen Empfehlungen zur Beseitigung des Verstoßes gegen die Amerikanische Deklaration aus. Die Empfehlungen wurden davon in einem Fall komplett, in acht Fällen teilweise und in sechs Fällen gar nicht erfüllt.[729]

4. Fazit zur Kommissionspraxis von 1979 bis heute

Seit 1979 spielt das Individualbeschwerdeverfahren eine maßgebliche Rolle in der Praxis der Kommission. Dabei hat die Kommission vor allem in Verfahren gegen die USA nach und nach ihre Auffassung ausgebaut und verteidigt, wonach die Amerikanische Deklaration der Rechte und Pflichten des Menschen über die menschenrechtlichen Normen der OAS-Charta eine „*Quelle bindender völkerrechtlicher Verpflichtungen*“ sei.

Mit Ausnahme der USA, die dieser Auffassung bei jeder gegen sie gerichteten Individualbeschwerde oder einem Länderbericht widersprochen haben, haben die übrigen OAS-Staaten keinen Widerspruch geleistet. In ihren Stellungnahmen gehen diese Staaten lediglich auf inhaltliche Argumente über die Auslegung der betroffenen Rechte aus der Deklaration ein.

729 Vgl. *IACHR*, Annual Report of the Inter-American Commission of Human Rights 2010, OEA/Ser.L/V/II. Doc. 5, rev. 1, 7 March 2011, S. 67 ff.

Mit ihrer Rechtsauffassung hinsichtlich der bindenden Natur der Amerikanischen Deklaration folgt die Kommission ihrer bisherigen Linie, ihre Kompetenzen weit auszulegen im Sinne eines effektiven Menschenrechtsschutzes auf inter-amerikanischer Ebene. Damit bewegt sie sich jedoch auf einem schmalen Grat zwischen rechtmäßigem Handeln auf Grundlage der ihr eingeräumten Kompetenzen aus der OAS-Charta und dem Statut und einem *ultra vires*-Handeln. Ob das eine oder andere vorliegt, hängt entscheidend von der Auslegung der einschlägigen Rechtsgrundlagen ab und von dem Verhalten der OAS-Mitgliedsstaaten, die eine ausufernde Kommissionspraxis entweder als unbeachtlich zurückweisen oder im Sinne der stillschweigenden authentischen Vertragsauslegung oder Vertragsänderung billigen können.[730]

B. Die Praxis der *Generalversammlung* der OAS

Auch die *Generalversammlung*, das Hauptorgan der OAS[731], hat sich in ihrer Praxis über die menschenrechtlichen Verpflichtungen der OAS-Staaten im inter-amerikanischen System geäußert.

Die *Generalversammlung* besteht aus je einem Vertreter der Mitgliedsstaaten der OAS, die bei Abstimmungen über jeweils eine Stimme verfügen.[732] Gemäß Art. 59 OAS-Charta kommen Beschlüsse der *Generalversammlung* durch ein zustimmendes Votum der absoluten Mehrheit der Mitgliedsstaaten zustande, es sei denn in der OAS-Charta oder in der Verfahrensordnung der *Generalversammlung* ist eine 2/3-Mehrheit vorgeschrieben. Dazu gehören etwa Beschlüsse über die Agenda, das Budget der OAS sowie die Suspendierung von Mitgliedsstaaten.[733] Aus Art. 80 OAS-Charta ist ersichtlich, dass die *Generalversammlung* in Form von Resolutionen, Deklarationen oder Empfehlungen handeln kann.[734]

730 Dies wird eingehend im ZWEITEN TEIL dieses Kapitels untersucht.

731 Vgl. Art. 54 S. 1 OAS-Charta.

732 Vgl. Art. 56 OAS-Charta.

733 Vgl. konkretisierend Art. 65 und 66 VerfO Generalversammlung: Artikel 65 VerfO GV: „In both the plenary sessions and the General Committee meetings, decisions shall be taken by the vote of a majority of the member states, except in those cases in which the Charter of the Organization or these Rules of Procedure may provide otherwise." Artikel 66 VerfO GV: „In the subcommittees and working groups of the General Committee, decisions shall be taken by the vote of a majority of the delegations present, except in those cases in which these Rules of Procedure may provide otherwise."

734 Art. 80 OAS-Charta bestimmt: „The resolutions, declarations, and recommendations issued by the General Assembly shall be published in the official languages of the Organization (...)".

Die Staaten haben das Recht, bei den Resolutionen der *Generalversammlung* Vorbehalte und Erklärungen anzubringen.[735]

Im Hinblick auf den Bereich der Menschenrechte kann die *Generalversammlung* über Konventionsentwürfe, die ihr von den Mitgliedsstaaten zugeleitet werden, beraten.[736] Außerdem empfängt sie die *„oberservations"* und *„recommendations"* des *Ständigen Rates*, des *Außenministertreffens* sowie, auf Anforderung, von anderen OAS-Organen.[737] Von ganz entscheidender Bedeutung dabei ist der Empfang und die förmliche Annahme der Jahresberichte der *Inter-Amerikanischen Kommission* und des *Inter-Amerikanischen Gerichtshofs für Menschenrechte.* Auf Verlangen der Kommission werden die Empfehlungen der Kommission im Hinblick auf einen Mitgliedsstaat, sofern der Staat diesen nicht nachkommt, im Jahresbericht der *Generalversammlung* veröffentlicht. Schließlich kann die *Generalversammlung* in Ausübung ihrer allgemeinen Kompetenz, die Richtlinien und Direktiven der OAS vorzugeben[738], Deklarationen, Resolutionen und Empfehlungen mit Bezug zu Menschenrechten verabschieden.

I. Die Praxis der *Generalversammlung*, insbesondere im Hinblick auf die Jahresberichte der Inter-Amerikanischen Kommission für Menschenrechte, von 1970 bis 2000

Seit der Revision der OAS-Charta durch das 1970 in Kraft getretene Protokoll von Buenos Aires ist die Inter-Amerikanische Kommission dazu aufgefordert, einen jährlichen Bericht an die *Generalversammlung* zu schicken, in dem sie über ihre Aktivitäten und über die an die OAS-Staaten gerichteten Empfehlungen berichtet.

Eine Analyse der Reaktionen der *Generalversammlung* auf die Kommissionsberichte ergibt folgendes Bild: Die ersten Resolutionen der *Generalversammlung*

---

735 Vgl. Art. 81 VerfO GV: „Any delegation that wishes to make a reservation or statement with respect to a treaty or convention, or a statement regarding a resolution of the General Assembly, shall communicate the text thereof to the Secretariat, so that the latter may distribute it to the delegations no later than at the plenary session at which the instrument in question is to be voted upon. Such reservations and statements shall appear along with the treaty or convention or, in the case of a resolution, in the corresponding minutes."

736 Vgl. auch Art. 36 VerfO GV.

737 Vgl. Art. 54 lit. f OAS-Charta.

738 Vgl. Art. 54 lit. a OAS-Charta.

seit Beginn ihrer Tätigkeit 1970 sind noch sehr zurückhaltend. Darin findet sich lediglich die allgemein formulierte und pauschale Aussage, dass die *Generalversammlung* die Kommissionsberichte *„zur Kenntnis nimmt“* und der Kommission für ihre Arbeit dankt.[739]

Seit 1976 hat die *Generalversammlung* ihre Zurückhaltung aufgegeben. Neben der formalen Annahme der Berichte finden sich in ihren Resolutionen zusätzliche Äußerungen über die in den Berichten dargestellte Menschenrechtssituation. So rügt die *Generalversammlung* nunmehr selbst den betreffenden Staat wegen seiner Menschenrechtspraxis und fordert ihn auf, die von der Kommission empfohlenen Maßnahmen zu beachten. Darüber hinaus fordert sie die Kommission auf, über die Situation weiter zu berichten.[740]

In einer Resolution von 1976 wendet sich die *Generalversammlung* direkt an die chilenische Regierung und fordert diese auf, alle Maßnahmen und Mittel zu ergreifen, die nötig sind, um die vollständige Beachtung der Menschenrechte effektiv sicherzustellen.[741]

---

739 „The General Assembly (...) resolves: To take cognizance of the annual report of the Inter-American Commission on Human Rights and to thank it for the important work it is doing.“ So z.B. in den Resolutionen: AG/Res.53 (I-0/71), AG/Res. 83 (II-0/72), AG/Res. 106 (III-0/73), AG/Res 154 (IV-0/74), AG/Res. 192 (V-0/75). Die Resolutionen der Generalversammlung sind online abrufbar unter: http://www.oas.org/consejo/GENERAL%20ASSEMBLY/Resoluciones-Declaraciones.asp (zuletzt besucht am 23.06.2013).

740 Vgl. etwa die Resolution der Generalversammlung anlässlich des Kommissionsberichts über Chile 1975: „La Assemblea General (...) RESUELVE: 2. Tomar nota, con aprobación de la aceptación por el Gobierno de Chile de la visita del Grupo de Trabajo de la Comisión de Derechos Humanos de las Naciones Unidas. 3. Hacer un respetuoso llamaniento a todos los Gobiernos, incluso al Gobierno de Chile, para que continúen prestado la mayor atención a las sugerencias y recomendaciones de la Comisión Interamericana respecto a los derechos humanos. 4. Solicitar que la Comisión Interamericana, approvechando todos los medios pertinentes, obtenga y considere más información, y presente un informe sobre la situación de los derechos humanos en Chile a la próxima sesión de la Asamblea General, cerciorándose de que el Gobierno de Chile disponga de un plazo prudencial para presentar sus propias observaciones.“ Vgl. auch die „Resolución sobre la Situación de los Derechos Humanos en Chile“, AG/Res.190 (V-0/75); aus neuerer Zeit: „Observations and Recommendations on the Annual Report of the Inter-American Commission on Human Rights” AG/RES. 2522 (XXXIX-O/09).

741 „La Assemblea General (...) RESUELVE: 1. Formular un encarecido llamamiento al Gobierno de Chile, a fin de que continúe adoptando y poniendo en práctica los medios y medidas necesarios para preservar y asegurar efectivamente la plena vigencia

In einer Resolution aus dem Jahre 1977 mit dem Titel „*Means to Promote Respect for and Protection of Human Rights*“ beschäftigt sich die *Generalversammlung* eingehender mit den menschenrechtlichen Verpflichtungen aus dem OAS-System. In den Erwägungsgründen stellt die *Generalversammlung* zunächst Defizite an den gegebenen inter-amerikanischen Instrumenten zum Schutz der Menschenrechte fest.[742] Die *Generalversammlung* fordert die Kommission auf, eine Studie anzufertigen, in der Methoden zur Erforschung von Menschenrechtsverletzungen sowie die aus der Amerikanischen Deklaration folgenden Verpflichtungen („*commitments*“)[743] der Mitgliedsstaaten erläutert werden.[744] Die *Generalversammlung* erkennt damit an, dass die OAS-Staaten aus der Amerikanischen Deklaration Verpflichtungen haben.

---

de los derechos humanos.“ AG/Res. 242 (VI-0/76); Res. 243 (VI-0/76); ähnlich: Res. 313 (VII-0/77) ebenfalls Chile betreffend. Zur Praxis der OAS-Organe in Bezug auf Menschenrechte allgemein: *Rescia/Seitles*, N.Y.L. Sch. J. Hum. Rts. 1999–2000, S. 604; *de la Colina*, El Debate sobre Derechos Humanos en los Organos Politicos de la OEA, S. 339 ff. mit weiteren Beispielen aus der Organpraxis.

742 „WHEREAS: The nations voluntarily associated in the Organization of American States have established the American Declaration of the Rights and Duties of Man as a goal for the development of their legal culture and a necessary framework for the people of the Americas to reach their full political expression; (…) Likewise, the principle of nonintervention by the states in the internal affairs of other states is respected and endorsed by the Organization of American States as a basis for the judicial equality of the states; The commitments assumed by the states on protection of and respect for human rights have not been delegated by the inter-american community or the international community to any particular state, but to special agencies created by them; The present legal instruments created to investigate violations of the American Declaration of the Rights and Duties of Man have shortcomings that make application of its standards less effective;“ AG/Res. 314 (VII-0/77).

743 Vgl. zu diesem Begriff die Ausführungen im FÜNFTEN KAPITEL, ZWEITER TEIL, B III 2.

744 „THE GENERAL ASSEMBLY RESOLVES: (…) To recommed the Inter-American Commission on Human Rights that it prepare a study on the system and methods of investigation of violations of those rights, based on non-discriminatory principles that recognize the juridical equality of states and that set forth their obligation to carry out the commitments assumed in the American Declaration of the Rights and Duties of Man (…).“ *Ibid.*

In einer Resolution auf den Länderbericht über Paraguay von 1978 spricht die *Generalversammlung* wieder von "*international commitments*" in Bezug auf die Menschenrechte aus der Amerikanischen Deklaration.[745]

In einer Resolution auf den Jahresbericht der Kommission 1980 mahnt die *Generalversammlung* schwere Menschenrechtsverletzungen in den OAS-Staaten an, darunter das Verschwindenlassen von Personen, Folter, willkürliche Inhaftierung und Ausweisung, und fordert ein sofortiges Ende dieser Menschenrechtsverletzungen.[746] Im beschließenden Teil dieser Resolution nimmt die *Generalversammlung* die Tätigkeit der Kommission mit Wohlwollen zur Kenntnis und fordert die Staaten auf, die Rechte aus der Amerikanischen Deklaration vollständig und effektiv einzuhalten. Dabei betont die Generalversammlung, dass der effektive Menschenrechtsschutz sich auch auf die wirtschaftlichen, sozialen und kulturellen Rechte erstrecken müsse.[747]

---

745 „(T)o conclude that in Paraguay the great majority of the human rights recognized in the American Declaration of the Rights and Duties of Man and in other international instruments are not respected in a manner in keeping with the international commitments assumed by that country." AG/Res. 370 (VIII-0/78).

746 „CONSIDERING: That the protection and exercise of human rights is one of the lofty objectives of the Organization of American States, and their observance is a source of solidarity among the member states and a guarantee of respect for human life and the dignity of man; That the principal goal of the Inter-American Commission on Human Rights (IACHR) is to promote the observance and defense of human rights in all member states; (...) That the (...) reports of the Inter-American Commission on Human Rights state that the measures taken in certain countries that represent significant contributions to the obervance of the rights set forth in the American Declaration of the Rights and Duties of Man and in the American Convention on Human Rights (Pact of San José, Costa Rica) are a positive sign; That, nevertheless, the reports also state that a situation persists that is characterized by serious and repeated violations of fundamental rights and freedoms and by the inadequacy or ineffectiveness of the guarantees and means of defense that the national laws of theses countries provides; That the Commission recommends that an immediate end be put to sich violations of human rights as disappearances of persons, the use of torture, detention without due process, and arbitrary exile; (...)"AG/Res. 510 (X-0/80).

747 „RESOLVES: 1. To take note of the annual report (...). To express its strongest support for the work done by the IACHR and to reaffirm the importance of its reports for the promotion and defense of human rights. (...) 3. To urge the governments of the member states that have not yet done so to adopt and put into practice the necessary measures to preserve and safeguard the full exercise of human rights (...). 4. To recommend to the member states that (...) they adopt and apply measures

II. Die Praxis der *Generalversammlung* seit 2000

Seit dem Jahr 2000 haben sich die Resolutionen der *Generalversammlung* mit Bezug zu menschenrechtlichen Aspekten sowohl zahlenmäßig als auch inhaltlich verstärkt.

So verabschiedete allein die *33. Ordentliche Generalversammlung* 2003 eine Vielzahl von Resolutionen, die die menschenrechtlichen Verpflichtungen der OAS-Staaten im inter-amerikanischen System bekräftigen und weitere Maßnahmen zur Verwirklichung der Menschenrechte fordern. Themen dieser Resolution sind insbesondere die Stärkung des inter-amerikanischen Menschenrechtsschutzsystems[748], die Unterstützung von einzelnen Menschenrechtsaktivisten, Gruppen und Organisationen der Zivilgesellschaft[749], die Aufforderung an die OAS-Staaten, die AMRK zu ratifizieren und die Gerichtsbarkeit des Inter-Amerikanischen Gerichtshofs für Menschenrechte anzuerkennen sowie die Aufforderung, den Empfehlungen der Kommission Folge zu leisten.[750]

Hervorzuheben ist die 2008 im Gesamtplenum der *Generalversammlung* verabschiedete Resolution zum 60. Jahrestag der Amerikanischen Deklaration.[751] Darin weist die *Generalversammlung* zunächst auf die Proklamation der Menschenrechte in der OAS-Charta und auf die Amerikanische Deklaration hin. Die *Generalversammlung* stellt fest, dass die Amerikanische Deklaration das erste internationale Menschenrechtsinstrument war und die Basis für die Weiterentwicklung des Inter-Amerikanischen Menschenrechtssystems darstellen sollte. Danach stellt die *Generalversammlung* klar, dass sie der Auffassung der Inter-Amerikanischen Kommission und des Inter-Amerikanischen Gerichtshofs[752], wonach die Amerikanische Deklaration eine *„Quelle internationaler Verpflichtungen“* darstellt, *„gewahr“* ist. Damit ist nicht gemeint, dass die *Generalversammlung* sich dieser Auffassung anschließt bzw. sie sich zu eigen macht.

---

and legislative provisions for preserving and maintaining the full exercise of human rights in accordance with the American Declaration of the Rights and Duties of Man. (…) 7. To share the Commission's concern in stressing the importance of economic, social and cultural rights in the context of human rights for the integral development of man. 8. To reaffirm that effective protection of human rights should also extend to social, economic, and cultural rights (…)“. *Ibid.*

748 AG/Res. 1925 (XXXIII-O/03).

749 AG/Res. 1920 (XXXIII-O/03).

750 AG/Res. 1918 (XXXIII-O/03); AG/Res. 1917 (XXXIII-O/03).

751 AG/Res. 2361 (XXXVIII-O/08).

752 Gemeint ist das Gutachten des Inter-Amerikanischen Gerichtshofs OC-10/89, das weiter unten dargestellt wird.

Allerdings nimmt sie die Auffassung der Kommission und des Gerichtshofs jedenfalls kommentarlos zur Kenntnis und weist in ihrer Resolution sogar ausdrücklich darauf hin. Im beschließenden Teil der Resolution bekräftigt die *Generalversammlung* die große Bedeutung der Amerikanischen Deklaration als ein grundlegendes Instrument im Inter-Amerikanischen Menschenrechtssystem. Die Resolution lautet:

„THE GENERAL ASSEMBLY,
CONSIDERING that the Charter of the Organization of American States (OAS) proclaims fundamental human rights as one of the principles of the Organization;
RECALLING that the American Declaration of the Rights and Duties of Man was adopted at the Ninth International Conference of American States (Bogotá, 1948); (...)
BEARING IN MIND that the American Declaration was the first international instrument to enumerate basic human rights and recognized that the international protection of those rights should be the principal guide of an evolving American law; and
AWARE that both the Inter-American Court of Human Rights and the Inter-American Commission on Human Rights have recognized that the American Declaration is a source of international obligations for the OAS member states,

RESOLVES:
1. *To reaffirm the importance of the American Declaration of the Rights and Duties of Man as one of the fundamental instruments of the inter-American human rights system.*
2. *To urge all member states to continue to ensure its effective implementation and to step up activities geared toward its promotion (...).“*

In einer Resolution aus dem Jahre 2011 erwähnt die *Generalversammlung* wieder die Amerikanische Deklaration. Darin heißt es:

„THE GENERAL ASSEMBLY (...)
TAKING INTO ACCOUNT:
That in the inter-American system the member states of the Organization of American States (OAS) undertake to respect and protect the human rights of persons who have been deprived of liberty, including all applicable rights established in the American Declaration of the Rights and Duties of Man and those established in all other human rights instruments to which they are party; (...)

RESOLVES:
(...) To urge member states to comply, under all circumstances, with all applicable international obligations to respect the human rights of persons under any form of detention or imprisonment, including the rights established in the American Declaration of the Rights and Duties of Man and those established in all other human rights instruments to which they are party.“[753]

---

753 AG/Res. 2668 (XLI-O/11).

Der bereits in den Erwägungsgründen der Resolution gewählte Wortlaut deutet schon stark darauf hin, dass die *Generalversammlung* die Amerikanische Deklaration als Konkretisierung der bindenden menschenrechtlichen Verpflichtungen aus der OAS-Charta ansieht. Dieser Eindruck wird durch den operativen Teil der Resolution verstärkt, in dem von „*all applicable obligations to respect the human rights*" gesprochen wird und darunter ausdrücklich auch die Amerikanische Deklaration genannt wird.

C. Die Praxis des *Außenministertreffens* und des *Ständigen Rates*

Das *Konsultationstreffen der Außenminister*, das aus den Außenministern aller OAS-Staaten besteht, kommt *ad hoc* bei dringenden Angelegenheiten, die im Interesse aller Mitgliedsstaaten sind, zu Beratungen zusammen.[754] Dies ist insbesondere dann der Fall, wenn der Frieden auf dem amerikanischen Kontinent durch inter-amerikanische Streitigkeiten oder durch externe Aggressionen gefährdet ist. Seit dem ersten Außenministertreffen im Jahre 1939 wurden bislang insgesamt 27 Außenministertreffen, zuletzt 2012, abgehalten.

Der *Ständige Rat* setzt sich aus je einem Vertreter der OAS-Mitgliedsstaaten im Botschafterrang zusammen.[755] Seine Aufgabe besteht darin, auf die Einhaltung freundschaftlicher Beziehungen zwischen den Mitgliedsstaaten zu achten und bei der friedlichen Lösung von Streitigkeiten mitzuarbeiten. Der *Ständige Rat* tritt in der Regel zweimal pro Monat zusammen. Er ist gemäß Art. 82 OAS-Charta befugt, innerhalb der Grenzen der OAS-Charta und der inter-amerikanischen Verträge, von jeder Angelegenheit, die ihm von der *Generalversammlung* oder dem *Außenministertreffen* unterbreitet wird, Kenntnis zu nehmen. Der *Ständige Rat* kann dabei Empfehlungen an die Mitgliedsstaaten richten.[756] Darüber hinaus ist er dazu befugt, Studien, Vorschläge und Entwürfe zu internationalen Instrumenten der *Generalversammlung* und den Speziellen Konferenzen zu unterbreiten.[757]

In der Praxis des *Außenministertreffens* und des *Ständigen Rates* hat die Amerikanische Deklaration bis Mitte der 1970er-Jahre keine Rolle gespielt. Bis 1976 haben diese OAS-Organe die zum Teil massiven Menschenrechtsverletzungen

754 Vgl. Art. 61 OAS-Charta.
755 Vgl. Art. 71 OAS-Charta.
756 Vgl. Art. 72 OAS-Charta.
757 Vgl. Art. 73 OAS-Charta.

in vielen OAS-Staaten nicht kommentiert.[758] Eine Ausnahme bildet lediglich das *Achte Konsultationstreffen der Außenminister* 1962, das durch Resolution VI die Teilnahme Kubas in der OAS suspendierte und gleichzeitig Kuba aufforderte, weiterhin seine internationalen Verpflichtungen aus der OAS-Charta, inklusive der Menschenrechtsverpflichtungen, einzuhalten.[759]

Erst seit 1976 haben das *Außenministertreffen* und der *Ständige Rat* in Resolutionen die Einhaltung der menschenrechtlichen Verpflichtungen aus der OAS-Charta gefordert.

So sprach das *17. Konsultationstreffen der Außenminister* 1978 in einer bis dahin international präzedenzlosen Resolution dem in Nicaragua herrschenden *Somoza*-Regime die Legitimität ab und forderte dessen Ersetzung. Begründet wurden diese Forderungen unter Verweis auf massive Menschenrechtsverletzungen.[760]

Einen deutlichen Hinweis auf die menschenrechtlichen Verpflichtungen aus der OAS-Charta in Verbindung mit der Amerikanischen Deklaration enthält die vom *Ständigen Rat* 1989 verabschiedete „*Resolution on Solidarity with the Bolivian People*“ als Reaktion auf den Staatsstreich in Bolivien. Darin ruft der Rat die

---

758 *Rescia/Seitles*, N.Y.L. Sch. J. Hum. Rts. 1999–2000, S. 606.

759 *Eighth Meeting of Consultation of Ministers of Foreign Affairs*, Res. VI, Punta del Este, Uruguay, 22.–23.1.1962.

760 Die Resolution lautet: „WHEREAS: The people of Nicaragua are suffering the horrors of a fierce armed conflict that is causing grave hardships and loss of life, and has thrown the country into a serious political, social, and economic upheaval. The inhumane conduct of the dictatorial regime governing the country, as evidenced by the report of the Inter-American Commission on Human Rights, is the fundamental cause of the dramatic situation faced by the Nicaraguan people (…). THE SEVENTEENTH MEETING OF CONSULTATION OF MINISTERS OF FOREIGN AFFAIRS, DECLARES: That the solution of the serious problem, is exclusively within the jurisdiction of the people of Nicaragua. That in the view of the Seventeenth Meeting of Consultation of Ministers of Foreign Affairs this solution should be arrived at on the basis of the following:

1. Immediate and definitive replacement of the Somoza regime.
2. Installation in Nicaraguan territory of a democratic government, the composition of which should include the principal representative groups, which oppose the Somoza regime and which, reflects the free will of the people of Nicaragua.
3. Guarantee of the respect for human rights of all Nicaraguan, without exception.
4. The holding of free elections as soon as possible, that will lead to the establishment of a truly democratic government that guarantees peace, freedom, and justice.“

Seventeenth Meeting of Consultation of Ministers of Foreign Affairs, Res. II, Washington, D.C., USA, 23.6.1979.

Art. 3 lit. l und 17 OAS-Charta in Erinnerung und stellt fest, dass diese Gebote („precepts") durch den Militärcoup verletzt worden sind.[761] Unklar bleibt zwar, ob der *Ständige Rat* durch die Formulierung „precepts" (spanisch: „precepto") in diesen Normen eine echte völkerrechtliche Pflicht zur Beachtung einzelner konkreter Menschenrechte sieht. Betrachtet man allerdings den Gesamtkontext der Resolution, so geht daraus hervor, dass der *Ständige Rat* in diesen Normen mehr als nur einen Appell an das moralische Verantwortungsgefühl der Staaten sieht.

Seit Beginn der 1990er-Jahre haben sich die OAS-Organe noch häufiger mit Menschenrechten befasst. So verweisen mehrere Resolutionen des *Rates* auf die Rechtsauffassung der Kommission und das Gutachten des Inter-Amerikanischen Gerichtshofs OC-10/89 hinsichtlich der Rechtsnatur der Amerikanischen Deklaration.

So verweist der *Ständige Rat* in einem *aide memoire* über die Situtation Kubas in der OAS und über den Schutz der Menschenrechte auf die Aussagen des Inter-Amerikanischen Gerichtshofs und der Kommission im Hinblick auf die Bedeutung der Amerikanische Deklaration und folgert, dass Kuba aus der OAS-Charta und der Amerikanischen Deklaration internationale Verpflichtungen („*international commitments*") im Bereich der Menschenrecht hat.[762] Der *Ständige Rat*

---

761 „The Permanent Council of the Organization of American States, Considering: The principles established in the Charter of the Organization, especially those expressed in Article 3, paragraph d) and j); the American Declaration of the Rights and Duties of Man; (...) and Bearing in mind: That each state has the right to develop its cultural, political, and economic life freely and spontaneously and that in this free development, the state shall respect the rights of the individual and the principles of universal morality, as set forth in Article 16 of the Charter of the Organization; That this precept has been violated by the military coup that has taken place in Bolivia in disregard of the elections recently held in that country; and with respect for the principle of nonintervention, Resolves: 1. To deplore the military coup, which indefinitely suspends the process of democratic institutionalization that was culminating in the Sister Republic of Bolivia. 2. To express its deepest concern over the loss of human life and the serious violations of the human rights of the Bolivian people, as a direct consequence of the coup d'état. 3. To request that, in the shortest time possible, the Inter-American Commission on Human Rights examine the situation of human rights in Bolivia. 4. To express its solidarity with the Bolivian people and its confidence that they will find the most suitable means to maintain the viability of their democratic institutions and their freedoms." CP/Res. 308 (432/80), 25.7.1980, abgedruckt in: *Buergenthal/Norris/Shelton*: Protecting Human Rights in the Americas – Selected Problems, S. 104.

762 „According to the opinions and rulings of the Court and of the Inter-American Commission on Human Rights, the American Declaration, although it was adopted

sieht folglich einen Zusammenhang zwischen der Amerikanischen Deklaration und den Menschenrechtsverpflichtungen aus der OAS-Charta.

D. Die Praxis des *Inter-Amerikanischen Gerichtshofs für Menschenrechte*

Der *Inter-Amerikanische Gerichtshof für Menschenrechte* ist als Organ der AMRK dazu befugt, im Rahmen seiner streitigen Gerichtsbarkeit, über Verletzungen der AMRK durch die Vertragsparteien mit verbindlicher Wirkung zu urteilen. Darüber hinaus ist der Gerichtshof gemäß Art. 64 Abs. 1 AMRK befugt, auf Antrag jedes OAS-Mitgliedsstaates sowie eines OAS-Organs ein Gutachten *„über die Auslegung der OAS-Charta oder jedes anderen Vertrages, der den Schutz der Menschenrechte zum Gegenstand hat und in den Beziehungen zwischen den OAS-Staaten anwendbar ist"*, zu erstatten.

Im Rahmen seiner Gutachtentätigkeit hat sich der Gerichtshof bereits mehrfach zur Amerikanischen Deklaration geäußert.[763] Auch wenn die Gutachten des Gerichtshofs rechtlich unverbindlich sind, liefern sie wertvolle Hinweise für die Auslegung der menschenrechtlichen Normen. Aus den Stellungnahmen der Staaten im Gutachtenverfahren lassen sich Rückschlüsse über ihr Verständnis von ihren Verplichtungen im Inter-Amerikanischen System ziehen.

---

only as a declaration and not as a treaty, constitutes a source of international obligations for member states of the OAS. (See Advisory Opinion OC-10/89, „Interpretation of the American Declaration of the Rights and Duties of Man Within the Framework of Article 64 of the American Convention on Human Rights", 1989.) Cuba is therefore bound by each of the provisions of the Charter, including those relating to the protection of human rights. (…) With regard to the protection of human rights, Cuba also joined in approving, in 1948, the American Declaration of the Rights and Duties of Man, which, together with the American Convention on Human Rights, constitutes one of the fundamental instruments of the inter-American human rights system. (…) In effect, consistent with its powers and its practice, as well as with the international commitments that Cuba assumed by virtue of the OAS Charter and the American Declaration of the Rights and Duties of Man."*Permanent Council of the OAS,* Aide Memoire: The Situation of Cuba in the OAS and the Protection of Human Rights, Presented by the Secretariat for Legal Affairs, CP/CG-1527/03, 25 April 2003, S. 5.

763 In seinen Gutachten Nr. 1, 4, 5, 6, 10, 13, 16, 18 und 19.

I. Die Amerikanische Deklaration der Rechte und Pflichten des Menschen in der Gutachtenpraxis des Gerichtshofs bis 1989

Der Gerichtshof hat bereits in seinem allerersten Gutachten *„Other treaties" subject to the advisory jurisdiction of the Court (Art. 64 American Convention on Human Rights"* (1982) auf die Amerikanische Deklaration Bezug genommen. Dabei stellte er fest, dass die Deklaration die philosophischen und ideengeschichtliche Tradition der Menschenrechte im Inter-Amerikanischen System verdeutlicht. Darüber hinaus ist nach Ansicht des Gerichtshofs die Deklaration eine Bestätigung dafür, dass das Inter-Amerikanische System sich in das universelle Menschenrechtssystem einfügt und dieses komplementiert.[764]

In seinen Gutachen Nr. 4, 5 und 6 fand die Deklaration ebenfalls Erwähnung. Dort hatte der Gerichtshof bestimmte Vorschriften aus der AMRK, darunter die Begriffe *„general welfare"* und *„public order"* sowie das Recht auf Nationalität aus Art. 20 AMRK, auszulegen.[765] Dabei wandte der Gerichtshof die Auslegungsregel des Art. 29 lit. d AMRK an, wonach die Konventionsrechte nicht so ausgelegt werden dürfen, dass dadurch die Wirkung der Amerikanischen Deklaration oder eines anderen menschenrechtlichen Instruments der gleichen Art, geschmälert oder ganz ausgeschlossen wird.

Zu Art. 29 lit. d AMRK stellte der Gerichtshof fest, dass diese Vorschrift konzipiert wurde, um sicherzustellen, dass sie unter keinen Unterständen so ausgelegt werden kann, dass sie die Ablehnung oder Einschränkung der Menschenrechte, insbesondere der bereits durch den Staat anerkannten Rechte, erlaube.[766]

---

764 *Inter-American Court of Human Rights*, „"Other treaties" subject to the advisory jurisdiction of the Court (Art. 64 American Convention on Human Rights)", Advisory Opinion OC-1/82, 24.9.1982, Series A No. 1.

765 *Inter-American Court of Human Rights*: „Proposed Amendments of the Naturalization Provisions of the Constitution of Costa Rica", Advisory Opinion OC-4/84, 19.1.1984, Series A No. 4; „Compulsory Membership in an Association Prescribed by Law for the Practice of Journalism (Arts. 13 and 29 American Convention on Human Rights)", Advisory Opinion OC-5/85, 13.11.1985, Series A No. 5; „The Word "Laws" in Article 30 of the American Convention on Human Rights", Advisory Opinion OC-6/86, 9.5.1986, Series A No. 6.

766 „This provision was designed specifically to ensure that it would in no case be interpreted to permit the denial or restriction of fundamental human rights and liberties, particularly those rights that have already been recognized by the State." *Inter-American Court of Human Rights*, „Proposed Amendments of the Naturalization Provisions of the Constitution of Costa Rica", Advisory Opinion OC-4/84, 19.1.1984, Series A No. 4, Rn. 20.

Überdies betonte der Gerichtshof, dass Art. 20 lit. d AMRK Auslegungen verhindere, die die Wirkungen der Amerikanische Deklaration, ein Instrument, das als Teil des normativen Systems der OAS in Art. 1 Abs. 2 Kommissionsstatut anerkannt ist, ausschließen oder einschränken.[767]

II. Das Gutachten „*Interpretation of the American Declaration of the Rights and Duties of Man within the Framework of Article 64 of the American Convention on Human Rights*" von 1989

Im Gutachten Nr. 10 mit dem Titel „*Interpretation of the American Declaration of the Rights and Duties of Man within the Framework of Article 64 of the American Convention on Human Rights*"[768] aus dem Jahre 1989 hatte der Gerichtshof zum ersten mal Gelegenheit, sich mit der Frage der Rechtsnatur der Amerikanischen Deklaration auseinanderzusetzen.

1. Der Antrag Kolumbiens

Am 17.2.1988 ersuchte Kolumbien gemäß Art. 64 Abs. 1 AMRK den Inter-Amerikanischen Gerichtshof für Menschenrechte um die Erstattung eines Gutachtens. Kolumbien stellte folgende Frage:

> „Erlaubt es Art. 64 dem Inter-Amerikanischen Gerichtshof für Menschenrechte, Gutachten auf Anfrage eines Mitgliedstaten oder OAS-Organs über die Auslegung der Amerikanischen Deklaration der Rechte und Pflichten des Menschen zu erstellen?"[769]

---

767 „The Court wishes to emphasize, furthermore, that Article 29(d) bars interpretations of the Convention „excluding or limiting the effect that the American Declaration of the Rights and Duties of Man… may have," which instrument is recognized as forming part of the normative system for the OAS Member States in Article 1(2) of the Commission's Statute." *Inter-American Court of Human Rights*, „Compulsory Membership in an Association Prescribed by Law for the Practice of Journalism (Arts. 13 and 29 American Convention on Human Rights)", Advisory Opinion OC-5/85, 13.11.1985, Series A No. 5, Rn. 44.

768 *Inter-American Court of Human Rights,* Interpretation of the American Declaration of the Rights and Duties of Man within the Framework of Article 64 of the American Convention on Human Rights. Advisory Opinion OC-10/89, 14.7.1989, Series A No. 10.

769 „Does Article 64 authorize the Inter-American Court of Human Rights to render advisory opinions at the request of a member state or one of the organs of the OAS, regarding the interpretation of the American Declaration of the Rights and Duties

Zu seiner Gutachtenfrage führte Kolumbien erläuternd aus, dass zwar die Deklaration selbst kein völkerrechtlicher Vertrag sei. Allerdings könne es die Interpretation menschenrechtlicher Vorschriften der OAS-Charta erforderlich machen, dabei auch die Menschenrechte aus der Deklaration auszulegen. Dies wiederum mache es notwendig, den normativen Status der Deklaration innerhalb des Inter-Amerikanischen Systems zum Schutz der Menschenrechte zu bestimmen.[770] Dabei brachte Kolumbien die Überlegung ein, dass die Deklaration aber dann als Vertrag i.S.v. Art. 64 Abs. 1 AMRK angesehen werden könnte, wenn die OAS-Charta durch Verweis auf die Deklaration diese als integralen Bestandteil in die Charta inkorporiere.[771] Zur Untermauerung dieser Überlegung verwies Kolumbien auf das Gutachten Nr. 1 *„"Other Treaties" Subject to the Advisory Jurisdiction of the Court"* (1982).[772] Dort hatte der Gerichtshof den Begriff *„anderer Vertrag, der Menschenrechte zum Gegenstand hat und in den Beziehungen zwischen den OAS-Staaten anwendbar ist"* weit ausgelegt und festgestellt, dass auch die OAS-Charta darunter fällt.[773] Schließlich wies Kolumbien auf die menschenrechtlichen Vorschriften der OAS-Charta in Art. 3 lit. l, 17, die Art. 51, 106 und 145 der OAS-Charta, welche die Inter-Amerikanische Kommission zum Gegenstand haben, sowie auf Art. 1

---

of Man, adopted by the Ninth International Conference of American States in Bogotá in 1948?" *Inter-American Court of Human Rights*, aaO., Rn. 2.

770 „The Government of Colombia understands, of course, that the Declaration is not a treaty. But this conclusion does not automatically answer the question. It is perfectly reasonable to assume that the interpretation of the human rights provisions contained in the Charter of the OAS, as revised by the Protocol of Buenos Aires, involves, in principle, an analysis of the rights and duties of man proclaimend by the Declaration, and thus requires the determination of the normative <u>status</u> of the Declaration within the legal framework of the inter-American system for the protection of human rights." *Ibid.*

771 „If that inquiry were to suggest that the Charter, as amended, has effected an incorporation by reference of the Declaration, then that instrument, forming an inherent part of the Charter, could be deemed to be a treaty within the meaning of Article 64 of the Convention." *Ministry of Foreign Affairs, Government of Colombia*, Schreiben vom 17.2.1988 an den Präsidenten des Inter-Amerikanischen Gerichtshofs für Menschenrechte, S. 2. (unveröffentlicht; Dokument zur Verfügung gestellt vom Inter-Amerikanischen Gerichtshofs für Menschenrechte, Costa Rica).

772 *Inter-American Court of Human Rights*, „"Other treaties" subject to the advisory jurisdiction of the Court (Art. 64 American Convention on Human Rights)", Advisory Opinion OC-1/82, 24.9.1982, Series A No. 1.

773 *Inter-American Court of Human Rights*, „"Other treaties" subject to the advisory jurisdiction of the Court (Art. 64 American Convention on Human Rights)", Advisory Opinion OC-1/82, 24.9.1982, Series A No. 1.

des Kommissionsstatuts (1979) hin. Kolumbien erklärte, dass diese Vorschriften sowie die Funktionsfähigkeit des Inter-Amerikanischen Systems als Ganzes es erforderlich machten, die Rechtsnatur der Deklaration eindeutig zu bestimmen und zu wissen, ob und wie weit der Gerichtshof die Deklaration im Rahmen von Art. 64 AMRK interpretieren dürfe.[774]

2. Die Stellungnahmen der OAS-Staaten

Gemäß Art. 52 seiner Verfahrensordnung forderte der Gerichtshof die OAS-Staaten zur Abgabe einer schriftlichen Stellungnahme auf, in der sie Gelegenheit hatten, ihre Rechtsauffassungen mitzuteilen. Von dieser Möglichkeit machten Costa Rica, Peru, Uruguay, Venezuela und die USA Gebrauch.[775]

a) Costa Rica

Costa Rica knüpfte an die Anmerkungen Kolumbiens an und stellte zunächst fest, dass die Amerikanische Deklaration kein völkerrechtlicher Vertrag sei und dass die Staaten auch nicht die Absicht gehabt hätten, der Deklaration diese Eigenschaft zu geben.[776]

---

774 „In setting out the considerations that prompt this request for an advisory opinion, my Government notes, first, that the human rights provisions of the OAS Charter bind all Member States of the Organization, whether or not they have ratified the Convention. Second, that Articles 51, 112 and 150 of the Charter denomitate the Inter-American Commission on Human Rights as an organ of the Organization „whose principle function shall be to promote the observance and protection of human rights and to serve as a consultative organ of the Organization in these matters." Third, that Article 1 of the Statute of the Commission (...) reads as follows: (...). Fourth, that the aforementioned provisions of the Commission's Statute indicate that it is of great importance for the proper functioning of the inter-American System for the protection of human rights to know under what circumstances and to what extent the Court has jurisdiction under Article 64 of the Convention to interpret the Declaration and what normative status that instrument has within the inter-American System." *Ministry of Foreign Affairs, Government of Colombia*, Schreiben vom 17.2.1988 an den Präsidenten des Inter-Amerikanischen Gerichtshofs für Menschenrechte, S. 2 f. (unveröffentlicht; Dokument zur Verfügung gestellt vom Inter-Amerikanischen Gerichtshofs für Menschenrechte, Costa Rica).

775 Darüber hinaus übermittelte auch die Human Rights Law Group, eine NGO, in einem *amicus curiae*-Schreiben ihre Rechtsauffassung, die jedoch mangels Relevanz für die vorliegende Arbeit nicht dargestellt wird.

776 „(L)a Declaración que aquí concierne, no tiene naturaleza de tratado, ní fue la intención de los Estados participante en la Conferencia darle ese carácter." *Ministerio*

Costa Rica wies darauf hin, dass der Gerichtshof dennoch im Rahmen seiner Gutachtenkompetenz aus Art. 64 Abs. 1 AMRK befugt sei, die Amerikanische Deklaration bei der Auslegung der OAS-Charta oder anderer Menschenrechtsinstrumente als Nachweis anzuwenden und auszulegen.[777]

Zur rechtlichen Bedeutung der Amerikanischen Deklaration im Kontext des Inter-Amerikanischen Systems gab Costa Rica zu bedenken, dass sich der rechtliche Status der Deklaration im Laufe der Zeit durch *nachfolgende Praxis* verändert haben könne, weshalb die Deklaration heute wie eine echte rechtliche Verpflichtung behandelt werden könne.[778] Dieser Gedanke wird aber in den weiteren Ausführungen Costa Ricas nicht weiterverfolgt. Stattdessen zitierte Costa Rica eine Passage aus dem Sondervotum des Richters Tanako im *South West Africa*-Fall des IGH, in dem Parellelen der Amerikanischen Deklaration zur Allgemeinen Erklärung der Menschenrechte, die als Nachweis für die Auslegung der relevanten Vorschriften der UN-Charta Bedeutung habe, gezogen werden.[779] Costa Rica erklärte, dass die zitierte Entscheidung des IGH seine Auffassung

de Relaciones Exteriores y Culto, Republica de Costa Rica, „Declaración del Gobierno de la Republica de Costa Rica a la solicitud planteada por el Gobierno de Colombia a la Corte Interamericana de Derechos Humanos para que emita una opinion consultativa concerniente al status de la Declaración Americana de los Derechos y Deberes del Hombre." S. 3. (unveröffentlicht; Dokument zur Verfügung gestellt vom Inter-Amerikanischen Gerichtshofs für Menschenrechte, Costa Rica).

777 „La conclusión anterior no impide, sin embargo, que la Corte haga referencia a la Declaración como evidencia para la interpretación y aplicación de ciertas estipulaciones de la Carta de la Organización y otros instrumentos jurídicos relacionados, ni que otorgue a algunos de los derechos ahí reconocidos la categoría de costumbre internacional (…)." Ibid.

778 „Sí bien la intención de las partes podría ser suficiente base para concluir que la Declaracíon en cuestión no es un tratado, esa intención no es suficiente para restarle valor legal ni para determinar sus efectos jurídicos en la actualidad. Otros factores han de ser tomados en cuento por cuanto „es concebible …, que una declaración formal de un principio de conducta, aun no formulada como una regla de derecho, sea tratado en la práctica (subsecuente) como una obligación legal."" Ibid, mit Zitat von Schachter, Oscar: International Law in Theorie and Practice, Development in International Law Series, Bd. 178 (1982), S. 117.

779 „The Universal Declaracion of Human Rights adopted by the General Assembly in 1948, although not bnding in itself, constitutes evidence of the interpretation and application of the relevant Charter provisions. The same may be said of the (…) American Declaration of the Rights and Duties of Man (…)." *Ibid*, mit Verweis auf: *IGH*, South West Africa Cases (Ethiopia v. South Africa; Liberia v. South Africa), Second Phase, Judgement, Dissenting Opinion des Richters Tanaka, I.C.J. Rep. 1966, S. 293.

bestätige, wonach die Deklaration zumindest bei der Auslegung anderer rechtlicher Instrumente im Inter-Amerikanischen System herangezogen werden müsse. Darüber hinaus verwies Costa Rica auf die Auffassung der Inter-Amerikanischen Kommission und zitierte dabei beispielhaft die Fälle, in denen sich die Kommission zur Rechtsnatur der Deklaration geäußert hat.[780]

Darüber hinaus unterstrich Costa Rica die Bedeutung der Deklaration für die Entwicklung des Völkergewohnheitsrechts. So erläuterte Costa Rica, dass die Mehrzahl der Rechte aus der Deklaration auch Bestandteil des universellen Völkergewohnheitsrechts seien. Einige der Rechte seien sogar als *ius cogens*-Rechte mit *erga omnes*-Wirkung zu qualifizieren.[781]

b) Peru

Peru äußerte, dass die Deklaration vor dem Inkrafttreten der AMRK als Instrument ohne *„größere rechtliche Wirkungen"* zu qualizieren sei. Mit dem Inkrafttreten der AMRK hingegen habe die Deklaration über Art. 29 AMRK einen

---

780 „Esa decisión de la Corte Internacional de Justicia confirma por nuestra posisión de que por lo menos la Declaración constituye un elemento que ha de ser tomado muy en cuenta para interpretar otros instrumentos jurídicos adoptados dentro del marco del Sistema Interamericano para la protección de los Derechos Humanos. (…) la Comisión misma dandole gran valor jurídico a la Declaración, la ha aplicado reiteradamente y a manara de ejemplo se pueden citar las resoluciones: (…)" (Es folgt eine beispielhafte Aufzählung der Kommissionsfälle, in den sich die Kommission zur Rechtsnatur der Deklaration geäußert hat). *Ministerio de Relaciones Exteriores y Culto, Republica de Costa Rica*, „Declaración del Gobierno de la Republica de Costa Rica a la solicitud planteada por el Gobierno de Colombia a la Corte Interamericana de Derechos Humanos para que emita una opinion consultativa concerniente al status de la Declaración Americana de los Derechos y Deberes del Hombre." S. 4. (unveröffentlicht; Dokument zur Verfügung gestellt vom Inter-Amerikanischen Gerichtshofs für Menschenrechte, Costa Rica).

781 *Ministerio de Relaciones Exteriores y Culto, Republica de Costa Rica*, aaO., S. 4 f. Costa fasst abschließend zusammen: „En conclusión se puede decir que la Declaración se sin duda evidencia útil que ha de ser tomada en cuenta a la hora de interpretar otros instrumentos jurídicos relacionados con la protección de los derechos humanos en el Sistema Interamericano. Pero que además, ella es fuente de costumbre internacional, si no de jus cogens y obligaciones Erga Omnes, por cuanto un gran número de los derechos ahí reconocidos han pasado a ser parte de esa costumbre y por ende, de carácter jurídico y obligatorio para todos los miembros de la comunidad internacional." *Ministerio de Relaciones Exteriores y Culto, Republica de Costa Rica*, aaO., S. 5.

Stellenwert vergleichbar wie der der AMRK selbst in Bezug auf die AMRK-Mitgliedsstaaten erhalten. Dadurch trage die Deklaration zusammen mit der AMRK zur Promotion der Menschenrechte auf dem Amerikanischen Kontinent bei.[782]

Über die Bedeutung und Wirkung der Deklaration in Bezug auf die Nicht-AMRK-Staaten äußerte sich Peru nicht.

c) Uruguay

Uruguay äußerte sich zunächst allgemein zu Deklarationen Internationaler Organisationen und zeigte den Streitstand in der Literatur über die Bedeutung solcher Instrumente auf.[783] Im Hinblick auf die Amerikanische Deklaration stellte Uruguay fest, dass diese selbst kein Vertrag i.S.v. Art. 64 AMRK sei. Dennoch sei der Gerichtshof befugt, ein Gutachten über die Deklaration zu erstellen, da diese ein integraler Bestandteil des normativen Systems der OAS-Charta sei und darüber hinaus über Art. 29 AMRK „*mit der AMRK zusammen ein Ganzes*" bilde.[784]

---

782 „La Embajada de Peru (...) tiene a honra poner en su conocimiento que nuestro país considera que la Declaración Americana de los Derechos y Deberel del Hombre fue el primer acto de tal naturaleza en el orden internacional y la base de todo el sistema interamericano de promoción y observancia de los derechos humanons. Asimismo, el Perú estima que si bien antes de entrar en vigencia la Convención Americana de Derechos Humanos, la declaración podría ser tenida como instrumento sin mayores consecuencias jurídicas, la convención americana al conferirle un caracter especial en virtud de su artículo 29, que prohibe toda interpretación que conduzca a „excluir o limitar el efecto que pueda producir la declaración Americana de Derechos y Deberes del Hombre y otros actos internacionales de la misma naturaleza", se ha dado a la citada declaración una jererquía similar a la que tiene la propia convención para los Estados partes, contribuyendo con ello a la promoción de los Derechos Humanos en nuestro Continente." Schreiben der Botschaft Perus an den Inter-Amerikanischen Gerichtshof für Menschenrechte vom 20.7.1988, S. 1 (unveröffentlicht; Dokument zur Verfügung gestellt vom Inter-Amerikanischen Gerichtshofs für Menschenrechte, Costa Rica).

783 Ministerio de Relaciones Exteriores, Uruguay, Schreiben an den Inter-Amerikanischen Gerichtshof für Menschenrechte vom 14.6.1988 (unveröffentlicht; Dokument zur Verfügung gestellt vom Inter-Amerikanischen Gerichtshofs für Menschenrechte, Costa Rica).

784 „La Declaratción integra al sistema normativo de la Carta de la Oraganización de los Estados Americanos (la que a su vez puede ser interpretada por la Corte [...]) por lo que puede ser objeto de una opinión consultiva [...]. Además, la Declaración forma un todo con la Convención Americana sobre Derechos Humanos (articulo 29), por lo cual también puede ser objeto de una opinión consultiva." *Ibid.*

Zudem betonte Uruguay, dass die Deklaration aus heutiger Sichtweise unter Berücksichtigung der nachfolgenden Entwicklungen für alle Mitgliedsstaaten der OAS rechtliche Pflichten erzeuge, unbeschadet der Tatsache, dass die Deklaration kein förmlicher Vertrag sei.[785]

Uruguay fasste abschließend zusammen, dass der Gerichtshof befugt sei, ein Gutachten über jedweden Apekt der Amerikanischen Deklaration im Verhältnis zur OAS-Charta und der AMRK zu erstellen und dass die Deklaration ein rechtsverbindliches multilaraterales Instrument sei, welches die von den Staaten anerkannten fundamentalen Prinzipien definiere und konkretisiere und in welchem sich darüber hinaus völkergewohnheitsrechtliche Normen kristallisierten.[786]

d) Venezuela

Im Unterschied zu Uruguay, das zur Beurteilung der Rechtsnatur nicht auf die Form der Deklaration, sondern auf deren Inhalt unter Berücksichtigung der *nachfolgenden Praxis* der Staaten, abstellte, vertrat Venezuela einen formalen Standpunkt. Danach könne unter Berücksichtigung allgemein anerkannter völkerrechtlicher Grundsätze eine Deklaration im Unterschied zu einem Vertrag *per se* schon keine rechtlichen, sondern nur politische oder moralische Verpflichtungen erzeugen.[787] Daran ändere auch die Tatsache nichts, dass ein

---

785 „La Declaración Americana es hoy, interpretada en función de la realidad juridica actual y no de la que se pensó en 1948, un instrumento de cual derivan obligaciones jurídicas (...) para todos los Estados americanos miembros de la OEA. Queda claro que, a nuestro juicio, existe un instrumento que genera obligaciones para los Estados Miembros, pero que no es un tratado.“ *Ibid.*

786 „i) La Corte Interamericana de Derechos Humanos es competente para emitir opiniones consultativas sobre cualquier aspecto de la Declaración Americana de los Derechos y Deberes del Hombre en su relación con la Carta Reformada de la Organización de Estados Americanos y con la Convención Americana sobre Derechos Humanos, en los términos establecidos en el articulo 64 de esta última. ii) La naturaleza jurídica de la Declaración es la de un instrumento multilateral vinculante que enuncia, define y concreta, principios fundamentales reconocidos por los Estados Americanos y que cristaliza normas de derecho consuetudinario generalmente aceptadas por dichas Estados.“ *Ibid.*

787 „Como principio general, reconocido por el Derecho Internacional, una Declaración no constituye un Tratado propiamente dicho puesto que aquella carece del carácter jurídico normativo y se limita a una manifestación de deseos o de exhortaciones. Una Declaración formula obligaciones políticas o morales para los sujetos del derecho internacional, limitando en consecuencia su exigibilidad a diferencia de un Tratado propiamento dicho, cuyas obligaciones jurídicas son exigibles ante

völkerrechtlicher Vertrag Bezug auf die Deklaration nimmt. Auch bei der Schaffung von Art. 1 des Kommissionstatuts hätten die Staaten nicht die Absicht verfolgt, der Deklaration die Eigenschaften eines völkerrechtlichen Vertrages zu geben.[788] Konsequenterweise sei daher auch die Kompetenz des Gerichtshofs, über die Frage Kolumbiens ein Gutachten zu erstellen, abzulehnen.[789]

e) USA

Die USA übermittelten dem Gerichtshof eine umfangreiche schriftliche Stellungnahme. Darin unterstrichen die USA die moralische und politische Bedeutung der Deklaration sowie deren Funktion für die Tätigkeit der Inter-Amerikanischen Kommission nach dem Kommissionsstatut. Diese bestehe darin, den anwendbaren menschenrechtlichen Standard für die Tätigkeit der Kommission vorzugeben.[790]

---

la competencia jurisdiccional." *Ministerio des Relaciones Exteriores, República de Venezuela*, Commentarios del Gobierno de Venezuela sobre la solicitud de Opinion Consultativa formulada por el Gobierno de Colombia a la Corte Interamericana de Derechos Humanos, relativa al status normativo de la Declaración Americana de los Derechos y Deberes del Hombre en el marco legal del Sistema Interamericano para la protección de los Derechos Humanos, Schreiben an den Inter-Amerikanischen Gerichtshof für Menschenrechte vom 13.5.1988, S. 1 (unveröffentlicht; Dokument zur Verfügung gestellt vom Inter-Amerikanischen Gerichtshofs für Menschenrechte, Costa Rica).

788 „El hecho de que en un Tratado se haga una referencia a una Declaración no parece suficiente para considerar que las Partes hayan querido reconocer la condición de Tratado, mucho menos cuando tal referencia sea a una parte específica de la Declaración o se busque con ello definir conceptos. Obsérvese que en el caso de los derechos humanso en el ámbito del sistema interamericano, el artículo 1 del Estatuto de la Comisión Internamericana de Derechos Humanos establece que para los fines de dicho Estatuto, se entiende pro derechos humanos „los derechos consagrados en la Declaración Americana de Derechos y Deberes del Hombre, en relación con los demás Estados Miembros". Obviamente los redactores del Estatuto no tuvieron la intención ni tenían la competencia para, con esa simple referencia dar carácter de Tratado a lo que en la intención de los firmantes fue solo una Declaración." *Ministerio des Relaciones Exteriores, República de Venezuela,* aaO., S. 1 f.

789 *Ministerio des Relaciones Exteriores, República de Venezuela,* aaO., S. 1 f.

790 „(T)he American Declaration (...) represents an important statement of human rights principles forming the foundation of the inter-American system for the protection and promotion of human rights. Complementing the Universal Declaration of Human Rights (...) the American Declaration provides the underlying standard against which

Die USA rügten bereits die Kompetenz des Gerichtshofs zur Anfertigung des beantragten Gutachtens, da die Tatbestandsvoraussetzungen des Art. 64 Abs. 1 AMRK nicht erfüllt seien. Die Deklaration sei kein „*Vertrag*" i.S.v. Art. 64 Abs. 1 AMRK und könne daher nicht tauglicher Auslegungsgegenstand sein.[791] Die USA verwiesen dabei auf die Definition eines völkerrechtlichen Vertrages nach der Wiener Vertragsrechtskonvention. Aus der Entstehungsgeschichte der Deklaration und dem usprünglichen Willen der OAS-Staaten folgerten die USA, dass es von den Staaten nicht beabsichtigt worden sei, der Deklaration rechtliche Bindungswirkung zu geben.[792]

Konkret lehnten die USA die Kompetenz des Gerichtshofs, ein Gutachten über die Auslegung der Amerikanischen Deklaration zu erstatten, mit zwei eher schwachen und politisch motivierten Hauptargumenten ab: Erstens müsse die sehr weit gefasste Kompetenz aus Art. 64 AMRK zur Erstattung von Gutachten restriktiv ausgelegt werden, da sonst die Gefahr einer Schwächung des individuellen Menschenrechtsschuzes bestehe.[793] Zweitens sei eine Beschränkung der

---

the Commission may review the human rights performance of all O.A.S. member states." Request for an Advisory Opinion submitted by the Government of Colombia to the Inter-American Court of Human Rights concerning the normative status of the American Declaration of the Rights and Duties of Man – Observations of the United States of America, S. 1 f. (unveröffentlicht; Dokument zur Verfügung gestellt vom Inter-Amerikanischen Gerichtshofs für Menschenrechte, Costa Rica).

791 „The plain language of Article 64 limits the scope of the Court's Advisory Jurisdiction to Treaties, thereby excluding the Declaration." *Ministerio des Relaciones Exteriores, República de Venezuela,* aaO., S. 3.

792 „The American Declaration of the Rights and Duties of Man was not intended to be legally binding and is therefore not a treaty." *Ministerio des Relaciones Exteriores, República de Venezuela,* aaO. S. 3.

793 „Article 64 gives the Court an extraordinary power, unique in international practice, to render advisory opinions at the request of any of the member states of the O.A.S. on points of interpretation of any treaty concerning human rights applicable to American states. (...) In light of the broad reach of this power, the Court found in the „Other Treaties" opinion that it must be extremely cautious in excercising the power where to do so would weaken ist contentious jurisdiction or weaken or alter the system provided by the Convention in a way that might impair the rights of individual victims of human rights violations. (...) The Court recognized that broad exercise of advisory opinion jurisdiction at the request of states could undermine or nullify the important role of the Commission in investigation and reporting on cases brought by individuals in the determination and exposition of human rights protections in the inter-American system." *Ministerio des Relaciones Exteriores, República de Venezuela,* aaO. S. 4.

Gutachtenkompetenz auch deshalb erforderlich, da die aufgeworfene Gutachtenfrage auch das komplexe Verhältnis der Aussprüche des Gerichthofs zu den Nicht-AMRK-Staaten betreffe. Daher sei die Gutachtenfrage viel zu abstrakt und ohne Bezug auf einen konkreten Sachverhalt gestellt.[794]

Die USA äußerten sich darüber hinaus auch inhaltlich zur Rechtsnatur der Deklaration. Die Deklaration sei nach wie vor ein rechtlich unverbindlicher Text. Ein dahingehener anderweitiger Wille der Staaten sei auch durch die Schaffung des *Protokolls von Buenos Aires* mangels expliziter Hinweise nicht nachweisbar.[795]

Ferner ergebe sich aus den Vorschriften der OAS-Charta, dem Kommissionsstatut oder der Verfahrensordnung der Kommission nichts anderes.[796] Auch der Text und die Entstehungsmaterialien der AMRK würden bestätigen, dass die Deklaration ein unverbindliches Instrument geblieben sei.[797]

In einem *Communiqué* beantworteten die USA zusätzliche Fragen des Gerichtshofs, die in der mündlichen Anhörung am 20.7.1988 an sie gerichtet worden waren.[798] Wie aus den Verhandlungsprotokollen hervorgeht, war ein

---

794 „The United States believes the Court should also be reluctant to exercise jurisdiction over a request for an advisory opinion where, as here, questions raised by the request encompass complex issues relating to the relationship of the Court's decisions to the O.A.S. member states that are not parties to the Convention. In the U.S. view, the Court would be in a better position to answer the broad-reaching abstract questions raised in the present request with the benefit of specific factual contexts." *Ministerio des Relaciones Exteriores, República de Venezuela*, aaO., S. 5.

795 „In some cases involving the United States of America, the Inter-American Commission on Human Rights has taken the position that the American Declaration of the Rights and Duties of Man, although not adopted as a binding legal instrument, has acquired this statuts as a result of the entry into force of the Protocol of Buenos Aires (…). The United States submits that this position is not supported by the facts or by general principles of international law. For the Protocol of Buenos Aires to have had such an effect in the absense of any explicit language, ist drafters must have intended to elevate the status of the Declaration. There is no evidence, however, of such an intention. Rather, the Protocol of Buenos Aires expressly anticipated the adoption of an inter-American convention on human rights, and made no reference whatsoever to the American Declaration." *Ministerio des Relaciones Exteriores, República de Venezuela*, aaO., S. 5 f.

796 *Ministerio des Relaciones Exteriores, República de Venezuela*, aaO. S. 6 f.

797 *Ministerio des Relaciones Exteriores, República de Venezuela*, aaO., S. 9.

798 *Department of State, United States of America*, Communiqué vom 3.8.1988 an den Inter-Amerikanischen Gerichtshof für Menschenrechte (unveröffentlicht; Dokument zur Verfügung gestellt vom Inter-Amerikanischen Gerichtshofs für Menschenrechte, Costa Rica).

Thema der mündlichen Anhörung auch die Frage der Rechtsnatur der *Allgemeinen Erklärung der Menschenrechte* und ihr Verhältnis zur UN-Charta. Offenbar versuchte der Inter-Amerikanische Gerichtshof einen Vergleich zwischen dem Inter-Amerikanischen System und dem UN-System zu ziehen. Die USA stellten in ihrem *Communiqué* fest, dass zwar das Verhältnis der Deklaration zur OAS-Charta vergleichbar sei mit dem Verhältnis der Allgemeinen Erklärung der Menschenrechte zur UN-Charta, dass ein derartiger Vergleich jedoch nicht ergiebig und daher vorliegend nur zur Illustration nützlich sei.[799]

Die USA erläuterten in der mündlichen Anhörung, dass die Deklaration schon deswegen keine autoritative Interpretation der OAS-Charta sein könne, weil sie zeitlich vor jener verabschiedet wurde und sie in der Charta auch keine Erwähnung findet. Die Deklaration enthalte gemeinsame Prinzipien, zu welchen sich die Amerikanischen Staaten bekannt haben, die der Gerichtshof bei der Interpretation der OAS-Charta betrachten könne.[800]

3. Das Gutachten des Gerichtshofs

Der Inter-Amerikanische Gerichtshof für Menschenrechte erstattete am 14.7.1989 das Gutachten mit dem Titel *„Interpretation of the American*

799 „The United States also notes, with respect to the Universal Declaration of Human Rights, that while the relationship of the Universal Declaration's moral and political „obligations" to the legal obligations of the U.N. Charter is similar to that of the American Declaration of the Rights and Duties of Man to the O.A.S. Charter, the comparison is not exact and is useful only for illustration." *Ibid.*

800 „(T)he United States notes that the Declaration was adopted before the Charter of the Organization and before the Protocol, therefore it cannot in itself be the authoritative interpretation of provisions of the Charter, as we stated in our written submission and in our oral presentation today. The Declaration is never mentioned in the Charter but what the Declaration contains is principles held in common by the American States (…). Therefore, the Court may draw on those principles contained in instruments that are recognized in the world as authoritative instruments setting out human rights principles. The Court may draw on those instruments and those principles in interpreting the Charter, but in a sense it is a little bit of the chicken and the egg. The Court is to interpret the Charter and is to look to common principles in order to interpret it." Stellungnahme des Vertreters der USA, lic. Kovar, auf der mündlichen Verhandlung vom 20.7.1988 (unveröffentlicht; Dokument zur Verfügung gestellt vom Inter-Amerikanischen Gerichtshofs für Menschenrechte, Costa Rica).

Declaration of the Rights and Duties of Man within the Framework of Article 64 of the American Convention on Human Rights".[801]

a) Vorbemerkung zur Vorlagefrage

Bevor das Gutachten im Einzelnen dargestellt wird, ist vorab der Antrag Kolumbiens über den Auslegungsgegenstand genauer zu beleuchten. Kolumbien stellte die Frage, ob Art. 64 AMRK es dem Inter-Amerikanischen Gerichtshof gestatte, ein Gutachten über die Auslegung der Amerikanischen Deklaration zu erstellen. Kolumbien erläuterte ergänzend, dass deshalb auch die Frage nach dem normativen Status der Deklaration geklärt werden müsse.

Diese Vorlagefrage kann in einem weiten oder in einem engen Sinne aufgefasst werden. Einem engen Verständnis zufolge, könnte sich der Gerichtshof darauf beschränken, zu begutachten, ob die Deklaration im Rahmen von Art. 64 Abs. 1 AMRK unmittelbarer Prüfungsgegenstand ist. Dabei wäre lediglich zu prüfen gewesen, ob die Deklaration ein „*Vertrag*" i.S.v. Art. 64 Abs. 1 AMRK darstellt.

Nach einem weiten Verständnis des Auslegungsgegenstandes hingegen hätte der Gerichtshof die Frage zu klären, ob er befugt ist, bei der Auslegung eines anderen Vertrages i.S.v. Art. 64 Abs. 1 AMKR, etwa bei der OAS-Charta oder der AMRK, die Deklaration mittelbar zu berücksichtigen und auszulegen. Unmittelbarer Auslegungsgegenstand wäre dann nicht die Deklaration selbst, sondern der andere „*Vertrag*".

Nur bei einem engen Verständnis der Vorlagefrage wäre der Gerichtshof gezwungen, die Frage nach der genauen Rechtsnatur der Amerikanischen Deklaration zu beantworten, mithin ob die Deklaration als „Vertrag" im Sinne von Art. 64 Abs. 1 AMRK zu qualifizieren ist.

Andernfalls könnte sich der Gerichtshof damit begnügen, zu kären, ob die Deklaration, unabhängig von der Frage nach ihrer genauen Rechtsnatur, im Rahmen der Interpretation eines anderen Instruments jedenfalls als Auslegungshilfe (gemäß Art. 31 Abs. 3 lit. c: die umgebende Völkerrechtsordnung) herangezogen und dabei vom Gerichtshof (unverbindlich) ausgelegt werden darf.

---

801 *Inter-American Court of Human Rights,* Interpretation of the American Declaration of the Rights and Duties of Man within the Framework of Article 64 of the American Convention on Human Rights. Advisory Opinion OC-10/89, 14.7.1989, Series A No. 10.

b) Die Feststellungen des Gerichtshofs zur Zulässigkeit des Antrags, insbesondere zur Bestimmung des Antragsgegenstandes

Der Gerichtshof hielt den Antrag Kolumbiens für zulässig. Dabei stellte er klar, dass nach dem Wortlauts von Art. 64 Abs. 1 AMRK tauglicher Antragsgegenstand ein „*Vertrag*" sein muss, der den „*Schutz der Menschenrechte zum Gegenstand*" hat und „*in den Beziehungen der Amerikanischen Staaten anwendbar*" ist.

Als Auslegungsgegenstand sah der Gerichtshof nicht unmittelbar die Deklaration an, sondern den Art. 64 Abs. 1 AMRK selbst.[802] Dadurch vermied der Gerichtshof, die Frage der Rechtsnatur der Deklaration bereits in der Zulässigkeit des Antrages zu prüfen und möglicherweise abzulehnen, da die Deklaration kein förmlicher Vertrag ist. Der Gerichtshof erklärte, dass er im Rahmen der Auslegung des Art. 64 Abs. 1 AMRK dabei auch auf die Klärung des rechtlichen Status anderer Instrumente, wie die Deklaration, eingehen könne. Dies betreffe aber nicht die Zulässigkeit des Antrags, sondern die inhaltliche Beantwortung der gestellten Gutachtenfrage.[803]

---

802 Der Gerichtshof erläuterte: „Even if the Court were to accept the proposition that the Declaration is not a treaty, this conclusion would not necessarily make the request of the Government of Colombia inadmissible. What the Government requests is an interpretation of Article 64(1) of the Convention. In fact, the Government asks whether Article 64 "authorizes" the Court "to render advisory opinions… on the interpretation of the American Declaration of the Rights and Duties of Man." Given that Article 64(1) authorizes the Court to render advisory opinions "regarding the interpretation of this Convention," a request which seeks an interpretation of any provision of the Convention, including Article 64, fulfills the requirements of admissibility." *Inter-American Court of Human Rights,* aaO., Rn. 22 ff.

803 „It is clear that in dealing with this request for an advisory opinion, the Court might have to pass on the legal status of the American Declaration. The mere fact, however, that the interpretation of the Convention or other treaties concerning human rights might require the Court to analyze international instruments which may or may not be treaties **strictu sensu** does not mean that the request for an advisory opinions inadmissible, provided that the context is the interpretation of the instruments mentioned in Article 64(1) of the Convention. It follows therefrom that even if the Court should find it necessary to deal with the American Declaration when considering the merits of the instant request, that examination, given the manner in which Colombia has formulated its question, would involve the interpretation of an article of the Convention. The question concerning the legal status of the Declaration bears on the merits of the request and not on its admissibility, for even if the Court were to conclude that the Declaration has no normative force within the inter-American system, that decision would not make the request inadmissible because it would have been reached in the context of an interpretation of Article 64(1)." *Inter-American Court of Human Rights,* aaO., Rn. 25 f.

c) Die Beantwortung der Gutachtenfrage durch den Gerichtshof

Der Gerichtshof prüfte zunächst, wie der Begriff „Vertrag“ im Sinne des Art. 64 Abs. 1 AMRK zu verstehen ist. Dabei zog er die Definition des Art. 2 Abs. 1 WVK heran. Danach ist ein Vertrag jede schriftliche Übereinkunft zwischen Staaten auf dem Gebiet des internationalen Rechts. Der Gerichtshof befand, dass die Amerikanische Deklaration kein Vertrag im Sinne dieser Definition ist, da sie nicht in Form eines Vertrages abgeschlossen wurde und auch von den OAS-Staaten nicht als Vertrag gewollt war.[804]

Der Gerichtshof stellte jedoch klar, dass dieser Umstand gleichwohl ihn nicht daran hinderte, die Deklaration auszulegen. Da die AMRK in ihrer Präambel sowie in Art. 29 lit. d Bezug auf die Deklaration nimmt, müsse der Gerichtshof folglich bei der Auslegung der AMRK auch die Deklaration interpretieren.[805]

Mit dieser Feststellung hätte der Gerichtshof sein Gutachten abschließen können. Stattdessen machte er weitere Ausführungen zur Bedeutung der Amerikanischen Deklaration im Inter-Amerikanischen System. Dabei betonte er, dass ein Instrument im Lichte der aktuellen Verhältnisse unter Berücksichtigung der nachfolgenden Entwicklungen seit seinem Entstehen zu beurteilen sei. Er stellte dabei fest, dass sich das Amerikanische Recht seit 1948 dementsprechend weiterentwickelt habe.[806]

Danach analysierte der Gerichtshof alle Bezüge zu Menschenrechten in den Vorschriften der OAS-Charta und stellte fest, dass die Charta den Begriff der

---

804 *Inter-American Court of Human Rights,* aaO., Rn. 33 f.

805 *Inter-American Court of Human Rights,* aaO., Rn. 36.

806 „The American Declaration has its basis in the idea that „the international protection of the rights of man should be the principal guide of an evolving American law“ (Third Considerandum). This American law has evolved from 1948 to the present; (...)As the International Court of Justice said: “an international instrument must be interpreted and applied within the overall framework of the juridical system in force at the time of the interpretation” (Legal Consequences for States of the Continued Presence of South Africa in Namibia (South West Africa) notwithstanding Security Council Resolution 276 (1970), Advisory Opinion, I.C.J. Reports 1971, p. 16 ad 31). That is why the Court finds it necessary to point out that to determine the legal status of the American Declaration it is appropriate to look to the inter-American system of today in the light of the evolution it has undergone since the adoption of the Declaration, rather than to examine the normative value and significance which that instrument was believed to have had in 1948.” *Inter-American Court of Human Rights,* aaO., Rn. 37.

Menschenrechte zwar nicht selbst erläutere, jedoch die Mitgliedstaaten diesen Begriff durch diverse Organe spezifiziert hätten.[807]

Der Gerichtshof verwies dabei auf Art. 106, 145 OAS-Charta und die Praxis der Inter-Amerikanischen Kommission sowie auf Aussagen der der *Generalversammlung*, die festgestellt haben, dass die Amerikanische Deklaration eine „Quelle rechtlicher Verpflichtungen“ für die OAS-Staaten darstellt.[808]

Daraus folgerte der Gerichtshof, dass im Wege einer „autoritativen“ Interpretation die OAS-Mitgliedstaaten ihre Zustimmung signalisiert hätten, dass die Deklaration die in der OAS-Charta erwähnten Menschenrechte enthalte und definiere. Daher könne die OAS-Charta im Bereich der Menschenrechte nicht angewendet und interpretiert werden, ohne – im Einklang mit der Praxis der OAS-Organe – auf die entsprechenden Rechte aus der Amerikanischen Deklaration Bezug zu nehmen.[809]

Diesen Aspekt spezifizierte der Gerichtshof, indem er zunächst noch einmal bekräftigte, dass für die Mitgliedstaaten der OAS die Deklaration der Text ist, welcher die Menschenrechte, auf die sich die OAS-Charta bezieht, definiert. Zusätzlich erläuterte der Gerichtshof unter Bezugnahme auf Art. 1 Abs. 2 lit. b und 20 des Kommissionsstatut, die die Kompetenz der Kommission in Bezug auf die Menschenrechts der Deklaration regeln, dass die Deklaration in diesem

---

807 „The Charter of the Organization refers to the fundamental rights of man in its Preamble ((paragraph three) and in Arts. 3(j), 16, 43, 47, 51, 112 and 150; Preamble (paragraph four), Arts. 3(k), 16, 44, 48, 52, 111 and 150 of the Charter revised by the Protocol of Cartagena de Indias), but it does not list or define them. The member states of the Organization have, through its diverse organs, given specificity to the human rights mentioned in the Charter and to which the Declaration refers.“ *Inter-American Court of Human Rights,* aaO., Rn. 39.

808 „(Articles 112 and 150 of the Charter) authorize the Inter-American Commission to protect human rights. These rights are none other than those enunciated and defined in the American Declaration. That conclusion results from Article 1 of the Commission's Statute. (...) The General Assembly of the Organization has also repeatedly recognized that the American Declaration is a source of international obligations for the member states of the OAS. (...)“ (es folgen beispielhafte Aufzählungen). *Inter-American Court of Human Rights,* aaO., Rn. 41 f.

809 „Hence it may be said that by means of an authoritative interpretation, the member states of the Organization have signaled their agreement that the Declaration contains and defines the fundamental human rights referred to in the Charter. Thus the Charter of the Organization cannot be interpreted and applied as far as human rights are concerned without relating its norms, consistent with the practice of the organs of the OAS, to the corresponding provisions of the Declaration.“ *Inter-American Court of Human Rights,* aaO., Rn. 43.

Umfang für die Staaten eine Quelle rechtlicher Verpflichtungen darstelle. Für die Mitgliedstaaten der AMRK bilde grundsätzlich die AMRK die spezifische Rechtsquelle. Dabei könnten die AMRK-Staaten wegen Art. 29 lit. d AMRK jedoch ihren bestehenden Verpflichtungen als OAS-Mitgliedstaaten aus der Amerikanischen Deklaration nicht entkommen.[810]

Nach Ansicht des Gerichtshofs führe die Tatsache, dass die Deklaration kein Vertrag ist, weder zu dem Schluss, dass sie keinerlei rechtliche Wirkungen habe noch führe dies zur Unzuständigkeit des Gerichtshofs.[811] Abschließend formulierte er als Antwort auf die Frage Kolumbiens:

> „Dass Art. 64 Abs. 1 der AMRK den Gerichtshof ermächtige, auf Antrag eines OAS-Mitgliedstaaten oder eines dazu befugten OAS-Organs ein Gutachten zu erstatten, in dem er die Amerikanische Deklaration der Rechte und Pflichten des Menschen auslegt, unter der Voraussetzung, dass der Gerichtshof sich dabei innerhalb der Anwendbarkeit und Reichweite seiner Kompetenz im Hinblick auf die OAS-Charta oder Konvention oder eines anderen Vertrages, der den Schutz der Menschenrechte in den Amerikanischen Staaten zum Gegenstand hat, bewegt."[812]

---

810 „For the member states of the Organization, the Declaration is the text that defines the human rights referred to in the Charter. Moreover, Articles 1(2)(b) and 20 of the Commission's Statute define the competence of that body with respect to the human rights enunciated in the Declaration, with the result that to this extent the American Declaration is for these States a source of international obligations related to the Charter of the Organization. For the States Parties to the Convention, the specific source of their obligations with respect to the protection of human rights is, in principle, the Convention itself. It must be remembered, however, that, given the provisions of Article 29(d), these States cannot escape the obligations they have as members of the OAS under the Declaration, notwithstanding the fact that the Convention is the governing instrument for the States Parties thereto." *Inter-American Court of Human Rights,* aaO., Rn. 45 f.

811 „That the Declaration is not a treaty does not, then, lead to the conclusion that it does not have legal effect, nor that the Court lacks the power to interpret it within the framework of the principles set out above." *Inter-American Court of Human Rights,* aaO., Rn. 47.

812 „That Article 64(1) of the American Convention authorizes the Court, at the request of a member state of the OAS or any duly qualified OAS organ, to render advisory opinions interpreting the American Declaration of the Rights and Duties of Man, provided that in doing so the Court is acting within the scope and framework of its jurisdiction in relation to the Charter and Convention or other treaties concerning the protection of the human rights in the American states." *Inter-American Court of Human Rights,* aaO., Rn. 48.

d) Eigene Bewertung

Der Antrag Kolumbiens auf Erstellung eines Gutachten bot dem Inter-Amerikanischen Gerichtshof die Möglichkeit, sich zu den schon seit einiger Zeit kontrovers geführten Diskussionen über die Rechtswirkungen der Amerikanischen Deklaration im Inter-Amerikanischen System zu äußern.

Positiv zu bewerten ist die im Gutachten vorgenommene evolutive Betrachtung der Amerikanischen Deklaration, die nicht mehr alleine auf den Willen der Staaten im Jahr 1948 abstellt, sondern die Deklaration im Lichte der aktuellen Verhältnisse unter Berücksichtigung der nachfolgenden Entwicklungen im Inter-Amerikanischen System betrachtet.[813]

Durch den Verweis auf die Praxis der Kommission sowie einschlägige Resolutionen der *Generalversammlung* macht der Gerichtshof deutlich, dass sich die Natur der Deklaration seit ihrer Verabschiedung im Jahr 1948 geändert hat. Er stellt dabei knapp fest, dass die Mitgliedsstaaten ihren Konsens signalisiert haben, dass die Deklaration eine „*autoritative*" Auslegung der menschenrechtlichen Normen der OAS-Charta darstellt.

Bei genauerer Betrachtung der Ausführungen des Gerichtshofs ist festzustellen, dass er damit nur teilweise zur Klärung der Rechtsnatur der Amerikanischen Deklaration beigetragen hat.

Zum einen lässt das Gutachten eine genaue Analyse der Praxis der Staaten sowie ihrer Rechtsüberzeugung über den normativen Gehalt der Deklaration vermissen. Es sind die Staaten, nicht die Organe, die über die Bindungswirkung eines rechtlichen Insruments entscheiden können.

Zum anderen zögert der Gerichtshof selbst, den von ihm eingeschlagenen Weg, über die OAS-Charta eine Bindungswirkung der Deklaration zu bejahen, konsequent zu Ende zu gehen. Unklar bleibt, was der Gerichtshof genau damit meint, wenn er davon spricht, dass die Deklaration eine „*autoritave Auslegung*" der menschenrechtlichen Normen der OAS-Charta darstellt. Darüber hinaus bleibt offen, ob über die OAS-Charta lediglich eine Bindung an die Amerikanische Deklaration als anzustrebender allgemeiner Standard besteht, oder ob darüber hinaus die Staaten an die Einhaltung aller oder einiger einzelner Menschenrechte aus der Deklaration verpflichtet sind.

---

813 Nach dem Willen der Staaten, wie er in der Präambel der Amerikanischen Deklaration zum Ausdruck kommt, soll sich das Inter-Amerikanische System ja gerade weiterentwickeln und sich rechtlich verändern. Vgl. dazu die Analyse zur Bedeutung der Deklaration im DRITTEN KAPITEL, B.

Es fällt damit schwer, aus den Aussagen des Gerichtshofs eindeutige Schlussfolgerungen zu ziehen. Viele Aussagen sind ungenau und doppeldeutig. Klargestellt hat der Gerichtshof nur, dass die Deklaration nach wie vor kein förmlicher Vertrag ist. Auch geht aus dem Gutachten hervor, dass nach Ansicht des Gerichtshofs die Deklaration (irgendwelche) rechtlich bindenden Pflichten für die OAS-Staaten erzeugt.

Die Ausführungen des Gerichtshofs, wonach die Staaten ihre Zustimmung signalisiert hätten, dass die Deklaration die Menschenrechte aus der OAS-Charta definiert, ist nicht überzeugend, haben doch gerade vor allem die USA wiederholt und ausdrücklich zu verstehen gegeben, dass nicht alle OAS-Staaten dem zustimmen. Insofern scheint der Gerichtshof den Protest der USA vollständig zu ignorieren.

Gleichwohl deuten die Aussagen des Gerichtshof darauf hin, dass er sich über den Unterschied zwischen einer rein formellen Bindung an die Deklaration über die Kompetenzen und die Tätigkeit der Kommission gemäß Art. 112, 145 OAS-Charta und dem Kommissionsstatut und einer materiellen Bindung an die Deklaration als Defininition bzw. Konkretisierung der menschenrechtlichen Vorschriften der OAS-Charta in Art. 3 lit. l, 17 OAS-Charta im Klaren ist und beides bejaht. Das Bestehen einer materiellen Verbindlichkeit der Deklaration, unabhängig über den prozessualen Aspekt, wird damit zwar vom Gerichtshof angedeutet, gleichzeitig aber durch seine zum Teil sehr doppeldeutige Wortwahl wieder relativiert. Typisch für das Schwanken des Gerichtshofs ist seine doppelte Negation am Ende des Gutachtens: „*That the Declaration is not a treaty does not, then, lead to the conclusion that it does not have legal effect.*"

Auch wenn das Gutachten die Frage der Rechtsnatur der Deklaration nicht vollständig geklärt hat[814], ist es in der Folge, wie bereits gezeigt, von der Inter-Amerikanischen Kommission mehrfach zitiert worden, um ihre Rechtsauffassung über die Verbindlichkeit der Deklaration zu bekräftigen.

814 In der Litatur wird dies z.T. anders gesehen und (fälschlicherweise) das Gutachten als Bestätigung der Verbindlichkeit der Deklaration angesehen, vgl. etwa: *Martin/ Schnably*, International human rights and humanitarian law: treaties, cases and analysis, S. 271.

III. Die weitere Gutachtenpraxis im Hinblick auf die Amerikanische Deklaration der Rechte und Pflichten des Menschen nach 1989

Das oben dargestellte Gutachten prägte auch die weitere Gutachtenpraxis des Gerichtshofs nach 1989. In den Gutachten Nr. 13, 16, 18 und 19 weist der Gerichtshof auf die Aussagen im Gutachten Nr. 10 und spricht in Bezug auf die Deklaration von *„internationalen Verpflichtungen“* als Konkretisierung der Verpflichtungen aus der OAS-Charta. So weist er im 13. Gutachten auf die Verpflichtung zur Einhaltung der Rechte aus der Amerikanischen Deklaration für diejenigen OAS-Staaten hin, die noch nicht der AMRK beigetreten sind.[815] Im 16. Gutachten leitet der Gerichtshof das Recht auf Gleichbehandlung gleichermaßen aus Art. 3 lit l OAS-Charta und Art. II der Deklaration ab.[816] Im Gutachten Nr. 18 schließlich stellt der Gerichtshof fest, dass die USA als Mitgliedsstaat der OAS an die Verpflichtungen aus der Amerikanischen Deklaration, namentlich dem Recht auf Arbeit, angemessene Vergütung derselben, der Vereinigungsfreiheit und dem Gleichbehandlungsgrundsatz, gebunden sind.[817]

---

815 „(T)he distinctions among human rights in the inter-american system are, principally, those related to the rights the States Parties to the Convention or the Member States of the OAS who are not Parties to the Convention have obligated themselves to protect; being in the latter case only those contained in the American Declaration of the Rights and Duties of Man and, in particular, those mentioned in Article 20 of the Commission's Statute (See: Interpretation of the American Declaration of the Rights and Duties of Man within the Framework of Article 64 of the American Convention on Human Rights, Advisory Opinion OC-10/89 of July 14, 1989. Series A No. 10, para. 45).“ *Inter-American Court of Human Rights*, Certain Attributes of the Inter-American Commission on Human Rights (Arts. 41, 42, 44, 46, 47, 50 and 51 of the American Convention on Human Rights). Advisory Opinion OC-13/93 of July 16, 1993, Series A No. 13

816 „The guarantee of nondiscrimination, upheld in Article 3(1) of the OAS Charter and Article II of the American Declaration, includes the matter of nationality.“ *Inter-American Court of Human Rights*, The Right to Information on Consular Assistance. In the Framework of the Guarantees of the due Process of Law. Advisory Opinion OC-16/99 of October 1, 1999, Series A No. 16.

817 „As a State party to the OAS Charter, the United States are subject to the obligations established by the American Declaration, which guarantee the right to work and to fair wages, as well as the right to organize unions and to receive equal treatment before the law.“ *Inter-American Court of Human Rights*, Juridical Condition and Rights of Undocumented Migrants. Advisory Opinion OC-18 of September 17, 2003, Series A No. 18.

E. Die selbständige Praxis der OAS-Staaten mit Bezug zu Menschenrechten, insbesondere zur Amerikanischen Deklaration der Rechte und Pflichten des Menschen

Nachfolgend wird die selbständige Praxis der OAS-Staaten, also die Praxis außerhalb der inter-amerikanischen Institutionen, dargestellt, die einen Bezug zu den menschenrechtlichen Verpflichtungen der OAS-Charta und/oder der Amerikanischen Deklaration aufweist. Dabei wird zwischen der internationalen Praxis und der innerstaatlichen Praxis unterschieden.

I. Die internationale Praxis der OAS-Staaten

Die OAS-Staaten haben sich bereits mehrfach auf internationalen Foren in Deklarationen oder anderen Erklärungen zur Bedeutung der Amerikanischen Deklaration geäußert.

1. Die *Declaration of Caracas* von Venezuela, Kolumbien, Ecuador, Peru, Bolivien und Panama vom 24. Juli 1983

Anlässlich der Feier zum 200. Geburtstag von *Simon Bolivar* haben die Staatschefs von Venezuela, Kolumbien, Ecuador, Peru, Bolivien und Panama gemeinsam die *Declaration of Caracas* am 24.7.1983 abgegeben. Diese internationale Erklärung besteht aus acht Kapiteln, wovon Kapitel 5 mit der Überschrift „*La Vigencia de los Derechos Humanos*“ (Die Rechtskraft der Menschenrechte) die Menschenrechte zum Gegenstand hat. Darin heißt es im 17. Erwägungsgrund, dass sich auf regionaler Ebene ein Schutzsystem für Menschenrechte etabliert hat, dessen grundlegende Züge durch die Amerikanische Deklaration definiert werden, die sich über die OAS-Charta in das inter-amerikanische System eingegliedert und institutionell innerhalb der organischen Entwicklungen, am meisten fortgeschritten durch die AMRK, weiterentwickelt hat.[818]

---

818 „En la hora actual puede registrarse con satisfacción y optimismo el progreso cierto que se ha operado en la lucha por la vigencia de los derechos humanos en nuestro continente. En el ambito regional se ha progresado igualmente en la instauracion de un regimen de proteccion internacional de los derechos humanos, definido en sus lineamientos generales por la Declaracion Americana de Derechos Humanos

2. Die Erklärung Mexikos auf der Achten Ordentlichen Sitzung der Generalversammlung 1978

Auf der Achten Ordentlichen Sitzung der *Generalversammlung* 1978 machte ein Abgeordneter Mexikos im Rahmen der Resolution der *Generalversammlung* über die Annahme des Jahresberichts der Inter-Amerikanischen Kommission in einer Erklärung allgemeine Anmerkungen zu den Menschenrechtsverpflichtungen der OAS-Mitgliedsstaaten. Darin spricht der Abgeordnete über das generell bestehende Problem der Verbindlichkeit der anwendbaren völkerrechtlichen Normen und fragt in rhetorischer Weise nach dem Inhalt und der Bedeutung der menschenrechtlichen Normen der OAS-Charta in Art. 3 lit. l und 106, wodurch er andeutet, dass diese Normen nicht rechtlich bedeutungslos sein können.[819]

Auf dieser Sitzung der *Generalversammlung* kam es auch zu Kontroversen über die Kompetenzen der *Generalversammlung* bei Annahme der Kommissionsberichte. Einige Staaten waren der Ansicht, dass die Praxis der *Generalversammlung*, über die bloße formale Annahme der Kommissionsberichte hinaus eigene Aufforderungen zur Befolgung der Menschenrechte an die Staaten auszusprechen, eine unzulässige Intervention in die inneren Angelegenheiten der Staaten darstellte. Dem widersprach der mexikanische Delegierte und führte aus, dass die Vorschriften der OAS-Charta sowie die zahlreichen universell und regional verabschiedeten Resoultionen belegten, dass die Tätigkeit der *General-*

---

y Deberes del Hombre, que se ha incorporado al sistema interamericano por la Carta de la OEA y se ha desarrollado institucionalmente dentro de las tendencias orgánicas más avanzadas a través del Pacto de San José, instrumento que merece el respaldo y el estímulo de las Repúblicas libres de América." Die *„Declaración de Caracas"* ist publiziert in: Revista Instituto Interamericano de Derechos Humanos, Bd. 1 (Januar-Juni 1985), S. 121 f. Dort wird sie aber irrtümlicherweise als „Declaración de Cartagena" bezeichnet.

819 „En efecto, el problema esencial en esta materia sigue siendo el de la obligatoridad internacional de las normas aplicables. (…) ¿carece de significado y cometido el artículo 3 j, de nuestra Carta en que los Estados Americanos proclaman los derechos esenciales de la persona humana sin distinción de raza, nacionalidad, credo o sexo? (…)¿es inane y bizantino el artículo 112 de nuestro Pacto Fundamental que crea la Comisión Interamericana de Derechos Humanos con objeto de promover la observancia y defensa – subrayo el vocablo defensa – de los derechos humanos y de servir como órgano consultivo de la Organización en esta materia?" *OAS General Assembly*, 8th Regular Session, Washington, D.C., June 21 – July 1, 1978, Die Rede des mexikanischen Abgeordneten ist abgedruckt in: *de la Colina*, El Debate sobre Derechos Humanos en los Organos Politicos de la OEA, S. 348 ff.

versammlung im Hinblick auf die Berichte der Kommission das Interventionsverbot nicht verletze.[820]

3. Die *Santiago Declaration* der Staats- und Regierungschefs auf dem Zweiten Amerikagipfel vom 18.–19.4.1998

Auf dem Zweiten Amerikagipfel 1998[821] gaben die Staats- und Regierungschefs der Amerikanischen Staaten die *Santiago Declaration* ab, die auch eine Passage über Menschenrechte enthält. Darin erklären die Staaten, dass die Achtung und die Förderung der Menschenrechte das Hauptanliegen ihrer Regierungen seien. Die Staaten erachten es für notwendig, die Ratifizierung der Menschenrechtsverträge, womit vor allem die AMRK gemeint ist, voranzutreiben. Dadurch sollen die in der Amerikanischen Deklaration niedergelegten Menschenrechte bewahrt und durch institutionelle Mechanismen verstärkt werden.[822]

---

820 „¿Puede acaso tacharse de intervención el examen deapasionado de quejas frecuentes, suscitadas por actos violatorios de los derechos que tutela la propia Carta, la utilización por parte de la Asamblea General de los Organos constituidos para ese objeto, la publicación de los informes sobre la vulneración repetida de tales derechos para ilustración de la opinión pública americana y mundial, así como la petición a los Estados de donde proceden las quejas para que autoricen la visita de la Comisión Interamericana de Derechos Humanos, si está la pidiere, Comisión creada por la libre voluntad de todos los Estados miembros con objeto de promover la defensa de tales derechos? Las disposiciones citadas y las numerosas resoluciones aprobadas tanto en el foro mundial como en el interamericano dan pie para afirmar que el tratamiento que se ha dado a los informes de la Comisión Interamericana de Derechos Humanos no vulnera de modo alguno el principio de la No-intervención.“ *Ibid.*

821 Die Amerika-Gipfel (Summit of the Americas) sind unregelmäßig stattfindende Zusammentreffen der Staats- und Regierungschefs der karibischen, nord-, mittel- und südamerikanischen Staaten, um aktuelle Probleme und Visionen für eine gemeinsame Entwicklung der Region zu diskutieren. Auch wenn der Gipfelprozess rechtlich unabhängig von der OAS ist, wird er seit dem 2. Amerikagipfel von der OAS istitutionell und inhaltlich begleitet. Sie unterstützt den Gipfel technisch und kann in den Diskussionsbereichen als vermittelnde Instanz hinzugezogen werden. Die OAS gehört demnach „zum institutionalen Gedächtnis“ des Gipfelprozesses.

822 „Respect for and promotion of human rights and the fundamental freedoms of all individuals is a primary concern of our governments. In commemorating the fiftieth anniversary of the American Declaration of the Rights and Duties of Man and the Universal Declaration of Human Rights, we agree on the need to promote the ratification and implementation of the international agreements aimed at preserving them and to continue strengthening the pertinent national and international

Indem die Staaten von der „*Bewahrung*" der Deklaration sprechen, geben sie zu erkennen, dass materiell bereits ein bestimmter menschenrechtlicher Verpflichtungsstandard vorhanden ist. Dieser soll in der Zukunft lediglich erhalten bleiben, indem die Staaten die AMRK ratifizieren und sich auch der Gerichtsbarkeit des Inter-Amerikanischen Gerichtshofs unterwerfen.

II. Die innerstaatliche Praxis ausgewählter OAS-Staaten

Nachfolgend wird die innerstaatliche Praxis ausgewählter OAS-Staaten, namentlich der Nicht-AMRK-Staaten USA, Kanada, sowie der karibischen Commonwealth-Staaten Antigua & Barbuda, Bahamas, Belize, San Kitts & Nevis, Saint Lucia, Saint Kitts & Nevis, St. Vincent & die Grenadinen untersucht.

Dabei sind die relevanten Akte der Legislative, Exekutive und Judikative in den Blick zu nehmen und zu prüfen, ob und wie die menschenrechtlichen Vorschriften der OAS-Charta sowie die Amerikanische Deklaration innerstaatlich wahrgenommen werden.

1. USA

Die US-amerikanische Rechtsordnung, die nach der Staatsgründung 1776 zunächst noch stark vom britischen common law geprägt war, hat sich seit dem weitgehend unabhängig fortentwickelt. Im Hinblick auf die innerstaatliche Geltung und Wirkung völkerrechtlicher Verträge enthält Art. VI US-Verfassung eine ausdrückliche Regelung. Danach wird ein völkerrechtlicher Vertrag, der durch die Vereinigten Staaten abgeschlossen worden ist, *ipso iure* Teil des innerstaatlichen Rechts und bindet alle Gerichte der Bundesstaaten.[823] Art. VI enthält jedoch weder über den Rang der völkerrechtlichen Verträge innerhalb des Bun-

---

institutions." *Second Summit of the Americas*, Santiago de Chile, Chile, 18.-19. April 1998. Die *Santiago Declaration* ist abrufbar unter: http://www.summit-americas.org/ii_summit/ii_summit_dec_en.pdf (zuletzt besucht am 23.06.2013).

823 Art. VI lautet: „This Constitution, and the Laws of the United States which shall be made in Pursuance thereof; and all Treaties made, or which shall be made, under the Authority of the United States, shall be the supreme Law of the Land; and the Judges in every State shall be bound thereby, any Thing in the Constitution or Laws of any State to the Contrary notwithstanding." Zum Einfluss des Völkerrechts auf die US-amerikanische Rechtsordnung vgl. *Fink/Gillich*, JöR 2013, S. 725 ff und *Cole*, Das Selbstbestimmungsrecht indigener Völker, S. 474 ff.

desrechts noch über die Frage, ob und unter welchen Bedingungen der Vertrag unmittelbar anwendbar ist, eine Aussage.

Die US-amerikanische Rechtsprechung vertrat im 19. Jahrhundert noch eine völkerrechtsfreundliche Sichtweise, die jedoch nach und nach einer restriktiven Linie gewichen ist. So gibt es in neuerer Zeit in der amerikanischen Rechtsprechung und Öffentlichkeit Tendenzen, das US-amerikanische Recht von jeglichem internationalen Einfluss abzuschotten.[824]

US-amerikanische Instanzgerichte haben sich gelegentlich in Fällen, in denen der Beschwerdeführer auch eine Verletzung der Amerikanischen Deklaration der Rechte und Pflichten des Menschen durch die USA rügte, zu den Verpflichtungen der USA aus dem Inter-Amerikanischen Menschenrechtssystem geäußert. Dabei betonen die Gerichte jedoch durchgängig den unverbindlichen Charakter der Amerikanischen Deklaration. So befand der Court of Appeals for the Seventh Circuit auf das Vorbringen des Beschwerdeführers, die Todesstrafe verletze die Amerikanische Deklaration im Fall *Garza v. Lappin* (2001), dass die Amerikanische Deklaration lediglich ein ideelles Dokument sei, welches als solches keine unmittelbar erzwingbaren Verpflichtungen für die OAS-Mitgliedsstaaten erzeuge.[825] Das Gericht verneinte auch die Bindungswirkung der Aussprüche der Inter-Amerikanischen Kommission für Menschenrechte, da der Wortlaut des Kommissionsstatut mangels gegenteiliger Hinweise auf einen anderweitigen Willen der Staaten insoweit eindeutig zugunsten einer rechtlich unverbindlichen Wirkkraft der Kommissionsempfehlungen spreche.[826]

---

824 *Fink/Gillich*, aaO., S. 725 ff.

825 „The American Declaration of the Rights and Duties of Man, on which the Commission relied in reaching its conclusions in Garza's case, is an aspirational document which, as Garza admitted in his petition in the district court, did not on its own create any enforceable obligations on the part of any of the OAS member nations." Juan Raul Garza v. Harley G. Lappin, United States Court of Appeals For the Seventh Circuit, 253 F.3d 918, Entscheidung vom 14.6.2001, abrufbar unter: http://law.justia.com/cases/federal/appellate-courts/F3/253/918/576128/ (zuletzt besucht am 20.03.2014).

826 „No court of appeals has yet decided whether the Inter-American Commission's decisions create obligations binding on the United States, although the Fourth Circuit has expressed doubt that the Commission's decisions could have any effect on domestic judicial proceedings. Roach v. Aiken, 781 F.2d 379, 380–81 (4th Cir. 1986). We share the Fourth Circuit's doubt, based on the language of the OAS Charter and the Commission's Statute, both of which indicate that the United States has not obligated itself to be bound by the Commission's decisions–or more accurately not to the degree that would be required to create privately enforceable rights. Nothing in the OAS Charter suggests an intention that member states will be bound by the

In *Buell v. Mitchell* (2001) vor dem Sixth Circuit vertrat der Beschwerdeführer den Rechtsstandpunkt, dass das Gesetz zur Regelung der Todesstrafe im Bundesstaat Ohio Art. VI US-Verfassung verletze, da das Gesetz gegen die Amerikanische Deklaration der Rechte und Pflichten des Menschen verstoße, an welche die USA über ihre Pflichten aus der OAS-Charta gebunden seien.[827] Das Gericht entschied, dass keine Verletzung internationaler Verträge vorliegt. Es argumentierte dabei in ähnlicher Weise wie in der vorhergenannten Entscheidung für eine rechtliche Unverbindlichkeit der Amerikanischen Deklaration.[828]

Diese Gerichtsentscheidungen zeigen exemplarisch, dass die innerstaatliche Praxis der USA in Bezug auf die OAS-Charta und die Amerikanische Deklaration ihrem geäußerten Rechtsstandpunkt auf internationaler Ebene entspricht.

2. Kanada

Das kanadische Rechtssystem, das ein Erbe der britischen Kolonialzeit ist, beruht im Wesentlichen auf dem englischen *common law*.[829] Die Hauptrechtsquellen

---

Commission's decisions before the American Convention goes into effect. To the contrary, the OAS Charter's reference to the Convention shows that the signatories to the Charter intended to leave for another day any agreement to create an international human rights organization with the power to bind members. The language of the Commission's statute similarly shows that the Commission does not have the power to bind member states. The Commission's power is only to make „recommendations," which, according to the plain language of the term, are not binding." Juan Raul Garza v. Harley G. Lappin, United States Court of Appeals For the Seventh Circuit, 253 F.3d 918, Entscheidung vom 14.6.2001, Rn. 22.

827 Robert A. Buell v. Betty Mitchell, 274 F.3d 337 (6th Cir. 2001), Entscheidung vom 4.12.2001, abrufbar unter: http://openjurist.org/274/f3d/337/robert-a-buell-v-betty-mitchell-warden (zuletzt besucht am 20.03.2014).

828 „Finally, we note that even if the agreements were to ban the imposition of the death penalty, neither is binding on federal courts. „Courts in the United States are bound to give effect to international law and to international agreements, except that a 'non-self-executing' agreement will not be given effect as law in the absence of necessary authority." Restatement (Third) of Foreign Relations Law 111 (1987). Neither the American Declaration nor the International Covenant is self-executing, nor has Congress enacted implementing legislation for either agreement. See Garza v. Lappin, 253 F.3d 918, 923 (7th Cir. 2001) (stating that the „American Declaration … is an aspirational document which … did not on its own create any enforceable obligations on the part of any of the OAS member nations");" *Ibid*, Rn. 134.

829 Eine Ausnahme bildet Quebec, in dem als Folge der ehemaligen Zugehörigkeit zu Frankreich im Bereich des Privatrechts ein auf das römische Recht zurückgehendes Zivilrecht Anwendung findet.

sind die Verfassung (*Constitution Act* 1867/*Canada Act* 1982), die Gesetze (*statutes*) und das Fallrecht (*case law*), das durch die Rechtsprechung der Bundes- und Provinzgerichte entwickelt wird.[830]

Bei der Frage nach der Geltung und Wirkung des Völkerrechts im innerstaatlichen Recht ist zwischen völkerrechtlichen Verträgen und Völkergewohnheitsrecht zu differenzieren. Völkergewohnheitsrecht wird nach wohl herrschender, jedoch nicht unbestrittener, Ansicht entsprechend der Adoptionstheorie automatisch Teil des kanadischen Rechts, ohne dass es hierzu noch eines innerstaatlichen Vollzugsaktes bedarf.[831] Allerdings muss die völkergewohnheitsrechtliche Regel zunächst von einem kanadischen Gericht als solche identifiziert werden. Lückenhaftes *Common law* und *statutory law* ist unter Rückgriff auf völkergewohnheitsrechtliche Regeln auszulegen.

Völkerrechtliche Verträge werden nur dann Bestandteil des innerstaatlichen Rechts, wenn sie durch einen nationalen Rechtsakt transformiert werden.[832] Nationales Recht ist, wenn Auslegungsspielräume eröffnet sind, völkerrechtsfreundlich auszulegen. Es wird vermutet, dass das Parlament bei Erlass eines Rechtsaktes im Zweifel nicht gegen Völkerrecht verstoßen will. Diese Vermutung gilt selbst für solche völkerrechtlichen Verträge, die noch nicht in innerstaatliches Recht implementiert wurden.[833]

Die Verfassung Kanadas besteht aus mehreren schriftlichen Rechtsquellen sowie ungeschriebenem Gewohnheitsrecht. Zu den kodifizierten Bestandteilen der Verfassung gehört das Verfassungsgesetz von 1982, welches die *Kanadische Charta der Rechte und Freiheiten* enthält.[834] Bis zum Inkrafttreten der Charta wandten kanadische Gerichte fast ausschließlich kanadisches und englisches *case law* an.

Die *Kanadische Charta der Rechte und Freiheiten* enthält einen Katalog an Grundrechten. Sie wurde nach dem Vorbild des IPbpR und der EMRK gestaltet.[835] Gemäß Section 26 der Charta dürfen die menschenrechtlichen Garantien aus dieser Charta nicht so ausgelegt werden, dass dadurch die Existenz anderer Rechte oder Freiheiten, die in Kanada existieren, verneint wird.[836]

---

830 Vgl. *Handschug*, Einführung in das kanadische Recht, S. 15 ff.

831 Vgl. dazu: *Arbour/Lafontaine*, OHLJ 2007, S. 239 ff.

832 Vgl. dazu: *Bassan*, OHLJ 1996, S. 587 ff.

833 *Bassan*, aaO., S. 589.

834 Vgl. zur Charta: *Handschug*, Einführung in das kanadische Recht, S. 29 ff.

835 *Bassan*, aaO., S. 585.

836 Section 26 lautet: „The guarantee in this Charter of certain rights and freedoms shall not be construed as denying the existence of any other rights or freedoms that exist in Canada."

In der kanadischen Rechtsprechung und im Schrifttum wird vertreten, dass die Charta auch im Einklang mit völkerrechtlichen Verträgen, unabhängig davon, ob diese in nationales Recht transformiert sind, zu interpretieren sei.[837] Diese völkerrechtlichen Quellen, wie etwa Deklarationen, Konventionen, gerichtliche und quasi-gerichtliche Entscheidungen und völkergewohnheitsrechtliche Normen, seien von den Gerichten bei der Interpretation der Kanadischen Charta als *persuasive authority* zu berücksichtigen.[838]

Der kanadische Supreme Court hat in seiner Spruchpraxis bereits häufig die Allgemeine Erklärung der Menschenrechte und den IPbpR zur Auslegung der Charta-Rechte herangezogen. Darüber hinaus wird sogar die EMRK, obwohl Kanada daran nicht völkerrechtlich gebunden ist, bei der Auslegung der Charta-Grundrechte berücksichtigt.[839]

---

837 *Bayefski/Cohen*, Can.BarRev. 1983, S. 301. Vgl. ebenso die Aussage des kanadischen Supreme Court-Richters *Dickenson*: „(T)he similarity between the policies and provisions of the Charter and those of international human rights documents attaches considerable relevance to interpretations of those documents by adjudicative bodies, in much the same way that decisions of the United States courts under the Bill of Rights, or decisions of the courts of other jurisdictions are relevant and may be persuasive. The relevance of these documents in Charter interpretation extends beyond the standards developed by adjudicative bodies under the documents to the documents themselves. … Furthermore, Canada is a party to a number of international human rights Conventions which contain provisions similar or identical to those in the Charter. Canada has thus obliged itself internationally to ensure within its borders the protection of certain fundamental rights and freedoms which are also contained in the Charter. … I believe that the Charter should generally be presumed to provide protection at least as great as that afforded by similar provisions in international human rights documents which Canada has ratified." „Public Service Employees Reference", 1 S.C.R. 313 (1987), Rn. 348 f.

838 „The Charter conforms to the spirit of this contemporary international human rights movement, and it incorporates many of the policies and prescriptions of the various international documents pertaining to human rights. The various sources of international human rights law – declarations, covenants, conventions, judicial and quasi- judicial decisions of international tribunals, customary norms – must, in my opinion, be relevant and persuasive sources for interpretation of the Charter's provisions." „Public Service Employees Reference", 1 S.C.R. 313 (1987), Rn. 348 f.

839 Begründet wird die Heranziehung der EMRK damit: „The European Convention is the forerunner of the Covenant on Civil and Political Rights, the latter duplicating many of its terms. The sophisticated quasi-judicial and judicial system associated with the European Convention and not with the Covenant makes the jurisprudence of the European Convention helpful in understanding Canada's obligations under the Covenant. Furthermore, much of Canadian legal tradition is inherited

Kanadische Gerichte ziehen auch die Amerikanische Deklaration der Rechte und Pflichten des Menschen bei der Auslegung der Charta heran.[840] Dabei wird betont, dass die Amerikanische Deklaration zwar kein Vertrag sei, allerdings sei Kanada Mitglied der OAS und damit an die Menschenrechte aus der OAS-Charta gebunden.[841]

Im Zuge der Debatten über eine Ratifikation der AMRK durch Kanada hat das *Standing Senate Comittee on Human Rights* im Jahr 2003 einen Bericht mit dem Titel „*Enhancing Canada's Role in the OAS: Canadian Adherence to the American Convention on Human Rights*" dem Senat vorgelegt.[842] Gegenstand des Berichts ist die Frage, ob kanadisches Recht mit der AMRK vereinbar ist oder ob dieses einem Beitritt Kanadas zur AMRK entgegensteht. Der Bericht erläutert zunächst das gesammte Inter-Amerikanische Menschenrechtssystem und empfiehlt im Ergebnis den Beitritt Kanadas zur AMRK bis spätestens 2008.[843]

---

from the United Kingdom. That state is itself a party to the European Convention and the Convention has been used in British courts to interpret British law." *Bayefsky*, International Law in Canadian Courts, S. 279.

840 Vgl. etwa das Urteil des Supreme Court of Canada, *B. (R.) v. Children's Aid Society of Metropolitan Toronto (1995)*, 1 S.C.R. 315, S. 350: „I am fully aware that the weight to be given to the foregoing may be uncertain, but nevertheless I believe that it provides an additional indication, at least, of the scope that the framers of the *Charter* may have intended to give (...)". Vgl auch: Federal Court Harrington J.: *Okoloubu v. Canada (Minister of Citizenship and Immigration)* (F.C.), 2007 FC 1069, [2008] 3 F.C.R. 216.

841 *Okoloubu v. Canada (Minister of Citizenship and Immigration)*, aaO., Rn. 6; Vgl. auch: *Arbour/Lafontaine*, OHLJ 2007, S. 263: „Canada is already part of the inter-American human rights system through its membership of the Organization of American States (OAS) and the presence of the American Declaration."

842 Enhancing Canada's Role in the OAS: Canadian Adherence to the American Convention on Human Rights, Report of the Standing Senate Committee on Human Rights, Parliament of Canada, 2003, abrufbar unter: http://www.parl.gc.ca/Content/SEN/Committee/372/huma/rep/rep04may03-e.htm (zuletzt besucht am 23.06.2013).

843 Trotzdem hat Kanada die AMRK noch nicht unterzeichnet und ratifiziert. Als Gründe dafür nannte 1999 der damaligen kanadische Außenminister die AMRK-Rechte über Meinungsfreiheit, insbesondere das Verbot der Vorzensur, das Verbot der Auslieferung von Staatsbürgern und das Recht auf Leben. Diese Kollisionen könnten jedoch durch Vorbehaltserklärungen beim Beitritt zur AMRK ausgeräumt werden. Vgl. die Parlamentsbebatte: 36th Parliament, 1st Session, May 3, 1999, abrufbar unter: http://www.parl.gc.ca/HousePublications/Publication.aspx?Pub=Hansard&Mee=220&Language=e&Parl=36&Ses=1 (zuletzt besucht am 23.06.2013).

Der Bericht enthält auch Aussagen über die Bedeutung der Amerikanischen Deklaration. Unter dem Abschnitt *„Legal Instruments“* wird auf die Rechtsnatur der Amerikanischen Deklaration eingegangen. Dabei werden insbesondere die Kommissionsaussagen in den Fällen gegen die USA sowie die Reaktionen der USA auf die Auffassung der Kommission über die Rechtsnatur der Deklaration dargestellt. Der Bericht qualifiziert die Amerikanische Deklaration ausdrücklich als *„legally binding“*.[844]

Der Bericht stellt ferner fest, dass die Deklaration graduell einen einzigartigen rechtlichen Status („unique legal status“) durch die Schaffung und nachfolgende Entwicklung der Inter-Amerikanischen Kommission erhalten habe.[845]

Der Bericht erläutert auch die Position der USA in Bezug auf die Rechtsnatur der Deklaration und kommt zu dem Ergebnis, dass die Einwände der USA gegen die Rechtsverbindlichkeit der Deklaration nicht auch von Kanada geltend gemacht werden könnten, da Kanada erst nach dem Zeitpunkt des Gutachtens Nr. 10 des Inter-Amerikanischen Gerichtshof der OAS beigetreten sei. Die Ratifikation der OAS-Charta habe das Bestehen von Menschenrechtsverpflichtungen aus der Amerikanischen Deklaration für Kanada ausgelöst.[846]

---

844 Enhancing Canada's Role in the OAS: Canadian Adherence to the American Convention on Human Rights, Report of the Standing Senate Committee on Human Rights, Parliament of Canada, 2003, Kapitel III.A, abrufbar unter: http://www.parl.gc.ca/Content/SEN/Committee/372/huma/rep/rep04may03-e.htm (zuletzt besucht am 23.06.2013).

845 „One of these resolutions, the American Declaration of the Rights and Duties of Man (hereinafter the American Declaration), was to become the cornerstone of the Inter- American system for the protection of human rights. Originally adopted as a statement of intent because the Member States could not agree on a Convention, the American Declaration gradually acquired a unique legal status through the creation and subsequent development of the Inter-American Commission on Human Rights.“ *Ibid*, S. 13 ff.

846 „By the time Canada joined the OAS, the Inter- American Court of Human Rights had confirmed that the American Declaration was a source of legal obligations for all the member States of the OAS. It may be noted here that the United States rejects the legal standing of the American Declaration. (…) However, it would be difficult for Canada to adhere to this position since, as mentioned earlier, it became a member of the OAS after the advisory opinion of the Inter-American Court concerning the legally binding character of the American Declaration. Thus, ratification of the OAS Charter triggered human rights obligations under the American Declaration and, as will be developed further below, it automatically subjected Canada to the jurisdiction of the Inter-American Commission on Human Rights without any requirement for an official acceptance of this jurisdiction.“ *Ibid*, S. 13 ff.

Kanada ist demzufolge der Ansicht, dass die Ratifikation der OAS-Charta auch zu einer Bindung an die Menschenrechtsverpflichtungen aus der Amerikanischen Deklaration geführt habe. Dies kann nur so verstanden werden, dass Kanada von einer nachträglichen verbindlichen Definition des Inhalts der menschenrechtlichen Verpflichtungen aus der OAS-Charta ausgeht. Diese entfalte zwar für die USA wegen ihres dauernden Widerspruchs keine rechtlichen Wirkungen; dieser (geänderte) Inhalt sei aber für Kanada, das 1989 der OAS-Charta beigetreten ist, automatisch durch seinen Beitritt rechtlich verbindlich geworden.

3. Commonwealth-Karibikstaaten

Die Karibiksstaaten Antigua & Barbuda, Bahamas, Belize, Guyana, San Kitts & Nevis, Saint Lucia sowie St. Vincent & Grenadinen sind Teil des britischen Commonwealth und besitzen als ehemalige britische Kolonien eine gemeinsame kulturelle und politische Geschichte sowie ein ähnliches Rechtssystem. Daher rechtfertigt sich eine gemeinsame rechtliche Behandlung dieser Staaten.

Das innerstaatliche Recht dieser Staaten basiert auf dem englischen *common law*, das sich, den örtlichen Gegebenheiten entsprechend, fortentwickelt hat. Im Unterschied zu Großbritannien besitzen die Karibikstaaten allesamt eine geschriebene Verfassung. Darin sind auch Menschenrechte (*Bill of Rights)* enthalten, die als Abwehrrechte vor allem gegen legislatives und exekutives Handeln von den nationalen Gerichten zu schützen sind. Diese *Bill of Rights* wurden nach dem Vorbild der Allgmeinen Erklärung der Menschenrechte, der EMRK und der AMRK geschaffen.

Oberster Gerichtshof und *Court of Appeal* für die Commonwealth-Karibikstaaten ist das *Judicial Committee* des britischen *Privy Council*. Bei der Auslegung der Bill of Rights verfolgen die nationalen Gerichte sowie der *Privy Council* einen liberalen und völkerrechtsfreundlichen Ansatz, wobei sie häufig auf völkerrechtliche Verträge, insbesondere die EMRK, sowie internationale Gerichtsentscheidungen Bezug nehmen.[847]

Darüber hinaus haben diese Gerichte auch die Amerikanische Deklaration sowie die Empfehlungen der Inter-Amerikanischen Kommission berücksichtigt, um die nationalen Menschenrechtsgarantien auszulegen. So hat der

847 Vgl. etwa: *Attorney-General v Antigua Times Ltd,* [1976] AC 16, Rn. 24; *Minister of Home Affairs v Fisher,* [1979] 3 All ER 21; *Attorney-General v. Whiteman* (1991) 39 W.I.R. 357 (Trinidad und Tobago). Vgl. dazu m.w.N.: *Anderson*, The Inter-American System of Human Rights and the Commonwealth Carribbean, S. 5, onlineresource abrufbar unter: http://www.caribbeancourtofjustice.org/papersandarticles/IASCaribbean_CAVEHILL24Oct2011_a.pdf (zuletzt besucht am 23.06.2013).

Eastern Caribbean Court of Appeal in zwei bahnbrechenden Entscheidungen, *Spence v. The Queen*[848] und *Hughes v. The Queen*[849], zur Auslegung von Art. 5 der Verfassung von St. Vincent und den Grenadinen auf die Feststellung der Inter-Amerikanischen Kommission Bezug genommen, wonach die Praxis in den Karibikstaaten, die Todestrafe unabhängig von der persönlichen Schuld des Angeklagten zu verhängen, gegen die Amerikanische Deklaration verstößt.[850]

Diese Entscheidung ist vom *Privy Council*, ebenfalls unter Bezugnahme auf das Inter-Amerikanische Menschenrechtssystem, bestätigt worden.[851] Darüber hinaus hat der *Privy Council* festgestellt, dass die *due process of law*-Garantien in den nationalen Verfassungen sich auch auf die Verfahren im Inter-Amerikanischen Menschenrechtssystem erstrecken, mit der Folge, dass die Staaten den Vollzug der Todesstrafe zwingend aussetzen müssen, solange der Fall vor den Inter-Amerikanischen Organen anhängig ist.[852]

In einem Fall gegen die Bahamas stellte der der *Privy Council* fest, dass die Bahamas als Mitgliedsstaat der OAS die Befolgung der Rechte aus der

848 (1999) 59 WIR 216 (CA), bestätigt in: [2001] UKPC 35 (PC).

849 (2002) 60 WIR 156 (CA). Rechtsmittel zurückgewiesen in: [2002] UKPC 12 (PC).

850 „Over the past two years the Inter-American Human Rights Commission has been considering the meaning of [the provision against inhuman and degrading treatment] and its impact on the mandatory death penalty in relation to cases coming from the Caribbean. The cases that are relevant to this issue have been Downer and Tracy v Jamaica (2000) (unreported), Baptiste v Grenada (2000) (unreported), and Thompson v St Vincent and the Grenadines (2000) (unreported). I have studied these judgments and conclude that the principles they espouse are consistent with the provisions of s 5 of the Constitution." (2002) 60 WIR 156 (CA). Rechtsmittel zurückgewiesen: [2002] UKPC 12 (PC); zur Todesstrafe in der Karibik und dem Konflikt mit dem Inter-Amerikanischen System: *Tittemore*, Wm. & Mary Bill of Rts. J. 2004, S. 445 ff.

851 *The Queen v. Hughes*, [2002] 12 W.L.R. 1058, [2002] U.K.P.C. 12, [2002] 2 A.C. 259 (appeal taken from St. Lucia); *Fox v. The Queen*, [2002] 2 W.L.R. 1077, [2002] U.K.P.C. 13, [2002] 2 A.C. 284 (appeal taken from St. Kitts & Nevis); *Reyes v. The Queen*, [2002] 2 W.L.R. 1034, [2002] U.K.P.C. 11, [2002] 2 A.C. 235 (appeal taken from Belize); *Watson v. The Queen*, [2004] 3 W.L.R. 841, [2004] U.K.P.C. 34 (appeal taken from Jamaica).

852 *Thomas & Hilaire v. Baptiste*, [1999] 3 W.L.R. 249, [2000] 2 A.C. 1 (P.C.) (appeal taken from Trin. & Tobago); *Lewis v. Attorney Gen. of Jamaica*, [2000] 3 W.L.R. 1785, [2001] 2 A.C. 50 (P.C.) (appeal taken from Jamaica). Dazu: *Anderson*, The IAS and its Impact on Caribbean Human Rights Law: Constitutional Law Implications and the Role of the CCJ, S. 6, online abrufbar unter: http://www.caribbeancourtofjustice.org/papersandarticles/IASCaribbean_CAVEHILL24Oct2011_a.pdf (zuletzt besucht am 23.06.2013).

Amerikanischen Deklaration proklamiert habe und bezog sich unmittelbar auf das Verbot der grausamen Bestrafung aus Art. XXVI der Amerikanischen Deklaration.[853]

Der Oberste Gerichtshof von Belize nahm in *Cal et al v. The Attorney General et al.* (2007) auf die Amerikanische Deklaration sowie die Praxis der Inter-Amerikanischen Kommission Bezug. In diesem Fall rügten die Kläger, Angehörige einer Maya-Gemeinschaft in Südbelize, eine Verletzung ihres Eigentumsrechts an indigenem Land. Dabei verwiesen sie auf die Entscheidung der Inter-Amerikanischen Kommission im Fall *Maya Indigenous Communities of the Toledo District v. Belize*[854], in der die Kommission festgestellt hatte, dass die indigenen Landrechte der Maya geschütztes Eigentum im Sinne der Amerikanischen Deklaration darstellen. Der Oberste Gerichtshof von Belize stellte fest, dass Belize als Mitglied der OAS Partei der Amerikanischen Deklaration sei, die ein internationaler Vertrag sei und die innerhalb des Zuständigkeitsbereichs der Kommission falle.[855] Art. XXIII der Amerikanischen Deklaration (Eigentumsrecht) sei ein integraler Bestandteil der OAS-Charta und daher bei der Auslegung des Eigentumsrechts nach der Verfassung Belizes zu berücksichtigen.[856] Überdies

853 „Although not a party to the American Convention on Human Rights (1969), by becoming a member of the Organisation of American States the Bahamas proclaimed its adherence to the rights expressed in the American Declaration of the Rights and Duties of Man (1948). One of these rights is the right not to receive cruel, infamous or unusual punishment (art xxvi).“ *Murphy (Marvin) v R*, [2002] UKPC 3, (2002) 61 WIR 1, S. 26.

854 *IACHR*, „Maya Indigenous Communities of the Toledo District vs. Belize“, Case 12.053, Report No. 40/04, OEA/Ser.L/V/II.122 Doc. 5 rev. 1 (2004).

855 „(T)he Inter-American Commission on Human Rights is the regional body charged with promoting and advancing human rights in the region and monitoring states compliance with their legal commitments under the Charter of the Organization of American States (OAS). Belize, as a member of the OAS, is therefore a party to the American Declaration of the Rights and Duties of Man, which as Ms. Cho correctly noted, is an international treaty. And this treaty is within the proper remit of the Commission.“ *Ibid*, Rn. 21.

856 „I am fortified in this conclusion by the finding in the Report of the Inter-American Commission in the Maya Communities case supra when in considering the applicants' case in the light of the provisions of Article XXIII of the American Declaration on the Rights and Duties of Man, which is an integral part of the Charter of the Organization of American States of which Belize is a member. This Article provides in a not dissimilar fashion like the Belize Constitution, for the protection of property.“ *Ibid*, Rn. 100. Vgl. auch die Aussage: „I cannot part with this judgment without adverting to some of the obligations of the defendants, as representing the State of

seien die Entscheidungen der Kommission zwar nicht unmittelbar bindend, aber vom Gerichtshof als „*persuasive*" zu beachten.[857] Der Gerichtshof qualifiziert somit die Amerikanische Deklaration als Vertragsrecht. Er spricht vom Schutz des indigenden Eigentumsrechts *aus der OAS-Charta*, was nur so verstanden werden kann, dass die Amerikanische Deklaration die menschenrechtlichen Normen der OAS-Charta verbindlich konkretisiert.

Belize, in international law. Of course, these are domestic proceedings; but undoubtedly in the light of the issues raised they engage in my view, some of the obligations of the State in international law. I find that some of these obligations resonate with certain provisions of the Belize Constitution itself which I have adverted to earlier. (…) In contemporary international law, the right to property is regarded as including the rights of indigenous peoples to their traditional lands and natural resources. Belize is a party to several international treaties such as the International Covenant on Civil and Political Rights (ICCPR) 999 U.N.T.S. 171; the Convention on the Elimination of All Forms of Racial Discrimination (CERD), 660 UNTS 195; and The Charter of the Organization of American States (OAS) 119 UNTS 3; all of which have been interpreted as requiring states to respect the rights of indigenous peoples over their land and resources. (…)In the Maya Indigenous Communities case supra, before the Inter-American Commission on Human Rights (an organ of the Organization of American States of which Belize is a member) found that the rights to property protected by the OAS Charter through Article XXIII of the American Declaration of the Rights and Duties of Man, "are not limited to those property interests that are already recognized by States or that are defined by domestic law, but rather that the right to property has an autonomous meaning in international human rights law. In this sense, the jurisprudence of the system had acknowledged that the property rights of indigenous peoples are not defined exclusively by entitlements within a state's formal regime, but also include that indigenous communal property that arises from and is grounded in indigenous custom and tradition" at para. 171." *Ibid*, Rn. 118 f.

857 „I am therefore of the considered view that much as the findings, conclusions and pronouncements of the Commission may not bind this court, I can hardly be oblivious to them: and may even find these, where appropriate and cogent, to be persuasive. It is therefore, in this light, that I am, with respect, inclined to view the Report of the Commission in the Maya Indigenous Communities of the Toledo District v Belize – Report No. 40/04 of October 12, 2004, in determining the issues agitated by the present proceedings. I now turn to a consideration of these issues." *Ibid*, Rn. 22.

Zweiter Teil
Rechtliche Würdigung der *nachfolgenden Praxis*

Nachdem im vorangegangenen ERSTEN TEIL des FÜNFTEN KAPITELS die Praxis der inter-amerikanischen Organe und der OAS-Staaten im Hinblick auf die menschenrechtlichen Verpflichtungen im Inter-Amerikanischen System dargestellt worden sind, wird nun im ZWEITEN TEIL eine umfassende rechtliche Bewertung dieser Praxis vorgenommen.

Dabei werden mehrere Rechtsfragen geklärt: Zunächst wird die einschlägige Praxis dahingehend untersucht, ob und inwieweit sie als *spätere Übung* im Sinne von Art. 31 Abs. 3 lit. a WVK einen Wert für die Auslegung besitzt. Nicht jedes staatliche Verhalten ist *per se* dazu geeignet, auf eine bestimmte Rechtsüberzeugung bzw. einen Rechtsbindungswillen hinsichtlich des Bedeutungsgehalts einer Norm schließen zu lassen. Lässt das staatliche Verhalten nicht explizit auf das Vorliegen einer solchen Rechtsüberzeugung schließen, etwa weil die Staaten ihre Rechtsauffassung nicht ausdrücklich kundgeben (*subjektiver Erklärungswert*), kommt es entscheidend darauf an, wie ein neutraler Beobachter das in Frage stehende Verhalten unter Berücksichtigung der konkreten Umstände im Hinblick auf die Indizierung einer bestimmten Rechtsüberzeugung verstehen würde (*objektiver Erklärungswert*). Letzteres ist vor allem bei an sich rechtlich unverbindlichen Verhaltensweisen der Staaten, wie Resolutionen und anderen Erklärungen, problematisch.[858]

Bei der rechtlichen Würdigung der Praxis ist danach zu differenzieren, ob Anknüpfungspunkt für die Ermittlung einer bestimmten Rechtsüberzeugung ein eigenständiges Verhalten der Staaten in ihrer nationalen oder internationalen Praxis ist oder ob das in Frage stehende staatliche Verhalten lediglich als Reaktion auf die Praxis eines nicht zur authentischen Vertragsauslegung befugten Organs erfolgt. Gerade bei letzterer Konstellation, wie sie im Falle der Tätigkeit der Inter-Amerikanischen Kommission für Menschenrechte vorliegt, müssen die Reaktionen der Staaten im Lichte der sie begleitenden Umstände und gegebenenfalls unter Heranziehung der völkerrechtlichen Grundsätze von *estoppel*

858 Die von den Staaten als Teil eines Organs im Rahmen einer Resolution geäußerten Rechtsauffassungen können aber unproblematisch unmittelbar den Staaten, die für die Resolution votiert haben, zugerechnet werden. Dass sie als Teil des Organs und nicht *per sua* agieren, ist unschädlich.

und *acquiescence* bewertet werden. Dabei ist insbesondere problematisch, ob und inwieweit diejenigen Staaten, die an einer bestimmten Praxis nicht aktiv beteiligt sind, an die durch die Praxis implizierte Rechtsauffassung gebunden werden können. Wegen des aus dem Konsensprinzip fließenden Grundsatzes, dass ein Staat gegen seinen Willen grundsätzlich nicht an eine völkerrechtliche Regel gebunden werden darf, sind strenge Maßstäbe anzusetzen. Damit verknüpft ist auch die Folgefrage, ob eine authentische Auslegung *inter-se*, also nur zwischen einem Teil der Vertragsparteien, möglich ist.

A. Die Bedeutung der AMRK für die Rechtsverbindlichkeit der Amerikanischen Deklaration der Rechte und Pflichten des Menschen

Fraglich ist, welche Rückschlüsse sich aus der Schaffung der AMRK über die Rechtsüberzeugung der Staaten im Hinblick auf ihre Menschenrechtsverpflichtungen aus der Amerikanischen Deklaration ziehen lassen.

Diese Frage lässt sich zunächst auf das allgemeine Problem zurückführen, inwieweit der Abschluss eines völkerrechtlichen Vertrages es erlaubt bzw. tauglich ist, Rückschlüsse auf den Konsens der Staaten hinsichtlich einer anderen, davon unabhängigen Regel des Völkerrechts zu ziehen.[859]

Die in Art. 31 Abs. 3 lit. c WVK kodifizierte Auslegungsregel, wonach zur Erforschung des Bedeutungsgehalts einer Vertragsnorm auch außerhalb des Vertrages existierende völkerrechtliche Regeln (als Systematik im weiteren Sinne) herangezogen werden können, bereitet neben den rechtlichen Problemen, die sich aus dem Konsensprinzip ergeben[860], auch praktische Schwierigkeiten: Schließen die Staaten einen völkerrechtlichen Vertrag über einen bestimmten Gegenstand, wie etwa über den Schutz der Menschenrechte, so kann dies

---

859 Dabei macht es keinen Unterschied, ob es sich bei der Regel um eine Norm des Völkergewohnheitsrechts oder eines anderen Vertrages handelt. Für Völkergewohnheitsrecht sieht Art. 38 WVK explizit die Möglichkeit vor, dass sich solches auch neben einem Vertrag bilden kann: „Nothing in articles 34 to 37 precludes a rule set forth in a treaty from becoming binding upon a third State as a customary rule of international law recognized as such.“ Allerdings wird nicht das Spezialproblem erwähnt, inwieweit ein Vertrag Ausgangspunkt für die Bildung von Völkergewohnheitsrecht sein kann.

860 Vgl. dazu die Ausführungen im ZWEITEN KAPITEL.

einerseits bedeuten, dass die Staaten durch den Vertragsabschluss einen bereits bestehenden völkerrechtlichen Zustand lediglich klarstellen wollen. Dem bereits vorhandenen Rechtszustand soll damit lediglich ein weiterer Geltungsgrund hinzugefügt werden bzw. die schon außerhalb des Vertrages bestehenden Rechtspflichten werden lediglich um vertragliche Verfahrensmechnismen zu ihrer Überprüfung und/oder Durchsetzung erweitert.

Andererseits kann die Tatsache des Abschlusses eines formellen Vertrages über einen bestimmten Gegenstand implizieren, dass die Staaten von der Vorstellung ausgingen, dass derartige Regeln bislang außerhalb des Vertrages nicht existieren und diese erst konstitutiv durch den Vertrag mit Wirkung zwischen den Vertragspartnern erzeugt werden sollen.

Aufgrund dieser Überlegungen können aus dem Abschluss eines Vertrages allein keine gesicherten Schlussfolgerungen für eine bestimmte Rechtsüberzeugung hinsichtlich der Auslegung einer davon formell unabhängigen Rechtsregel gezogen werden. Die einzelnen Rechtsquellen sind grundsätzlich unabhängig voneinander[861], es sei denn sie nehmen erkennbar aufeinander Bezug und stehen so in einem von den Staaten gewollten Verhältnis zueinander. Aufgrund des Konsensprinzips darf eine über den konkreten Vertrag hinausgehende Rechtsüberzeugung im Sinne eines allgemeinen Konsenses nicht *per se* vermutet werden, sondern muss besonders nachgewiesen werden. Dazu dienen weitere Verhaltensweisen und Äußerungen der Staaten, die einen Hinweis geben können, warum die Staaten den Vertrag abgeschlossen haben und welche (weiteren) Folgen sie damit bezwecken.

Fehlen solche Indizien, kann unterstützend auf die Grundgedanken der *Interessenjurisprudenz* zurückgegriffen werden.[862] Mangels eines übergeordneten Gesetzgebers wird das Völkerrecht als horizontales Rechtssystem gleichberechtigter souveräner Staaten maßgeblich von den Interessen der Staaten geleitet.[863] Die Interessen der Staaten bilden somit häufig das Motiv staatlichen Verhaltens. Daraus ergibt sich folgende Überlegung im Hinblick auf die Ermittlung einer

---

861 Vgl. die in Art. 38 Abs. 1 IGH-Statut genannten Rechtsquellen, die schon unterschiedliche formelle Entstehungsvoraussetzungen haben.

862 Danach reflektiert jede gesetzliche Norm eine Entscheidung des Gesetzgebers im Hinblick auf die Lösung bestimmter der Norm zugrunde liegender Interessenkonflikte. Aufgabe des Richters ist zu ermitteln, welche Interessen sich in dem zu beurteilenden Fall gegenüberstehen und wie das Gesetz diesen Interessenkonflikt entschieden hat. Zur *Interessenjurisprudenz*: *Heck*, AcP 1914, S. 17 ff.

863 Zur Anwendung der Interessenjurisprudenz auf das Völkerrecht: *Doehring*, Völkerrecht, S. 318 ff.

bestimmten Rechtsüberzeugung der Staaten: Wird die vertragliche Norm von den Staaten als unerlässlich und bedeutsam für die Koexistenz der Staaten oder anderer grundlegender Prinzipien angesehen, besteht damit ein besonders intensives und gesteigertes Staateninteresse an dem entsprechenden Rechtszustand. Dieses gesteigerte Staateninteresse indiziert daher auch eine über den konkreten Vertrag hinausgehende (allgemeine) Rechtsüberzeugung.[864]

Mithilfe dieser allgemeinen Überlegungen ist im Folgenden die Bedeutung des Abschlusses der AMRK für den Inhalt der (allgemeinen) menschenrechtlichen Verpflichtungen im Inter-Amerikanischen System zu ermitteln. Dazu bedarf es der Untersuchung weiterer Umstände, die Aufschluss über die Vorstellungen der Staaten im Hinblick auf ihre menschenrechtlichen Verpflichtungen liefern. Dazu sind die Entstehungsgeschichte der AMRK sowie die Vorschriften der AMRK mit Bezug auf die Amerikanische Deklaration, insbesondere Art. 29 lit. d AMRK, zu betrachten.

I. Rückschlüsse aus der Entstehungsgeschichte der AMRK

Die Entstehungsgeschichte der AMRK ist bereits im ERSTEN KAPITEL[865] behandelt worden, so dass an dieser Stelle darauf verwiesen werden kann. Es stellt sich die Frage, welche Rückschlüsse die Entstehungsgeschichte der AMRK für die Vorstellung der OAS-Staaten über ihre (bis dahin) bestehenden menschenrechtlichen Verpflichtungen aus dem Inter-Amerikanischen System liefert.

Im Rahmen der Vorarbeiten zur AMRK, deren Vorbilder die beiden Menschenrechtspakte der UN von 1966 (IPbpR und IPwskR) und die EMRK waren, diskutierten die Staaten ausführlich über die Vereinbarkeit der AMRK mit den beiden UN-Pakten sowie über das Verhältnis dieser Menschenrechtsverträge zueinander. Die Mehrheit der OAS-Staaten vertrat die Ansicht, dass die AMRK inhaltlich mit den UN-Pakten vereinbar sei und sprach sich dafür aus, eine inter-amerikanische Menschenrechtskonvention zu schaffen, die neben dem UN-System anwendbar sein sollte.[866] Die Inter-Amerikanische Kommission für

---

864 Vgl. *Doehring*, ZaöRV 1976, S. 87 im Hinblick auf Völkergewohnheitsrecht. Diese Überlegungen können auch für die Begründung von *ius cogens* herangezogen werden.

865 Vgl. ERSTES KAPITEL, I I.

866 Von den sich hierzu insgesamt 12 äußernden Staaten waren 10 Staaten für eine Koexistenz der AMRK zu den UN-Pakten (Bolivien, Chile, Kolumbien, Costa Rica, Ecuador, Guatemala, Mexiko, USA, Uruguay und Venezuela). Argentinen und Brazilien sprachen sich gegen die Schaffung einer inter-amerikanischen Menschenrechtskonvention aus. Bezüglich der Frage des Inhalts der AMRK sprachen sich Ecuador, Guatemala,

Menschenrechte führte eine vergleichende Studie zu den beiden UN-Menschenrechtspakten mit den verschiedenen AMRK-Entwürfen[867] durch und fertigte ein Gutachten über das Verhältnis des universalen Menschenrechtssystems mit dem künftigen AMRK-System an, in dem die Kommission sich ebenfalls für das Nebeneinanderbestehen der beiden Systeme aussprach.[868]

Während das Verhältnis des Inter-Amerikanischen Systems zum universalen Menschenrechtssystem ausführlich diskutiert wurde, war das Verhältnis der AMRK zu den bereits bestehenden inter-amerikanischen Menschenrechtsverpflichtungen aus der OAS-Charta und der Amerikanischen Deklaration kein Thema zwischen den Staaten. Die *traveaux preparatoires* schweigen weitgehend dazu. Die Amerikanische Deklaration findet nur insoweit ausdrücklich Erwähnung, als sie dazu dient, auf die Ursprünge des Inter-Amerikanischen Menschenrechtssystems hinzuweisen.[869]

Venezuela, Kolumbien und Costa Rica für die Einbeziehung materieller und prozeduraler Vorschriften. Chile und Uruguay betonten hingegen, dass die AMRK nur prozedurale Vorschriften enthalten solle. Vgl. dazu: *Goldman*, HRQ 2009, S. 7.

867 Comparative Study of the United Nations Covenants on Civil and Political Rights and on Economic Social and Cultural Rights, Prepared by the Rapporteur for the Subject, Dr. Carlos A. Dunshee de Abranches, Member of the Inter-American Commission on Human Rights, OEA7Ser.L/V/II.19 doc. 18, abgedruckt in: Inter-American Yearbook on Human Rights 1968 (1973), S. 169 ff.

868 Zu finden in: Inter-American Yearbook on Human Rights 1968 (1973), S. 89 f.

869 Vgl. dazu etwa die Aussage Brasiliens auf der Gründungskonferenz der AMRK: „El Gobierno del Brasil participa de la Conferencia (…) movido por su fidelidad al principio de respeto a los derechos humanos y libertades fundamentales cosagradas en las Cartas de las Naciones Unidas y de la Organización de los Estados Americanos. El mismo principio fue dearrollado por la Declaración Americana de Derechos y Deberes del Hombre, aprobada por el voto brasileño, como una aspriración de todos los pueblos y gobiernos de este continente." Declaración de la Delegación del Brasil, Formulada en la primare sesión de la Comisión 1 celebrado el 10 de noviembre de 1969, Doc. 32, 10 noviembre 1969, in: ibid, S. 150. Vgl. auch die Aussage des OAS-Generalsekretärs in der Eröffnungssitzung der AMRK-Gründungskonferenz: „Sin embargo, en 1948, en la propria Novena Conferencia los Estados Americanos, entre los doce principios enunciados en la Carta de la Organización y que son parte integrante de las obligaciones contraídas, dichos Estados proclaman „los derechos fundamentales de la persona humana sin hacer distinción de raza, nacionalidad, credo o sexo". Más adelante la propria Carta impone expresamente a los Estados miembros la obligación de respetar los derechos humanos. En efecto, el Artículo 13 dispone que „Cada Estado tiene el derecho a desenvolver libre y espontáneamente su vida cultural, política y económica. En este libre desenvolvimiento el Estado respetará los derechos

Die Staaten waren sich einig, dass bislang noch der finale Schritt zur Verwirklichung des Inter-Amerikanischen Menschenrechtssystems fehle. Dieser liege in der Schaffung einer Menschenrechtskonvention sowie von internationalen Organen mit verbindlicher Entscheidungsbefugnis und Durchsetzungsgewalt im Hinblick auf Menschenrechtsverletzungen.[870]

II. Inhaltliche Bezüge der AMRK zur Amerikanischen Deklaration, insbesondere Art. 29 lit. d AMRK

Inhaltliche Erwähnung in der AMRK findet die Deklaration in der Präambel und in Art. 29 lit. d AMRK. Der relevante Abschnitt der Präambel lautet:

> *"Recognizing that the essential rights of man are not derived from one's being a national of a certain state, but are based upon attributes of the human personality, and that they therefore justify international protection in the form of a convention reinforcing or complementing the protection provided by the domestic law of the American states;*
> *Considering that these principles have been set forth in the Charter of the Organization of American States, in the American Declaration of the Rights and Duties of Man, and in*

---

de la persona humana y los principios de la moral universal. Por otra parte, en esa misma Conferencia se aprobó la Declaración Americana de los Derechos y Deberes del Hombre, instrumento que ha desemplenado muy útil y honroso en estos veinte años. Porque hay que recordar que la Declaración Americana fue en 1948 la concreción de las aspiraciones y esperanzas de nuestros pueblos, expresadas en le momento excepcional en que culminaba una importante etapa del proceso interamericano". Acta de la Decimoquinta Sesion des la Comisión „I", Doc. 15, 7 noviembre, in: *ibid*, S. 420. Bemerkenswert ist die Aussage des OAS-Generalsekretärs auch im Hinblick auf Art. 17 OAS-Charta (Art. 13 a.F.), da er in dieser Vorschrift eine echte Rechtsverpflichtung erkennt, die Menschenrechte zu respektieren („*la obligación de respetar los derechos humanos*"). Vgl. dazu schon die Analyse im DRITTEN KAPITEL.

870 Vgl. etwa die Aussage des Delegierten von Costa Rica: „Quedaba cumplida por los Estados Americano la primera etapa del camino de la internacionalización de los derechos del hombre, aquéla en que se enuncian los principios, se expresan las esperanzas, se formulan las recomendaciones. Faltaba, y ha faltado hasta ahora, emprender la tarea final, la tarea de elevar a derecho sustantivo los principios proclamados, darles la fuerza jurídica que sólo se alcanza mediante una convención ratificada, y crear los órganos internacionales capacitados para juzgar y sancionar las violaciones." Dicurso del excelentisimo Señor Fernando Lara Ministro de Relaciones Exteriores de Costa Rica Pronunciado en la Sesión Inaugural celebrada el Viernes 7 de noviembre de 1969, Doc. 16, 7 noviembre, enthalten in: *OAS*, Conferencia Especializada Interamericana Sobre Derechos Humanos, San José, Costa Rica, 7–22 de noviembre de 1969, Actas y Documentos, S. 416.

the Universal Declaration of Human Rights, and that they have been reaffirmed and refined in other international instruments, worldwide as well as regional in scope;"

Darin betonen die Staaten die naturrechtliche Begründung der Menschenrechte und folgern, dass zur Komplementierung des nationalen Schutzes auch ein internationaler Schutz der Menschenrechte gerechtfertigt ist. Die AMRK soll sich nach dem Willen der Staaten in die Reihe der bereits auf universeller und regionaler Ebene proklamierten Menschenrechte, darunter in der OAS-Charta und der Amerikanischen Deklaration, einfügen.

Über das Verhältnis der AMRK zur Deklaration gibt Art. 29 AMRK Auskunft. Diese Norm, die unter der Überschrift „*Restrictions regarding interpretation*" steht, statuiert besondere Auslegungsregeln für die AMRK-Rechte. In Art. 29 lit. d AMRK heißt es, dass keine Vorschrift dieser Konvention so ausgelegt werden darf, dass dadurch die Wirkung der Amerikanischen Deklaration oder anderer internationaler Akte derselben Natur ausgeschlossen oder geschmälert werden.[871]

Diese Vorschrift wurde im Vergleich zu ihrem usprünglichen Entwurf abgeschwächt. Die urspüngliche Fassung von Art. 29 lit. d AMRK sprach noch von der „rechtlichen Wirkung" der Deklaration sowie anderer internationaler Akte der gleichen Natur.[872] Auf Vorschlag der USA wurde das Wort „rechtlich" gestrichen.[873] Die Dominikanische Republik begründete die Streichung damit, dass dadurch klargestellt werden sollte, dass eine schlichte Deklaration, wie die Amerikanische Deklaration, weder unmittelbar noch mittelbar rechtliche Wirkungen habe.[874] Die USA haben im Rahmen ihrer Stellungnahme zum Gutachten Nr. 10

871 Art. 29 lit. d AMRK: „No provision of this Convention shall be interpreted as: (...) d. excluding or limiting the effect that the American Declaration of the Rights and Duties of Man and other international acts of the same nature may have."

872 Vgl. den authentischen spanischen Wortlaut des Entwurfs: „d) Excluir o limitar el efecto jurídico que puedan producir la Declaracíon Americana de Derechos y Deberes del Hombre y otros actos internacionales de la misma naturaleza."

873 Acta de la Decimoquinta Sesion des la Comisión „I", Doc. 61, 19. Noviembre 1969, in: *OAS*, Conferencia Especializada Interamericana Sobre Derechos Humanos, San José, Costa Rica, 7–22 de noviembre de 1969, Actas y Documentos, S. 273.

874 „Debería suprimirse la palabra „jurídico de este subparrafo porque una declaración tal como la Declaración Americana de los Derechos y Deberes del Hombre no tiene en sí ni por sí ningún efecto jurídico." Obervaciones y Comentarios al proyecto de Convención sobre Protección de Derechos Humanos presentados por el Gobierno de la Republica Dominicana, Junio 20, 1969, Do. 9, 26 Septiembre 1969, in: *OAS*, Conferencia Especializada Interamericana Sobre Derechos Humanos, San José, Costa Rica, 7–22 de noviembre de 1969, Actas y Documentos, S. 68.

des Inter-Amerikanischen Gerichtshofs zu Art. 29 lit. d AMRK erläutert, dass diese Vorschrift zeige, dass die Deklaration und die Konvention in unterschiedlichen „rechtlichen Sphären" blieben.[875]

Trotz dieser Äußerungen der USA und der Dominikanischen Republik, in denen die Bedeutung und die Wirkungen der Amerikanischen Deklaration heruntergespielt werden, darf nicht außer Acht gelassen werden, dass Art. 29 lit. d AMRK der Deklaration sehr wohl ausdrücklich rechtliche Wirkungen beimisst. Diese Vorschrift bestimmt, dass die Deklaration bei der Auslegung der AMRK-Rechte zwingend berücksichtigt werden muss.

Diese Vorschrift erhebt die Deklaration somit zum Kerngehalt und Mindeststandard in Bezug auf die Menschenrechte aus der AMRK, unter dem die AMRK-Rechte bei der Auslegung nicht zurückbleiben dürfen. Über Art. 29 lit. d AMRK entfaltet die Deklaration in Bezug auf die Mitgliedsstaaten der AMRK über die Auslegung der AMRK-Rechte (mittelbare) rechtliche Bindungswirkung.

Über diesen Aspekt hinaus, der lediglich die AMRK-Parteien und die AMRK-Organe bei der Auslegung der Menschenrechte aus der AMRK bindet, ist diese Vorschrift aber auch Ausdruck eines allgemeinen Konsenses sämtlicher OAS-Staaten, unabhängig davon, ob sie die AMRK ratifiziert haben. Inhalt dieses allgemeinen Konsenses ist, den Status der Deklaration im Inter-Amerikanischen System zu konservieren und zu festigen: Art. 29 lit. d AMRK erweist sich insofern als *safeguard clause*. Diese Vorschrift stellt klar, dass die Deklaration auch nach dem Inkrafttreten der AMRK nicht obsolet wird. Die Bedeutung und die Wirkungen der Amerikanischen Deklaration im Inter-Amerikanischen System sollen durch die AMRK nicht gemindert, sondern als menschenrechtlicher Mindeststandard aufrechterhalten bzw. konserviert werden.

Art. 29 lit. d AMRK vermeidet jedoch, die genaue Rechtsnatur der Deklaration zu benennen. Stattdessen wird die Deklaration mit „*other international acts of the same nature*" gleichgestellt. In Zusammenschau mit der Präambel der AMRK ist damit insbesondere die *Allgemeine Erklärung der Menschenrechte* gemeint. Art. 29 lit. d AMRK bringt dadurch aber die besondere und einzigartige Rolle der Deklaration im Inter-Amerikanischen System zum Ausdruck.

---

875 „(T)he Declaration and Convention remain in separate juridical spheres, as is guaranteed by Article 29 (d) (...)." *Inter-American Court of Human Rights*, Interpretation of the American Declaration of the Rights and Duties of Man within the Framework of Article 64 of the American Convention on Human Rights. Advisory Opinion OC-10/89, 14.7.1989, Series A No. 10.

III. Fazit

Durch die Schaffung der AMRK wurde die rechtliche Bedeutung der Deklaration im Hinblick auf die Parteien der AMRK aufgewertet: Für die Mitgliedsstaaten der AMRK entfaltet die Deklaration über Art. 29 lit. d AMRK mittelbare vertragliche Bindungswirkung. Die Deklaration ist bei der Auslegung der AMRK-Rechte als Mindeststandard zu beachten, unter dem die AMRK-Rechte nicht zurückbleiben dürfen.

Die Schaffung der AMRK liefert allerdings nur in eingeschränktem Maße Auskunft über die Vorstellungen der OAS-Staaten von den bis dahin bestehenden allgemeinen menschenrechtlichen Verpflichtungen aus der OAS-Charta und der Amerikanischen Deklaration. Aus den *traveaux preparatoires* zur AMRK geht lediglich hervor, dass die OAS-Staaten die Notwendigkeit sahen, einen förmlichen Menschenrechtsvertrag abzuschließen, in dem ihre menschenrechtlichen Verpflichtungen ausdrücklich benannt werden und zudem Organe geschaffen werden, die dazu befugt sind, verbindliche Entscheidungen zu erlassen. Daraus ist jedoch nicht zu folgern, dass die Amerikanische Deklaration rechtlich unbeachtlich ist. Von den Staaten wird nur verneint, dass die Deklaration ein förmlicher Vertrag ist. Offen bleibt aber die genaue rechtliche Einordnung der Deklaration. Insbesondere bleibt die Frage ungeklärt, ob die Deklaration sich nicht bereits seit ihrer Verabschiedung 1948 rechtlich weiterentwickelt hat (etwa im Wege des Völkergewohnheitsrechts oder als authentische Konkretisierung der Art. 3 lit. l, 17 OAS-Charta durch *spätere Übung*).[876]

Art. 29 lit. d AMRK selbst stellt den besonderen Charakter der Deklaration im Inter-Amerikanischen System fest und erkennt an, dass die Deklaration (im Einzelnen nicht näher erläuterte) „*Wirkungen*“ besitzt. Art. 29 lit. d AMRK reflektiert damit den allgemeinen Konsens der OAS-Staaten darüber, dass die Amerikanische Deklaration auch nach dem Beitritt der Staaten zur AMRK nicht bedeutungslos wird. Die AMRK stellt lediglich eine neue Stufe der Evolution des inter-amerikanischen Menschenrechtsschutzes dar. Dabei soll der bisherige Status der Deklaration im Inter-Amerikanischen System konserviert werden.

---

876 Vgl. auch *Nikken*, Los Derechos Humanos en el Sistema Regional Americano, S. 12, der die These, durch die AMRK hätten die Staaten zu erkennen gegeben, dass die Deklaration unverbindlich sei, ablehnt.

B. Rechtliche Würdigung der *nachfolgenden Praxis* der OAS-Staaten

Die nachfolgende rechtliche Würdigung der im ERSTEN TEIlL dieses Kapitels dargestellten Praxis der OAS-Staaten konzentriert sich auf die Untersuchung, ob die Staaten durch *spätere Übung* die menschenrechtlichen Bestimmungen aus der OAS-Charta (Art. 3 lit. l, 17 OAS-Charta) dahingehend authentisch ausgelegt bzw. geändert haben, dass sich daraus eine unmittelbare rechtliche Bindung an die Menschenrechte aus der Amerikanischen Deklaration ergibt.

I. Voraussetzungen einer authentischen Interpretation bzw. einer stilschweigenden Vertragsänderung durch *nachfolgende Praxis*

Die *spätere Übung* der Vertragsparteien ist als solche zunächst ein äußerlich neutraler Vorgang. Sofern die Praxis aber von einer entsprechenden Rechtsüberzeugung der Staaten getragen wird, kann sie zu einer authentischen Vertragsauslegung oder zu einer (konkludenten) Vertragsänderung führen.

Die authentische Vertragsauslegung unterscheidet sich von der Vertragsänderung zwar durch ihr Ziel: Während die Vertragsänderung auf eine Änderung des zukünftigen Bedeutungsgehalts abzielt, verfolgt die authentische Interpretation das Ziel, die „richtige" Bedeutung einer mehrdeutigen Norm zu erforschen.[877] Gleichwohl haben beide Vorgänge die gleichen Wirkungen für einen Vertrag: In beiden Fällen wird der Bedeutungsgehalt einer Norm inhaltlich verändert. Eine authentische Vertragsinterpretation unterscheidet sich von der normalen (nicht authentischen) Interpretation dadurch, dass sie über den Einzelfall hinaus mit Wirkung *ex tunc* für die der Praxis zustimmenden Vertragsstaaten bindend ist. Insofern kann die authentische Interpretation ihrer Wirkung nach als eine Form der Vertragsänderung beschrieben werden.[878]

Eine stillschweigende Vertragsänderung ist auch dann zulässig, wenn der Vertrag selbst ein förmliches Verfahren zu seiner Änderung vorsieht. Denn die

877 Vgl. *Schwarzenberger*, A Manual of International Law, S. 164 erklärt: „While the revision of a treaty has as its object the change, for the future (…) treaty interpretation aims at the establishment of the true meaning of the treaty (…)". Man kann aber jedenfalls sagen, dass ein Unterschied zwischen beiden Vorgängen in ihrem unterschiedlichen Verhältnis zum Vertrag liegt: Die authentische Interpretation bestätigt den Vertragstext, während die Vertragsänderung auf eine vom Vertragstext abweichende Festlegung des Vertragsinhalts abzielt.

878 Vgl. *Dahm/Delbrück/Wolfrum*, Völkerrecht I/3, S. 674.

Parteien können sich als „Herren des Vertrages“ gemeinsam über vertragliche Änderungsklauseln hinwegsetzen.[879] Wird ein Vertrag stillschweigend geändert, so ist davon auszugehen, dass damit die vertraglichen formellen Änderungsklauseln stillschweigend abbedungen werden.[880]

Eine Abgrenzung zwischen Vertragsänderung und authentischer Vertragsauslegung ist daher lediglich aus der Perspektive des innerstaatlichen Rechts erforderlich, wenn das nationale Recht für eine Änderung eines völkerrechtlichen Vertrages besondere parlamentarische Zustimmungsverfahren vorsieht.

An den Auslegungskonsens einerseits und den Änderungskonsens andererseits sind die gleichen Voraussetzungen geknüpft: Erforderlich ist das Vorliegen eines rechtsgeschäftlichen Konsenses, mithin eines Rechtsbindungswillens der Vertragsparteien über den Einzelfall hinaus.

Die Differenzierung zwischen beiden Instituten ist somit lediglich formaltechnisch anhand des Wortlauts vorzunehmen. Solange sich der durch die Praxis indizierte Bedeutungsgehalt der Norm noch innerhalb des Wortlauts der Norm bewegt, ist von einer *authentischen Auslegung* auszugehen. Überschreitet der Inhalt die Wortlautgrenze, so handelt es sich um eine *stillschweigende Vertragsänderung*.

---

879 In der völkerrechtlichen Judikatur und Literatur besteht weitgehend Einigkeit darüber, dass eine formlose Vertragsänderung trotz Bestehens von ausdrücklichen vertraglichen Änderungsklauseln zulässig ist, vgl. *Ress*, Die Bedeutung der nachfolgenden Praxis für die Vertragsinterpretation nach der Wiener Vertragsrechtskonvention, S. 66 f. (m.w.N.).

880 Selbst wenn die vertraglichen Revisionsklauseln Einstimmigkeit vorsehen, so ist nicht davon auszugehen, dass es sich hierbei um zwingendes Recht handeln würde. Der Annahme, die Staaten wollten sich absolut und unabdingbar damit selbst binden, ist im Völkerrecht skeptisch und mit äußerster Zurückhaltung zu betrachten. *Fitzmaurice*, BYIL 1953, S. 55. *Ress*, Die Bedeutung der nachfolgenden Praxis für die Vertragsinterpretation nach der Wiener Vertragsrechtskonvention, S. 66 f. (m.w.N.). A.A. Abweichendes Sondervotum von Richter Spender in: *ICJ*, Certain expenses of the United Nations (Article 17, paragraph 2 of the Charter), ICJ Rep. 1962, 175, Separate Opinion of Judge Sir Percy Spender, S. 196: „The Charter establishes an Organization. The Organization must function through its constituted organs. The functions and authorities of those organs are set out in the Charter. However the Charter is otherwise described the essential fact is that it is a multilateral treaty. It cannot be altered at the will of the majority of the Member States, no matter how often that will is expressed or asserted against a protesting minority and no matter how large be the majority of Member States which assert its will in this manner or how small the minority.“

Vorliegend ist davon auszugehen, dass sich ein Verständnis, nach dem unter dem Begriff der Menschenrechte i.S.v. Art. 3 lit. l, 17 OAS-Charta diejenigen Rechte aus der Amerikanischen Deklaration gemeint sind, noch innerhalb des Wortlauts dieser Normen bewegt. Wie im DRITTEN KAPITEL[881] erläutert, ist der Begriff der Menschenrechte evolutiv und dynamisch angelegt, sodass eine weitere nachfolgende Konkretisierung auf bestimmte Menschenrechte oder ein bestimmtes Menschenrechtsinstrument vom Wortlaut mitumfasst wird.

II. Die Zulässigkeit einer authentischen Interpretation der OAS-Charta mit Wirkung zwischen nur einem Teil der Mitgliedsstaaten (*inter-se*)

Zu klären ist, ob eine derartige verbindliche Auslegung der Art. 3 lit. l, 17 OAS-Charta auch dann zulässig ist, wenn ein entsprechender Rechtsbindungswille, der nachfolgend untersucht wird, nicht bei allen Parteien, sondern nur bei einem Teil der Vertragsparteien vorliegt.

Eine solche *inter-se* Auslegung würde zu einer *gespaltenen Rechtslage*[882] bzw. einer partiellen Desintegration der vertraglichen Verpflichtungen aus der OAS-Charta führen. Die Art. 3 lit. l, 17 OAS-Charta würden somit für einen Teil der Staaten einen anderen Inhalt als für andere Vertragsparteien haben.

Die Zulässigkeit einer *authentischen Interpretation* mit Wirkung *inter-se* ist am Maßstab des Konsensprinzips und des Grundsatzes der *Integrität eines völkerrechtlichen Vertrages* zu beurteilen.

Dem Grundsatz der *Integrität eines multilateralen Vertrages* liegt die Annahme zugrunde, dass es die Aufgabe eines multilateralen Vertrages ist, einen bestimmten Lebensbereich stabil und einheitlich zu regeln.[883] Daraus folgt, dass alle Vertragsbestimmungen grundsätzlich für alle Parteien gleichermaßen gelten sollen.

Der Grad der Integrität des Vertrages hängt vom Willen der Vertragsparteien ab. Es ist also durch Auslegung des Vertragswerks zu ermitteln, inwieweit die Parteien die Integrität des Vertrages verwirklicht sehen wollen. Hinweise über den Willen der Parteien liefern die Verpflichtungsstruktur des Vertrages, wie

---

881 Vgl. DRITTES KAPITEL, IV 3.

882 *Karl*, Vertrag und spätere Praxis, S. 72 spricht von *„gespaltener Gültigkeit"*.

883 Vgl. auch *Schollendorf*, Die Auslegung völkerrechtlicher Verträge in der Spruchpraxis des Appellate Body der Welthandelsorganisation S. 64 f.

etwa die Zulässigkeit von Vorbehalten und die Möglichkeit von *inter-partes* wirkenden Vertragsänderungen.

Eine authentische Auslegung *inter-se* ist dann unzulässig, wenn dadurch eine Veränderung der Rechtsposition unbeteiligter Parteien erfolgt. In diesem Falle steht die aus dem Konsensprinzip fließende Regel, dass Verträge keine Wirkung für Dritte haben, entgegen (*pacta tertiis*-Regel).[884]

Dieser Gedanke wird in Art. 41 Abs. 1 WVK reflektiert.[885] Diese Vorschrift regelt zwar ausdrücklich nur die Zulässigkeit einer *inter-se* Vertragsänderung. Die darin enthalten Grundsätze können jedoch auf die Zulässigkeit einer authentischen Vertragsinterpretation *inter-se* herangezogen werden, da sich, wie oben erläutert, beide Vorgänge in ihren Wirkungen nicht unterscheiden.

Unter Anwendung dieser Grundsätze ist festzustellen, dass die OAS-Charta einer *inter-se* Modifikation bzw. einer authentischen Auslegung der menschenrechtlichen Normen mit Wirkung zwischen nur einem Teil der Parteien nicht entgegensteht.

Dies ergibt sich erstens daraus, dass die OAS-Charta selbst in Art. 142 i.V.m. 140 spezielle Regeln zur Vertragsänderung enthält, die eine Änderung *inter-se* erlauben. Die OAS-Charta sieht somit die Möglichkeit des Eintritts einer „gespaltenen Rechtslage" in Art. 140 ausdrücklich vor.[886] Dies zeigt, dass die OAS-Staaten ein flexibles Vertragssystem schaffen wollten. Ein Mitgliedsstaat, der mit einer von der Mehrheit der Staaten gewollten Änderung der Charta nicht einverstanden ist, soll sich deshalb nicht dazu veranlasst fühlen, aus der OAS auszutreten. Vielmehr kann er in der OAS noch unter Geltung der für ihn bestehenden alten Fassung der OAS-Charta verbleiben.

---

884 Dies gilt nicht nur in Bezug auf Verpflichtungen, sondern auch auf Begünstigungen, da keinem Staat gegen seinen Willen ein Recht „aufgezwungen" werden darf. Dies folgt aus der (äußeren) Souveränität des Staates.

885 Art. 41 Abs. 1 WVK bestimmt: „Zwei oder mehr Vertragsparteien eines mehrseitigen Vertrags können eine Übereinkunft schliessen, um den Vertrag ausschliesslich im Verhältnis zueinander zu modifizieren, a) wenn die Möglichkeit einer solchen Modifikation in dem Vertrag vorgesehen ist oder b) wenn die betreffende Modifikation durch den Vertrag nicht verboten ist und i) die anderen Vertragsparteien in dem Genuss ihrer Rechte auf Grund des Vertrags oder in der Erfüllung ihrer Pflichten nicht beeinträchtigt und ii) sich nicht auf eine Bestimmung bezieht, von der abzuweichen mit der vollen Verwirklichung von Ziel und Zweck des gesamten Vertrags unvereinbar ist."

886 Dies hat zu dem bemerkenswerten Phänomen geführt, dass momentan verschiedene Versionen der OAS-Charta für unterschiedliche Mitgliedsstaaten in Kraft sind. Vgl. dazu die Ausführungen im ERSTEN KAPITEL, I. V.

Zweitens steht eine Änderung des Bedeutungsgehalts der Art. 3 lit. l, 17 OAS-Charta *inter-se* auch nicht mit dem Ziel und Zweck der OAS-Charta im Widerspruch. Vielmehr ist das Gegenteil der Fall. Werden zumindest ein Teil der OAS-Staaten an die Achtung der Menschenrechte gebunden, ist das dem in der OAS-Charta selbst verankerten Ziel, der Föderung und des Ausbaus des Inter-Amerikanischen Menschenrechtsschutzes, förderlich.

Schließlich werden dadurch auch nicht die Rechte der an der Praxis unbeteiligten OAS-Staaten tangiert. Eine authentische Interpretation der Menschenrechtspflichten für einen Teil der Staaten berührt die Rechtsstellung der übrigen Staaten nicht. Sie bleibt eine *res inter alios acta.*

III. Einteilung der OAS-Staaten in Gruppen nach ihren ähnlichen Verhaltensweisen

Die im ERSTEN TEIL des vorliegenden Kapitels dargestellte Praxis der OAS-Staaten zur Erforschung der Vorstellungen der Staaten über ihre menschenrechtlichen Pflichten aus dem OAS-System ergibt ein ambivalentes und uneinheitliches Bild. Die Mitgliedsstaaten der OAS verfolgen keine einheitliche Praxis im Hinblick auf die Frage, ob sich aus der OAS-Charta in Verbindung mit der Amerikanischen Deklaration rechtlich verbindliche Pflichten zur Einhaltung konkreter Menschenrechte ergeben. Kein Staat bekennt sich ausdrücklich zur materiellen Bindung an die Menschenrechte aus der Amerikanischen Deklaration als Teil der Verpflichtung aus der OAS-Charta. Rechtliche Schlussfolgerungen können daher lediglich aus ihrem konkludenten Verhalten hergeleitet werden. Dies macht es erforderlich, die OAS-Staaten entsprechend ihrem ähnlichen Verhalten in verschiedene Gruppen einzuteilen.

Es lassen sich insgesamt drei Staatengruppen identifizieren: Zur ersten Gruppe gehören all diejenigen OAS-Staaten, die sich zwar nicht ausdrücklich zu einer Rechtsverbindlichkeit der Deklaration bekennen, jedoch der Rechtsauffassung der Kommission nicht widersprechen. Diese Staaten haben sich zudem vereinzelt sowohl in ihrer internationalen als auch in ihrer innerstaatlichen Praxis zu den menschenrechtlichen Verpflichtungen aus dem OAS-System geäußert. Zu dieser Gruppe gehören sämtliche OAS-Staaten mit Ausnahme der USA und Kuba.

Die zweite Kategorie umfasst die USA. Die USA unterscheiden sich von der ersten Staatengruppe dadurch dass sie die Rechtsverbindlichkeit der Amerikanischen Deklaration vehement und ausdrücklich bei jeder sich bietenden Gelegenheit bestreiten.

In die dritte Gruppe ist schließlich der Sonderfall Kuba einzuordnen. Seit 1962 hat Kuba nicht mehr aktiv am OAS-Prozess teilgenommen. Kuba wird jedoch weiterhin regelmäßig von der Inter-Amerikanischen Kommission wegen Verletzung seiner Pflichten aus der OAS-Charta und der Amerikanischen Deklaration gerügt. Auf Anfragen und Empfehlungen der Kommission schweigt Kuba.

Diese Einteilung rechtfertigt sich durch die Überlegung, dass es bei der rechtlichen Bewertung eines Staatenverhaltens durchaus einen Unterschied macht, ob ein Staat im Hinblick auf eine konsistente und dauerhafte Organpraxis schweigt, ihr aktiv widerspricht oder aufgrund der Suspendierung seiner Teilnahmerechte *de iure* nicht in der Lage ist, die Entwicklungsprozesse innerhalb der Internationalen Organisation mitzusteuern.

1. Sämtliche OAS-Staaten mit Ausnahme der USA und Kuba

Zunächst wird herausgearbeitet, welchen selbständigen (subjektiven) Erklärungswert das Verhalten der Staaten im Hinblick auf ihre menschenrechtlichen Verpflichtungen aus der OAS-Charta und der Amerikanischen Deklaration hat.

Im Anschluss daran werden die Reaktionen der Staaten auf die Praxis der Inter-Amerikanischen Kommission analysiert. Es wird geprüft, inwieweit dieses Verhalten unter Berücksichtigung der äußeren Umstände nach Treu und Glauben auf das Vorliegen eines Rechtsbindungswillens für eine authentische Interpretation der Art. 3 lit. l, 17 OAS-Charta schließen lässt (objektiver Erklärungswert).

a) Der (subjektive) Erklärungswert der Praxis im Hinblick auf die Rechtsauffassung der Staaten über ihre menschenrechtlichen Verpflichtungen

Die Praxis der OAS-Staaten (ohne die USA und Kuba) zeigt ein unscharfes Bild: Diese Staaten sprechen sich ausdrücklich weder für noch gegen das Bestehen materieller Rechtsverpflichtungen aus der OAS-Charta zur Beachtung einzelner Menschenrechte aus der Amerikanischen Deklaration aus.

Nimmt man die Resolutions- bzw. Vertragspraxis der OAS-Staaten im Hinblick auf die institutionellen und verfahrensmäßigen Änderungen des OAS-Systems in den Blick (also insbesondere die Billigung der Kommissionspraxis durch Resolution des Außenministertreffens 1962, die Änderungen des Kommissionsstatuts 1965 und 1979 sowie die Einfügung neuer Vorschriften in die OAS-Charta durch das Protokoll von Buenos Aires 1970), ist zu beachten, dass diese

Verhaltensweisen nur insoweit als Indiz für eine bestimmte Rechtsauffassung gewertet werden dürfen, als dies vom objektiven Vertragstext gedeckt wird.[887]

Wie bereits dargestellt, ergibt eine Auslegung der institutionellen Vorschriften der OAS-Charta nicht zwingend, dass die Amerikanische Deklaration als authentische Konkretisierung der Menschenrechtsverpflichtungen in das vertragliche System der OAS-Charta inkorporiert ist.[888] Ferner betreffen die Billigung der Kommissionspraxis und die förmlichen Änderungen des Kommissionsstatuts durch die OAS-Staaten lediglich den verfahrensrechtlich relevanten Apsekt der Kompetenzen der Kommission, nicht aber den Inhalt etwaiger materieller Menschenrechtsverpflichtungen.[889]

Aus der freiwilligen Befolgung der unverbindlichen Kommissionsempfehlungen können ebenfalls keine Schlussfolgerungen im Hinblick auf die Rechtsüberzeugung der Staaten über die Verbindlichkeit der Deklaration gezogen werden. Ein Staat ist frei, einer rechtlich unverbindlichen, lediglich moralisch-politisch legitimierten Aufforderung einer internationalen Instanz nachzukommen bzw. diese nicht zu befolgen. Dabei handeln die Staaten aus ganz unterschiedlichen Motiven.[890] Allein aus der Befolgung einer unverbindlichen Empfehlung kann nicht gefolgert werden, dass der Staat diese Empfehlung oder die ihr zugrundeliegenden rechtlichen Erwägungen gutheisst, sich daran gebunden fühlt oder gar eine darin geäußerte Rechtsauffassung des Organs teilt.

Die Erklärungen einiger OAS-Staaten auf internationalen Konferenzen (etwa die Erklärung von Caracas 1983 und die Santiago Declaration 1998) lassen ebenfalls keine eindeutigen Schlussfolgerungen über die Rechtsüberzeugung dieser Staaten im Hinblick auf ihre materiellen Menschenrechtsverpflichtungen zu.[891] So geben Venezuela, Kolumbien, Ecuador, Peru, Bolivien und Panama in der Erklärung von Caracas 1983 zwar zu verstehen, dass sich das Inter-Amerikanische Menschenrechtssystem seit seinen Ursprüngen fortentwickelt hat und dessen Wesenszüge maßgeblich von der Amerikanischen Deklaration vorgezeichnet und bestimmt werden und dass die Amerikanische Deklaration nachfolgend in die

887 Vgl. dazu die Bemerkungen hinsichtlich der restriktiven Auslegung der institutionellen und Verfahrensvorschriften im VIERTEN KAPITEL D II.

888 Vgl. dazu die Ausführungen im DRITTEN KAPITEL im Hinblick auf die Auslegung der Art. 3 lit. l, 17 OAS-Charta und im VIERTEN KAPITEL im Hinblick auf die Auslegung der Art. 106, 145 OAS-Charta.

889 Vgl. dazu die Ausführungen im VIERTEN KAPITEL.

890 Zu den Motiven, die die Staaten zur Befolgung bewegen: *Haas/Bilder*, Compliance Theories Choosing to Comply, S 43 ff.

891 Vgl. dazu die Ausführungen im ERSTEN TEIL des FÜNFTEN KAPITELS unter E I.

OAS-Charta inkorporiert worden sei. Aus dieser Aussage kann jedoch lediglich gefolgert werden, dass die Deklaration über die OAS-Charta (irgend) eine rechtliche Wirkung besitzt. Unklar bleibt allerdings, welcher Art diese Wirkung ist.[892]

In der Santiago Declaration 1998 auf dem Zweiten Amerikagipfel sprachen sich die Staaten für eine weitere Stärkung des Inter-Amerikanischen Menschenrechtssystems aus und forderten Fortschritte bei der Ratifikation der AMRK durch die noch fehlenden OAS-Staaten. Der Beitritt zur AMRK solle aber lediglich die bestehenden Menschenrechtsverpflichtungen konservieren. Daraus kann gefolgert werden, dass die Staaten davon ausgehen, dass bereits unabhängig von der AMRK ein bestimmter verbindlicher internationaler Menschenrechtsstandard vorhanden ist. Dieser soll in Zukunft erhalten bleiben und durch Ratifikation der AMRK lediglich noch institutionell gestärkt werden.

Aus den Resolutionen der OAS-Organe, in denen alle Mitgliedsstaaten vertreten sind (*Generalversammlung*, *Ständiger Rat* und *Außenministertreffen*), wird deutlich, dass jedenfalls schwere und systematische Menschenrechtsverletzungen als Verstoß gegen Art. 3 lit. l, 17 OAS-Charta anzusehen sind.[893] In Bezug auf die Amerikanische Deklaration spricht die *Generalversammlung* von „international commitments", lässt aber offen, wie sie diesen Begriff versteht. Darüber hinaus ist die *Generalversammlung* der Rechtsauffassung der Kommission und des Gutachtens Nr. 10 des Inter-Amerikanischen Gerichtshofs lediglich gewahr; sie vermeidet aber in ihren Resolutionen die Äußerung einer eigenen Rechtsansicht. Insoweit lassen sich daraus keine eindeutigen Schlussfolgerungen über das Vorliegen eines bestimmten subjektiven Erklärungswerts der Staaten ziehen.

Selbst wenn diese Resolutionen einen entsprechenden Erklärungswert enthalten, so dürfen diese rechtlich unverbindlichen Resolutionen nicht als primäres Auslegungsmittel, sondern lediglich unterstützend und bestätigend herangezogen werden. Die Staaten haben in der OAS-Charta festgelegt, dass Resolutionen lediglich empfehlenden Charakter haben. Wird einem Verhalten in der Satzung ausdrücklich rechtliche Unverbindlichkeit zuerkannt, so kann dieses Verhalten im Rahmen einer Vertragsinterpretation keine weitergehenden Wirkungen haben.

Die Stellungnahmen von Costa Rica und Peru zum Gutachten des Inter-Amerikanischen Gerichtshofs zur Auslegung des Art. 64 Abs. 1 AMRK liefern mehr Hinweise auf ihre Rechtsüberzeugung über die Rechtsnatur der

892 Vgl. dazu die Überlegungen zur rechtlichen Bedeutung der Deklaration (als *soft law* und *Rechtserkenntnisquelle*) unterhalb der Schwelle zur Rechtsquelle im DRITTEN KAPITEL, B.

893 Vgl. dazu die Ausführungen im ERSTEN TEIL des FÜNFTEN KAPITELS unter B und C.

Amerikanischen Deklaration. Beide Staaten gehen davon aus, dass sich der rechtliche Status der Deklaration im Laufe der Zeit durch *nachfolgende Praxis* verändert hat. Sie halten es für möglich, dass die Deklaration aus heutiger Sichtweise unter Berücksichtigung der nachfolgenden Entwicklungen für alle Mitgliedsstaaten der OAS rechtliche Pflichten generiert.[894]

Im Rahmen der innerstaatlichen Praxis einiger OAS-Staaten wird deutlicher auf die Amerikanische Deklaration Bezug genommen und von einer rechtlichen Bindung gesprochen. Nationale Gerichte in Kanada und den sogenannten *Commonwealth-Karibikstaaten* ziehen die Amerikanische Deklaration und/oder die menschenrechtlichen Normen der OAS-Charta heran, um Menschenrechtsbestimmungen in nationalen Verfassungen auszulegen. In seiner Funktion als Oberstes Gericht in den *Commonwealth-Karibikstaaten* geht der *Privy Council* in ständiger Rechtsprechung davon aus, dass sich unmittelbar aus der OAS-Charta Verpflichtungen zur Einhaltung der Menschenrechte aus der Amerikansichen Deklaration ergeben.[895]

Dem entspricht besonders deutlich die innerstaatliche Praxis Kanadas. In einem Bericht zum geplanten Beitritt Kanadas zur AMRK bezeichnet der kanadische Senat die Amerikanische Deklaration als „*legally binding*". Die Deklaration habe im Laufe der Zeit „*unique legal status*" erhalten, womit Kanada durch seinen OAS-Beitritt 1989 an die Amerikanische Deklaration über die OAS-Charta gebunden sei.[896]

Eine Gesamtwürdigung der Praxis dieser OAS-Staaten (ohne die USA und Kuba) ergibt damit jedenfalls eine Tendenz der Staaten, eine materielle Bindung an die Deklaration über die OAS-Charta zu bejahen. Kein OAS-Staat vertritt die Ansicht, dass sich aus Art. 3 lit. l, 17 OAS-Charta überhaupt keine verbindlichen Pflichten zur Beachtung der Menschenrechte ergeben. Die Praxis der Staaten lässt aber nicht eindeutig auf das Vorliegen eines Konsenses über eine authentische Auslegung des Begriffs der Menschenrechte i.S.v. Art. 3 lit. l, 17 OAS-Charta schließen. Für die Annahme einer verbindlichen Interpretation der OAS-Charta durch die OAS-Staaten ist aber im Hinblick auf das Konsensprinzip zu fordern, dass ein solcher Rechtsbindungswille eindeutig und unmissverständlich zum Ausdruck kommt.

---

894 Vgl. dazu die Ausführungen ERSTEN TEIL des FÜNFTEN KAPITELS unter D II 2.

895 Vgl. dazu die Ausführungen ERSTEN TEIL des FÜNFTEN KAPITELS unter E II 3.

896 Vgl. dazu die Ausführungen ERSTEN TEIL des FÜNFTEN KAPITELS unter E II 2.

b) Der (objektive) Erklärungswert der Praxis unter Berücksichtigung der äußeren Umstände und Treu und Glauben – Konkludente Bindung an die Amerikanische Deklaration über *acquiescence*

Zu untersuchen ist weiter, ob das Schweigen der OAS-Staaten bzw. ihre widerspruchslose Duldung im Hinblick auf die Praxis und die Rechtsauffassung der Kommission die Voraussetzungen einer authentischen Interpretation der Art. 3 lit. l, 17 OAS-Charta erfüllt, sodass diese Normen fortan so zu verstehen sind, dass unter dem Begriff der Menschenrechte die Rechte aus der Amerikanischen Deklaration gemeint sind.

Grundsätzlich gilt, dass ein Schweigen keine Rechtsfolgen hervorruft. Ausnahmsweise kann ein Schweigen jedoch dann eine Rechtsbindung erzeugen, wenn besondere Umstände vorliegen, die im konkreten Fall einen aktiven Widerspruch bzw. ein Reden erforderlich machen. In diesem Fall wird aus dem „qualifizierten Schweigen" auf eine stillschweigende Zustimmung, eine *acquiescence*, geschlossen.

aa) Die Voraussetzungen und Wirkungen von *acquiescence* im Völkerrecht

Unter dem völkerrechtlichen Rechtsgrundsatz der *acquiescence* versteht man das „Stillschweigen gegenüber einem fremden Rechtsanspruch, das sich in solcher Weise manifestiert, dass die passive Haltung nach Treu und Glauben nicht anders denn als stillschweigende Anerkennung verstanden werden kann".[897] Es handelt sich dabei um die stillschweigende Zustimmung eines Staates zu einer ihn betreffenden Rechtsänderung bzw. Rechtsgestaltung.[898] Damit wird der aus dem Konsensprinzip fließende Grundsatz, wonach ein Staat gegen oder ohne seine Zustimmung nicht verpflichtet werden kann, durchbrochen.

---

897 *Müller*, Vertrauensschutz im Völkerrecht, S. 38.

898 Vgl. dazu *McGibbon*, BYIL 1954, S. 182.Teilweise wird der Begriff der *acquiescence* in der völkerrechtlichen Literatur nicht einheitlich verwendet. Dazu: *Zimmer*, Gewaltsame Territoriale Veränderungen und Ihre Völkerrechtliche Legitimation, S. 81 ff. *Acquiescence* wird sowohl als Zustimmung durch konkludentes Verhalten als auch durch echtes Schweigen verstanden. Vgl. dazu die Feststellung des IGH im *North Sea Continental Shelf*-Fall, wonach ein Staat Partei eines Vertrages auch durch „very definite, very consistent course of conduct" werden kann. *ICJ*, North Sea Continental Shelf Cases (Federal Republic of Germany/Denmark and Netherlands) ICJ Rep. 1969, S. 3 ff, 25.).

Acquiescence entspringt, ebenso wie der völkerrechtliche *estoppel*-Grundsatz, dem Vertrauensschutzprinzip.[899]

Voraussetzung für die Annahme einer *acquiescence* ist das Vorliegen besonderer Umstände, aus denen unter Berücksichtigung von Treu und Glauben, im konkreten Fall ein Reden oder aktives Verhalten des Staates zu erwarten gewesen wäre.[900]

Eine *acquiescence* wirkt sowohl in positiver als auch negativer Weise. Positiv wirkt sie als Anerkennung einer bestimmten Rechtsposition durch die unwiderlegliche Vermutung der Zustimmung eines Staates.[901] Im negativen Sinne bewirkt sie, dass der schweigende Staat mit einem späteren gegenteiligen Vorbringen präkludiert wird und eine materiell-rechtliche Verwirkung seines Rechts eintritt (*estoppel*).[902]

Eine *acquiescence*, also ein „qualifiziertes Stillschweigen", ist an zwei Voraussetzungen geknüpft: Erstens muss der schweigende Staat Kenntnis vom Bestehen eines fremden Rechtsanspruchs haben. Zweitens muss dieser Rechtsanspruch die Rechte des schweigenden Staates zumindest gefährden.[903] Dabei spielt das Zeitelement eine wesentliche Rolle, da erst durch den Ablauf einer gewissen Zeitspanne dem Ausbleiben eines Protestes gegenüber der fremden Rechtsbehauptung der Charakter einer stillschweigenden Zustimmung gegeben wird.[904]

Acquiescence wirkt bei der Entstehung von Völkergewohnheitsrecht, indem es auch die an der allgemeinen Übung nicht beteiligten, untätigen oder

---

899 *Schweisfurth*, Völkerrecht, S. 89.

900 Es gilt: „*Qui tacet consentire videtur si loqui debuisset ac potuisset*" – Wer schweigt, obwohl er sprechen sollte und könnte, scheint zuzustimmen.

901 Grundlegend: *Bentz*, RGDIP 1963, S. 44 ff.

902 *Bowett*, BYIL 1957, S.176. Zum Unterschied zwischen *estoppel* und *acquiescence* vgl. *ICJ*, Case Concerning the Delimination of the Gulf of Maine Area (Canada v. USA) ICJ Rep. 1984, S. 305; *Verdross/Simma*, Universelles Völkerrecht, S. 393: „Der Estoppel-Grundsatz kann nicht mit den Rechtsfiguren der Anerkennung oder „acquiescence" erklärt werden, da er gerade dann von Bedeutung ist, wenn es zweifelhaft ist, ob ein Staat bestimmte Zustände anerkannt hat, aber sein Verhalten derart war, dass er die Entstehung einer Verpflichtung bona fide nicht bestreiten kann." Grundlegend: *McGibbon*, ICLQ 1958, S. 468 ff.; *Schwarzenberger*, International Law, S. 535.: „(A)cquiescence produces an estoppel in circumstances when good faith would require that the State concerned should take active steps of some kind in order to preserve its rights of freedom of action"; ähnlich: *D'Amato*, VirgJInt'lL 2010, S. 10.

903 Vgl. *Müller/Cottier* in: Bernhardt, EPIL Bd I, S. 14 ff. Stichwort *acquiescence*.

904 So auch: *Müller*, Vetrauensschutz im Völkerrecht, S. 37 ff.

schweigenden, Staaten an eine Regel des Völkergewohnheitsrechts bindet, wenn diese der Herausbildung der Regel nicht ständig bei jeder sich bietenden Gelegenheit widersprechen.[905]

Der völkerrechtliche Rechtsgrundsatz der *acquiescence* kann aber auch innerhalb eines Vertragsregimes bei der Interpretation bzw. Modifkation des Vertrages zur Anwendung kommen. So kann etwa das Schweigen einer Partei gegenüber der Praxis der anderen Parteien oder eines Organs, in der sich eine bestimmte Vorstellung vom Vertragsinhalt manifestiert, unter bestimmten Umständen als konkludente Zustimmung zu einer Vertragsinterpretation oder Vertragsmodifikation gewertet werden.[906] Solch eine stillschweigende Zustimmung begründet ein *estoppel* gegen nachfolgende Einwände im Hinblick auf andere, bis dahin noch zulässige Interpretationsmöglichkeiten des Vertrages.[907] Bleibt wegen des Einwandes des *estoppel* nur noch eine einzige Auslegungsvariante übrig, so führt dies zur authentischen Interpretation durch *acquiescence*.

bb) Fälle aus der internationalen Praxis im Hinblick auf die Annahme einer *acquiescence*

In den meisten Fällen aus der älteren Rechtsprechung wird der völkerrechtliche *acquiescence*-Grundsatz in Fällen von Grenz- bzw. Gebietsstreitigkeiten herangezogen, um zu begründen, dass ein Schweigen eines Staates die Anerkennung einer bestimmten Rechtslage impliziert.[908]

Nachfolgend sollen nur Fälle aus der internationalen Praxis beleuchtet werden, in denen eine Konstellation vorliegt, die mit der hier zu behandelnden Fragestellung, der Anwendung von *acquiescence* bei der Auslegung innerhalb eines multilateralen Vertrages, vergleichbar ist. Die Betrachtung dieser Beispielsfälle soll dazu helfen, Kriterien zu entwickeln, um die Prüfung des Vorliegens einer *acquiescence* praktisch handhabbar zu machen.

---

905 Begründet wird dies mit dem sozialen Bedürfnis, Frieden, Ordnung und Stabilität in der Völkerrechtsordnung zu sichern.

906 So auch: *McGibbon*, BYIL 1954, S. 146. *McGibbon*, ICLQ 1958, S. 502 ff. mit Nachweisen aus der internationalen Rechtsprechungspraxis.

907 Diesen Gedanken ebenso aufgreifend: *Feldmann*, ILP 2009, S. 664 Fn. 36.

908 Vgl. etwa: *ICJ*, Case concerning Right of Passage over Indian Territory (Merits), ICJ Rep. 1960, 6; *IGH*, Anglo-Norwegian Fisheries-Case, ICJ Rep 1951, 116; *ICJ*, Case concerning the Temple of Preah Vihear, ICJ Rep. 1962, 6; keine Gebietsstreitigkeit sondern um einen Streit bezüglich der Gültigkeit eines Schiedsspruches: *ICJ*, Arbitral Award made by the King of Spain, ICJ Rep. 1960, 192.

(i) Die Praxis des International Labor Office bei der Auslegung der ILO-Konventionen

Das *International Labour Office* (Internationales Arbeitsamt) ist ein Organ der International Labour Organisation (ILO). Zu seinen Aufgaben gehört gemäß Art. 10 Abs. 1 ILO-Verfassung *„die Sammlung und Weiterleitung von Mitteilungen über alle Fragen, die für die internationale Regelung der Lebens- und Arbeitsverhältnisse der Arbeitnehmer Bedeutung haben, und insbesondere die Bearbeitung der Fragen, die der Konferenz zum Zwecke des Abschlusses internationaler Übereinkommen unterbreitet werden sollen, sowie die Durchführung aller von der Konferenz oder vom Verwaltungsrat angeordneten Sonderuntersuchungen."* Das *International Labour Office* besitzt keine Kompetenz zur authentischen Auslegung der ILO-Konventionen. Gemäß Art. 37 ILO-Verfassung sind vielmehr *„alle Fragen oder Schwierigkeiten in der Auslegung dieser Verfassung oder der später von den Mitgliedern nach dieser Verfassung abgeschlossenen Übereinkommen (...) dem Internationalen Gerichtshof zur Entscheidung"* vorzulegen.

Gleichwohl ist es jedoch gängige Praxis, dass die Mitgliedsstaaten der ILO regelmäßig das *International Labour Office* ersuchen, Fragen über die Auslegung der ILO-Konventionen zu beantworten und darüber unverbindliche Ratschläge zu erteilen. Diese Praxis hat dazu geführt, dass das *International Labour Office* eine beachtliche Spruchpraxis, sog. *Opinions*, entwickelt hat. Sofern diese *Opinions* von allgemeinem Interesse sind, werden sie im *Official Bulletin* der ILO veröffentlicht.

Weil die ILO-Mitgliedsstaaten diesen unverbindlichen Ratschlägen nicht widersprochen haben, wird vertreten, dass die Mitgliedsstaaten stillschweigend den darin enthaltenen Auffassungen über die Auslegung der ILO-Konventionen zustimmen und diese *Opinions* daher bei der Auslegung der ILO-Konventionen berücksichtigt werden müssen.[909]

---

909 Vgl. die Aussage des Governing Office: „(T)he Office has been able to point out that when the point was previously raised and it was consulted thereon, the information supplied by it and the conclusion to which it appeared to lead had been accepted by the Member in question and had given rise to no objection after publication in the Official Bulletin. The process of the development of international law is, in fact, an exactly similar process, and the tacit acceptance of an interpretation acted on by a Member and communicated through the Official Bulletin constitutes important authority which can always be invoked for that interpretation." Zit. nach *McGibbon*, BYIL 1954, S. 147. Zudem hat das International Labour Office hat in einem Opinion aus dem Jahre 1938 beobachtet: „Further, although the Constitution of the International Labour Organization does not confer upon the International Labour

(ii) Das *Certain Expenses of the United Nations*-Gutachten des IGH

In dem Gutachten „*Certain Expenses of the United Nations (Article 17, Paragraph 2, of the Charter)*" hatte der IGH die Frage zu beantworten, ob unter „*expenses of the Organization*" gemäß Art. 17 Abs. 2 UN-Charta auch finanzielle Ausgaben fallen, die durch die UN Operationen UNEF (United Nations Emergency Force in the Middle East) und ONUC (United Nations Operation in the Congo) angefallen waren. Der IGH bejahte diese Frage und stützte das Auslegungsergebnis u.a. darauf, dass die UN-*Generalversammlung* in jahrelanger konsistenter Resolutionspraxis die Ausgaben dieser Operationen immer als Ausgaben der UN im Sinne von Art. 17 Abs. 2 UN Charta behandelt hatte.[910] Auch wenn der IGH nicht ausdrücklich den Grundsatz der *acquiescence* in seinem Gutachten anspricht, stützt er die Auslegung des Art. 17 Abs. 2 UN-Charta maßgeblich auf das *qualifizierte Schweigen* der UN-Mitgliedsstaaten zu der Praxis der *Generalversammlung*.[911] Nach Ansicht der Mehrheit der IGH-Richter war die Resolutionspraxis

---

Office any special authority to interpret the texts of conventions adopted by the International Labour Conference, it would seem that, when an opinion given by the Office has been submitted to the Governing Body and published in the Official Bulletin and has met with no adverse comment, the Conference must, in the event of its subsequently including in another convention a provision identical with or equivalent to the provision which has been interpreted by the Office, be presumed, in the absence of any evidence to the contrary, to have intended that provision to be understood in the manner in which the Office has interpreted it.'" Zitiert nach BYIL Bd. 20 (1939), S. 115 ff (S. 133). Vgl. dazu auch: *Jenks*, BYIL 1939, S. 132 ff.

910 „It is a consitent practice of the General Assembly to include in the annual budget resolutions, provision for expenses relating to the maintenance of international peace and security. (...) The practice of the Organization throughout its history bears out the foregoing elucidation of the term „action" in the last sentence of Article 11, paragraph 2. (...). (F)rom year to year, the expenses of UNEF have been treated by the General Assembly as expenses of the Organization within the meaning of Article 17, paragraph 2, of the Charter." *IGH*, Certain expenses of the United Nations (Article 17, paragraph 2 of the Charter), Advisory Opinion, ICJ Rep. 1962, 151, 160 ff.

911 Dies wurde von Percy Spender in seinem Sondervotum kritisiert: „(M)embers act through such an organ, where a majority rule prevails and so determines the practice, cannot (..) give any greater probative value to the practice established within that organ than it would have as conduct of the members that comprise the majority if pursued outside of that organ." *IGH*, Certain expenses of the United Nations (Article 17, paragraph 2 of the Charter), ICJ Rep. 1962, 151, Separate Opinion of Judge Sir Percy Spender, S. 196; auch Fitzmaurice weist auf die Schwierigkeit hin, den Beweiswert der Reaktionen der Staaten auf die Resolutionspraxis zu ermitteln, *IGH*, aaO., Separate Opinion of Judge Sir Gerarld Fitzmaurice, S. 198 ff.

der *Generalversammlung* so öffentlich und damit allen Mitgliedsstaaten bekannt, dass von den Mitgliedsstaaten nach Treu und Glauben hätte erwartet werden können, dass sie widersprechen.

(iii) Die Auslegung des Art. 27 Abs. 3 UN-Charta

Das wohl prominenteste Beispiel für die inhaltliche Einwirkung der *nachfolgenden Praxis* auf eine Vertragsbestimmung einer Satzung einer Internationalen Organisation betrifft Art. 27 Abs. 3 UN-Charta. Nach Art. 27 Abs. 3 UN-Charta kommen Beschlüsse des Sicherheitsrates in Nicht-Verfahrensfragen mit der „*affirmative vote of nine members including the concurring votes of the permanent members*" zustande.

Heute wird diese Vorschrift so verstanden, dass für einen gültigen Beschluss des Sicherheitsrates nicht erforderlich ist, dass alle ständigen Sicherheitsratsmitglieder positiv zustimmen. Ausreichend ist, wenn kein Veto eingelegt wird. Als Veto wird nur der erklärte Widerspruch eines bei der Abstimmung anwesenden ständigen Mitglieds, nicht dagegen seine Abwesenheit oder Stimmenthaltung gewertet.

Der IGH stellte fest, dass diese Praxis des Sicherheitsrates stillschweigend von den anderen UN-Mitgliedern gebilligt worden sei und so eine „allgemeine Praxis der Organisation" nachweise.[912]

Diese Praxis wurde am Anfang vereinzelt von einigen Sicherheitsratsmitgliedern in Frage gestellt. Später wurden von diesen Staaten jedoch keine Einwände mehr dagegen erhoben.[913]

Auch die UN-*Generalversammlung* hatte Resolutionen des Sicherheitsrates, bei der ein oder mehrere Ständige Mitglieder sich der Stimme enthielten, für gültig erachtet.[914] Daher ist davon auszugehen, dass die Praxis und ihre Akzeptanz

---

912 „(T)he procedure followed by the Security Council, which has continued unchanged after the amendment in 1965 of Article 27 of the Charter, has been generally accepted by members of the United Nations and evidences a general practice of that organization." *IGH*, Legal Consequences for States of the Continued Presence of South Africa in Namibia Notwithstanding Security Council Resolution 276, Advisory Opinion, ICJ Rep. 1971, S. 16 ff.

913 Repertoire of the Practice of the Security Council, 1946–1951, U.N. Doc. ST/PSCA/1, Chapter IV, Part III, S. 173. Nach 1949 werden keine Diskussionen mehr über die Rechtmäßigkeit der Praxis geführt.

914 *Stavropoulos*, AJIL 1967, S. 752.

durch die Staaten nach kurzer Zeit bereits solch einen Grad erreicht hatten, dass sie nicht mehr von einem einzelnen Staat in Frage gestellt werden konnten.

In der Literatur ist nicht abschließend geklärt, ob dies ein Fall einer *authentischen Auslegung* oder einer *stillschweigenden Vertragsänderung* ist.[915] Der IGH hat diese Praxis im *South West Africa*-Fall als authentische Auslegung gewertet, auch wenn die Annahme einer Vertragsänderung ebenfalls gerechtfertigt gewesen wäre.

(iv) Die Entscheidung Military and Paramilitary Activities in and against Nicaragua (Zulässigkeit) des IGH 1984

Der Fall *Military and Paramilitary Activities in and against Nicaragua (1984)*[916] vor dem IGH betraf eine Streitigkeit zwischen Nicaragua und den USA, in der es im materiellen Teil um die Verletzung des Gewalt- und Interventionsverbots durch die USA wegen ihrer Unterstützung einer paramilitärischen Organisation in Nicaragua ging.

In der Entscheidung zur Zuständigkeit des IGH und zur Zulässigkeit der Klage hatte der IGH die streitige Frage zu klären, ob Nicaragua der Zuständigkeit des IGH unterworfen war. Nicaragua hatte die Zuständigkeit des IGH nicht ausdrücklich nach einem der Tatbestände des Art. 36 IGH-Statuts anerkannt. Allerdings hatte Nicaragua im Jahre 1929 gegenüber dem StIGH eine Erklärung abgegeben, in der es ohne Vorbehalte die Zuständigkeit des StIGH anerkannte.[917] Nicaragua hatte jedoch noch nicht die Ratifikationsurkunde seiner Unterwerfungserklärung beim Völkerbund hinterlegt.

Damit war fraglich, ob diese Erklärung bindend geworden war und ob sie gemäß Art. 36 Abs. 5 IGH-Statut[918] auf den IGH übergeleitet werden konnte.

---

915 Vgl. dazu: *Gross*, AJIL 1968, S. 315 ff.

916 *IGH*, Military and Paramilitary Activities in and against Nicaragua, Entscheidung zur Jurisdiktion und Zulässigkeit vom 26. November 1984, ICJ Rep. 1984, 392.

917 Artikel 36 Abs. 2 des Statuts des StIGH lautet: „The Member States of the League of Nations (…) may, either when signing or ratifying the Protocol to which the present Statute is adjoined, or at a later moment, declare that they recognize as compulsory ipso facto and without special agreement, in relation to any other Member or State accepting the same obligation, the jurisdiction of the Court."

918 Art. 36 Abs. 5 IGH Statut lautet: „Declarations made under Article 36 of the Statute of the Permanent Court of International Justice and which are still in force shall be deemed, as between the parties to the present Statute, to be acceptances of the compulsory jurisdiction of the International Court of Justice fort he period which they still have to run and in accordance with their terms."

Der IGH bejahte seine Zuständigkeit. Er stützte dieses Ergebnis unter anderem auch auf den Umstand, dass bereits der StIGH in seinen Berichten von 1939–1945 Nicaragua in die *„List of States having signed the Optional Protocol"* aufgenommen hatte. Die Jahrbücher des IGH erwähnten seit 1946 ebenfalls Nicaragua in der *„List of States which have recognized the compulsory jurisdiction of the International Court of Justice or which are still bound by their acceptance of the Optional Clause of the Statute of the Permanent Court of International Justice (Article 36 of the Statute of the International Court of Justice)"*. Auch nachdem der IGH im Jahre 1968 damit begann, einen Tätigkeitsbericht an die UN-*Generalversammlung* zu schicken, wurde Nicaragua als Staat, der der Zuständigkeit des IGH unterworfen war, weiterhin aufgeführt.[919]

Die von der *Generalversammlung* herausgegebenen Publikationen erwähnten Nicaragua ebenfalls unter anderem in dem Band mit dem Titel *„Signatures, Ratifications, Acceptances, Accessions, etc., concerning the Multilateral Conventions and Agreements in respect of which the Secretary-General acts as Depositary"* sowie in dem *„Yearbook of the United Nations"*.[920]

Der IGH hielt das Schweigen Nicaraguas zu dieser Praxis unter den gegebenen Umständen für ausreichend, um von einer stillschweigenden Zustimmung (*acquiescence*) zu der Anwendung des Art. 36 Abs. 5 IGH Statut auszugehen.[921] Diese langjährige Vorgehensweise sei so konsistent und öffentlich gewesen, dass für Nicaragua jede Gelegenheit bestanden hätte, diese Praxis in Frage zu stellen und folglich die Anwendung von Art. 36 Abs. 5 IGH Statuts gegen sich

---

919 *IGH*, Military and Paramilitary Activities in and against Nicaragua, Entscheidung zur Jurisdiktion und Zulässigkeit vom 26. November 1984, ICJ Rep. 1984, 392, S. 402 ff.

920 *IGH*, Military and Paramilitary Activities in and against Nicaragua, Entscheidung zur Jurisdiktion und Zulässigkeit vom 26. November 1984, ICJ Rep. 1984, 392, S. 402 ff.

921 „The Court thus finds that the interpretation whereby the provisions of Article 36, paragraph 5, cover the case of Nicaragua has been confirmed by the subsequent conduct of the parties to the treaty in question, the Statute of the Court. (…) The argument is that Nicaragua's conduct over a period of 38 years unequivocally constitutes consent to be bound by the compulsory jurisdiction of the Court by way of a recognition of the application of Article 36, paragraph 5, of the Statute to the Nicaraguan Declaration of 1929." *IGH*, Military and Paramilitary Activities in and against Nicaragua, Entscheidung zur Jurisdiktion und Zulässigkeit vom 26. November 1984, ICJ Rep. 1984, 392, S. 410 ff.; vgl. dazu die Anmerkung von: *Oellers-Frahm*, ZaöRV 1987, S. 243 ff.

zu bestreiten.[922] Der IGH führte weiter aus, dass dabei eine Pflicht zum Widerspruch auch unabhänig von der formalen Stellung als Beteiligter im konkreten Streitverfahren bestehe.[923]

Das Verhalten der übrigen UN-Staaten, die keinerlei Protest gegen die Praxis der UN-Organe erhoben und zudem selbst die offiziellen UN-Listen der Staaten, die der Zuständigkeit der IGH unterworfen waren, unverändert in nationale Listen übernommen hatten, hielt der IGH für ausreichend, um eine *acquiescence* zu begründen.[924]

Die USA kritisierten die Annahme einer *acquiescence* durch den IGH in dieser Entscheidung, da ihrer Ansicht nach für die Annahme einer obligatorischen Zuständigkeit des IGH als Hauptpflicht der Staaten eine klare und eindeutige Manifestation des staatlichen Willens vorliegen müsse und ein Schweigen demnach

---

922 *IGH*, Military and Paramilitary Activities in and against Nicaragua, Entscheidung zur Jurisdiktion und Zulässigkeit vom 26. November 1984, ICJ Rep. 1984, 392, S. 409 f.

923 „It cannot be supposed that that Government could have believed that its silence could be tantamount to anything other than acquiescence. Besides, the Court would remark that if proceedings had been instituted against Nicaragua at any time in these recent years, and it had sought to deny that, by the operation of Article 36, paragraph 5, it had recognized the compulsory jurisdiction of the Court, the Court would probably have rejected that argument. But the Court's jurisdiction in regard to a particular State does not depend on whether that State is in the position of an Applicant or a Respondent in the proceedings. If the Court considers that it would have decided that Nicaragua would have been bound in a case in which it was the Respondent, it must conclude that its jurisdiction is identically established in a case where Nicaragua is the Applicant." *IGH*, Military and Paramilitary Activities in and against Nicaragua, Entscheidung zur Jurisdiktion und Zulässigkeit vom 26. November 1984, ICJ Rep. 1984, 392, 410.

924 „As for States other than Nicaragua, including those which could be supposed to have the closest interest in that State's legal situation in regard to the Court's jurisdiction, they have never challenged the interpretation to which the publications of the United Nations bear witness and whereby the case of Nicaragua is covered by Article 36, paragraph 5. Such States as themselves publish lists of States bound by the compulsory jurisdiction of the Court have placed Nicaragua on their lists. Of course, the Court is well aware that such national publications simply reproduce those of the United Nations where that particular point is concerned. Nevertheless, it would be difficult to interpret the fact of such reproduction as signifying an objection to the interpretation thus given; on the contrary, this reproduction contributes to the generality of the opinion which appears to have been cherished by States parties to the Statute as regards the applicability to Nicaragua of Article 36, paragraph 5." *IGH*, aaO., S. 410.

nicht ausreiche.[925] Diese Kritik verdeutlicht die Schwierigkeit, eine stillschweigende Zustimmung zum Bestehen einer Verbindlichkeit festzustellen.[926] Der IGH sah jedoch die konstante stillschweigende Duldung der Praxis des IGH und der *Generalversammlung* durch die Staaten unter Berücksichtigung der konkreten Umstände als ausreichende Grundlage für das Vorliegen eines Rechtsbindungswillens über die authentische Auslegung des Art. 36 Abs. 6 IGH-Statut an.

(v) Die WTO-Panel und Apellate Body Berichte European Communities – Customs Classification of Frozen Boneless Chicken Cuts

In dem Streitverfahren *European Communities-Customs Classification of Frozen Boneless Chicken Cuts*[927] zwischen Brasilien und Thailand als Kläger und der Europäischen Gemeinschaft als Beklagter vor einem WTO-Panel, hatte das Panel zu entscheiden, ob bestimmte EU-Maßnahmen zur Klassifizierung von Produkten mit Art. II GATT 1994 vereinbar sind. Dazu musste es Vorschriften aus einer EU-Verordnung über die Neuklassifizierung von bestimmten Produkten auslegen.

Bei der Auslegung berücksichtigte das Panel die *nachfolgende Praxis* der EU-Staaten. Das Panel stellte fest, dass es für eine Auslegung anhand der *nachfolgenden Praxis* i.S.v. Art. 31 Abs. 3 lit. b WVK genügt, wenn die Praxis aktiv nur von einer Partei vorgenommen wird und nachgewiesen werden kann, dass die übrigen Parteien diese Praxis stillschweigend akzeptiert haben.[928] Eine solche stillschweigende Zustimmung könne aus dem aktiven Verhalten oder aus einem Schweigen gefolgert werden. Im vorliegenden Fall hätten die EU-Staaten in

---

925 „(C)ompulsory jurisdiction, being a major obligation, must be based on the clearest manifestation of the State's intent to accept it (…). Nicaragua's thesis introduces intolerable uncertainty into the system ; and that that thesis entails the risk of consenting to compulsory jurisdiction through silence, with all the harmful consequences that would ensue.“ *IGH,* aaO., S. 411 f.

926 Das Bestehen einer Verbindlichkeit (also die Frage des „Ob“) erfordert in der Tat einen rechtsgeschäftlichen Konsens, also einen vertraglichen Bindungswillen, der mehr ist als ein (nicht authentischer) Auslegungskonsens, welcher nur die Frage des „Wie“ einer bestehenden Verpflichtung betrifft. Zum rechtsgeschäftlichen Konsens grundlegend: *Karl*, Vertrag und spätere Praxis im Völkerrecht, S. 144.

927 *WTO Panel Report*, European Communities-Customs Classification of Frozen Boneless Chicken Cuts, ¶ 7.255, WT/DS269/R (May 20, 2005).

928 *WTO Panel Report*, aaO., S. 83.

den Jahren 1996–2002 niemals der allgemeinen, konsistenten und einheitlichen Klassifizierungspraxis der EG widersprochen.[929]

Dieser *Panel*-Bericht wurde durch den WTO-*Appellate Body* überprüft.[930] Der *Appellate Body* spezifizierte die Anforderung an den Nachweis einer *acquiescence* in solchen Konstellationen, in denen die Praxis lediglich aktiv von einer Vertragspartei, wie vorliegend der EG, vorgenommen wird. Der *Appellate Body* stimmte der Ansicht des *Panels* dem Grunde nach zu. Demnach könne eine Zustimmung unter Umständen auch aus einem Schweigen oder einer fehlenden Reaktion hergeleitet werden, wenn die betreffende Partei Kenntnis von den relevanten Umständen hat. Allerdings sah er im konkreten Fall die Voraussetzungen einer *acquiescence* nicht als erfüllt an, da es hierzu noch der Erforschung weiterer Umstände bedurft hätte.[931]

cc) Das Vorliegen der Voraussetzungen von acquiescence bei den OAS-Staaten

Zu prüfen ist, ob durch das Schweigen der OAS-Staaten auf die Kommissionspraxis die Voraussetzungen einer *acquiescence* über die verbindliche Auslegung der Art. 3 lit. l, 17 OAS-Charta erfüllt sind.

---

929 *WTO Panel Report*, aaO., S. 83.

930 *Appellate Body Report*, European Communities–Customs Classification of Frozen Boneless Chicken Cuts, ¶ 273, WT/DS269/AB/R (Sept. 12, 2005).

931 „We agree with the Panel that, in general, agreement may be deduced from the affirmative reaction of a treaty party. However, we have misgivings about deducing, without further inquiry, agreement with a practice from a party's „lack of reaction". We do not exclude that, in specific situations, the „lack of reaction" or silence by a particular treaty party may, in the light of attendant circumstances, be understood as acceptance of the practice of other treaty parties. Such situations may occur when a party that has not engaged in a practice has become or has been made aware of the practice of other parties (for example, by means of notification or by virtue of participation in a forum where it is discussed), but does not react to it. However, we disagree with the Panel that „lack of protest" against one Member's classification practice by other WTO Members may be understood, on its own, as establishing agreement with that practice by those other Members. (…) In our view, this confirms that „lack of reaction" should not lightly, without further inquiry into attendant circumstances of a case, be read to imply agreement with an interpretation by treaty parties that have not themselves engaged in a particular practice followed by other parties in the application of the treaty. This is all the more so because the interpretation of a treaty provision on the basis of subsequent practice is binding on all parties to the treaty, including those that have not actually engaged in such practice." *Appellate Body Report*, aaO., Rn. 271 ff.

Die Frage, in welchen Fällen ein Schweigen der Staaten Rechtswirkungen erzeugt, kann, wie bereits oben festgestellt, nicht pauschal und allgemeingültig beantwortet werden. Dafür ist eine gesonderte Beurteilung für den Einzelfall anhand der konkreten Umstände vorzunehmen.[932]

Aus den theoretischen Vorüberlegungen zu den Voraussetzungen und Wirkungen der *acquiescence*[933] sowie aus den soeben dargestellten Beispielen der internationalen Praxis und der Literatur lassen sich einige essentielle Kriterien aufstellen, anhand derer im konkreten Fall beurteilt werden kann, ob die Voraussetzungen einer stillschweigenden Zustimmung der Staaten zu einer Rechtsänderung bzw. Rechtsgestaltung vorliegen. Demnach müssen folgende Voraussetzungen erfüllt sein:

Erstens müssen die Staaten tatsächliche Kenntnis der relevanten Praxis bzw. einer darin geäußerten Rechtsauffassung haben oder nach Treu und Glauben haben müssen.[934] Unerheblich ist, auf welche Weise der Staat Kenntnis erlangt. Kenntnis wird angenommen, wenn die Praxis offenkundig ist.[935]

Zweitens muss zumindest eine Gefährdung der eigenen Rechtsposition durch den fremden Rechtsanspruch vorliegen.[936]

Drittens muss der betreffende Staat die faktische und rechtliche Möglichkeit zum Protest gehabt haben. Nur dann kann nach Treu und Glauben ein aktiver Widerspruch verlangt werden.

Viertens muss die passive Haltung auch im Übrigen gegen Treu und Glauben verstoßen. Dies setzt voraus, dass eine Pflicht zum Reden bzw. aktiven Verhalten bestand.

Schließlich kommt fünftens das Zeitelement hinzu. Der betreffende Staat muss über einen längeren Zeitraum untätig bleiben. Das Zeitelement trägt zum einen dem Prinzip von Treu und Glauben und zum anderen den völkerrechtlichen Erfordernissen der Faktizität sowie der Dauerhaftigkeit und Stabilität der Rechtsbeziehungen Rechnung.[937]

---

932 Vgl. auch *Cot*, RGDIP 1966, S. 645.

933 Vgl. oben unter FÜNFTES KAPITEL ZWEITER TEIL B III 1 b aa).

934 Dies entspricht der überwiegenden Auffassung im völkerrechtlichen Schrifttum: vgl. etwa: *McGibbon*, BYIL 1954, S. 172.

935 Vgl. etwa IGH im britisch-norwegischen Fischerei-Fall, in dem der IGH auf die „notoriety of the facts" abstellt. *ICJ*, Anglo-Norwegian Fisheries Cases, ICJ Rep. 1951, 116, 139.

936 Vgl. etwa; *Müller/Cottier* in: Bernhardt, EPIL Bd I, S. 14 ff. Stichwort *acquiescence*.

937 Zur Bedeutung der Faktizität, Dauerhaftigkeit und Stabilität im Völkerrecht vgl.: *Zimmer*, Gewaltsame Territoriale Veränderungen und Ihre Völkerrechtliche Legitimation, S. 204.

(i) *Kenntnis oder treuwidrige Unkenntnis der Kommissionspraxis und der darin geäußerten Rechtsauffassung*

Die Kommission hat ihre Rechtsauffassung nicht nur in Individualbeschwerden, sondern auch in allgemeinen Länderberichten eindeutig und unmissverständlich kundgetan. Diese Auffassung ist somit fester Bestandteil der Kommissionspraxis bei der Anwendung der Amerikanischen Deklaration. Vorliegend ist davon auszugehen, dass sämtliche OAS-Staaten somit Kenntnis von der Praxis der Kommission haben, in der diese ihre Rechtsauffassung über die materielle Bindungswirkung der Amerikanischen Deklaration als *authentische Auslegung* der Art. 3 lit. l, 17 OAS-Charta äußert.

Problematisch ist allenfalls der Umstand, dass die Kommission ihre Auffassung von der Bindungswirkung der Deklaration ausführlich nur in Individualbeschwerden gegen die USA erläutert. Dies ist darauf zurückzuführen, dass die USA der Kommissionsauffassung in ihren Stellungnahmen ausdrücklich widersprechen und die Kommission dies zum Anlass nimmt, ihre Position näher zu begründen. Bei Fällen gegen die übrigen OAS-Staaten hingegen begnügt sich die Kommission in der Regel mit der standardmäßigen Formulierung, dass die Amerikanische Deklaration über die OAS-Charta *„eine Quelle völkerrechtlicher Pflichten"* für die Amerikanischen Staaten darstellt.[938]

Die Individualbeschwerdeverfahren und die Verfahren bei der Erstellung von Länderberichten betreffen lediglich den Staat, gegen den das Verfahren geführt wird, und begründen lediglich ein *inter-partes* wirkendes Rechtsverhältnis. Von den übrigen, nicht beteiligten Staaten kann daher grundsätzlich nicht erwartet werden, dass sie Kenntnis über alle Einzelheiten der geäußerten Rechtsansichten der Verfahrensbeteiligten haben.

Allerdings betrifft die darin geäußerte Rechtsansicht der Kommission nicht die Auslegung eines Menschenrechts in einem konkreten Fall, sondern die Bindungswirkung der Amerikanischen Deklaration generell über den konkreten Fall hinaus. Es handelt sich bei der von der Kommission geäußerten Rechtsansicht um ein *obiter dictum* der Kommission.

Diese Rechtsauffassung von der Bindungswirkung der Deklaration ist hinreichend publik im Inter-Amerikanischen System. Zum einen nehmen die anderen inter-amerikanischen Organe, vor allem die *Generalversammlung* in Resolutionen und der Inter-Amerikanische Gerichtshof für Menschenrechte in seinen Gutachten regelmäßig Bezug auf die Rechtsauffassung der Kommission. Zum anderen werden die Berichte der Kommission im Jahresbericht der

938 Vgl. die Ausführungen unter FÜNFTES KAPITEL ERSTER TEIL, A II 2 a) bb).

Generalversammlung veröffentlich und damit für alle OAS-Staaten einsehbar. Dadurch wird die Publizität der Kommissionspraxis deutlich erhöht.

Vor diesem Hintergrund reicht die knappe Feststellung der Kommission über die Bindungswirkung der Deklaration in den Verfahren gegen die Mehrheit der OAS-Staaten aus, um Kenntnis dieser Staaten zu begründen. Auch gegenüber diesen Staaten wird deutlich, dass die Kommission die Deklaration über ihre rein verfahrensmäßige Bedeutung hinaus auch als materiell verbindlich ansieht.

(ii) Gefährdung der Rechtsposition der OAS-Staaten

Durch die Praxis der Kommission wird die Rechtsstellung der OAS-Staaten gefährdet. Die oben dargstellten Beispiele aus der internationalen Praxis belegen, dass diese Voraussetzung sehr weit verstanden wird. Demnach genügt es, wenn ein bestimmter Rechtszustand durch das Verhalten einer Vertragspartei oder eines vertraglich eingesetzten Organs zumindest in Frage gestellt wird.

Vorliegend besteht keine unmittelbare Gefährdung der Rechtsposition der OAS-Staaten, da die Akte und Aussprüche der Kommission mangels Kompetenz zur verbindlichen Auslegung der menschenrechtlichen Pflichten der OAS-Charta und der Deklaration rechtlich unverbindlich sind. Allerdings liegt eine potenzielle mittelbare Gefährdung der Rechtsposition der OAS-Staaten vor, da sowohl der Inhalt als auch die Art der menschenrechtlichen Verpflichtungen aus Art. 3 lit. l, 17 der OAS-Charta durch den suggerierten Rechtsstandpunkt der Kommission zumindest in Frage gestellt werden.

In der Völkerrechtsliteratur ist noch weitgehend ungeklärt, ob auch die bloße Äußerung von Rechtsstandpunkten einen *estoppel*- oder *acquiescence*-begründenden Tatbestand erzeugen kann.[939] Bejaht man dies, so kann eine bloße Rechtsäußerung mittels *acquiescence* eine Rechtsgestaltung herbeiführen, indem

939 Die Literatur erwähnt im Zusammenhang mit *estoppel* lediglich ein *statement of fact*, nicht ein *statement of law*, vgl. etwa: *Bowett*, BYIL 1957, S. 201: „The rule of estoppel operates so as to preclude a party from denying the truth of a statement of fact made previously by that party to another whereby that other has acted to his detriment or the party making the statement has secured some benefit: as such the rule has been accepted by international tribunals." McGibbon, ICLQ 1958, S. 512 hingegen spricht von einer „factual or legal situation": „What appears to be the common denominator of the various aspects of estoppel which have been discussed, is the requirement that a State ought to maintain towards a given factual or legal situation an attitude consistent with that which it was known to have adopted with regard to the same circumstances on previous occasions." Vgl. dazu auch: *Karl*, Vertrag und spätere Praxis, S. 390.

ein Staat das Bestehen einer Verpflichtung schlicht behauptet und der andere Staat daran durch sein qualifiziertes Stillschweigen zu seinem Nachteil gebunden wird.

Gegen die Annahme des Eintritts einer Rechtsgestaltung aufgrund der schlichten Äußerung einer Rechtsauffassung spricht, dass *acquiescence* und *estoppel* auf dem völkerrechtlichen Grundsatz des Vertrauensschutzes basieren. Vertrauensschutz wird jedoch nur im Hinblick auf konkrete Sachlagen gewährt.[940] Das Völkerrecht schützt nicht die bloße Erwartung, dass ein Staat an einer einseitig in abstrakter Weise bekundeten Rechtsauffassung künftig festhält.[941] Erforderlich ist das Vorliegen eines tatsächlichen Verhaltens im Hinblick auf eine bestimmte Sach- oder Rechtslage.

Diese Voraussetzung ist im vorliegenden Fall zu bejahen. Die Rechtsauffassung der Kommission wird nicht nur in abstrakter und allgemeiner Weise geäußert, sondern von ihrer tatsächlichen Praxis bei der Prüfung von konkreten Individualbeschwerdeverfahren und bei der Anfertigung von Länderberichten begleitet. Hinzu kommt der Umstand, dass die Äußerungen der Kommission im Rahmen der Individualbeschwerden und der Länderberichte in Form eines über den konkret zu entscheidenden Fall hinaus reichenden *obiter dictum* über die eigentlichen Befugnisse der Kommission zur Entscheidung des konkreten Sachverhalts hinausgehen. Im Rahmen ihrer Kompetenzen zur Behandlung von Individualbeschwerdeverfahren gemäß Art. 20 lit. b Statut (1979) und zur Anfertigung von allgemeinen Länderberichten gemäß Art. 18 lit. b Statut (1979) ist die Kommission lediglich dazu befugt, die Amerikanische Deklaration als verfahrensmäßigen Prüfungsmaßstab für die Beurteilung des menschenrechtlichen Verhaltens der OAS-Staaten zu verwenden. Indem die Kommission zusätzlich eine materielle Bindung der Staaten an die Deklaration über die OAS-Charta betont, äußert sie eine Rechtsauffassung, die über ihre Kompetenzen aus dem Kommissionsstatut hinausgehen. Damit greift die Kommission der souveränen Entscheidung der OAS-Staaten über die Auslegung ihrer vertraglichen Pflichten vor.

(iii) Möglichkeit zum Widerspruch

Die OAS-Staaten besaßen die faktische und rechtliche Möglichkeit zum Protest im Hinblick auf die von der Kommission geäußerte Rechtsansicht. Vorliegend sind keinerlei Hinderungsgründe ersichtlich.[942]

---

940 Vgl. *Müller*, Vertrauensschutz im Völkerrecht, S. 88 ff. m.w.N.

941 Vgl. etwa: *D'Amato*, CanYBIL 1970, S. 115; Vgl. dazu die Diskussionen um die Bindungswirkung einseitiger Akte.

942 Etwas anderes gilt im Hinblick auf die Situation Kubas. Vgl. dazu die Ausführungen nachfolgend unter B III 3.

(iv) Verstoß gegen Treu und Glauben durch das Schweigen / Pflicht zum Reden

Um aus dem Schweigen der Staaten nach dem Grundsatz von Treu und Glauben auf eine stillschweigende Zustimmung zu schließen, muss die gesamte rechtliche und tatsächliche Situation der Staaten im OAS-System berücksichtigt werden. Ein Schweigen ist dann als Verstoß gegen Treu und Glauben zu werten, wenn ein völkerrechtliches Gebot besteht, das die Staaten in der konkreten Situation zum Reden bzw. zum Widerspruch verpflichtet.[943]

Ein Gebot zum aktiven Widerspruch auf die Kommissionspraxis ist vorliegend zu bejahen. Ein solches Gebot folgt aus der Gesamtbetrachtung der Struktur und des Inhalts des Inter-Amerikanischen Menschenrechtssystems. Im Einzelnen ergibt sich dies aus folgenden rechtlichen Erwägungen:

Wie bereits im DRITTEN KAPITEL festgestellt, enthalten die Art. 3 lit. l, 17 OAS-Charta nicht nur ein aktuell verpflichtendes Gebot, den gegenwärtig erreichten Menschenrechtsstandard aufrechtzuerhalten, sondern auch eine abstrakt-progressive Verpflichtung. Danach sind die Staaten verpflichtet, den inter-amerikanischen Menschenrechtsschutz künftig schrittweise auszubauen und zu verwirklichen. In Art. 3 lit. l, 17 OAS-Charta ist sowohl auf der Tatbestandsseite (im Hinblick auf den Begriff der Menschenrechte) als auch auf der Rechtsfolgenseite (schrittweise Verwirklichung des Menschenrechtsschutzes) ein Entwicklungsprogramm angelegt. Darüber hinaus ist in diesen Normen auch eine objektiv-rechtliche Dimension enthalten: Menschenrechtsschutz gehört zum Kernbestand eines inter-amerikanischen *ordre public* und steht im Gesamtinteresse aller Amerikanischen Staaten.

Aus dem objektiv-rechtlichen Aspekt der Art. 3 lit. l, 17 OAS-Charta sowie aus der abstrakt-progressiven Fortentwicklungspflicht ergeben sich Konsequenzen für die Auslegung der menschenrechtlichen Normen der OAS-Charta: Durch die Festlegung eines derartigen Gehalts in diesen Normen haben die Parteien zu erkennen gegeben, dass sie ein Stück weit ihre Kontrolle über die genaue Festlegung des Tatbestands und der Rechtsfolgen der Art. 3 lit. l, 17 OAS-Charta zugunsten künftiger Entwicklungen aus der Hand geben. Dementsprechend wird die strenge Anwendung des Konsensprinzips bei der Auslegung dieser Normen anhand der *nachfolgenden Praxis* modifiziert bzw. eingeschränkt.

Dass derartige Normen, die ein Allgemeininteresse enthalten und Schutzwirkung zugunster Dritter entfalten, bei der Vertragsauslegung Wirkungen in Bezug auf die Berücksichtigung des Konsensprinzips entfalten, wird durch die

---

943 Vgl. zu dieser Voraussetzung: *Pfluger*, Die einseitigen Rechtsgeschäfte im Völkerrecht, S. 199.

internationale Praxis bei der Auslegung und Anwendung von Verträgen zum Schutz der Menschenrechte bestätigt. So sind beispielsweise Vorbehalte zu Menschenrechtsverträgen nur eingeschränkt zulässig.[944] Auch über die Suspendierung und Beendigung eines Menschenrechtsvertrages kann ein Staat, wie Art. 60 Abs. 5 WVK zeigt, nicht mehr vollständig frei nach seinem Willen verfügen.

Schließlich wird vorgebracht, dass Verpflichtungen aus Menschenrechtsverträgen nicht restriktiv nach dem Grundsatz in *dubio mitius*, sondern möglichst effektiv auszulegen sind.[945] So versteht der EGMR die EMRK als „*living instrument*" und betont in ständiger Rechtsprechung, dass die EMRK-Rechte nicht nur „illusorisch und theoretisch", sondern „praktisch und effektiv" auszulegen sind.[946]

Für die Auslegung der Art. 3 lit. l, 17 OAS-Charta bedeutet dies folgendes: In diesen Normen haben sich die Staaten zu Menschenrechten als objektives Leitprinzip des OAS-Systems bekannt. Das Besondere an diesen Vorschriften ist, dass sie im Unterschied zu rein reziproken Rechtsbeziehungen keinen direkten Vorteil für die Vertragsparteien begründen. Der versprochene Vorteil ist vielmehr allgemeiner, objektiver Natur. Die OAS-Staaten versprechen sich gemeinsam, ein bestimmtes Ziel zu verfolgen. Jede Partei hat daher ein berechtigtes Interesse, die Vertragserfüllung von den anderen Parteien zu verlangen. Dies bewirkt, dass die Verfügungsfreiheit einzelner Staaten über die ojektive Ordnung beschränkt ist.

Diese Normen erzeugen somit allgemeine Verhaltensstandards in Bezug auf die Erreichung eines gemeinsamen, objektiven Ziels. Verbunden mit der progressiven Entwicklungspflicht haben die Staaten durch antizipierten Konsens der OAS-Charta eine gewisse Entwicklung vorprogrammiert, die weniger strenge Anforderung an die Betätigung des Konsenses im Einzelfall nach sich zieht. Als objektives Ordnungsprinzip haben die Art. 3 lit. l und 17 mithin eine Steuerungs- und Maßstabsfunktion, die sich auf die Auslegung durch die nachfolgende Organisationspraxis auswirkt. Die Staaten können demnach aufgrund ihres Schweigens an bestimmte nachfolgende Entwicklungen in der Vertragsanwendung gebunden werden. Zu den nachfolgenden Entwicklungen gehört auch die Vertragsanwendung durch die satzungmäßig geschaffenen und mit bestimmten Aufgaben betrauten Organe. Art. 3 lit. l, 17 OAS-Charta begründen daher eine „Wachsamkeitspflicht" im Hinblick auf die Berücksichtigung nachfolgender

944 *Dahm/Delbrück/Wolfrum*, Völkerrecht 1/3, S. 570 m.w.N.

945 *Feichtner*, Stichwort: community interest, MPEPIL online resource, 2012, Rn. 49.

946 Vgl. etwa: *EGMR*, Loizidou (Prel. Objections), Urteil vom 23.3.195, Große Kammer, Serie A 310, § 71; *EGMR*, Soering, Urteil vom 7.7.1989, Große Kammer, Serie A 161, § 102; *EGMR*, Öcalan, Urteil vom 12.3.2003, Nr. 46221/99, § 153.

Entwicklungen in der Vertragsanwendung. Daraus folgt die Pflicht, der Praxis der Kommission, die ein wesentlicher Teil dieses Entwicklungsprozesses ist, zu widersprechen, wollen die Staaten nicht automatisch aufgrund ihres antizipierten Konsenses mit der Vertragsentwicklung weitergetragen bzw. an sie gebunden werden.

Verstärkt wird die Pflicht zum aktiven Widerspruch dadurch, dass die Staaten mit der Proklamation der Amerikanischen Deklaration selbst einen *Rechtsschein* gesetzt haben. Wie bereits im DRITTEN KAPITEL festgestellt, ist die Amerikanische Deklaration nach dem subjektiv-historischen Willen der Staaten als *soft law* und *Rechtserkenntnisquelle* zu qualifizieren.[947] Daraus folgt jedenfalls eine (widerlegbare) Vermutung, dass die Amerikanische Deklaration sich zukünftig in rechtlich verpflichtende Normen entwickeln wird. Behauptet nun ein vertraglich eingesetztes Organ, wie die Inter-Amerikanische Kommission, deren Hauptaufgabe gerade die Anwendung der Deklaration ist, dass sich diese zu inter-amerikanischem *hard law* entwickelt hat, so ist von den OAS-Staaten billigerweise zu erwarten, dass sie dieser Ansicht widersprechen.

Der IGH hat im *Certain Expenses*-Gutachten zwar vor einer Ausuferung der teleologischen Auslegung gewarnt, gleichzeitig aber festgestellt, dass eine Vermutung für die Rechtmäßigkeit eines Organverhaltens besteht, wenn dieses sich im Rahmen der vorgebenen Vertragsziele bewegt.[948]

Zu den Hauptzielen der OAS gehört der Menschenrechtsschutz. Damit ist hauptsächlich die Inter-Amerikanische Kommission beauftragt. Diese besitzt im Rahmen der OAS-Satzung einen sehr weit gefassten Tätigkeitsbereich, zu dem auch eine zukunftsgerichtete, die Entwicklung des Menschenrechtsschutzes fördernde und beschleunigende Funktion gehört. Die Aussprüche der Kommission besitzen ein hohes Maß an *Autorität* und müssen von den Staaten zumindest nach Treu und Glauben zur Kenntnis genommen werden.

---

947 Vgl. DRITTES KAPITEL, B.

948 „The primary place ascribed to international peace and security is natural, since the fulfilment of the other purposes will be dependent upon the attainment of that basic condition. These purposes are broad indeed, but neither they nor the powers conferred to effectuate them are unlimited. Save as they have entrusted the Organization with the attainment of these common ends, the Member States retain their freedom of action. But when the Organization takes action which warrants the assertion that it was appropriate for the fulfilment of one of the stated purposes (…), the presumption is that such action is not ultra vires the Organization." *IGH*, Certain expenses of the United Nations (Article 17, paragraph 2, of the Charter), Advisory Opinion, ICJ Rep. 1962, 151, S. 168.

Hinzu kommt, dass die Staaten auch durch ihre *nachfolgende Praxis* einen *Rechtsschein*, mithin eine Vermutung, dass die Amerikanische Deklaration rechtlich bindend ist, erzeugt haben, die entkräftet werden muss. Eine Analyse der nationalen und internationen Praxis der Staaten[949] ergibt, dass die Staaten die Deklaration nicht als als bloß rechtlich unverbindliches Instrument, dem jegliche Bindungswirkung fehlt, ansehen.

Eine Pflicht zum aktiven Widerspruch ergibt sich auch aus dem Grundsatz der *Organisationstreue*. Dieser Grundsatz wird vor allem in nationalstaatlichen föderalen Verbänden (Bundesstaaten) herangezogen, um das Bestehen von sogenannten Loyalitätspflichten der einzelnen Verbände zu erklären.[950] Jeder Verband hat die Pflicht, auf die Interessen des anderen Rücksicht zu nehmen, sich also *treu* und *loyal* zu verhalten.[951]

Auch auf völkerrechtlicher Ebene, innerhalb der Rechtsbeziehungen einer Internationalen Organisation, existieren derartige ungeschriebene Verhaltenspflichten. So existiert eine Internationale Organisation auf Grundlage eines Geflechts von Verhaltensregeln und Kompetenznormen, die die Wesenszüge und die Funktionsfähigkeit der Organisation bestimmen. Die Rechtsverhältnisse aller Akteure, mithin der Staaten und der Organe, sind eingebettet in ungeschriebene, ergänzende Pflichten, die die Wirksamkeit dieser Regeln sichern und Konflikte auflösen sollen, die aus der Tätigkeit verschiedener Akteure entstehen. Derartige Pflichten werden durch das *Loyalitätsprinzip* bzw. den Grundsatz der *Organisationstreue* generiert. Die daraus entstehenden Verpflichtungen sind umso stärker ausgeprägt, je höher der Grad der Eigenständigkeit der Organisation ist. So hat die Treuepflicht etwa als Grundsatz der „Unionstreue" eine besonders starke Ausprägung im EU-Recht erfahren.[952] Der EuGH leitet die Geltung dieses Grundsatzes für das EU-Recht aus dem Wesen der Gemeinschaft ab. Die Solidaritätspflicht ergibt sich nach Ansicht des EuGH „aus dem Beitritt zur Gemeinschaft", d.h. aus der „Zugehörigkeit" zu ihr.[953]

949 Die Praxis wurde im FÜNFTEN KAPITEL ERSTER TEIL E dargestellt.

950 Vgl. dazu: *Unruh*, EuR 2002, 41.

951 Vgl. etwa den in Deutschland geltenden Grundsatz der Bundes- oder Ländertreue.

952 So hat der EuGH bereits Art. 10 EGV (a.F.) als zentrale Ausprägung als Ausprägung des allgemeinen Grundsatzes, „dass den *Mitgliedsstaat*en und den Gemeinschaftsorganen gegenseitige Pflichten zur loyalen Zusammenarbeit obliegen", betrachtet. Vgl. *EuGH*, Rs. 230/81, Slg. 1983, 255 ff, Rn. 13 (Luxemburg/Parlament). Der EuGH hat dieses Prinzip auch auf den intergouvernementalen Bereich ausgedehnt. Es ist nunmehr in Art. 4 Abs. 3 EUV kodifiziert.

953 *EuGH*, Rs. 39/72, Slg. 1973, 101 ff, Rn. 25 (Kommission/Italien).

Dieses Prinzip gestaltet die Beziehungen zwischen den Organen und den Mitgliedsstaaten. Es kann sowohl „Einheit stiftend“ als auch „Vielfalt schützend“ wirken.[954] Es schützt also die Integrität des Vertrages vor einer nachträglichen Infragestellung durch einzelne Mitgliedsstaaten.[955] Als „Hilfsprinzip“ kann es zwar keine positiven Pflichten konstitutiv begründen, allerdings kann es herangezogen werden, um zu begründen, warum ein Schweigen auf ein Organhandeln im Einzelfall rechtsgestaltend wirkt.

Auch in der OAS-Charta hat die Treuepflicht eine normative Ausprägung erhalten. So wird bereits aus Art. 1 OAS-Charta unter der Überschrift „*nature and purposes*“ der Gründungszweck der OAS deutlich, der darin besteht, eine Ordnung des Friedens und der Gerechtigkeit, der Solidarität und der Verstärkung der Zusammenarbeit zu schaffen.

Besonders deutlich spricht Art. 3 OAS-Charta von Treue und Loyalität, indem es in lit. b heißt, dass die internationale Ordnung im Wesentlichen aus dem Respekt der Persönlichkeit, der Souveränität und Unabhängigkeit der Staaten und der treuen Erfüllung der internationalen Verpflichtungen besteht.

Art. 3 lit. c OAS-Charta erwähnt ausdrücklich die Geltung des Grundsatzes von Treu und Glauben in den internationalen Beziehungen der Staaten, wozu auch die Beziehungen der Staaten zu der von ihnen gegründeten OAS gehören.

Auch Art. 3 lit. d, der von der „*solidarity of the American States*“ spricht, Art. 3 lit. e („*the American States shall cooperate fully among themselves*“) und Art. 30 OAS-Charta (*“The Member States, inspired by the principles of inter-American solidarity”)* sind als Ausprägungen der allgemeinen Loyalitätspflicht zu verstehen.

Demnach gilt auch in den Rechtsbeziehungen innerhalb der OAS der Grundsatz der Organisationstreue. Die OAS-Charta begründet insgesamt ein besonderes Vertrauensverhältnis zwischen den Parteien und den Organen, da die Organisation als Ganzes nur funktioniert, wenn sich die einzelnen Akteure nach dem Grundsatz von Treu und Glauben verhalten. Dazu gehört auch, dass die Staaten sich gegenseitig und in Bezug auf ihre Gesamtheit (*erga omnes*) besondere Aufmerksamkeits- bzw. Wachsamkeitspflichten im Hinblick auf die Veränderungen und Etwicklungen der Vertragspraxis schulden.

---

954 *v. Bogdandy* in: von Bogdandy/Bast: Europäisches Verfassungsrecht, S. 54.
955 *v. Bogdandy*, aaO., S. 55.

(v) Zeitelement

Wie gezeigt, hat die Kommission seit Beginn der 1980er-Jahre ihre Auffassung von der Verbindlichkeit der Deklaration wiederkehrend und konsistent zum Ausdruck gebracht.[956] Das Schweigen der Staaten darauf lässt sich somit auf einen hinreichend langen Zeitraum zurückführen.[957]

dd) Ergebnis

Die Tätigkeit der Kommission, die in ihrer Praxis die Rechtsauffassung äußert, dass die Amerikanische Deklaration als Konkretisierung der menschenrechtlichen Verpflichtungen aus Art. 3 lit l, 17 OAS für alle OAS-Staaten materiellrechtlich verbindlich ist, erzeugt einen *acquiescence*-begründenden Tatbestand. Unter Berücksichtigung der konkreten rechtlichen und tatsächlichen Umstände besteht eine Pflicht der OAS-Staaten zu aktivem Widerspruch. Das Schweigen der Staaten ist mithin als Zustimmung zu werten.

Das Schweigen impliziert den Rechtsbindungswillen der Staaten für eine authentische Interpretation der Art. 3 lit. l, 17 OAS-Charta. Nach dem Willen der Staaten sind diese Vorschriften so zu verstehen, dass erstens unter dem Begriff der Menschenrechte alle Menschenrechte aus der Amerikanischen Deklaration gemeint sind. Zweitens folgt aus diesen Vorschriften eine materielle Rechtspflicht, diese Rechte nicht zu verletzen. Eine Verletzung eines der Menschenrechte aus der Amerikanischen Deklaration ist mithin als Verletzung der Art. 3 lit. l, 17 OAS-Charta zu werten. Insofern hat die Amerikanische Deklaration als authentische Auslegung der OAS-Charta insgesamt rechtliche Verbindlichkeit erlangt.

2. Die USA

Die USA unterscheiden sich von den übrigen OAS-Staaten dadurch, dass sie im Hinblick auf die Kommissionspraxis nicht schweigen. Vielmehr widersprechen

---

956 Vgl. die Darstellung der Kommissionspraxis im FÜNFTEN KAPITEL, ERSTER TEIL, A.

957 Als Vergleichsmaßstab kann die Zeitspanne für das Entstehen einer völkergewohnheitsrechtlichen Norm herangezogen werden. Die nötige Zeitspanne hängt dabei von den Umständen des Einzelfalles ab. Vgl. Verdross/Simma, Universelles Völkerrecht, § 566. Bei einer Zeitspanne von mehr als 20 Jahren dürfte die Dauerhaftigkeit in der Regel bejaht werden. Der IGH hat im Nordseefestlandsockel-Fall festgestellt, dass unter Umständen sogar eine relativ kurze Zeitspanne ausreicht. Vgl. *IGH*, North Sea Continental Shelf, Judgement, ICJ Rep. 1969, 3, S. 43.

sie der Kommission bei allen Gelegenheiten, bei denen die USA mit der Rechtsansicht der Kommission konfrontiert werden. So haben die USA im Rahmen aller sie betreffender Individualbeschwerdeverfahren sowie aller Länderberichte stets die Ansicht geäußert, dass die Inter-Amerikanische Kommission zwar dazu rechtlich befugt sei, die Deklaration als Maßstab für die Prüfung des Verhaltens der Staaten im Rahmen ihrer Kompetenzen aus dem Statut anzuwenden. Allerdings sei die Amerikanische Deklaration materiell ein rechtlich unverbindliches Dokument, das lediglich politische oder moralische Verpflichtungen begründe.[958]

Im Bereich des Völkergewohnheitsrechts wird ein Staat, der einer allgemeinen, von einer Rechtsüberzeugung getragenen Praxis der Staatengemeinschaft stetig und konsistent bei jeder sich bietenden Gelegenheit widerspricht, als *persistent objector* bezeichnet.[959] Dadurch kann sich der widerspenstige und protestierende Staat einer Bindung durch die neu entstande Regel des Völkergewohnheitsrechts entziehen.

Das Konzept des *persistent objectors* kann sinngemäß auf eine Situation wie der vorliegenden, bei der es um die Auslegung einer Vertragsnorm innerhalb eines Vertragsregimes geht, übertragen werden. Der Protest der USA dient der Wahrung ihrer Rechtsposition bei der evolutiven Auslegung der Art. 3 lit. l, 17 OAS-Charta anhand der *nachfolgenden Praxis*. Diese Rechtsverwahrung verhindert, dass aus einem Verhalten rechtliche Schlüsse über die faktische oder rechtliche Lage gezogen werden dürfen. Aufgrund ihres ständigen und beharrlichen Widerspruchs im Einzelfall wird die USA im Unterschied zu den übrigen, auf die Kommissionspraxis schweigenden, OAS-Staaten, nicht durch nachfolgende Entwicklungen in der Organsisationspraxis automatisch mitgetragen.

Dieses Ergebnis ist Folge der Anwendung des Konsensprinzips. Unter der Herrschaft des Konsensprinzips kann ein Staat nicht gegen seinen ausdrücklich erklärten Willen verpflichtet werden. Ein gegenteiliger Schluss würde ansonsten zu einer vollständigen Aushöhlung des Konsensprinzips führen. Ein Staat wäre demnach ein und für alle mal an ein einmal gesetztes Verhalten gebunden. Er würde die Kontrolle über nachfolgende tatsächliche und rechtliche Entwicklungen vollständig verlieren. Daher kann die Praxis der Inter-Amerikanischen Kommission für einen ausdrücklich widersprechenden Staat niemals rechtliche Wirkungen entfalten.

958 Zu den Argumenten der USA vgl. die Darstellung im FÜNFTEN KAPITEL, ERSTER TEIL A II 2 a) aa).

959 Statt vieler: *von Arnauld*, Völkerrecht. S. 100 ff. m.w.N.

Der Grad des erforderlichen Widerspruchs hängt dabei von dem Grad der Organpraxis selbst ab.[960] Je dauerhafter und konsistenter die Organpraxis ist, desto eindringlicher muss der Widerspruch sein. Wie gezeigt, hat sich die Praxis der Kommission seit Beginn der 1980er-Jahre verfestigt, sodass von einer „ständigen Kommissionspraxis" gesprochen werden kann. Im Hinblick darauf ist der Widerspruch der USA jedoch als ausreichend zur Wahrung ihrer Rechte zu bewerten. Die USA protestieren konsequent und beharrlich bei jedem Anlass. Dadurch wahren die USA ihre Rechte jedes Mal aufs Neue und bekräftigen ihren Rechtsstandpunkt vor der inter-amerikanischen Staatengemeinschaft. Dieser Protest wird durch das Gesamtverhalten der USA unterstützt, die vor allem in ihrer innerstaatlichen Praxis zu erkennen geben, dass sie der Amerikanischen Deklaration und den menschenrechtlichen Vorschriften der OAS-Charta keine völkerrechtliche Verbindlichkeit beimessen.

Der Einheitlichkeit, Konsistenz und Dauerhaftigkeit des Protests der USA steht nicht entgegen, dass die Resolutionen der OAS-*Generalversammlung*, die mit Zustimmung der USA verabschiedet wurden, die jährlichen Kommissionsberichte annehmen und die Staaten darüber hinaus zur Befolgung der Empfehlungen der Kommission und ihrer „international commitments" aus der Amerikanischen Deklaration anhalten.[961]

Zum einen fehlt es derartigen Resolutionen der *Generalversammlung* bereits an einem über die bloße Kenntnisnahme des Berichts hinausgehenden Erklärungswert. Durch die Annahme der Kommissionsberichte bestätigt die *Generalversammlung* lediglich die Kenntnisnahme des Berichts der Kommission, ohne sich aber den Inhalt, insbesondere die darin vertretene Rechtsauffassung, zu eigen zu machen.

Darüber hinaus ist auch zu beachten, dass die Resolutionen der *Generalversammlung* rechtlich unverbindlich sind. Zwar kann die Abstimmung selbst als rein faktisches Verhalten ein *estoppel* begründen. Allerdings greift der Einwand des inkonsistenten Verhaltens dann nicht, wenn diesem Verhalten, wie den Resolutionen der *Generalversammlung* ausdrücklich keine Rechtswirkungen beigemessen werden.[962]

Zudem haben die USA geäußert, dass ihr positives Votum innerhalb der *Generalversammlung* lediglich bedeutet, dass die OAS-Staaten dazu aufgefordert

---

960 Zu den Anforderungen an den Protest: *Colson*, WashLR 1968, S. 957 ff.; *Stein*, Harv. Int'l.L.J. 1985, S. 457.

961 Zur Praxis der OAS-Generalversammlung vgl. die Darstellung im FÜNFTEN KAPITEL, ERSTER TEIL B.

962 So auch: *Doehring*, Völkerrecht, S 137.

werden, ihre moralischen und politischen Pflichten aus der Amerikanischen Deklaration zu respektieren.[963]

Auch die Tatsache, dass einige Resolutionen der *Generalversammlung* in Bezug auf die Amerikanische Deklaration von „*international commitments*“ sprechen, ändert daran nichts. Mangels näherer Hinweise bleibt aus dem Wortlaut dieser Resolutionen unklar, ob die *Generalversammlung* mit diesem Ausdruck das Bestehen echter völkerrechtlicher Verpflichtungen oder nur moralischer Verpflichtungen meint.[964] Nur wenn der Wortlaut einer Resolution so gefasst ist, dass der Text sich als eine Aussage über völkerrechtliche Rechte oder Pflichten der Staaten darbietet, besteht überhaupt Grund, einen echten normativen Willen der Staaten darin zu sehen. Ist hingegen der Text im operativen Teil in flexible Wendungen und vage Feststellungen eingekleidet, die einem strengen Rechtsbefehl nicht angemessen wären, so ist davon auszugehen, dass der Rechtswert des Textes nicht über den einer unverbindlichen (politischen) Stellungnahme hinaus gehen kann.[965]

In der Völkerrechtsliteratur wird teilweise die Ansicht vertreten, dass der Protest seine Wirkung verlieren und eine Bindung auch gegenüber dem *persistent objector* eintreten kann, wenn sich die Praxis der übrigen Staaten so sehr verfestigt hat, dass der protestierende Staat mit seiner Position völlig isoliert dasteht.[966]

---

963 „We do not believe that it constitutes intervention in the domestic affairs of a State to remind a State of the moral and political obligations it undertook in adopting resolutions such as the American Declaration ort he Statute of the Commission. When the United States votes in the OAS General Assembly to adopt the report of the Commission, the United States is, in effect, demanding that the States involved respect their moral and political obligations undertaken in the Organization to respect the human rights of their citizens. But merely because there is no judicial enforcement available, merely because the Commission gives moral, educational, investigatory, and, in effect, hortatory – in other words, it recommends thing.“ Stellungnahme des Vertreters der USA, lic. Kovar, auf der mündlichen Verhandlung vom 20.7.1988 (unveröffentlicht; Dokument zur Verfügung gestellt vom Inter-Amerikanischen Gerichtshofs für Menschenrechte, Costa Rica) zum Gutachten des Inter-Amerikanischen Gerichtshofs: *Inter-American Court of Human Rights,* Interpretation of the American Declaration of the Rights and Duties of Man within the Framework of Article 64 of the American Convention on Human Rights. Advisory Opinion OC-10/89, 14.7.1989, Series A No. 10.

964 Zum Begriff „commitment“ vgl. die Ausführungen im VIERTEN KAPITEL, C VI 2 b, Fn. 600.

965 *Tomuschat*, ZaöRV 1976, S. 460.

966 So: *Puttler*, Völkergewohnheitsrecht, S. 1051. In diese Richtung auch: *Doehring*, Völkerrecht, S. 129. Ebenso: *Tomuschat*, RdC 1993, S. 306: „(L)egal isolationism must therefore be deemed excluded“.

Dahinter verbirgt sich die Vorstellung eines Wertekonstitutionalismus im Völkerrecht, bei dem das Konsensprinzip hinter Gemeinschaftswerten vollständig zurücktreten muss. Diese Ansicht ist abzulehnen, da sie das im Völkergewohnheitsrecht verankerte Prinzip des Allgemeinkonses, wonach die allgemeine Zustimmung eines breiten Staatenkreises für die Bildung von Völkergewohnheitsrecht ausreicht, systemwidrig auf das Vertragsrecht anwendet. Im Vertragsrecht hingegen reicht eine bloß allgemeine Zustimmung nicht aus; erforderlich ist die Zustimmung sämtlicher Vertragsparteien. Als Ausfluss seiner Souveränität muss ein Staat stets die Möglichkeit haben, die Bindung an sich entwickelnde neue Regeln für sich auszuschließen; es muss ihm immer die Option eines *opting-out* verbleiben.

Zudem zeigt die internationale Staatenpraxis, dass die Staaten im Bereich der völkerrechtlichen Menschenrechte unterschiedliche Vorstellungen und Rechtsauffassungen haben, die sich vor allem auch aufgrund der kulturellen Unterschiede der Staaten ergeben. Allgemein akzeptiert ist lediglich die Bindung an einige wenige Menschenrechte mit *ius cogens*-Charakter. Eine Bindung des *persistent objectors* ist daher lediglich bei solchen Menschenrechten mit *ius cogens*-Charakter zu bejahen.

Im Hinblick auf den für die USA geltenden Inhalt der Art. 3 lit. l, 17 OAS-Charta bedeutet dies Folgendes: Der Widerspruch der USA hindert nicht die Bindung über Art. 3 lit. l, 17 OAS-Charta an diejenigen Rechte aus der Amerikanischen Deklaration, die als (regionales) *ius cogens*[967] zu qualifizieren sind. Die Frage, welche Rechte dazu zählen, ist nicht Untersuchungsgegenstand dieser Arbeit. Nach Ansicht der Inter-Amerikanischen Kommission zählt dazu jedenfalls das Verbot der Todestrafe an unter 18-Jährigen als Inhalt des Art. I der Deklaration.[968] Die Kommission und der Inter-Amerikanische Gerichtshof haben darüber hinaus auch das Verbot der Folter sowie der grausamen und

967 Die Frage, ob *regionales ius cogens* existiert, wird in der Völkerrechtslehre nicht einheitlich beantwortet. Vgl. Verdross/Simma, Universelles Völkerrecht, S. 334. Mit Blick auf die EMRK bejahend: *Quadros*, La Convention Européenne des Droits de L'Homme: un cas de ius cogens régrional?, *S. 558 ff.* Art. 53 WVK schließt die Existenz von regionalem ius cogens jedenfalls nicht aus. Der IGH hat im Asylum-Fall die mögliche Existenz von *regionalem ius cogens* bejaht. Vgl. *IGH,* Asylum Case (Colombia v. Peru), ICJ Rep.1950, 266, S. 277 ff. *Regionales ius cogens* darf dabei aber nicht in Widerspruch zu *universellem ius cogens* stehen.

968 *IACHR*, „Michael Domingues vs. United States", Case 12.285, Report No. 62/02, OEA/Ser.L/V/II.116, Doc. 33 (2002); IACHR, „Toronto Markkey Patterson", Informe No. 25/05, Caso 12.439, OEA/Ser.L/V/II.124, doc. 5 rev. Rn. 46 (2005).

unmenschlichen Behandlung nach Art. I Deklaration (*right of personal security*) als (regionales) *ius cogens* qualifiziert.[969] Das gleiche soll für das in Art. II der Amerikanischen Deklaration enthaltene Recht auf Gleichheit vor dem Gesetz (*right to equality before the law*)[970], das Recht auf Anerkennung der Rechtsfähigkeit (*right to recognition of juridical personality and civil rights*) gemäß Art. XVII der Deklaration[971], das Recht auf ein faires Gerichtsverfahren (*right to a fair trial*) gemäß Art. XVIII Deklaration[972] und das Recht auf eine Staatsangehörigkeit (*right to nationality*) gemäß Art. XIX Deklaration[973] gelten.

Für alle übrigen Menschenrechte der Amerikanischen Deklaration ist eine Bindung der USA über die Art. 3 lit. l, 17 OAS-Charta zu verneinen. Insofern ist der konsistente und dauerhafte Widerspruch der USA rechtlich beachtlich. Die USA können daher nicht durch *nachfolgende Praxis* an die Amerikanische Deklaration im Sinne einer authentischen Interpretation der OAS-Charta gebunden werden.

3. Kuba

Die Situation Kubas unterscheidet sich von der Situation der übrigen OAS-Staaten sowohl in tatsächlicher als auch rechtlicher Hinsicht.

---

969 *IACHR*, „Informe sobre Terrorismo y Derechos Humanos", OEA/Ser.L./V./II.116, doc. 5, rev.1, corr., Rn.155 (2002); *Inter-American Court of Human Rights*, „Caso Tibi vs. Ecuador", Ser. C, No. 114, Rn. 143, (7.9.2004); *Inter-American Court of Human Rights*, „Caso de los Hermanos Gómez Paquiyauri", Ser. C, No. 110, Rn. 112, (8.7.2004).

970 *Inter-American Court of Human Rights*, „Condición Jurídica y Derechos de los Migrantes Indocumentados", Opinión Consultiva, Ser. A, No.18, Rn. 83, (17.9.2003); *IACHR*, „María Eugenia Morales de Sierra", Caso 11.625, Informe No. 4/01, OEA/Ser.L/V/II.95, doc.7 rev., Rn. 36 (1997).

971 *Inter-American Court of Human Rights*, „Caso Bámaca Velásquez vs. Guatemala", Ser. C, No. 70, Rn. 179 (25.11.2000); *Inter-American Court of Human Rights*, „Caso de las Niñas Yean y Bosico", Ser. C, No.130, Rn. 179 (8.9.2005).

972 Die Kommission hat dazu angemerkt, dass dieses Recht besondere Anforderungen an die Verhängung der Todesstrafe aufstellt: *IACHR*, „Roberto Moreno Ramos v. Estados Unidos", Caso 12.430, Informe No. 1/05, OEA/Ser.L/V/II.124, doc. 7 (2005); *IACHR*, „Lorenzo Enrique Copello Castillo et al. v. Cuba", Case 12.477, Informe No. 68/06, OEA/Ser.L/V/II.127, doc. 4 rev. 1, Rn. 48 (2007).

973 *Inter-American Court of Human Rights*, „Caso de las Niñas Yean y Bosico", Ser. C, No. 130, Rn.136, (8.9.2005).

a) Die Situation Kubas innerhalb der OAS

Kuba ist ein Gründungsstaat der OAS und hat die OAS-Charta am 8. Juli 1952 ratifiziert. Nachdem in Kuba 1959 aufgrund der kubanischen Revolution ein sozialistisch-kommunistisches System unter Fidel Castro errichtet wurde, kam es zu massiven internationalen Spannungen, insbesondere mit den USA, die in der sogenannten „Invasion der Schweinebucht" 1961 ihren (vorläufigen) Höhepunkt fanden.[974]

Auf dem Achten Konsultationstreffen der Außenminister verabschiedeten die OAS-Staaten am 31.1.1962 daher folgende Resolution[975]:

> *„Resolution VI – Exclusion of the Present Government of Cuba from Participation in the Inter-American System*
>
> *WHEREAS:*
> *The inter-American system is based on consistent adherence by its constituent states to certain objectives and principles of solidarity, set forth in the instruments that govern it:*
> *Among these objectives and principles are those of respect for the freedom of man and preservation of his rights, the full exercise of representative democracy, nonintervention of one state in the internal or external affairs of another, and rejection of alliances and agreements that may lead to intervention in America by extra-continental powers; (…)*
> *The present Government of Cuba has identified itself with the principles of Marxist-Leninist ideology, has established a political, economic, and social system based on that doctrine, and accepts military assistance from extra-continental communist powers, including even the threat of military intervention in America on the part of the Soviet Union; (…)*
> *It is evident that the ties of the Cuban Government with the Sino-Soviet bloc will prevent the said government from fulfilling the obligations stipulated in the Charter of the Organization and the Treaty of Reciprocal Assistance;*
> *Such a situation in an American state violates the obligations inherent in membership in the regional system and is incompatible with that system;*
> *The attitude adopted by the present Government of Cuba and its acceptance of military assistance offered by extra-continental communist powers breaks down the effective defense of the inter-American system; and*
> *No member state of the inter-American system can claim the rights and privileges pertaining thereto if it denies or fails to recognize the corresponding obligations.*
> *The Eighth Meeting of Consultation of Ministers of Foreign Affairs, Serving as Organ of Consultation in Application of the Inter-American Treaty of Reciprocal Assistance*

---

974 Vgl. dazu: *Englert*, Die Lateinamerikapolitik der USA im Rahmen der Organisation der Amerikanischen Staaten, S. 24 ff.

975 *OAS*, Eighth Meeting of Consultation of Ministers of Foreign Affairs, Punta del Este, January 1962, *Resolution VI „Exclusion of the Present Government of Cuba from Participation in the Inter-American System.*

DECLARES:

1. *That adherence by any member of the Organization of American States to Marxism-Leninism is incompatible with the inter-American system and the alignment of such a government with the communist bloc breaks the unity and solidarity of the hemisphere.*
2. *That the present Government of Cuba, which has officially identified itself as a Marxist-Leninist government, is incompatible with the principles and objectives of the inter-American system.*
3. *That this incompatibility excludes the present Government of Cuba from participation in the inter-American system.*
4. *That the Council of the Organization of American States and the other organs and organizations of the inter-American system adopt without delay the measures necessary to comply with its resolution.*"

Kuba ist seit dem nicht mehr in der *Generalversammlung* der OAS und den übrigen OAS-Organen vertreten und hat an Treffen der OAS-Organe nicht mehr teilgenommen. In amtlichen Dokumenten und Listen der OAS wird Kuba jedoch weiterhin als Mitgliedsstaat der OAS aufgeführt.

Am 3.6.2009 hat die *Generalversammlung* der OAS einstimmig die „Resolution on Cuba" verabschiedet. Darin wird die Resolution VI des Außenministertreffens von 1962 aufgehoben. Ferner wird darin erklärt, dass die Teilnahme Kubas in der OAS das Ergebnis eines von Kuba initiierten Dialogs sein soll und in Übereinstimmung mit der Praxis, den Zielen und Prinzipien der OAS erfolgen soll. Die Resolution lautet.

„The General Assembly (...) RESOLVES:

1. *That Resolution VI, adopted on January 31, 1962, at the Eighth Meeting of Consultation of Ministers of Foreign Affairs, which excluded the Government of Cuba from its participation in the Inter-American system, hereby ceases to have effect in the Organization of American States (OAS).*
2. *That the participation of the Republic of Cuba in the OAS will be the result of a process of dialogue initiated at the request of the Government of Cuba, and in accordance with the practices, purposes, and principles of the OAS.*"[976]

Eine offizielle Antwort Kubas auf die Resolution steht noch aus. Kuba hat zudem auch keine weiteren Schritte unternommen, um in den Dialog mit den OAS-Organen zu treten. Lediglich durch die internationale Presse ließ Kuba sein fehlendes Interesse an einer *„Rückkehr in die OAS"* verlauten.[977]

976 *OAS*, AG/RES. 2438 (XXXIX-O/09) *Resolution on Cuba.*

977 „Cuba no ha pedido ni quiere regresar a la OEA, llena de una historia tenebrosa y entreguista, pero reconoce el valor político, el simbolismo y la rebeldía que entraña

b) Die Praxis der Inter-Amerikanischen Kommission in Bezug auf Kuba

Die Inter-Amerikanische Kommission nahm auf ihrer vierten Sitzung 1962 von der Resolution VI Kenntnis. Sie stellte fest, dass sie weiterhin in Bezug auf Kuba zuständig ist und kündigte an, dass sie das in ihrer Verfahrensordnung vorgesehene Verfahren bezüglich der Beschwerden Einzelner über die Verletzung ihrer Rechte aus der Amerikanischen Deklaration auch zukünftig auf Kuba anwenden werde.[978]

Zur Begründung führte die Kommission an, dass die Regierung Kubas, nicht der Staat Kuba als solcher, von der Teilnahme am OAS-System ausgeschlossen worden sei. Kuba sei solange ein Mitgliedsstaat der OAS, solange es nicht seine Mitgliedschaft kündige.[979]

Die Kommission fordert Kuba bis heute regelmäßig im Rahmen von Individualbeschwerden auf, sich zu behaupteten Verletzungen der Rechte aus der Amerikanischen Deklaration zu äußern und spricht Empfehlungen über die Beseitigung einer festgestellten Menschenrechtsverletzung aus.[980] Daneben hat die Kommission im Laufe der Zeit auch mehrere *Special Reports* über die Menschenrechtssituation in Kuba veröffentlicht.[981]

---

esta decisión impulsada por los Gobiernos populares de América Latina." Mauricio Vicent, *Cuba rechaza entrar en la OEA después de 47 años*, El País, 4.6.2009, abrufbar unter: http://internacional.elpais.com/internacional/2009/06/04/actualidad/1244066404_850215.html (zuletzt besucht am 23.06.2013); Michael Schmidt, *Kuba schlägt Einladung der OAS aus*, Tagesspiegel 6.6.09, abrufbar unter: http://www.tagesspiegel.de/politik/international/diplomatie-kuba-schlaegt-einladung-der-oas-aus/1529500.html (zuletzt besucht am 23.06.2013).

978 *IACHR*, Informe sobre la labor desarrollada durante su Cuarto Período de Sesiones, 2 al 27 de abril de 1962, OEA/Ser. L/V/II.4, Doc. 34, 12 julio 1962. S. 7 f.

979 *IACHR*, Informe sobre la labor desarrollada durante su Cuarto Período de Sesiones, 2 al 27 de abril de 1962, OEA/Ser. L/V/II.4, Doc. 34, 12 julio 1962. S. 7 f.

980 Vgl. die Darstellung der Kommissionspraxis im FÜNFTEN KAPITEL ERSTER TEIL A.

981 Vgl. etwa: *IACHR*, Report on the Situation of Human Rights in Cuba (OEA/Ser.L/V/II.4, doc.30, 1962), Report on the Situation of Prisoners and Their Families in Cuba (OEA/Ser.L/V/II.7, doc.4, 1963), Report on the Situation of Human Rights in Cuba (OEA/Ser.L/V/II.17, doc.4 1967), Second Report on the Situation of Human Rights in Cuba (OEA/Ser.L/V/II.23, doc.6, 1970), Fifth Report on the Situation of Human Rights in Cuba (OEA/Ser.L/V/II.38, doc.2, 1977), Sixth Report on the Situation of Human Rights in Cuba (OEA/Ser.L/V/II.48, doc.7, 1979), Seventh Report on the Situation of Human Rights in Cuba (OEA/Ser.L/V/II.61, doc.29, rev.1, 1983).

Da Kuba auf die Anfragen und Berichte der Kommission regelmäßig untätig bleibt, operiert die Kommission bei der Prüfung einer behaupteten Menschenrechtsverletzung mit der in Art. 38 ihrer Verfahrensordnung statuierten Vermutungsregel, wonach sie die von den Beschwerdeführern behaupteten Tatsachen als wahr unterstellt, wenn sich der Staat innerhalb einer bestimmten Zeit nicht dazu äußert.[982]

Seit dem Gutachten des Inter-Amerikanischen Gerichtshofs Nr. 10 (1989), in dem sich der Gerichtshof zur Rechtsnatur der Deklaration äußerte[983], begründet die Kommission ihre Zuständigkeit im Hinblick auf Kuba mit der OAS-Charta, dem Kommissionsstatut und der Verfahrensordnung der Kommission.[984]

---

982 Art. 38 VerfO (i.d.F. 2009, zuletzt geändert 2011) lautet: „Presumption: The facts alleged in the petition, the pertinent parts of which have been transmitted to the State in question, shall be presumed to be true if the State has not provided responsive information during the period set by the Commission under the provisions of Article 37 of these Rules of Procedure, as long as other evidence does not lead to a different conclusion."

983 *Inter-American Court of Human Rights,* Interpretation of the American Declaration of the Rights and Duties of Man within the Framework of Article 64 of the American Convention on Human Rights. Advisory Opinion OC-10/89, 14.7.1989, Series A No. 10. Zum Gutachten vgl. die Ausführungem im FÜNFTEN KAPITEL, ERSTER TEIL, D II.

984 So fügt die Kommission in ihre Berichte regelmäßig folgende Passage ein: „The Commission's jurisdiction derives from the OAS Charter, the Commission's Statute, and its Rules of Procedure. According to the Charter, all member states undertake to respect the fundamental rights of individuals, which in the case of states that are not party to the Convention are those established in the American Declaration, which is for these States a source of international obligations. The Commission's Statute requires it to pay particular attention to the observance of the human rights referred to in Articles I (right to life, liberty, and personal security), XVIII (right to a fair trial), and XXVI (right to due process of law) of the American Declaration in exercising its powers in relation to countries that are not parties. Finally, Article 49 of its Rules of Procedure states that the Commission shall receive and examine any petition that contains a denunciation of alleged violations of the human rights set forth in the American Declaration in relation to states that are not parties to the American Convention on Human Rights (hereinafter the „American Convention"). Consequently, the IACHR has competence ratione materiae, because the petition contains a denunciation of violations of human rights set forth in the American Declaration of March 2, 1948." *IACHR*, Lorenzo Enrique Copello Castillo et al. vs. Cuba, Rerport No. 58/04, October 14, 2004. Ähnlich: *IACHR*, Oscar Elías Biscet et al. vs. Cuba, Report No. 67/06, October 21, 2006, Rn. 36 ff.; vgl. auch etwa: *IACHR*, Victims of the Tugboat „13 de Marzo" vs. Cuba, Report No. 47/96, October 16, 1996, Rn. 68 f.

In den Jahren 1962 bis 1964 erwiderte Kuba die Anfragen der Kommission noch mit der knappen Feststellung, dass die Kommission keine Kompetenz habe und daher unzulässigerweise in „*matters of the internal jurisdiction of the State of Cuba*“ eingegreife.[985] So heißt es etwa in einer Note des kubanischen Außenministers an die Kommission aus dem Jahre 1964, dass Kuba, das lediglich aus Höflichkeit der Kommissionsanfrage antworte, willkürlich aus der OAS infolge des Druckes der „imperialistischen Regierung der USA“ ausgeschlossen worden sei und die OAS daher „keine rechtliche, faktische oder moralische Zuständigkeit über einen Staat habe, der illegal seiner Rechte beraubt“ worden sei.[986]

Seit 1964 äußert sich Kuba nicht mehr auf Anfragen der Kommission. Kubas Verhalten ist als systematisches Schweigen zu bezeichnen.

Die Frage der Zuständigkeit der Kommission ist von den übrigen OAS-Staaten in der *Generalversammlung* in den Jahren 1971, 1977 und 1980 mehrfach kontrovers diskutiert worden. Dabei sprachen sich Chile, Bolivien, Mexiko, Panama, Peru, Jamaika, Barbados, Trinidad und Tobago, Nicaragua, Grenada, Ecuador und Panama gegen die Zuständigkeit der Kommission in Bezug auf Kuba aus.[987]

c) Rechtliche Bewertung der Situation Kubas innerhalb der OAS

Bei der Analyse der Rechtsstellung Kubas im OAS-System seit 1962 stellen sich gleich mehrere Fragen: Erstens ist zu prüfen, ob Kuba seit 1962 noch Mitgliedsstaat der OAS ist. Zweitens ist fraglich, ob und und auf welcher Ermächtigungsgrundlage die Inter-Amerikanische Kommission zur Prüfung behaupteter Menschenrechtsverletzungen durch Kuba zuständig ist. Drittens stellt sich die davon unabhängige Frage, ob Kuba auch materiell an die Amerikanische

985 Antwortschreiben des Kubanischen Außenministers auf eine Anfrage der Kommission 1962, enthalten in: *IACHR*, The Situation of Human Rights in Cuba, Seventh Report, OEA/Ser.L/V/II.61 Doc. 29 rev. 1, 4 October 1983, Rn. 19.

986 „Merely as a matter of courtesy, I acknowledge receipt of your letter of October 20, 1964. As you know, and as everyone knows, Cuba was arbitrarily excluded from the Organization of American States through pressure exerted by the imperialistic Government of the United States, and therefore, there is no occasion for providing the information you request. The organization of American States has no juridical, factual, or moral jurisdiction, nor competence, over a state which it has illegally deprived of its rights.“ *Ibid.*, Rn. 21.

987 Die Stellungnahmen Kubas und anderer OAS-Staaten zur Situation Kubas in der OAS sind zusammengefasst in: *Buergenthal/Norris/Shelton*: Protecting Human Rights in the Americas – Selected Problems, S. 80 ff.

Deklaration über eine *authentische Interpretation* der Art. 3 lit. l, 17 OAS-Charta durch *nachfolgende Praxis* gebunden ist.

aa) Die Mitgliedschaft Kubas in der OAS nach 1962

Eine Mitgliedschaft Kubas in der OAS ist Voraussetzung dafür, dass die Inter-Amerikanische Kommission *ratione personae* in Bezug auf Kuba überhaupt tätig werden darf.

Aus Art. 9 lit. b Statut (1960) ergibt sich, dass die Kommission Empfehlungen nur an die *„governments of the member states"* richten darf. Damit sind die Mitgliedsstaaten der OAS gemeint. Dies ergibt sich auch aus Art. 1 Statut (1960), wonach die Kommission eine „autonome Entität der OAS" ist.

Fraglich ist, ob Kuba seit 1962 noch Mitgliedsstaat der OAS ist. Eine einvernehmliche Vertragsbeendigung bzw. -suspendierung liegt nicht vor. Auch hat Kuba die Mitgliedschaft nicht einseitig gekündigt. Daher hängt es entscheidend davon ab, welche Rechtsfolgen die Resolution VI der Außenminister von 1962 auslöst. In Betracht kommt ein Ausschluss Kubas aus der OAS oder eine Suspendierung.

Nach den völkergewohnheitsrechtlichen Regeln haben ein Ausschluss und eine Suspendierung aufgrund der Vertragsverletzung durch den betreffenden Staat die gleichen Voraussetzungen.[988] Vertragsbeendigung und Vertragssuspendierung unterscheiden sich nur in ihren Wirkungen. Im Unterschied zur Beendigung wird bei einer Suspendierung die Vertragsbindung nicht endültig aufgelöst, sondern nur vorübergehend ausgesetzt. Die Suspendierung ist ein Beugemittel, um einen Mitgliedsstaat zur Aufgabe eines vertragswidrigen Verhaltens zu bewegen.

Vorliegend ist von einer Suspendierung der Mitgliedschaftsrechte Kubas und nicht von einem vollständigen und engültigen Ausschluss Kubas aus der OAS auszugehen.

Unschädlich ist, dass die in der Resolution verwendete Terminologie nicht ganz einheitlich ist. So spricht die Resolution VI in den Erwägungsgründen davon, dass die gegenwärtige Regierung Kubas sich *„freiwillig außerhalb des Inter-Amerikanischen Systems gestellt"* hat. Der operative Teil der Resolution stellt in Punkt 3 fest, dass die Unvereinbarkeit der Staatsform Kubas mit den OAS-Prinzipien die kubanische Regierung vom Inter-Amerikanischen System *„ausschließt"*. In Anlehnung daran spricht auch Kuba in einer offiziellen Note von 1964 an die OAS ebenfalls davon, dass Kuba *„willkürlich ausgeschlossen"*

988 Vgl. Art. 60 WVK, der Völkergewohnheitsrecht reflektiert.

wurde (*arbitrarily excluded*).[989] Ebenso benutzt die Kommission in ihrer Erwiderung auf die Note von Kuba den Begriff „*excluded*".[990] Die Kommission spricht in ihrem Sechsten Bericht über Kuba von „*Cuba's expulsion*".[991] In der Diskussion in der *Generalversammlung* benutzten auch die Delegierten der OAS-Staaten unterschiedliche Begriffe. So sprach etwa der Delegierte von Grenada einmal von der „*desicion to expel the Caribbean state of Cuba*" und an anderer Stelle charakterisierte er Kuba als „*nonactive member state*".[992] Der Delegierte Panamas benutzte die Begriffe „*excluded*" und „*expelled*".[993]

Trotz der unterschiedlich verwendeten Terminologie kommt es bei der rechtlichen Beurteilung darauf an, welche Folgen die OAS-Staaten durch die Resolution bezwecken wollten und wie Kuba seitdem innerhalb der OAS behandelt wird. Beachtet man die Tatsache, dass Kuba seit 1962 weiterhin in den amtlichen OAS-Dokumenten und Listen als Mitgliedsstaat aufgeführt wird, ist davon auszugehen, dass lediglich eine Suspendierung Kubas aus der OAS erfolgt ist. Dafür spricht auch, dass die Resolution nicht den Staat Kuba selbst, sondern nur dessen gegenwärtige Regierung anspricht. Die Staaten wollen sich demnach die Möglichkeit offen halten, bei einem Regierungswechsel oder einer Politikänderung in Kuba die Suspendierung aufzuheben.

Fraglich ist aber, auf welcher Rechtsgrundlage die Suspendierung ergangen ist. Die dafür maßgebliche OAS-Charta in der Form von 1948 enthält keine Vorschriften hinsichtlich des Ausschlusses oder der Suspendierung eines Mitgliedsstaates. Erst durch das Protokoll von Washington (1992) wurde mit Art. 9 eine Vorschrift in die OAS-Charta eingefügt, die es erlaubt, die Mitgliedschaftsrechte eines Staates, dessen demokratisch gewählte Regierung gewaltsam gestürzt worden ist, zu suspendieren.[994]

---

989 *IACHR*, Seventh Report on the Situation of Human Rights in Cuba (OEA/Ser.L/V/II.61, doc.29, rev.1, 1983), Rn. 21.

990 *IACHR*, aaO., Rn. 34.

991 *IACHR*, Sixth Report of the IACHR on the Situation of Political Prisoners in Cuba (OEA/Ser.L/V/II.48, doc.7, December 14, 1979).

992 Presentation of the Sixth Report on Cuba at the Tenth Regular Session of the General Assembly, OEA/Ser. P, AG/ComI/ACTA 4/80, 23 Noviembre 1980, S. 15 ff.

993 *Ibid.*

994 Auf dieser Grundlage wurden die Mitgliedschaftsrechte von Honduras von 2009 bis 2011 wegen des Staatsstreichs gegen die Regierung José Manuel Resales Zelaya ausgesetzt, vgl. *OAS*, AG/RES. 2 (XXXVII-E/09) rev. 1, 16 July 2009, Suspension of the Right of Honduras to Participate in the Organization of American States.

Mangels Rechtsgrundlage in der OAS-Charta von 1948 ist auf die völkergewohnheitsrechtlichen Regeln zurückzugreifen. Danach können die vertragstreuen Parteien eines multilateralen Vertrages einvernehmlich eine vertragsbrüchige Partei aus dem Vertrag vorübergehend oder endgültig ausschließen, wenn eine erhebliche Verletzung des Vertrages vorliegt.[995] Eine solche ist zu bejahen, wenn wenn eine für die Erreichung des Vertragsziels oder des Vertragszwecks wesentliche Bestimmung verletzt wurde.[996]

Die Suspendierung Kubas wird in Punkt 1 der Resolution damit begründet, dass die Zugehörigkeit eines OAS-Staates zum Marxismus-Leninismus unvereinbar mit dem inter-amerikanischen System ist und die Identifizierung einer Regierung mit dem kommunistischen Block die Einheit und Solidarität der Hemisphäre bricht.

Die OAS-Charta von 1948 stellt keine Anforderungen an die innerstaatliche Regierungsform der Mitgliedsstaaten. Art. 17 S. 1 OAS-Charta erkennt vielmehr das Recht jedes Staates an, sein *„kulturelles, politisches und wirtschaftliches Leben“* frei zu entfalten. Einschränkungen davon gibt es gemäß Art. 17 S. 2 OAS-Charta nur im Bereich der Menschenrechte und im Hinblick auf die *„universelle Moral“*.

Auch wenn die usprüngliche Charta somit nicht ausdrücklich eine bestimmte innerstaatliche Regierungsform untersagt, so ist in der OAS-Charta gleichwohl implizit ein Bekenntnis der OAS-Staaten zu einer demokratischen Regierungsform enthalten.

Dass das Bekenntnis eines Mitgliedsstaates zum Kommunismus einen erheblichen Verstoß gegen die Ziele der OAS darstellt, kann zum einen aus dem Prinzip der *"Solidarität"* hergeleitet werden. Das Prinzip der *Solidarität* ist gemäß in Art. 1 OAS-Charta ein Grundpfeiler der Beziehungen zwischen den Amerikanischen Staaten.

Art. 3 lit. d OAS-Charta (Art 5 lit. d OAS Charta von 1948) nennt als Merkmal der Solidarität die Voraussetzung, dass die politische Organisation auf Grundlage der repräsentativen Demokratie erfolgen soll.

Dass jedenfalls eine sozialistisch-komunistische Regierungsform mit den Prinzipien der OAS-Charta unvereinbar ist, wird auch durch die Entstehungsgeschichte der OAS unterstützt. Die OAS-Charta wurde unter dem Eindruck des sich nach dem Ende des Zweiten Weltkrieges abzeichnenden „Kalten Krieges“ und der damit einhergehenden Aufteilung der Welt in zwei ideologische

995 Vgl. Art. 60 Abs. 2 WVK zur Klarstellung der völkergewohnheitsrechtlichen Regel.

996 Vgl. Art. 60 Abs. 3 lit. b WVK zur Klarstellung der völkergewohnheitsrechtlichen Regel. Art. 60 Abs. 3 lit. a WVK („in einer nach diesem Übereinkommen nicht zulässigen Ablehnung des Vertrags“) kommt hier nicht in Betracht.

Regierungsformen als anti-kommunistisches Bündnis konzipiert.[997] Eine nachträgliche Identifizierung eines OAS-Staates mit dem Marxismus-Lenismus ist damit als wesentliche Verletzung der OAS-Charta anzusehen. Darüber hinaus hat, außer Kuba, kein OAS-Staat jemals die Rechtmäßigkeit der Suspendierung in Frage gestellt. Damit ist festzustellen, dass die Suspendierung Kubas rechtmäßig erfolgt ist.

Die Suspendierung hat zur Folge, dass die Vertragsparteien, zwischen denen der Vertrag suspendiert ist, in ihren gegenseitigen Beziehungen von der Verpflichtung, den Vertrag zu erfüllen, befreit sind.[998] Sie berührt die anderweitig durch den Vertrag zwischen den Vertragsparteien begründeten Rechtsbeziehungen nicht.[999]

Aus der Resolution geht hervor, dass Kubas aktive Partizipation in der OAS vollständig ausgesetzt wird, also die Suspendierung umfassend ist. Kuba darf daher etwa nicht mehr an den Sitzungen und Beratungen der OAS-Organe teilnehmen und hat kein Stimmrecht mehr. Kuba bleibt aber weiterhin an seine Pflichten aus Art. 3 lit. l, 17 OAS-Charta gebunden.

Die Resolution der *Generalversammlung* von 2009 hat gemäß ihrer Ziffer 1 die Resolution VI von 1962 zwar aufgehoben. Die Aufhebung bewirkt jedoch lediglich, dass die rechtlichen Hindernisse von Seiten der OAS und ihrer Organe beseitigt werden, die der aktiven Teilnahme Kubas in der OAS entgegenstehen. Wie aber Ziffer 2 der Resolution deutlich macht, bedeutet dies nicht, dass Kuba automatisch wieder in den OAS-Organen vertreten ist und aktiv mitwirken kann. Dies wird vielmehr von einem weiteren Schritt, von einem dementsprechenden Ersuchen Kubas, abhängig gemacht. Gemäß Ziffer 2 soll die Teilnahme Kubas in der OAS erst das Ergebnis eines solchen von Kuba initiierten Dialogs sein.

Zudem knüpft die Resolution in Ziffer 2, 2. Halbsatz die erneute Teilnahme Kubas in der OAS an die Voraussetzung der Einhaltung der *„Praktiken, Ziele und Prinzipien“* der OAS. Damit sind insbesondere die Grundsätze der *Inter-Amerikanischen Demokratiecharta* gemeint.[1000] Danach soll jeder Mitgliedsstaat der OAS ein demokratisches System auf Grundlage der Achtung der Menschenrechte haben.

997 Zur Entstehung der OAS-Charta vgl. das ERSTE KAPITEL, C und D.

998 Vgl. Art. 72 Abs. 1 lit. a WVK zur Verdeutlichung der völkergewohnheitsrechtlichen Regel.

999 Vgl. Art. 72 Abs. 1 lit. b WVK zur Verdeutlichung des Völkergewohnheitsrechts.

1000 AG/RES. 1 (XXVIII-E/01). Vgl. dazu die Ausführungen im ERSTEN KAPITEL, L III.

Gegenwärtig dürfte Kuba diese Voraussetzungen nicht erfüllen. Insofern ist Ziffer 2, 2. Halbsatz der Resolution der *Generalversammlung* (2009) als Aufforderung an Kuba zu verstehen, Schritte zur Änderung seines innerstaatlichen Regierungssystems einzuleiten.

bb) Die Zuständigkeit der Inter-Amerikanischen Kommission für Menschenrechte in Bezug auf Kuba

Die Zuständigkeit der Kommission in Bezug auf Kuba ergibt sich aus dem ursprünglichen Kommissionsstatut von 1960. Das Statut von 1960 ermächtigt die Kommission jedoch gemäß Art. 9 lit. b lediglich zur Abgabe allgemeiner Empfehlungen an die OAS-Mitgliedsstaaten. Die Kompetenz für Individualbeschwerdeverfahren wurde erst durch die Änderung des Kommissionsstatuts durch die Resolution der Zweiten Speziellen Inter-Amerikanischen Konferenz 1965 eingefügt.[1001] Kuba hatte aufgrund seiner Suspendierung an dieser Konferenz nicht teilgenommen und der Verabschiedung dieser Resolution daher auch nicht zugestimmt. Diese Resolution zur Erweiterung der Kompetenzen der Kommission begründet für Kuba als *res inter alios acta* keine Rechte und Pflichten.

Die Inter-Amerikanische Kommission hat trotzdem in ihrer Praxis das Individualbeschwerdeverfahren gegenüber Kuba angewandt. Dabei begründet die Kommission ihre Zuständigkeit für Individualbeschwerdeverfahren aber nicht wie bei den Verfahren gegen die übrigen OAS-Staaten mit der eigentlichen Individualbeschwerdekompetenz aus Art. 9 (bis) lit. b Statut (1965) bzw. Art. 20 lit. b Statut (1979). Gegenüber Kuba begründet die Kommission ihre Zuständigkeit mit Art. 9 (bis) lit. a Statut (1965) bzw. Art. 20 lit. a Statut (1979), der bestimmt, dass die Kommission den dort genannten Rechten besondere Aufmerksamkeit widmen soll.[1002] Zudem stützt die Kommission ihre Zuständigkeit für Individualbeschwerdeverfahren gegen Kuba auch auf Art. 51 ihrer Verfahrensordnung[1003] sowie auf die OAS-Charta.[1004]

1001 Vgl. dazu die Ausführungen im VIERTEN KAPITEL, C II 2.

1002 Vgl. etwa: *IACHR*, Oscar Elías Biscet et al. vs. Cuba, Report No. 67/06, October 21, 2006, Rn. 36.

1003 Art. 51 der Verfahrensordnung bestimmt: „(The Commission) shall receive and examine any petition that contains a denunciation of alleged violations of the human rights set forth in the American Declaration of the Rights and Duties of Man, concerning the member states of the Organization that are not parties to the American Convention on Human Rights."

1004 *IACHR*, Oscar Elías Biscet et al. vs. Cuba, Report No. 67/06, October 21, 2006, Rn.

Die rechtliche Begründung ihrer Zuständigkeit durch die Kommission geht fehl. Zunächst kann die Kommission eine Kompetenz nicht aus der OAS-Charta ableiten. Die Kommission war bis zum Inkrafttreten des *Protokolls von Buenos Aires* 1970 kein formelles Organ der OAS. Die Art. 106, 145, OAS-Charta, die die Aufgaben der Kommission festlegen, sind erst mit dem Protokoll von Buenos Aires in die OAS-Charta eingefügt worden, welches von Kuba nicht ratifiziert worden ist.

Zwar gelten für Kuba die Art. 3 lit. l, 17 OAS-Charta, da diese Vorschriften bereits Bestandteil der ursprünglichen OAS-Charta waren. Allerdings kann aus diesen Vorschriften prozessual keine Zuständigkeit der Kommission hergeleitet werden.

Eine Kompetenz für Individualbeschwerden kann die Kommission auch nicht aus ihrer Verfahrensordnung herleiten. Die Verfahrensordnung ist kein völkerrechtlicher Vertrag. Sie wurde von der Kommission zur internen Regelung ihres Verfahrens geschaffen und kann keine über das Kommissionsstatut hinausgehenden Pflichten für die OAS-Staaten begründen.

Fraglich ist, ob sich die Kommission gegenüber Kuba zumindest auf Art. 20 lit. a Statut (1979) / Art. 9 (bis) lit. a Statut (1965), also auf ihren Auftrag, den dort genannten Rechten besondere Aufmerksamkeit zu widmen, berufen kann. Unmittelbar ist Kuba an diese Vorschrift nicht gebunden, da es infolge seines Ausschlusses an der Resolution der Zweiten Speziellen Inter-Amerikanischen Konferenz, durch die diese Kompetenz geschaffen wurde, nicht mitgewirkt hat. Etwas anderes gilt nur, wenn der in der Norm enthaltene Inhalt schon vor 1965 bindend war, sodass die Einfügung dieser Regelung in das Statut 1965 nur noch deklaratorischer Natur gewesen wäre.

In dieser Arbeit wurde bereits festgestellt[1005], dass die *traveaux preparatoires* des Kommissionsstatuts von 1965 darauf hindeuten, dass diese Vorschrift lediglich die bisherige Praxis der Kommission bestätigt und auf eine ausdrückliche vertragliche Grundlage stellt.[1006] Dies spricht dafür, dieser Vorschrift lediglich deklaratorische Wirkung beizumessen.

36; *IACHR*, Lorenzo Enrique Copello Castillo et al. vs. Cuba, Rerport No. 58/04, October 14, 2004; zu den Argumenten der Kommission für die Zuständigkeit gegenüber Kuba: *IACHR*, Seventh Report on the Situation of Human Rights in Cuba (OEA/Ser.L/V/II.61, doc.29, rev.1, 1983).

1005 Vgl. VIERTES KAPITEL, C II 2 c) cc).

1006 *OAS*, Segunda Conferencia Interamericana Extraordinaria, Río de Janeiro, Brasil, 17.-30.11.1965, S. 465.

Allerdings wurde auch gezeigt[1007], dass Art. 20 lit. a Statut (1979) / Art. 9 (bis) lit. a Statut (1965) keine eigenständige Kompetenzgrundlage schafft. Der Kommission wird darin lediglich der Auftrag erteilt, besondere Aufmerksamkeit den dort genannten Rechten zu widmen, ohne ihr jedoch vorzugeben, auf welche Art und mit welchen Mitteln die Kommission diesem Auftrag nachkommen soll. Die Anweisung an die Kommission, besondere Aufmerksamkeit den dort genannten Rechten zu widmen, kann sich in Bezug auf Kuba nur im Rahmen ihrer Kompetenz zur Abgabe allgemeiner Empfehlungen im Rahmen von Länderberichten nach Art. 18 lit. b Statut (1979) / Art. 9 lit. b Statut (1960) auswirken.[1008]

In ihrer Praxis bringt die Kommission trotzdem gegenüber Kuba das Individualbeschwerdeverfahren zur Anwendung. Kuba hat lediglich bis Mitte der 1960er-Jahre die fehlende Zuständigkeit der Kommission gerügt. Danach hat Kuba darauf nicht mehr reagiert.

Fraglich ist daher, ob Kuba wegen seines Schweigens nach dem Grundsatz von *estoppel* das Recht verwirkt hat, die fehlende Zuständigkeit der Kommission für Individualbeschwerdeverfahren zu rügen bzw. ob darin eine stillschweigende Anerkennung der Kompetenz nach dem Grundsatz der *acquiescence* gesehen werden kann.

Dabei bestimmt die konkrete Situation, in der sich Kuba befindet, ob ein Protest erforderlich war und wie ausgeprägt das Protestverhalten sein muss. Entscheidend ist, dass aus dem Verhalten Kubas gegenüber der Kommission deutlich wird, dass Kuba die Situation nicht als rechtmäßig anerkennt.

Unter Berücksichtigung aller rechtlichen und tatsächlichen Umstände war von Kuba ein Widerspruch im Hinblick auf die Kompetenz der Kommission für Individualbeschwerdeverfahren zu erwarten. So wurde bereits festgestellt, dass die Suspendierung Kubas aus der OAS nicht die Pflicht zur Einhaltung seiner menschenrechtlichen Verpflichtungen berührt. Die Kommission ist bereits nach ihrem Statut von 1960 mit Kompetenzen im Bereich der Menschenrechte ausgestattet, die auch gegenüber Kuba bindend sind. Darüber hinaus hat die Kommission bereits vor der förmlichen Einfügung ihrer Individualbeschwerdekompetenz in ihr Statut ihre allgemeinen Kompetenzen sehr weit ausgelegt. Dies wurde von den OAS-Staaten 1962 ausdrücklich gebilligt. Die Praxis der Kommission, Individualbeschwerden auch gegenüber Kuba zu prüfen und entsprechende Einzelfallempfehlungen abzugeben, betrifft daher lediglich die Frage der konkreten Ausübung bzw. Modalität einer bestehenden Kompetenz.

1007 Vgl. VIERTES KAPITEL C II 2 c) cc).

1008 Zum Inhalt dieser Kompetenz vgl. VIERTES KAPITEL C II 1.

Zudem befindet sich Kuba als einziger OAS-Staat, der den weiteren Änderung der OAS-Charta und des Kommissionsstatuts nicht ausdrücklich zugestimmt hat, im Kreise der OAS-Staaten in einer isolierten Position. Je isolierter ein Staat mit seiner Position ist, desto nachdrücklicher müssen seine Proteste sein, um sich gegen die Bindungswirkung eines gegen ihn gerichteten Rechtsanspruchs zu verwahren. Hinzu kommt die Überlegung, dass der protestierende Staat seine Rechte auch nur mit zeitlich begrenzter Wirkung wahren kann. Er muss regelmäßig neu protestieren, will er nicht an eine bestimmte Praxis, die von der Rechtsauffassung aller anderen Staaten getragen wird, durch sein Schweigen gebunden werden.

Vorliegend wird Kuba bei jedem gegen ihn gerichteten Verfahren der Kommission mit der Behauptung der Zuständigkeit der Kommission konfrontiert. Im Rahmen der Verfahrens vor der Kommission hatte Kuba auch die rechtliche und faktische Möglichkeit zum Widerspruch.

Zu Protestieren war somit notwendig, um zu verhindern, dass die Rechtsfolgen einer stillschweigenden Anerkennung eintreten. Kuba hat durch sein Schweigen sein Recht zum Protest verwirkt. Folglich ist Kuba an die Auslegung der Kompetenz aus Art. 9 lit b Statut (1960) durch die Kommission dergestalt, dass davon auch Einzelfallempfehlungen im Rahmen von Individualbeschwerden erfasst sind, gebunden.

Würde Kuba der Aufforderung der *Generalversammlung* in der Resolution 2009, wieder an der OAS teilzunehmen, folgen, dann würde Kuba faktisch wie ein neu in die OAS eintretender Staat zu behandeln sein. Ein solcher Staat tritt der OAS-Charta auf Grundlage einer aktuellen Interpretation der OAS-Charta unter Berücksichtigung aller nachfolgenden Veränderungen bei. Er übernimmt den gemeinschaftlichen Besitzstand der Organsiation (*acquis communitaire*). Dazu gehören auch die institutionellen und verfahrensmäßigen Vorschriften, mithin auch die Kompetenzen der Inter-Amerikanischen Kommission.

cc) Materielle Bindung Kubas an die Amerikanische Deklaration der Rechte und Pflichten des Menschen über eine authentische Auslegung der Art. 3 lit. l, 17 OAS-Charta?

Zu klären bleibt die von dem Aspekt der Zuständigkeit der Kommission unabhängige Frage, ob Kuba, wie die übrigen OAS-Staaten (mit Ausnahme der USA), an die Änderung des Bedeutungsgehalts der Art. 3 lit. l, 17 OAS-Charta infolge einer authentischen Interpretation durch *nachfolgende Praxis* gebunden ist[1009] oder ob vielmehr für Kuba der ursprüngliche Bedeutungsgehalt der Art. 3 lit. l, 17 nach dem subjektiv-historischen Willen der Staaten[1010] weitergilt.

In ihren Berichten über Kuba wird deutlich, dass die Kommission aus der OAS-Charta eine materielle Pflicht zur Beachtung der Rechte aus der Amerikanischen Deklaration herleitet.[1011] Die Kommission betont, dass Kuba die OAS-Charta weder widerrufen habe noch in diese Richtung Schritte unternommen habe und daher weiterhin zur Beachtung der Menschenrechte aus der Charta ohne Unterschied auf Rasse, Nationalität, Geburt oder Geschlecht verpflichtet sei.[1012] Dabei hat die Kommission ausdrücklich festgestellt, dass die Verletzung der Amerikanischen Deklaration eine völkerrechtliche Verantwortlichkeit hervorruft.[1013]

Die Kommission unterstellt damit, dass Kuba ebenfalls durch *acquiescence* an den aktuellen Bedeutungsgehalt der Art. 3 lit. l, 17 OAS-Charta gebunden ist. Es

---

1009 Vgl. dazu die Ausführungen im FÜNFTEN KAPITEL, ZWEITER TEIL.

1010 Zum usprünglichen Bedeutungsgehalt vgl. die Ausführungen im DRITTEN KAPITEL, A.

1011 Vgl. etwa die Kommissionsfeststellung: „Pursuant to the OAS Charter, all member States pledge to respect the human rights of individuals that, in the case of States that are not parties to the American Convention on Human Rights (hereinafter the "Convention" or the "American Convention), are established in the American Declaration." *IACHR*, Oscar Elías Biscet et al. vs. Cuba, Report No. 67/06, October 21, 2006, Rn. 36.

1012 „Cuba has neither denounced, nor taken the steps necessary to denounce, the OAS-Charter and, therefore, continues to be obligated to respect the principles contained therein, which include the need to respect the fundamental rights of the human beeing, without discrimination as to race, nationality, creed or sex." *IACHR*, Sixth Report on the Situation of Political Prisoners in Cuba, OEA/Ser. L/V/II.48, doc. 4, 14 December, 1979.

1013 „The international responsibility of the cuban state (...): The Commission has also stated that "the obligation of respecting and protecting human rights is an obligation erga omnes, i.e., one that the Cuban State must assume – like all other member states of the OAS, whether or not they are signatories of the American Convention on Human Rights – toward the inter-American community as a whole, and toward all individuals subject to its jurisdiction, as direct beneficiaries of the human rights recognized by the American Declaration of the Rights and Duties of Man." In this regard, the Inter-American Court of Human Rights has indicated that for the states „the American Declaration is a source of international obligations. The fact that the Declaration is not a treaty should not lead one to conclude that it has no legal effect (...)." *IACHR*, Armando Alejandre Jr. et. al. vs. Cuba, Report No. 86/99, September 29, 1999, Rn. 39.

erscheint jedoch äußerst fragwürdig, ob die Voraussetzungen einer *acquiescence* bei Kuba tatsächlich erfüllt sind. Zu berücksichtigen ist, dass sich die faktische und rechtliche Situation Kubas von der Situation der übrigen OAS-Staaten unterscheidet. Durch die Suspendierung seiner Mitgliedschaftsrechte war Kuba faktisch und rechtlich nicht in der Lage, an der Praxis der OAS-Organe (*Generalversammlung, Rat, Außenministertreffen*) mitzuwirken und darauf Einfluss zu nehmen. Lediglich in Bezug auf die Praxis der Inter-Amerikanischen Kommission war Kuba in der Lage, darauf zu reagieren, da im Rahmen des Verfahrens vor der Kommission Möglichkeiten zur Erwiderung und Stellungnahme bestanden. Darüber hinaus ist zu bedenken, dass Kuba im Unterschied zu den übrigen OAS-Staaten (ohne die USA) weder in seiner internationalen noch in seiner nationalen Praxis der Amerikanischen Deklaration oder den menschenrechtlichen Normen der OAS-Charta Beachtung schenkt. Einziger Anknüpfungspunkt für die Bejahung einer *acquiescence* wäre somit das systematische Schweigen Kubas auf die Kommissionspraxis. Vor dem Hintergrund der Suspendierung seiner Mitgestaltungsrechte in der OAS erscheint es jedoch unbillig, eine Bindung Kubas an die rechtsgestaltende Praxis der übrigen OAS-Staaten im Hinblick auf eine authentische Auslegung der Art. 3 lit. l, 17 anzunehmen.

Für Kuba ist daher der Inhalt der Art. 3 lit. l, 17 OAS, wie er zum Zeitpunkt bis zu seiner Suspendierung 1962 bestand, maßgeblich. In Jahre 1962 hatte sich die Praxis der OAS-Staaten aber noch nicht derart verdichtet, dass darin eine authentische Interpretation der Art. 3 lit. l, 17 OAS mittels der Amerikanischen Deklaration zu erkennen ist.

Die Rechtslage würde sich aber ändern, wenn Kuba, wie durch die Resolution der *Generalversammlung* 2009 aufgefordert, wieder aktiv in der OAS teilnehmen würde. Mit der Wiederteilnahme an der OAS träte Kuba, sofern keine besonderen Vereinbarungen getroffen würden, in vollem Umfang in den aktuell bestehenden Rechte- und Pflichtenkreis der OAS-Charta ein. Dazu gehört auch die von den übrigen Mitgliedsstaaten und Organen der Organisation gestaltete Ordnung. Dies umfasst auch den aktuellen Bedeutungsgehalt der Art. 3 lit. l, 17 OAS-Charta in Verbindung mit der Amerikanischen Deklaration.

IV. Konsequenzen für die praktische Anwendung der Amerikanischen Deklaration der Rechte und Pflichten des Menschen

In den vorherigen Abschnitten dieser Arbeit wurde festgestellt, dass die Amerikanische Deklaration der Rechte und Pflichten des Menschen für die

OAS-Staaten (mit Ausnahme der USA, die nur an die *ius cogens*-Rechte gebunden sind, und mit Ausnahme Kubas) eine verbindliche inhaltliche Präzisierung der Menschenrechtsverpflichtungen aus Art. 3 l, 17 OAS-Charta darstellt und damit als Gesamtinstrument materiell-rechtlich verbindliche Pflichten erzeugt. Die Verletzung eines in der Deklaration enthaltenen Menschenrechts bedeutet damit zugleich eine Verletzung der OAS-Charta, die die völkerrechtliche Verantwortlichkeit des Staates hervorruft.

Die praktische Anwendbarkeit bzw. Vollziehbarkeit der Amerikanischen Deklaration als völkerrechtlich verpflichtendes Instrument wirft Fragen auf, die sich zum einen aufgrund der sehr vage und allgemein gehaltenen Terminologie der Menschenrechte in der Deklaration stellen. Zum anderen ruft auch der Umstand, dass in der Deklaration neben klassischen bürgerlichen und politischen Menschenrechten auch wirtschaftliche, soziale und kulturelle Rechte und sogar sogenannte „Menschenpflichten" enthalten sind, Fragen hinsichtlich der Anwendbarkeit dieser Normen gegenüber den aus der Deklaration verpflichteten OAS-Staaten auf, die es im Folgenden zu klären gilt.

1. Die Bedeutung der „Pflichten des Einzelnen" aus der Deklaration

Im Unterschied zu Teil I der Deklaration, der einzelne Menschenrechte auflistet und die Amerikanischen Staaten als Verpflichtete adressiert, enthält Teil II der Deklaration einen Katalog an sogenannten „Menschenpflichten". Adressaten dieser Menschenpflichten sind ausdrücklich nicht die Staaten, sondern die Individuen in den Amerikanischen Staaten. Diese Vorschriften normieren jedoch keine rechtlichen Pflichten, sondern beschreiben lediglich das naturrechtlich begründete, aus der sozialen Verantwortung des Menschen herrührende Idealbild des menschlichen Zusammenlebens. Mangels Völkerrechtssubjektivität sind die Individuen grundsätzlich nicht unmittelbarer Träger von völkerrechtlichen Rechten oder Pflichten. Etwas anderes gilt nur dann, wenn die Staaten ihnen eine Pflicht durch völkerrechtliche Vereinbarung auferlegen.[1014] In Bezug auf Teil II der Deklaration ist ein solcher Wille jedoch nicht erkennbar. Die Staaten haben sich bislang noch nie auf diesen Teil in der Praxis berufen. Teil II der Deklaration ist daher lediglich als moralischer Appell an die soziale Verantwortlichkeit

---

1014 So haben Individuen etwa im Kriegsvölkerrecht und im Völkerstrafrecht, das an eine unmittelbare völkerrechtliche Verantwortung des Einzelnen anknüpft, unmittelbare völkerrechtliche Pflichten. Zur Rechtssubjektivität des Menschen im Völkerstrafrecht vgl.: *Globke*, Die Auslieferung an den Internationalen Strafgerichtshof, S. 15 f.

des Menschen als Teil der Gesellschaft zu verstehen. Dieser Teil ist damit nicht rechtlich anwendbar bzw. vollzugsfähig.

2. Die sprachliche Allgemeinheit und Unbestimmtheit der Deklarations-rechte sowie das Fehlen spezieller Schrankenvorbehalte

Die sprachlich sehr vage und kurz gehaltene Wortwahl der Vorschriften der Deklaration stellt die Rechte lediglich in allgemeiner Weise fest, ohne zugleich die korrespondierenden Pflichten der Staaten zu formulieren.[1015] Eine dem Art. 2 AMRK vergleichbare Vorschrift, die die Verpflichtungen der Staaten in Bezug auf die dort genannten Rechte statuiert, fehlt in der Deklaration.[1016] Zudem enthält die Deklaration keine speziellen Schrankenvorbehalte.[1017]

Die Unbestimmtheit der Deklarationsrechte ändert jedoch nichts an ihrer rechtlichen Verbindlichkeit.[1018] Ein Vergleich von verbindlichen internationalen

---

1015 Dies ist, wie im ERSTEN KAPITEL, D I 1 erläutert, darauf zurückzuführen, dass die Amerikanischen Staaten die Deklaration im Jahre 1948 gewollt als lediglich unverbindliches Instrument verabschiedet hatten. Der Deklaration sollte nach dem ursprünglichen Willen der Staaten nur eine politische und moralische Leitfunktion in einem noch zukünftig zu schaffenden Inter-Amerikanischen Menschenrechtssystem zukommen. Im Jahre 1948 waren die OAS-Staaten zur Schaffung bindender menschenrechtlicher Verpflichtungen noch nicht bereit. Vgl. dazu auch die Ausführungen zur Enstehungsgeschichte der menschenrechtlichen Normen der OAS-Charta im DRITTEN KAPITEL, A I.

1016 Wie im ERSTEN KAPITEL, D I 1 erläutert, hatten die OAS-Staaten die endgültige Fassung der Deklaration im Vergleich zu den beiden vom Inter-Amerikanischen Juristenrat vorgelegten Deklarationsentwürfen enorm abgeschwächt. In den ersten beiden Deklarationsentwürfen waren noch explizite Pflichten der Staaten in Bezug auf diese Rechte enthalten.

1017 Dies war in dem ersten Deklarationsentwurf noch vorgesehen. Vgl. die Ausführungen im ERSTEN KAPITEL, D I 1.

1018 Ein Kommissionsmitglied hat in einem Aufsehen erregenden und von der Kommission kritisierten Sondervotum zu einer Kommissionsempfehlung gegen Kuba die Ansicht vertreten, die Deklaration könne schon wegen ihrer sprachlich unpräzisen Formulierung keine rechtlich überprüfbaren Verhaltenspflichten statuieren: „There is no universally accepted doctrine nor peaceful jurisprudence regarding the Declaration, given that, by definition, it involves adherence to certain values and general principles, which are important but contained in imperfect norms that establish no punishments, which therefore relativizes the greater or lesser commitment of states in accepting the enunciation of the rights enshrined therein. The

Menschenrechtstexten zeigt, dass diese einen unterschiedlich hohen Präzisierungsgrad aufweisen, ohne dass damit jedoch ihre rechtliche Verbindlichkeit in Frage gestellt wird.[1019]

Es mag, wie in Teilen der völkerrechtlichen Literatur vorgenommen, darüber gestritten werden, welcher praktische Ansatz bei der Formulierung von Menschenrechtstexten vorzugswürdiger ist[1020]: Eine bloße allgemeine Auflistung der Rechte oder eine ausführliche Umschreibung ihres Schutzbereichs und ihrer Schranken. Der Vorteil der lediglich allgemeinen Umschreibung der Rechte liegt darin, dass sich die Staaten dadurch in der Regel besser auf die Annahme des Textes einigen können. Nachteile hat diese Methode in Bezug auf einen wirksamen Menschenrechtsschutz: Eine nur vage Umschreibung der Rechte gibt den Staaten einen weiten Auslegungsspielraum, der es ermöglicht, die Norm je nach Sachlage und staatlichem Interesse mehr oder minder weit zu interpretieren.[1021] Auf der anderen Seite bringt eine ausführliche und präzise Definition des Schutzbereichs der Menschenrechte die Gefahr mit sich, dass das Fehlen der Erwähnung eines schutzwürdigen Aspekts bei der Interpretation als bewusste Auslassung bzw. bewusste Lücke gedeutet werden kann.

Auch wenn die inhaltliche Undefiniertheit keine Auswirkungen auf die Rechtsverbindlichkeit der Norm hat, kann sie sich jedoch auf deren praktische Anwendung auswirken. Die OAS-Staaten haben die Inter-Amerikanische Kommission für Menschenrechte mit der Kompetenz zur Anwendung der Deklaration als Maßstab für das menschenrechtliche Verhalten der OAS-Staaten ausgestattet. Seit Aufnahme ihrer Tätigkeit 1960 hat die Kommission eine umfangreiche Spruchpraxis entwickelt und dabei die Rechte aus der Deklaration ausgelegt und damit inhaltlich präzisiert.

Declaration has played an enormously valuable part in the history of civilization, and its contents have to concur with the American Convention, but it is not licit to use it circumstantially against a state that has even been denied the possibility of accounting for its departure from or approximation to the values it once ratified." Diese Auffassung wurde von den übrigen Kommissionsmitgliedern zurückgewiesen. Vgl. *IACHR*, Oscar Elías Biscet et al. vs. Cuba, Report No. 67/06, October 21, 2006, Sondervotum von Freddy Gutiérrez.

1019 Vgl. nur den Internationalen Pakt über bürgerliche und politische Rechte mit der EMRK.

1020 Vgl. dazu: *Robertson*, Human Rights in Europe S. 17 f.

1021 Kritisch ist auch der Umstand zu sehen, dass in einigen Menschenrechtstexte auch keine echten Rechte aufgenommen werden, womit die Gefahr besteht, dass das Instrument durch diese „Aufweichung" weniger ernst genommen wird.

Die Kommission hat dabei eine Interpretationskompetenz: Sie ist befugt, im Rahmen ihrer Kompetenzen die Rechte der Deklaration nach den allgemeinen Auslegungsregeln zu interpretieren und ihnen damit eine inhaltliche Konkretisierung zu geben.[1022] Ihre Auslegungskompetenz ist dabei jedoch keine authentische bzw. verbindliche. Sie wirkt lediglich als Orientierungshilfe bzw. als Empfehlung, die alleine politisch und/oder moralisch kraft ihrer Argumentation überzeugen kann.

Wie bereits bei der Untersuchung der Kommissionspraxis erläutert[1023], legt die Kommission die Menschenrechte aus der Amerikanischen Deklaration nach den allgemeinen völkerrechtlichen Auslegungsregeln aus. Die Kommission nimmt auch andere völkerrechtlich normierte Menschenrechte im Rahmen einer evolutiven Auslegung in den Blick. Dabei kommt der AMRK nach Ansicht der Kommission eine besondere Bedeutung zu. Exemplarisch für die Auslegungspraxis der Kommission kann ein Auszug aus einer Individualbeschwerde gegen Kuba zitiert werden. Darin heißt es:

> *„In accordance with the jurisprudence of the inter-American human rights system, the provisions of its instruments, including the American Declaration, should be interpreted and applied within the context of the inter-American and international human rights systems and, in the broader sense, in the light of the evolution of international human rights law. (...) Thus, when examining a petition (...) alleging violation of human rights, the Commission must pay attention to the other relevant norms of international law that apply to the member States (...). The Inter-American Court of Human Rights has approved the Commission's practice of applying sources of international law other than the American Convention: "The Commission has properly invoked in some of its reports and resolutions other treaties concerning the protection of human rights in the American States, regardless of their bilateral or multilateral character, or whether they have been adopted within the framework or under the auspices of the Inter-American system." (...) In particular, the organs of the inter-American system have sustained that the evolution of the body of international human rights law relevant to the interpretation and application of the American Declaration can be extracted from other international and regional instruments on human*

1022 Im Rahmen der UN haben die Gründungsstaaten auf der Konferenz von San Francisco festgestellt, dass jedes vertraglich eigesetzte Organ inhärent auch dazu befugt ist, im Rahmen seiner Vertragsanwendung die einschlägigen Charta-Artikel auszulegen: „(I) n the course of the operation from day to day of the various organs of the Organization, it is inevitable that each organ will interpret such parts of the Charter that are applicable to ist particular functions. The process is inherent in the functioning of any body which operates under an instrument defining ist functions and powers. (...) Accordingly, it is not necessary to include in the Charter a provision, either authorizing or approving the normal operation of this principle." Vgl. UNCIO, Bd. 13, S. 709.

1023 Vgl. FÜNFTES KAPITEL, A.

rights. (...) This includes the American Convention which, in many cases, can be considered representative of the basic principles established in the American Declaration, (...) and its respective protocols, such as the one regarding abolition of the death penalty. Another relevant development has also been derived from the provisions of other multilateral agreements approved both within and outside the inter-American system, including the Geneva Convention of 1949, and the International Covenant on Civil and Political Rights."[1024]

Durch Auslegung und Anwendung der Deklaration werden die Deklarationsrechte für den Einzelfall inhaltlich präzisiert und vollzugsfähig. Den OAS-Staaten werden dadurch ihre Pflichten aus der OAS-Charta in Verbindung mit der Amerikanischen Deklaration (rechtlich unverbindlich) verdeutlicht.

3. Die Bedeutung der wirtschaftlichen, sozialen und kulturellen Rechte aus der Amerikanischen Deklaration der Rechte und Pflichten des Menschen

In Bezug auf alle OAS-Staaten enthält im Inter-Amerikanischen Menschenrechtssystem einzig die Amerikanische Deklaration eine umfassende Auflistung von wirtschaftlichen, sozialen und kulturellen Rechten. Die AMRK hingegen führt diese Rechte nicht auf. Sie beschränkt sich in Art. 26 AMRK lediglich auf die Aussage, dass die Mitgliedsstaaten, sowohl intern als auch durch internationale Zusammenarbeit, es unternehmen, Maßnahmen, insbesondere wirtschaftlicher und technischer Art, zu ergreifen. Dadurch sollen die in den Vorschriften der OAS-Charta über wirtschaftliche, soziale, bildungsmäßige, wissenschaftliche und kulturelle Standards implizierten Rechte progressiv verwirklicht werden.

Erst das Zusatzprotokoll zur AMRK (*Protocol of San Salvador*)[1025] enthält eine Auflistung von wirtschaftlichen, sozialen und kulturellen Rechten. Die in Art. 1–3 dieses Protokolls aufgeführten Pflichten, namentlich die „obligation to adopt measures", die „obligation to enact domestic legislation" und die „obligation of nondiscrimination", gelten jedoch nur für diejenigen OAS-Staaten, die das Protokoll ratifiziert haben.[1026]

1024 *IACHR*, Oscar Elías Biscet et al. vs. Cuba, Report No. 67/06, October 21, 2006, Rn. 41 ff. Wie bereits oben im ZWEITEN KAPITEL, C V 3 erläutert, darf wegen des Konsensprinzips die AMRK nur dann als Auslegungshilfe für die Deklarationsrechte herangezogen werden, wenn der betreffende Staat Partei der AMRK ist.

1025 *Additional Protocol to the American Convention on Human Rights in the Area of Economic, Social and Cultural Rights* (*„Protocol of San Salvador"*), unterzeichnet in San Salvador, El Salvador, am 17. November 1988 auf der 18. Ordentlichen Sitzung der OAS-Generalversammlung, in Kraft getreten: 16.11.1999.

1026 Zur Zeit sind dies 16 OAS-Staaten. Zum Stand der Ratifikation vgl. http://www.oas.org/juridico/english/sigs/a-52.html (zuletzt besucht am 24.06.2013).

Das *Inter-American Juridical Committee* empfahl die Aufnahme solcher wirtschaftlichen, sozialen und kulturellen Rechte in die Deklaration. Zur Begründung wies es auf bereits angenommene Menschenrechtserklärungen internationaler Organisationen und den allgemeinen internationalen Trend hin, neben den klassischen Menschenrechten auch solche Rechte aufzunehmen. Diese Rechte seien anerkannt „as a necessary inference from the conception of the democratic state as a cooperative commonwealth seeking the general welfare of its members."[1027] Ihnen liege das Prinzip der „distrubutive justice" zugrunde.[1028]

Die Inter-Amerikanische Kommission hat bereits mehrfach zur wachsenden Bedeutung und der Auslegung der wirtschaftlichen, sozialen und kulturellen Rechte aus der Deklaration Stellung genommen und klargestellt, dass sie diesen Rechten genauso viel Beachtung schenkt wie den übrigen Menschenrechten.[1029] Die Kommission sieht dabei einen untrennbaren Zusammenhang zwischen den wirtschaftlichen, sozialen und kulturellen Rechten und den klassischen Menschenrechten.[1030]

1027 *Inter-American Juridical Committee, Draft Declaration of the Rights and Duties of Man and Accompanying Report*, zu finden in: The American Journal of International Law, Bd. 40 (1946), S. 93 ff.

1028 *Ibid.*

1029 *IACHR*, Seventh Report on the Situation of Human Rights in Cuba (OEA/Ser.L/V/II.61, doc.29, rev.1, 1983), Rn. 9. Vgl. etwa auch die Aussage: „The inter-American Commission on Human Rights has drawn attention to the growing importance of economic, social and cultural rights, both in themselves and in their relation to civil and political rights. In this respect, it has pointed out that: The essence of the legal obligation incurred by any government in this area (economic, social and cultural rights) is to strive to attain the economic and social aspirations of its people, by following an order that assigns priority to the basic needs of health, nutrition and education. The priority of the "rights of survival" and "basic needs" is a natural consequence of the right to personal security. *IACHR*, aaO., Rn. 6.

1030 „When examining the situation of human Rights in the various countries, the Commission has had to establish the organic relationship between the violation of the rights to physical safety on the one hand, and neglect of economic and social rights and suppression of political participation, on the other, neglect of economic and social rights, especially when political participation has been suppressed, produces the kind of social polarization that then leads to acts of terrorism by and against the Government. Likewise, the IACHR has emphasized that achievement of the observance of economic, social and cultural rights "cannot in any case justify the violations of the basic political and civil rights"" *IACHR*, aaO., Rn. 7.

Die Kommission sieht die Verpflichtungen der Staaten in Bezug auf diese Rechte darin, durch positive Maßnahmen, etwa durch die Formulierung bestimmter Politiken oder der Verteilung von Resourcen, Bedingungen herzustellen, unter denen diese Rechte effektiv ausgeübt werden können. Dabei könne anhand der konkreten Ergebnisse dieser Maßnahmen gemessen werden, inwieweit der betreffende Staaten seinen Verpflichtungen zur Achtung dieser Rechte in der Praxis nachkommt.[1031]

Zusammenfassend ist folgendes festzustellen: Auch wenn die Deklaration nicht zwischen bürgerlichen und politischen sowie wirtschaftlichen, sozialen und kulturellen Rechte trennt, sondern sie zusammen und unsortiert in Teil I auflistet, ist es nötig, zwischen diesen Arten von Rechten zu differenzieren, da sich diese Arten von Rechten im Hinblick auf den Inhalt der damit korrespondierenden Staatenverpflichtungen unterscheiden.

Im Gegensatz zu den klassischen Menschenrechten sind die wirtschaftlichen, sozialen und kulturellen Rechte primär nicht als Abwehrrechte gegen staatliches Verhalten konzipiert. Sie statuieren in der Regel keine aktuellen Verpflichtungen, sondern geben den Staaten nur Verpflichtungen zur Ergreifung progressiver Maßnahmen zur Erreichung eines bestimmten Ziels vor. Dabei haben die Staaten im Hinblick auf die Zielvorgabe einen relativ weiten Beurteilungsspielraum über die Art und den Umfang der zu ergreifenden Maßnahmen.

Allerdings führt eine Pflichtverletzung im Hinblick auf ein wirtschaftliches, soziales und kulturelles Recht aus der Amerikanischen Deklaration demnach zur Verletzung der OAS-Charta und begründet damit die völkerrechtliche Staatenverantwortlichkeit.

C. Abschließende Zusammenfassung in Thesen

Abschließend lassen sich die Hauptergebnisse der Arbeit in Thesen wie folgt zusammenfassen:

Zur Bedeutung der Art. 3 lit. l, 17 OAS-Charta im Allgemeinen:

1031 „The concrete attainment of these rights imposes on the state a duty to assume an active position; in effect, the content of economic, social and cultural rights is made up of a number of basic needs that must be satisfied directly or through the creation of conditions that are effective in meeting them. Thus the observance in practice of these rights implies the formulation of appropriate policies, the execution of which entails the allocation of resources – in some cases substantial – both in goods and in services. The concrete results obtained by such state action will make it possible to determine the degree to which a state meets its obligation to observe the abovementioned rights in practice." *IACHR*, aaO., Rn. 10.

- Der Bedeutungsgehalt der materiellen Menschenrechtsvorschriften der OAS-Charta, Art. 3 lit. l, 17 OAS-Charta, hat sich im Wege einer authentischen Interpretation anhand der *späteren Übung* mit Wirkung für die Mehrheit der OAS-Staaten (*inter-se*) im Vergleich zu seinem ursprünglichen Inhalt geändert und zu einer echten materiellen Rechtspflicht über den Schutz der Menschenrechte verdichtet.
- Bereits eine Auslegung anhand des subjektiv-historischen Willens und unter Berücksichtigung des Vertragstextes ergibt, dass die Art. 3 lit. l, 17 OAS-Charta als Minimalverpflichtung eine allgemeine Verpflichtung zum Schutz der Menschenrechte für alle OAS-Mitgliedsstaaten enthalten.
- Diese Minimalverpflichtung wird verletzt, wenn ein OAS-Mitgliedsstaat schwere und systematische Menschenrechtsverletzungen in einem groben Ausmaß begeht, die einer Negierung der Menschenrechte als solche gleichkommt. Zugleich wird diese Minimalverpflichtung verletzt, wenn der Staat bei der Anerkennung von Menschenrechten eine Diskriminierung aus Gründen der „Rasse, der Nationalität, der Herkunft oder des Geschlechts" i.S.v. Art. 3 lit. l OAS-Charta vornimmt.
- Den Art. 3 lit. l, 17 OAS-Charta wohnt ein doppelt dynamisches Element inne: Zum einen ist bereits der Tatbestand, also der Begriff der Menschenrechte entwicklungsoffen und dynamisch angelegt und damit für nachfolgende Konkretisierungen durch die OAS-Staaten zugänglich. Darüber hinaus beinhaltet auch die Rechtsfolgenseite, also die „*Proklamation*" der Menschenrechte, ein materiell-prospektives Element. Den Staaten wird ein abstrakter Handlungsauftrag zur Realisierung des in dieser Norm enthaltenen Programms vorgegeben. Leitidee dieses Programms ist die Fortentwicklung der Menschenrechte im Inter-Amerikanischen System. Diese Leitidee übt auf die Staaten einen unmittelbaren Zwang zur Befassung und zur Voranbringung des vorprogrammierten Ziels aus.
- Der abstrakte Handlungsauftrag, den Menschenrechtsschutz im inter-amerikanischen System schrittweise voranzubringen, wird von der negativen Verpflichtung, den bereits erreichten Menschenrechtsstandard nicht zu unterschreiten, flankiert.
- In der OAS-Charta ist ein normatives Entwicklungsprogramm für Menschenrechte angelegt, das die OAS-Staaten schrittweise verwirklicht und durch *nachfolgende Praxis* näher konkretisiert haben.
- Die Art. 3 lit. l, 17 OAS-Charta weisen zudem einen *objektiv-rechtlichen* Gehalt auf, der in dem Bekenntnis der OAS-Staaten zu Menschenrechten als

objektives Ordnungsprinzip des OAS-Systems, mithin als *inter-amerikanischer ordre public* liegt.

Zur rechtlichen Bedeutung und Wirkung der Amerikanischen Deklaration der Rechte und Pflichten des Menschen im Kontext der Art. 3 lit. l, 17 OAS-Charta im Besonderen:

- Nach dem subjektiv-historischen Willen der Gründungsstaaten der OAS ist die Amerikanische Deklaration nicht unmittelbar rechtsverbindlich und stellt keine Definition der Menschenrechte im Sinne der OAS-Charta dar. Gleichwohl ist in der Deklaration ein antizipatorischer Konsens der Staaten darüber enthalten, dass sich dieses Instrument durch die *nachträgliche Praxis* der Staaten zu verbindlichem Recht verdichten soll. Als *soft law* und „*Rechtserkenntnisquelle*" entfaltet die Amerikanische Deklaration jedenfalls über den Grundsatz des *estoppel* eine mittelbare und „vorgeschobene" Bindungswirkung bei der evolutiven Auslegung der OAS-Charta mittels *nachträglicher Praxis*.
- Die AMRK stellt eine neue Stufe der Evolution des inter-amerikanischen Menschenrechtsschutzes dar, indem erstmals eine inter-amerikanische Menschenrechtskonvention mitsamt eines Gerichtshofs geschaffen wurde.
- Durch die Schaffung der AMRK wurde auch die rechtliche Bedeutung der Deklaration sowohl im Hinblick auf die Parteien der AMRK als auch auf alle sonstigen OAS-Mitgliedsstaaten aufgewertet: Für die Mitgliedsstaaten der AMRK entfaltet die Deklaration über Art. 29 lit. d AMRK mittelbare vertragliche Bindungswirkung. Die Deklaration ist bei der Auslegung der AMRK-Rechte als Mindeststandard zu beachten, unter dem die AMRK-Rechte nicht zurückbleiben dürfen. Diese Vorschrift erhebt die Deklaration somit zum Kerngehalt und Mindeststandard in Bezug auf die Menschenrechte aus der AMRK. Darüber hinaus ist diese Vorschrift auch Ausdruck eines allgemeinen Konsenses sämtlicher OAS-Staaten darüber, den Status der Deklaration im Inter-Amerikanischen System zu konservieren und zu festigen: Art. 29 lit. d AMRK ist eine *safeguard clause*; diese Vorschrift stellt klar, dass die Deklaration auch nach dem Inkrafttreten der AMRK nicht obsolet wird.
- Durch die *spätere Übung* i.S.v. Art. 31 Abs. 3 lit. b WVK ist eine *authentische Auslegung* der Art. 3 lit. l, 17 OAS-Charta mit Wirkung zwischen einem Teil der OAS-Staaten (*inter-se*) eingetreten. Die Art. 3 lit. l, 17 OAS-Charta sind danach für die Mehrheit der OAS-Mitgliedsstaaten (dazu gehören sämtliche OAS-Staaten mit Ausnahme der USA und Kuba) verbindlich so zu interpretieren, dass unter dem Begriff der Menschenrechte die Rechte aus der Amerikanischen Deklaration der Rechte und Pflichten des Menschen gemeint sind

und dass diese Normen für die OAS-Staaten eine echte materielle Rechtspflicht zur Beachtung dieser Menschenrechte begründen.

- Die authentische Auslegung (*inter-se*) stützt sich zum einen auf die selbständige Praxis dieser Staaten, die in ihren nationalen und internationalen Verhaltensweisen eine derartige Auslegung der menschenrechtlichen Normen der OAS-Charta bereits andeuten. Zum anderen ist in dem Schweigen dieser Staaten auf die konsistente und dauerhafte Praxis der Inter-Amerikanischen Kommission, in der diese die Amerikanische Deklaration als materiell verbindliche Rechtsquelle über die OAS-Charta ansieht, unter Berücksichtigung der rechtlichen und tatsächlichen Umstände eine stillschweigende Zustimmung (*acquiescence*) zu sehen.
- Für die USA gelten die Art. 3 lit. l, 17 OAS-Charta mit dem Inhalt, dass eine materielle Verpflichtung zur Beachtung derjenigen Rechte aus der Amerikanischen Deklaration besteht, die als (regionales) *ius cogens* zu qualifizieren sind. Für alle übrigen Menschenrechte der Amerikanischen Deklaration ist eine Bindung der USA über die Art. 3 lit. l, 17 OAS-Charta zu verneinen, da insofern der konsistente und dauerhafte Widerspruch der USA als *„persistent objector"* rechtlich beachtlich ist und daher der Annahme einer *acquiescence* entgegensteht.
- Die Situation Kubas unterscheidet sich von der Situation der übrigen OAS-Staaten, da Kuba zwar noch ein Mitgliedsstaat der OAS ist, seine Mitgliedschaftsrechte jedoch seit 1962 suspendiert sind. Die Aufhebung der Suspendierung durch die *Generalversammlung* im Jahre 2009 bewirkt lediglich, dass die rechtlichen Hindernisse von Seiten der OAS und ihrer Organe beseitigt werden, die der aktiven Teilnahme Kubas in der OAS entgegenstehen. Kubas aktive Wiederteilnahme in der OAS ist allerdings noch von der Einleitung weiterer Schritte abhängig.
- Trotz der fehlenden Zustimmung Kubas zur förmlichen Einfügung des Individualbeschwerdeverfahrens in das Kommissionsstatut von 1965 ist die Zuständigkeit der Kommission für Individualbeschwerdeverfahren in Bezug auf Kuba aufgrund des Eintritts der Rechtsfolgen einer stillschweigenden Anerkennung (*acquiescence*) Kubas gegeben.
- Die Voraussetzungen einer *acquiescence* im Hinblick auf eine *authentische Auslegung* der Art. 3 lit. l, 17 OAS-Charta liegen bei Kuba nicht vor. Für Kuba ist daher der Inhalt der Art. 3 lit. l, 17 OAS, wie er zum Zeitpunkt bis zu seiner Suspendierung 1962 bestand, maßgeblich.
- Kommt es zu einer aktiven Wiederteilnahme Kubas in der OAS, so würde Kuba dann, sofern nicht Gegenteiliges vereinbart wird, vollumfänglich in

den aktuell bestehenden Rechte- und Pflichtenkreis der OAS-Charta eintreten. Dazu gehört auch die von den übrigen Mitgliedsstaaten und Organen der Organisation gestaltete Ordnung, inklusive des aktuellen Bedeutungsgehalts der Art. 3 lit. l, 17 OAS-Charta in Verbindung mit der Amerikanischen Deklaration.

Anhang I

American Declaration of the Rights and Duties of Man

(Adopted by the Ninth International Conference of American States, Bogotá, Colombia, 1948)

WHEREAS:

The American peoples have acknowledged the dignity of the individual, and their national constitutions recognize that juridical and political institutions, which regulate life in human society, have as their principal aim the protection of the essential rights of man and the creation of circumstances that will permit him to achieve spiritual and material progress and attain happiness;

The American States have on repeated occasions recognized that the essential rights of man are not derived from the fact that he is a national of a certain state, but are based upon attributes of his human personality;

The international protection of the rights of man should be the principal guide of an evolving American law;

The affirmation of essential human rights by the American States together with the guarantees given by the internal regimes of the states establish the initial system of protection considered by the American States as being suited to the present social and juridical conditions, not without a recognition on their part that they should increasingly strengthen that system in the international field as conditions become more favorable,

The Ninth International Conference of American States

AGREES:

To adopt the following

American Declaration of the Rights and Duties of Man

Preamble

All men are born free and equal, in dignity and in rights, and, being endowed by nature with reason and conscience, they should conduct themselves as brothers one to another.

The fulfillment of duty by each individual is a prerequisite to the rights of all. Rights and duties are interrelated in every social and political activity of man. While rights exalt individual liberty, duties express the dignity of that liberty.

Duties of a juridical nature presuppose others of a moral nature which support them in principle and constitute their basis.

Inasmuch as spiritual development is the supreme end of human existence and the highest expression thereof, it is the duty of man to serve that end with all his strength and resources.

Since culture is the highest social and historical expression of that spiritual development, it is the duty of man to preserve, practice and foster culture by every means within his power.

And, since moral conduct constitutes the noblest flowering of culture, it is the duty of every man always to hold it in high respect.

Chapter One
Rights

Article I. Every human being has the right to life, liberty and the security of his person.	Right to life, liberty and personal security.
Article II. All persons are equal before the law and have the rights and duties established in this Declaration, without distinction as to race, sex, language, creed or any other factor.	Right to equality before law.
Article III. Every person has the right freely to profess a religious faith, and to manifest and practice it both in public and in private.	Right to religious freedom and worship.
Article IV. Every person has the right to freedom of investigation, of opinion, and of the expression and dissemination of ideas, by any medium whatsoever.	Right to freedom of investigation, opinion, expression and dissemination.
Article V. Every person has the right to the protection of the law against abusive attacks upon his honor, his reputation, and his private and family life.	Right to protection of honor, personal reputation, and private and family life.
Article VI. Every person has the right to establish a family, the basic element of society, and to receive protection therefore.	Right to a family and to protection thereof.
Article VII. All women, during pregnancy and the nursing period, and all children have the right to special protection, care and aid.	Right to protection for mothers and children.

Article VIII. Every person has the right to fix his residence within the territory of the state of which he is a national, to move about freely within such territory, and not to leave it except by his own will.	Right to residence and movement.
Article IX. Every person has the right to the inviolability of his home.	Right to inviolability of the home.
Article X. Every person has the right to the inviolability and transmission of his correspondence.	Right to the inviolability and transmission of correspondence.
Article XI. Every person has the right to the preservation of his health through sanitary and social measures relating to food, clothing, housing and medical care, to the extent permitted by public and community resources.	Right to the preservation of health and to well-being.
Article XII. Every person has the right to an education, which should be based on the principles of liberty, morality and human solidarity. Likewise every person has the right to an education that will prepare him to attain a decent life, to raise his standard of living, and to be a useful member of society. The right to an education includes the right to equality of opportunity in every case, in accordance with natural talents, merit and the desire to utilize the resources that the state or the community is in a position to provide. Every person has the right to receive, free, at least a primary education.	Right to education.
Article XIII. Every person has the right to take part in the cultural life of the community, to enjoy the arts, and to participate in the benefits that result from intellectual progress, especially scientific discoveries. He likewise has the right to the protection of his moral and material interests as regards his inventions or any literary, scientific or artistic works of which he is the author.	Right to the benefits of culture.
Article XIV. Every person has the right to work, under proper conditions, and to follow his vocation freely, insofar as existing conditions of employment permit.	Right to work and to fair remuneration.

Every person who works has the right to receive such remuneration as will, in proportion to his capacity and skill, assure him a standard of living suitable for himself and for his family.	
Article XV. Every person has the right to leisure time, to wholesome recreation, and to the opportunity for advantageous use of his free time to his spiritual, cultural and physical benefit.	Right to leisure time and to the use thereof.
Article XVI. Every person has the right to social security which will protect him from the consequences of unemployment, old age, and any disabilities arising from causes beyond his control that make it physically or mentally impossible for him to earn a living.	Right to social security.
Article XVII. Every person has the right to be recognized everywhere as a person having rights and obligations, and to enjoy the basic civil rights.	Right to recognition of juridical personality and civil rights.
Article XVIII. Every person may resort to the courts to ensure respect for his legal rights. There should likewise be available to him a simple, brief procedure whereby the courts will protect him from acts of authority that, to his prejudice, violate any fundamental constitutional rights.	Right to a fair trial.
Article XIX. Every person has the right to the nationality to which he is entitled by law and to change it, if he so wishes, for the nationality of any other country that is willing to grant it to him.	Right to nationality.
Article XX. Every person having legal capacity is entitled to participate in the government of his country, directly or through his representatives, and to take part in popular elections, which shall be by secret ballot, and shall be honest, periodic and free.	Right to vote and to participate in government.
Article XXI. Every person has the right to assemble peaceably with others in a formal public meeting or an informal gathering, in connection with matters of common interest of any nature.	Right of assembly.
Article XXII. Every person has the right to associate with others to promote, exercise and protect his legitimate interests of a political, economic, religious, social, cultural, professional, labor union or other nature.	Right of association.

Article XXIII. Every person has a right to own such private property as meets the essential needs of decent living and helps to maintain the dignity of the individual and of the home.	Right to property.
Article XXIV. Every person has the right to submit respectful petitions to any competent authority, for reasons of either general or private interest, and the right to obtain a prompt decision thereon.	Right of petition.
Article XXV. No person may be deprived of his liberty except in the cases and according to the procedures established by pre-existing law. No person may be deprived of liberty for nonfulfillment of obligations of a purely civil character. Every individual who has been deprived of his liberty has the right to have the legality of his detention ascertained without delay by a court, and the right to be tried without undue delay or, otherwise, to be released. He also has the right to humane treatment during the time he is in custody.	Right of protection from arbitrary arrest.
Article XXVI. Every accused person is presumed to be innocent until proved guilty. Every person accused of an offense has the right to be given an impartial and public hearing, and to be tried by courts previously established in accordance with pre-existing laws, and not to receive cruel, infamous or unusual punishment.	Right to due process of law.
Article XXVII. Every person has the right, in case of pursuit not resulting from ordinary crimes, to seek and receive asylum in foreign territory, in accordance with the laws of each country and with international agreements.	Right of asylum.
Article XXVIII. The rights of man are limited by the rights of others, by the security of all, and by the just demands of the general welfare and the advancement of democracy.	Scope of the rights of man.

Chapter Two
Duties

Article XXIX. It is the duty of the individual so to conduct himself in relation to others that each and every one may fully form and develop his personality.	Duties to society.
Article XXX. It is the duty of every person to aid, support, educate and protect his minor children, and it is the duty of children to honor their parents always and to aid, support and protect them when they need it.	Duties toward children and parents.
Article XXXI. It is the duty of every person to acquire at least an elementary education.	Duty to receive instruction.
Article XXXII. It is the duty of every person to vote in the popular elections of the country of which he is a national, when he is legally capable of doing so.	Duty to vote.
Article XXXIII. It is the duty of every person to obey the law and other legitimate commands of the authorities of his country and those of the country in which he may be.	Duty to obey the law.
Article XXXIV. It is the duty of every able-bodied person to render whatever civil and military service his country may require for its defense and preservation, and, in case of public disaster, to render such services as may be in his power. It is likewise his duty to hold any public office to which he may be elected by popular vote in the state of which he is a national.	Duty to serve the community and the nation.
Article XXXV. It is the duty of every person to cooperate with the state and the community with respect to social security and welfare, in accordance with his ability and with existing circumstances.	Duties with respect to social security and welfare.
Article XXXVI. It is the duty of every person to pay the taxes established by law for the support of public services.	Duty to pay taxes.
Article XXXVII. It is the duty of every person to work, as far as his capacity and possibilities permit, in order to obtain the means of livelihood or to benefit his community.	Duty to work.
Article XXXVIII. It is the duty of every person to refrain from taking part in political activities that, according to law, are reserved exclusively to the citizens of the state in which he is an alien.	Duty to refrain from political activities in a foreign country.

Anhang II

Auszug aus der OAS-Charta

(inklusive der Änderungen durch die Protokolle
von Buenos Aires (in Kraft getreten 1970), Cartagena de Indias
(in Kraft getreten 1988), Managua (in Kraft getreten 1996)
und Washington (in Kraft getreten 1997)

IN THE NAME OF THEIR PEOPLES, THE STATES REPRESENTED AT THE NINTH INTERNATIONAL CONFERENCE OF AMERICAN STATES,

Convinced that the historic mission of America is to offer to man a land of liberty and a favorable environment for the development of his personality and the realization of his just aspirations;

Conscious that that mission has already inspired numerous agreements, whose essential value lies in the desire of the American peoples to live together in peace and, through their mutual understanding and respect for the sovereignty of each one, to provide for the betterment of all, in independence, in equality and under law;

Convinced that representative democracy is an indispensable condition for the stability, peace and development of the region;

Confident that the true significance of American solidarity and good neighborliness can only mean the consolidation on this continent, within the framework of democratic institutions, of a system of individual liberty and social justice based on respect for the essential rights of man;

Persuaded that their welfare and their contribution to the progress and the civilization of the world will increasingly require intensive continental cooperation;

Resolved to persevere in the noble undertaking that humanity has conferred upon the United Nations, whose principles and purposes they solemnly reaffirm;

Convinced that juridical organization is a necessary condition for security and peace founded on moral order and on justice; and

In accordance with Resolution IX of the Inter-American Conference on Problems of War and Peace, held in Mexico City,

HAVE AGREED
upon the following

CHARTER OF THE ORGANIZATION OF AMERICAN STATES

Part One
Chapter I
Nature and Purposes

Article 1

The American States establish by this Charter the international organization that they have developed to achieve an order of peace and justice, to promote their solidarity, to strengthen their collaboration, and to defend their sovereignty, their territorial integrity, and their independence. Within the United Nations, the Organization of American States is a regional agency.

The Organization of American States has no powers other than those expressly conferred upon it by this Charter, none of whose provisions authorizes it to intervene in matters that are within the internal jurisdiction of the Member States.

Article 2

The Organization of American States, in order to put into practice the principles on which it is founded and to fulfill its regional obligations under the Charter of the United Nations, proclaims the following essential purposes:

a) To strengthen the peace and security of the continent;
b) To promote and consolidate representative democracy, with due respect for the principle of nonintervention;
c) To prevent possible causes of difficulties and to ensure the pacific settlement of disputes that may arise among the Member States;
d) To provide for common action on the part of those States in the event of aggression;
e) To seek the solution of political, juridical, and economic problems that may arise among them;
f) To promote, by cooperative action, their economic, social, and cultural development;
g) To eradicate extreme poverty, which constitutes an obstacle to the full democratic development of the peoples of the hemisphere; and
h) To achieve an effective limitation of conventional weapons that will make it possible to devote the largest amount of resources to the economic and social development of the Member States.

Chapter II
Principles

Article 3

The American States reaffirm the following principles:

a) International law is the standard of conduct of States in their reciprocal relations;
b) International order consists essentially of respect for the personality, sovereignty, and independence of States, and the faithful fulfillment of obligations derived from treaties and other sources of international law;
c) Good faith shall govern the relations between States;
d) The solidarity of the American States and the high aims which are sought through it require the political organization of those States on the basis of the effective exercise of representative democracy;
e) Every State has the right to choose, without external interference, its political, economic, and social system and to organize itself in the way best suited to it, and has the duty to abstain from intervening in the affairs of another State. Subject to the foregoing, the American States shall cooperate fully among themselves, independently of the nature of their political, economic, and social systems;
f) The elimination of extreme poverty is an essential part of the promotion and consolidation of representative democracy and is the common and shared responsibility of the American States;
g) The American States condemn war of aggression: victory does not give rights;
h) An act of aggression against one American State is an act of aggression against all the other American States;
i) Controversies of an international character arising between two or more American States shall be settled by peaceful procedures;
j) Social justice and social security are bases of lasting peace;
k) Economic cooperation is essential to the common welfare and prosperity of the peoples of the continent;
l) The American States proclaim the fundamental rights of the individual without distinction as to race, nationality, creed, or sex;
m) The spiritual unity of the continent is based on respect for the cultural values of the American countries and requires their close cooperation for the high purposes of civilization;
n) The education of peoples should be directed toward justice, freedom, and peace.

Chapter III
Members

Article 4

All American States that ratify the present Charter are Members of the Organization.

(...)

Article 9

A Member of the Organization whose democratically constituted government has been overthrown by force may be suspended from the exercise of the right to participate in the sessions of the General Assembly, the Meeting of Consultation, the Councils of the Organization and the Specialized Conferences as well as in the commissions, working groups and any other bodies established.

a) The power to suspend shall be exercised only when such diplomatic initiatives undertaken by the Organization for the purpose of promoting the restoration of representative democracy in the affected Member State have been unsuccessful;
b) The decision to suspend shall be adopted at a special session of the General Assembly by an affirmative vote of two-thirds of the Member States;
c) The suspension shall take effect immediately following its approval by the General Assembly;
d) The suspension notwithstanding, the Organization shall endeavor to undertake additional diplomatic initiatives to contribute to the re-establishment of representative democracy in the affected Member State;
e) The Member which has been subject to suspension shall continue to fulfill its obligations to the Organization;
f) The General Assembly may lift the suspension by a decision adopted with the approval of two-thirds of the Member States;
g) The powers referred to in this article shall be exercised in accordance with this Charter.

Chapter IV
Fundamental Rights and Duties of States

Article 10

States are juridically equal, enjoy equal rights and equal capacity to exercise these rights, and have equal duties. The rights of each State depend not upon its power to ensure the exercise thereof, but upon the mere fact of its existence as a person under international law.

Article 11

Every American State has the duty to respect the rights enjoyed by every other State in accordance with international law.

Article 12

The fundamental rights of States may not be impaired in any manner whatsoever.

Article 13

The political existence of the State is independent of recognition by other States. Even before being recognized, the State has the right to defend its integrity and independence, to provide for its preservation and prosperity, and consequently to organize itself as it sees fit, to legislate concerning its interests, to administer its services, and to determine the jurisdiction and competence of its courts. The exercise of these rights is limited only by the exercise of the rights of other States in accordance with international law.

Article 14

Recognition implies that the State granting it accepts the personality of the new State, with all the rights and duties that international law prescribes for the two States.

Article 15

The right of each State to protect itself and to live its own life does not authorize it to commit unjust acts against another State.

Article 16

The jurisdiction of States within the limits of their national territory is exercised equally over all the inhabitants, whether nationals or aliens.

Article 17

Each State has the right to develop its cultural, political, and economic life freely and naturally. In this free development, the State shall respect the rights of the individual and the principles of universal morality.

Article 18

Respect for and the faithful observance of treaties constitute standards for the development of peaceful relations among States. International treaties and agreements should be public.

(…)

Chapter VII
Integral Development

Article 30

The Member States, inspired by the principles of interAmerican solidarity and cooperation, pledge themselves to a united effort to ensure international social justice in their relations and integral development for their peoples, as conditions essential to peace and security. Integral development encompasses the economic, social, educational, cultural, scientific, and technological fields through which the goals that each country sets for accomplishing it should be achieved.

(…)

Article 45

The Member States, convinced that man can only achieve the full realization of his aspirations within a just social order, along with economic development and true peace, agree to dedicate every effort to the application of the following principles and mechanisms:

a) All human beings, without distinction as to race, sex, nationality, creed, or social condition, have a right to material well-being and to their spiritual development, under circumstances of liberty, dignity, equality of opportunity, and economic security;
b) Work is a right and a social duty, it gives dignity to the one who performs it, and it should be performed under conditions, including a system of fair wages, that ensure life, health, and a decent standard of living for the worker and his family, both during his working years and in his old age, or when any circumstance deprives him of the possibility of working;
c) Employers and workers, both rural and urban, have the right to associate themselves freely for the defense and promotion of their interests, including the right to collective bargaining and the workers' right to strike, and recognition of the juridical personality of associations and the protection of their freedom and independence, all in accordance with applicable laws;

(…)

Article 46

The Member States recognize that, in order to facilitate the process of Latin American regional integration, it is necessary to harmonize the social legislation of the developing countries, especially in the labor and social security fields, so that the rights of the workers shall be equally protected, and they agree to make the greatest efforts possible to achieve this goal.

(…)

Article 49

The Member States will exert the greatest efforts, in accordance with their constitutional processes, to ensure the effective exercise of the right to education, on the following bases:

a) Elementary education, compulsory for children of school age, shall also be offered to all others who can benefit from it. When provided by the State it shall be without charge;
b) Middle-level education shall be extended progressively to as much of the population as possible, with a view to social improvement. It shall be diversified in such a way that it meets the development needs of each country without prejudice to providing a general education; and
c) Higher education shall be available to all, provided that, in order to maintain its high level, the corresponding regulatory or academic standards are met.

(…)

Part Two
Chapter VIII
The Organs

Article 53

The Organization of American States accomplishes its purposes by means of: (…)

e) The Inter-American Commission on Human Rights;

(…)

Chapter XV
The Inter-American Commission on Human Rights

Article 106

There shall be an Inter-American Commission on Human Rights, whose principal function shall be to promote the observance and protection of human rights and to serve as a consultative organ of the Organization in these matters.

An inter-American convention on human rights shall determine the structure, competence, and procedure of this Commission, as well as those of other organs responsible for these matters.

(…)

Chapter XXI
Ratification and Entry into Force

Article 139

The present Charter shall remain open for signature by the American States and shall be ratified in accordance with their respective constitutional procedures. The original instrument, the Spanish, English, Portuguese, and French texts of which are equally authentic, shall be deposited with the General Secretariat, which shall transmit certified copies thereof to the Governments for purposes of ratification. The instruments of ratification shall be deposited with the General Secretariat, which shall notify the signatory States of such deposit.

Article 140

The present Charter shall enter into force among the ratifying States when two thirds of the signatory States have deposited their ratifications. It shall enter into force with respect to the remaining States in the order in which they deposit their ratifications.

(...)

Article 142

Amendments to the present Charter may be adopted only at a General Assembly convened for that purpose. Amendments shall enter into force in accordance with the terms and the procedure set forth in Article 140.

(...)

Chapter XXII
Transitory Provisions

(...)

Article 145

Until the inter-American convention on human rights, referred to in Chapter XV, enters into force, the present InterAmerican Commission on Human Rights shall keep vigilance over the observance of human rights.

Anhang III

Auszug aus dem Statut der Inter-Amerikanischen Kommission für Menschenrechte

Statut i.d.F.v. 1960/65 (Gültig bis 1979)	**Statut i.d.F.v. 1979** (Gültig 1979 bis heute)
Article 1 The Inter-American Commission on Human Rights is an autonomous entity of the Organization of American States whose principal function is to promote respect for the obvervance of human rights. **Article 2** For the purpose of this Statute, human rights are understood to be those set forth in the American Declaration of the Rights and Duties of Man.	**Article 1** (1) The Inter-American Commission on Human Rights is an organ of the Organization of the American States, created to promote the observance and defense of human rights and to serve as consultative organ of the Organization in this matter. (2) For the purposes of the present Statute, human rights are understood to be: a) The rights set forth in the American Convention on Human Rights, in relation to the States Parties thereto; b) The rights set forth in the American Declaration of the Rights and Duties of Man, in relation to the other member states.
Article 9 In carrying out its assignment of promoting respect for human rights, the Commission shall have the following functions and powers: a) to develop an awareness of human rights among the peoples of America; b) to make recommendations to the governments of the member states in general, if it considers such action advisable, for the adoption of progressive measures in favor of human rights within the framework of their domestic legislation and, in accordance with their constitutional	**Article 18** The Commission shall have the following powers with respect to the member states of the Organization of American States: a) to develop an awareness of human rights among the peoples of the Americas; b) to make recommendations to the governments of the states on the adoption of progressive measures in favor of human rights in the framework of their legislation, constitutional provisions and international commitments, as well as appropriate measures to further observance of those rights;

Statut i.d.F.v. 1960/65 (Gültig bis 1979)	**Statut i.d.F.v. 1979** (Gültig 1979 bis heute)
precepts, appropriate measures to further the faithful observance of those rights; c) to prepare such studies or reports as it considers advisable in the performance of its duties; d) to urge the governments of the member states to supply it with information on the measures adopted by them in manners of human rights; e) to serve the Organization of American States as an advisory body in respect of human rights"	c) to prepare such studies or reports as it considers advisable for the performance of its duties; d) to request that the governments of the states provide it with reports on measures they adopt in matters of human rights; e) to respond to inquiries made by any member state through the General Secretariat of the Organization on matters related to human rights in the state and, within its possibilities, to provide those states with the advisory services they request; f) to submit an annual report to the General Assembly of the Organization, in which due account shall be taken of the legal regime applicable to those States Parties to the American Convention on Human Rights and of that system applicable to those that are not Parties; g) to conduct on-site observations in a state, with the consent or at the invitation of the government in question; and h) to submit the program-budget of the Commission to the Secretary General, so that he may present it to the General Assembly.
	Article 19 With respect to the States Parties to the American Convention on Human Rights, the Commission shall discharge its duties in conformity with the powers granted under the Convention and in the present Statute, and shall have the following powers in addition to those designated in Article 18: a) to act on petitions and other communications, pursuant to the provisions of Articles 44 to 51 of the Convention; b) to appear before the Inter-American Court of Human Rights in cases provided for in the Convention; c) to request the Inter-American Court of Human Rights to take such provisional measures as it considers appropriate in serious and urgent cases which have not yet been submitted to it for consideration,

Statut i.d.F.v. 1960/65 (Gültig bis 1979)	Statut i.d.F.v. 1979 (Gültig 1979 bis heute)
	whenever this becomes necessary to prevent irreparable injury to persons; d) to consult the Court on the interpretation of the American Convention on Human Rights or of other treaties concerning the protection of human rights in the American states; e) to submit additional draft protocols to the American Convention on Human Rights to the General Assembly, in order to progressively include other rights and freedoms under the system of protection of the Convention, and f) to submit to the General Assembly, through the Secretary General, proposed amendments to the American Convention on Human Rights, for such action as the General Assembly deems appropriate.
Article 9 (bis) The Commission shall have the following additional functions and powers: a) To give particular attention to observance of human rights referred to in Articles I, II, III, IV, XVIII, XXV, and XXVI of the American Declaration of the Rights and Duties of Man; b) to examine communications submitted to it and any other available information; to address the government of any American state for information deemed pertinent by the Commission; and to make recommendations, when it deems this appropriate, with the objective of bringing about more effective observance of fundamental human rights; c) to submit a report annually to the Inter-American Conference or to the Meeting of Consultation of Ministers of Foreign Affairs, which should include: (i) a statement of progress achieved in realization of the goals set forth in the American Declaration; (ii) a statement of areas in which	**Article 20** In relation to those member states of the Organization that are not parties to the American Convention on Human Rights, the Commission shall have the following powers, in addition to those designated in Article 18: a) to pay particular attention to the observance of the human rights referred to in Articles I, II, III, IV, XVIII, XXV, and XXVI of the American Declaration of the Rights and Duties of Man; b) to examine communications submitted to it and any other available information, to address the government of any member state not a Party to the Convention for information deemed pertinent by this Commission, and to make recommendations to it, when it finds this appropriate, in order to bring about more effective observance of fundamental human rights; and, c) to verify, as a prior condition to the exercise of the powers granted under subparagraph b. above, whether the domestic legal procedures and remedies of each member state not a Party to the Convention have been duly applied and exhausted.“

Statut i.d.F.v. 1960/65 (Gültig bis 1979)	Statut i.d.F.v. 1979 (Gültig 1979 bis heute)
further steps are needed to give effect to the human rights set forth in the American Declaration; and (iii) such observations as the Commission may deem appropriate on matters covered in the communications submitted to it and in other information available to the Commission; d) to verify, as a condition precedent to the exercise of the powers set forth in paragraphs b) and c) of the present article, whether the internal legal procedures and remedies of each member state have been duly applied and exhausted."	

Literaturverzeichnis

Alexy, Robert: „Theorie der Grundrechte“, Berlin, 1994 (zit.: *Alexy*, Theorie der Grundrechte, S.).

American Law Institute (Hrsg.): „Restatement of the Law, Second: foreign Relations Law of the United States / as adopted and promulgated by the American Law Institute at Washington, D.C. May 26, 1962“, Washington, D.C., USA, 1965 (zit.: *American Law Institute*, Restatement of the Law, Second, S.).

American Law Institute (Hrsg.): „Restatement of the Law, Third: foreign Relations Law of the United States, Washington, D.C., USA, 1987 (zit.: *American Law Institute*, Restatement of the Law, Third, S.).

Arbour, Louise/ Lafontaine, Fannie: „Beyond Self-Congratulation: The Charter at 25 in an International Perspective“, Osgoode Hall Law Journal, Bd. 45, Nr. 2 (2007), S. 239 ff. (zit.: *Arbour/Lafontaine*, OHLJ 2007, S.).

Aust, Anthony: „Modern Treaty Law and Practice“, 1. Aufl., Cambridge, Großbritannien, 2000 (zit.: *Aust*, Modern Treaty Law and Practice, S.).

Bassan, Daniela: „The Canadian Charter and Public International Law: Redefining the State's Power to Deport Aliens“, Osgoode Hall Law Journal, Bd. 34, Nr. 23 (1996), S. 583 ff. (zit.: *Bassan*, OHLJ 1996, S.).

Bast, Carol M./ Pyle, Ransford C: „Foundations of Law – Cases, Commentary and Ethycs“, 5. Aufl., New York, USA, 2011 (zit.: *Bast/Pyle*, Foundations of Law, S.).

Bayefsky, Anne/ Cohen, Max: „Charter of Rights and Freedoms and Public International Law“, Canadian Bar Review, Bd. 61 (1983), S. 265 ff. (zit.: *Bayefsky/Cohen*, Can.BarRev. 1983, S.).

Bayefsky, Anne: „International Law in Canadian Courts: Japan and international law“, Proceedings of the Conference of the Canadian Council On International Law, Canadian Council on International Law, Ottawa, Canada, 1992, S. 273 ff. (zit.: Bayefsky, International Law in Canadian Courts, S.).

Bentz, Jacques: „Le silence comme manifestation de volonté en droit international public“, Revue générale de droit international public, Bd. 67 (1963), S. 44 ff (zit.: *Bentz*, RGDIP 1963, S.).

Berenson, William M.: „The Structure of the Organization of American States: A Summary“, Onlineresource, 2002, zu finden unter: http://www.oas.org/legal/english/WMB%20Structure%20of%20OAS,%20Eng.doc (zit.: *Berenson*, The Structure of the Organization of American States, S.).

Berndt, Uwe: „Die Organisation Amerikanischer Staaten (OAS): Von der Legitimationskrise zur Wiederbelebung als Regime zur Staatsstreichprävention“, 1. Aufl., Freiburg, 1995, auch online zu finden unter: http://www.freidok.uni-freiburg.de (zit.: *Berndt*, Die Organisation Amerikanischer Staaten, S.).

Bernhardt, Rudolf: „Die Auslegung völkerrechtlicher Verträge insbesondere in der neueren Rechtsprechung internationaler Gerichte“, Köln, 1963 (zit.: *Bernhardt*, Die Auslegung völkerrechtlicher Verträge, S.).

Bernhardt, Rudolf (Hrsg.): „Encyclopedia of Public International Law“, Bd. 1–7, Amsterdam, 1992–2001 (zit.: *Bearb.*, in: Bernhardt, EPIL *Bd.*, S.).

Bernhardt, Rudolf: „Ungeschriebenes Völkerrecht“, Zeitschrift für ausländisches öffentliches Recht und Völkerrecht, Bd. 36 (1976), S. 50 ff. (zit.: *Bernhardt*, ZaöRV 1976, S.).

Bettinger-Lopez, Caroline: „The Inter-American Human Rights System: A Primer“, Clearinghouse Review, Journal of Poverty Law and Policy, Bd. 42 (2009), S. 581 ff. (zit.: *Bettinger-Lopez*, Clearinghouse Rev. 2009, S.).

Bevans, Charles I.: „Treaties and Other International Agreements of the United States of America 1776–1949“, Bd. 3, Department of State Publication 8407, Washington, D.C., 1968–1976 (zit.: *Bevans*, Treaties and Other International Agreements of the United States of America 1776–1949, S.).

Bleckmann, Albert: „Die Aufgaben einer Methodenlehre des Völkerrechts“, Heidelberg, 1978 (zit.: *Bleckmann*, Die Aufgaben einer Methodenlehre des Völkerrechts, S.).

Bleckmann, Albert: „Völkergewohnheitsrecht trotz widersprüchlicher Praxis?“, Zeitschrift für ausländisches öffentliches Recht und Völkerrecht, Bd. 36 (1976), S. 374 ff. (zit.: *Bleckmann*, ZaöRV 1976, S.).

Bleicher, Samuel A.: „The Legal Significance of Re-Citation of General Assembly Resolutions“, The American Journal of International Law, Bd. 63 (1969), S. 444 ff. (zit.: *Bleicher*, AJIL 1969, S.).

Blokker, Niels: „Is the Authorization authorized? Powers and Practice of the UN Security Council to Authorize the Use of Force by „Coalitions of the Able and Willing““, European Journal of International Law, Bd. 11 (2000), S. 541 ff. (zit.: *Blokker*, EJIL 2000, S.).

Bloomfield, Richard: „Making the Western Hemisphere safe for democracy? The OAS defense-of-democracy regime“, Washington Quarterly, Bd. 17 (1994), S. 157 ff. (zit.: *Bloomfield*, Washington Quarterly 1994, S.).

Bowett, Derek: „Estoppel Before International Tribunals And Its Relation To Acquiescence“, British Yearbook of International Law, Bd. 33 (1957), S. 176 ff. (zit.: *Bowett*, BYIL 1957, S.).

Brownlie, Ian: „Principles of Public International Law“, 7. Aufl., Oxford, Großbritannien, 2008 (zit.: *Brownlie*, Principles of Public International Law, S.).

Buchanan, Basil Victor: „Commonwealth Carribbean countries and the Organization of American States“, Ann Arbor, USA, 1976 (zit.: *Buchanan*, Commonwealth Carribbean countries and the Organization of American States, S.).

Buergenthal, Thomas: „The Revised OAS Charter and the Protection of Human Rights“, The American Journal of International Law, Bd. 69 (1975), S. 828 ff. (zit.: *Buergenthal*, AJIL 1975, S.).

Buergenthal, Thomas: „The Inter-American Court of Human Rights“, The American Journal of International Law, Bd. 76 (1982), S. 231 ff. (zit.: *Buergenthal*, AJIL 1982, S.).

Buergenthal, Thomas/ Norris, Robert: „Human Rights – The Inter-American System“, Looseblattsammlung, Bd. 1–6, Dobbs Ferry, USA, 1982 (zit.: *Buergenthal/Norris*, Human Rights, Bd., S.).

Buergenthal, Thomas/ Norris, Robert/ Shelton, Dinah: „Protecting Human Rights in the Americas – Selected Problems“, 3. Aufl, Kehl am Rhein, 1990 (zit.: *Buergenthal/Norris/Shelton*: Protecting Human Rights in the Americas – Selected Problems, S.).

Buergenthal, Thomas: „Non-Discrimination and Equal Protection in the Inter-American System“, in: Wolfrum (Hrsg.): Gleichheit Und Nichtdiskriminierung im Nationalen und Internationalen Menschenrechtsschutz, Berlin, 2003, S. 161 ff.

Buergenthal, Thomas/ Cassel, Douglas, „The Future of the Inter-American Human Rights System“, in: Méndez/Cox (Hrsg.): El Futuro del Sistema Interamericano de Protectión de los Derechos Humanos, San José, Costa Rica, 1998, S. 539 ff. (zit.: *Buergenthal/Cassel*, The Future of the Inter-American Human Rights System, S.).

Buffard, Isabelle/Zemanek, Karl: „The „Object and Purpose“ of a Treaty: An Enigma?“, Austrian Review of International and European Law, Bd. 3 (1998), S. 311 ff. (zit.: *Buffard/Zemanek*, AustrianRevInt'lEurL 1998, S.).

Butler, Israel de Jesus: „The US and Brazil before the Inter-American Commission on Human Rights: Recent Cases", Human Rights Law Review, Bd. 4 (2004), S. 295 ff. (zit.: *Butler*, HRLR, S.).

Burgorgue-Larsen, Laurence/ Úbeda de Torres, Amaya (Hrsg.): „The Inter-American Court of Human Rights – Case Law and Commentary", Oxford, Großbritannien, 2011 (zit.: *Bearb.* in: *Burgorgue-Larsen/ Úbeda de Torres* (Hrsg.), The Inter-American Court of Human Rights, S.).

Cabranes, José A.: „The Protection of Human Rights by the Organization of American States", The American Journal of International Law, Bd. 62 (1968), S. 889 ff. (zit.: *Cabranes*, AJIL 1968, S.).

Cabranes, José A.: „Human Rights and Non-Intervention in the Inter-American System", Michigan Law Review, Bd. 65 (1967), S. 1147 ff. (zit. *Cabranes*, MichLRev 1967, S.).

Callies, Christian/ Ruffert, Matthias (Hrsg.): „EUV/AEUV Kommentar", 4. Aufl., München, 2011 (zit.: *Autor*, in: *Callies/Ruffert* (Hrsg.): EUV/AEUV Kommentar, *Art.*).

Caminos, Hugo: „The role of the OAS in the promotion and protection of democratic governance", Recueil des Cours, Bd. 273 (1998), S. 103 ff. (zit.: *Caminos*, RdC 1998, S.).

Cançado Trindade, Augusto: „Die Entwicklung des inter-amerikanischen Systems zum Schutz der Menschenrechte", Zeitschrift für ausländisches öffentliches Recht und Völkerrecht, Bd. 70 (2010), S. 629 ff. (zit.: *Cançado Trindade*, ZaöRV 2010, S.).

Cançado Trindade, Augusto: „The Developing Case Law of the Inter-American Court of Human Rights", Human Rights Law Review, Bd. 3 Nr. 1, 2003, S. 1 ff. (zit.: *Cançado Trindade*, HRLR 2003, S.).

Carnegie Endowment for International Peace/ Scott, James Brown (Hrsg.): „The International Conferences of American States, 1889–1928: A collection of the conventions, recommendations, resolutions, reports, and motions adopted by the first six International Conferences of the American States, and documents relating to the organization of the conferences", Oxford, Großbritannien, 1931 (zit.: *Carnegie Endowment for International Peace*, The International Conferences of American States, 1889–1928, S.).

Carnegie Endowment for International Peace (Hrsg.): „The International Conferences of American States. First Supplement, 1933–1940: Conventions, recommendations, resolutions and motions", Washington, D.C., USA, 1940 (zit.: *Carnegie Endowment for International Peace*, The International Conferences of American States. First Supplement, 1933–1940, S.).

Cassel, Douglas: „Inter-American Human Rights Law Soft and Hard“, in: Shelton (Hrsg.): Commitment and Compliance: The Role of Non-Binding Norms in the International Legal System, Oxford, Großbritannien, 2000, S. 393 ff. (zit.: *Cassel*, Inter-American Human Rights Law Soft and Hard, S.).

Cerna, Christina: „The Inter-American System for the Protection of Human Rights“, Florida Journal of International Law, Bd. 16 (2004), S. 195 ff. (zit.: *Cerna*, Fla. J. Int'l L. 2004, S.).

Cerna, Christina: „The Inter-American Commission on Human Rights: its Organization and Examination of Petition and Communications“, in: Harris/Livingston (Hrsg.): The Inter-American System of Human Rights, Oxford, Großbritannien, 1998, S. 65 ff. (zit.: *Cerna*, The Inter-American Commission on Human Rights: its Organization and Examination of Petition and Communications, S.).

Chinkin, Chistine M: „The Challenge of Soft Law: Development and Change“, International Law, The International and Comparative Law Quarterly, Bd. 38, (1989), S. 850 ff. (zit.: *Chinkin*, ICLQ 1989, S.).

Cole, Mark D: „Das Selbstbestimmungsrecht indigener Völker: Eine völkerrechtliche Bestandsaufnahme am Beispiel der Native Americans in den USA“, Berlin, 2009 (zit.: *Cole*, Das Selbstbestimmungsrecht indigener Völker, S.).

Colson, David: „How Persistent Must The Persistent Objector Be?“, Washington Law Review, Bd. 61, 1986, S. 957 ff. (zit.: *Colson*, WashLR 1968, S.).

Cot, Jean-Pierre: „La Conduite subséquente des Parties à un traité“, Revue Générale de Droit International Public, Bd. 70 (1966), S. 632 ff. (zit.: *Cot*, RGDIP 1966, S.).

Craven, Matthew: „The Protection of Economic, Social and Cultural Rights under the inter-American System of Human Rights“, in: Harris/Livingston (Hrsg.): The Inter-American System of Human Rights, Oxford, Großbritannien, 1998, S. 289 ff. (zit.: *Craven*, The Protection of Economic, Social and Cultural Rights under the inter-American System of Human Rights, S.).

Dahm, Georg/Delbrück, Jost/Wolfrum, Rüdiger: „Völkerrecht“, Bd. 1/3, 2. Aufl., Berlin, 2002 (zit.: *Dahm/Delbrück/Wolfrum*, Völkerrecht 1/3, S.).

D'Amato, Anthony: „Consent, Estoppel, and Resasonableness: Three Challenges to Universal International Law“, Virgina Journal of International Law, Bd. 10 (2010), S. 1 ff (zit. *D'Amato*, VirgJInt'lL 2010, S.).

D'Amato, Anthony: „On Consensus", Canadian Yearbook of International Law, Bd. 8 (1970), S. 104 ff. (zit.: *D'Amato*, CanYBIL 1970, S.).

Davidson, Scott: „The Inter-American Human Rights System", Dartmouth, USA, 1997 (zit.: *Davidson*, The Inter-American Human Rights System, S.).

de la Colina, Rafael: „El Debate sobre Derechos Humanos en los Organos Politicos de la OEA", in: Comisión Interamericana de Derechos Humanos (Hrsg.): Derechos Humanos en la Americas, Homenaje a la Memoria de Carlos A. Dunshee de Abranches, Washington, DC, 1984, S. 339 ff. (zit.: *de la Colina*, El Debate sobre Derechos Humanos en los Organos Politicos de la OEA, S.).

Department of State, USA (Hrsg.): „Report of the Delegation of the United States of America to the Ninth International Conference of American States, Bogotá, Colombia, March 30-May 2, Publ. No. 3263, 1948", Washington, D.C., USA, 1948 (zit.: *Department of State, USA*, Report of the Delegation of the United States of America to the Ninth International Conference of American States, S.).

Department of State, USA (Hrsg.): „Foreign Relations of the American States, 1958–1960, Vol. V, American Republics", Washington, D.C., USA, 1958–1960, auch online zu finden unter: http://digital.library.wisc.edu/1711.dl/FRUS.FRUS195860v05 (zit.: *Department of State*, Foreign Relations of the American States, 1958–1960, Vol. V, American Republics, S.).

Dillard, Hardy Cross: „Some Aspects of Law and Diplomaca", Recueil des Cours, Bd. 91 (1957), S. 443 ff. (zit.: *Dillard*, RdC 1957, S.).

Doehring, Karl: „Völkergewohnheitsrecht aus Verträgen", Zeitschrift für ausländisches öffentliches Recht und Völkerrecht, Bd. 36 (1976), S. 77 ff. (zit.: *Doehring*, ZaöRV 1976, S.).

Doehring, Karl: „Völkerrecht", 2. Aufl., Heidelberg, 2004 (zit.: *Doehring*, Völkerrecht, S.).

Dreier, John C.: „New Wine and old bottles – The Changing Inter-American System", International Organization, Bd. 22 (1968), S. 477 ff. (zit.: *Dreier*, IO 1968, S.).

Duisberg, Claus: „Das Völkergewohnheitsrecht nach der Rechtsprechung der internationalen Gerichte", Bonn, 1962 (zit.: *Duisberg*, Das Völkergewohnheitsrecht nach der Rechtsprechung der internationalen Gerichte, S.).

Dworkin, Ronald: „Taking Rights Seriously", Cambridge, USA, 1978 (zit.: *Dworkin*, Taking Rights Seriously, S.).

Elorrio, Aurelio Francisco García: „Protección de los niños no nacidos en el sistema jurídico interamericano de derechos humanos", in: Scala/El'Orrio/

Hernández/Scarinci (Hrsg.): Derechos Humanos – 9 casos controversiales en América Latina, 2. Aufl., San José, Costa Rica, 2009, S. 19 ff. (zit.: *Elorrio*, Protección de los niños no nacidos en el sistema jurídico interamericano de derechos humanos, S.).

Englert, Damaris: „Die Lateinamerikapolitik der USA im Rahmen der Organisation Amerikanischer Staaten", München, 2010 (zit.: *Englert*, Die Lateinamerikapolitik der USA im Rahmen der Organisation Amerikanischer Staaten, S.).

Ermacora, Felix: „Procedure to Deal With Human Rights Violations: a Hopeful Start in the United Nations?", Human Rights Journal, Bd. 7 (1974), S. 670 ff. (zit.: *Ermacora*, HRJ 1974, S.).

Falk, Richard A.: „On the Quasi-Legislative Competence of the General Assembly", American Journal of International Law, Bd. 60 (1966), S. 782 ff. (zit.: *Falk*, AJIL 1966, S.).

Fastenrath, Ulrich: „Lücken im Völkerrecht. Zu Rechtscharakter, Quellen, Systemzusammenhang, Methodenlehre und Funktionen des Völkerrechts", Berlin, 1991 (zit.: *Fastenrath*, Lücken im Völkerrecht, S.).

Feldman, Alexander M.: „Evolving Treaty Obligations: A Proposal for Analyzing Subsequent Practice derived from WTO Dispute Settlement", International Law and Politics, Bd. 41 (2009), S. 655 ff. (*Feldmann*, ILP 2009, S.).

Fenwick, Charles G.: „The Ninth International Conference of American States", The American Journal of International Law, Bd. 42 (1948), S. 553 ff. (zit.: *Fenwick*, AJIL 1948, S.).

Fink, Udo: „Kollektive Friedenssicherung", Teil 2, Frankfurt am Main, 1999 (zit: *Fink*, Kollektive Friedenssicherung, S.).

Fink, Udo: „Der Kosovo-Konflikt und die Entstehung von Völkergewohnheitsrecht", in: Dörr/Fink et. al: Die Macht des Geistes, Festschrift für Hartmut Schiedermair, Heidelberg, 2001, S. 803 ff. (zit.: *Fink*, Der Kosovo-Konflikt und die Entstehung von Völkergewohnheitsrecht, S.).

Fink, Udo/ Gillich, Ines: „Der Einfluss des Völkerrechts auf die US-amerikanische Verfassung", Jahrbuch des Öffentlichen Rechts der Gegenwart – Neue Folge, Bd. 61 (2013), S. 725 ff. (zit.: *Fink/Gillich*, JöR 2013, S.).

Fitzmaurice, Gerald: „The law and procedure of the International Court of Justice 1951–4: Treaty Interpretation and other treaty points", British Yearbook of International Law, Bd. 33 (1957), S. 203 ff. (zit.: *Fitzmaurice*, BYIL 1957, S.).

Fitzmaurice, Gerald: „The Law and Procedure of the International Court of Justice: Treaty Interpretation and other treaty points", British Yearbook of International Law, Bd. 28 (1951), S. 1 ff. (zit.: *Fitzmaurice*, BYIL 1951, S.).

Fitzmaurice, Gerald: „The Law and Procedure of the International Court of Justice 1951–1954: General Principles and Sources of Law", British Yearbook of International Law, Bd. 30 (1953), S. 1 ff. (zit.: *Fitzmaurice*, BYIL 1953, S.).

Fitzmaurice, Gerald: „The General Principles of International Law, Considered from the Standpoint of the Rule of Law", Recueil des Cours, Bd. 92, 1957, S. 40 ff. (zit.: *Fitzmaurice*, RdC 1957, S.).

Fitzmaurice, Gerald: „The Law and Procedure of the International Court of Justice", Bd. 2, Cambridge, Großbritannien 1986 (zit.: *Fitzmaurice*, The Law and Procedure of the International Court of Justice, S.).

Fix-Zamundo, Héctor: „El derecho internacional de los derechos humanos en las Constituciones latinoamericanos y en la Corte Interamericana de Derechos Humanos", Revista Latinoamericana de Derecho, Bd. 1, Nr. 1 (2004), S. 141 ff. (zit.: *Fix-Zamundo*, RevLD 2004, S.).

Forsythe, David P.: „The Internationalization of Human Rights", Lexington, USA, 1991 (zit.: *Forsythe*, The Internationalization of Human Rights, S.).

Frost, Lynda E.: „The evolution of the Inter-American Court of Human Rights: reflections of present and former judges", Human Rights Quarterly, Bd. 14 (1992), S. 171 ff. (zit.: *Frost*, The evolution of the Inter-American Court of Human Rights: reflections of present and former judges, S.).

Frowein, Jochen Abraham: „Der europäische Rechtsschutz als Beginn einer europäischen Verfassungsrechtsprechung", Juristische Schulung, Heft 11 (1986), S. 845 ff. (zit.: *Frowein*, JuS 1986, S.).

Gardiner, Richard: „Treaty Interpretation", Oxford, Großbritannien, 2008 (zit.: *Gardiner*, Treaty Interpretation, S.).

Germer, Peter: „Interpretation of Plurilingual Treaties: A Study of Article 33 of the Vienna Convention on the Law of Treaties", Harvard Journal of International Law, Bd. 11 (1970), S. 400 ff. (zit.: *Germer*, HarvIntLJ 1970, S.).

Globke, Christina: „Die Auslieferung an den Internationalen Strafgerichtshof", Tübingen, 2009 (zit.: *Globke*, Die Auslieferung an den Internationalen Strafgerichtshof, S.).

Goldmann, Robert K.: „History and action – The Inter-American Human Rights System and the Role of the Inter-American Commission on Human

Rights", Human Rights Quarterly, Bd. 31 (2009), S. 856 ff. (zit.: *Goldman*, HRQ 2009, S.).

Golsong, Heribert: „Interpreting the European Convention on Human Rights Beyond the Confines of the Vienna Convention on the Law of Treaties?", in: Macdonald/Matscher/Petzold (Hrsg.): The European System for the Protection of Human Rights, Dordrecht, Niederlande, 1993, S. 147 ff. (zit. *Golsong*, Interpreting the European Convention on Human Rights Beyond the Confines of the Vienna Convention on the Law of Treaties?, S.).

Gomez, Verónica: „Inter-American Commission on Human Rights and the Inter-American Court of Human Rights: New Rules and Recent Cases", Human Rights Law Review Bd. 1 (2001), S. 111 ff. (zit.: *Gomez*, HRLR 2001, S.).

Gomez, Verónica: „The Inter-American System – Report No. 51/01, Case 9903", Human Rights Law Review Bd. 2 (2002), S. 117 ff. (zit.: *Gomez*, HRLR 2002, S.).

Gordon, Edward: „The World Court and the Interpretation of Constitutive Treaties: Some Observations on the Development of International Constitutional Law", The American Journal of International Law, Bd. 56 (1965), S. 794 ff. (zit.: *Gordon*, AJIL 1965, S.).

Gravdal, Brian T.: „The Inter-American Commission on Human Rights' Quixotic and unjustified expansion of its authority and the American Declaration of the Rights and Duties of Man: The Case of Michael Domingues", Southwestern Journal of Law and Trade in the Americas, Bd. 11 (2005), S. 257 ff. (zit.: *Gravdal*, Sw. J. L. & Trade Am. 2005, S.).

Gros-Espiell, Hector: „La Declaración Americana – Raíces Conceptuales y Políticas en la Historia, la Filosofía y el Derecho Americano", Revista Instituto Interamericano de Derechos Humanos, Número Especial (1989), S. 41 ff. (zit.: *Gros-Espiell*, Revista IIDH 1989, S.).

Gros-Espiell, Hector: „The Organization of American States", in: Vasak (Hrsg.): The International Dimensions of Human Rights, Bd. 1, Westport, USA, 1982, S. 543 ff. (zit.: *Gros-Espiell*, The Organization of American States, S.).

Gros-Espiell, Hector: „La Democracia en el Sistema Interamericano de Promoción y Protección de los Derechos Humanos", in: : Comisión Interamericana de Derechos Humanos (Hrsg.): Derechos Humanos en las Americas. Homenaje a la Memoria de Carlos A. Dunshee de Abranches, Washington, DC, 1984, S. 108 ff. (zit.: *Gros-Espiell*, La Democracia en el Sistema Interamericano de Promoción y Protección de los Derechos Humanos, S.).

Gross, Leo: „Voting in the Security Council: Abstention in the Post-1965 Amendment Phase and Its Impact on Article 25 of the Charter“, The American Journal of International Law, Bd. 62, Nr. 2 (1968), S. 315 ff. (zit.: *Gross*, AJIL 1968, S.).

Grossman, Claudio: „Proposals to strenghten the Inter-American System“, German Yearbook of International Law, Bd. 32 (1989), S. 264 ff. (zit.: *Grossman*, GYIL 1989, S.).

Grossman, Claudio: „The Inter-American System of Human Rights: Challenges for the Future“, Indiana Law Journal, Bd. 83 (2008), S. 1267 ff. (zit: *Grossman*, Ind.L.J 2008, S.).

Haas, M. Peter/ Bilder, Richard B.: „Compliance Theories Choosing to Comply: Theorizing from International Relations and Comparative Politics“, in: Shelton (Hrsg.): Commitment and Compliance: The Role of Non-Binding Norms in the International Legal System, Oxford, Großbritannien, 2000, S. 43 ff. (zit.: *Haas/Bilder*, Compliance Theories Choosing to Comply, S.).

Häberle, Peter: „Präambeln im Text und Kontext von Verfassungen“, in: Listl/ Schambeck (Hrsg.): Demokratie in Anfechtung und Bewährung. Festschrift für Johannes Broemann, Berlin, 1982, S. 211 ff. (zit.: *Häberle*, Präambeln im Text und Kontext von Verfassungen, S.).

Häberle, Peter: „Gemeineuropäisches Verfassungsrecht, Europäische Grundrechtezeitschrift“, Bd. 21 (1991), S. 261 ff. (zit.: *Häberle*, EuGRZ 1991, S.).

Handschug, Stephan: „Einführung in das kanadische Recht“, 1. Aufl., München, 2003 (zit.: *Handschug*, Einführung in das kanadische Recht, S.).

Harris, David: „The Inter-American System of Human Rights”, in: Harris/Livingston (Hrsg.): The Inter-American System of Human Rights, Oxford, Großbritannien, 1998 (zit.: *Harris*, The Inter-American System of Human Rights, S.).

Harris, David: „Regional Protection of Human Rights“, in: Harris/Livingston (Hrsg.): The Inter-American System of Human Rights, Oxford, Großbritannien, 1998 (zit.: *Harris*, Regional Protection of Human Rights, S.).

Heck, Philipp: „Gesetzesauslegung und Interessenjurisprudenz“, Archiv für die civilistische Praxis, Bd. 112 (1914), S. 17 ff. (zit.: *Heck*, AcP 1914, S.).

Henkin, Louis: „US Ratification of Human Rights Treaties – The Ghost of Senator Bricker“, The American Journal of International Law, Bd. 89 (1995), S. 341 ff. (zit.: *Henkin*, AJIL 1995, S.).

Henkin, Louis: „International Law: Politics, Values and Functions: General Course on Public International Law“, IV Recueil des Cours, Bd. 216 (1989), S. 1 ff. (zit.: *Henkin*, RdC 1989, S.).

Henkin, Louis: „How Nations Behave“, 2. Aufl., New York, USA, 1979 (zit.: *Henkin*, How Nations Behave, S.).

Hertrampf, Stefan: „Panamerikanismus, interamerikanisches System und die Organisation Amerikanischer Staaten (OAS)“, Mainz, 1994 (zit.: *Hertrampf*, Panamerikanismus, interamerikanisches System und die Organisation Amerikanischer Staaten, S.).

Higgins, Rosalyn: „Time and the Law: International Perspectives on an Old Problem“, International and Comparative Law Quarterly, Bd. 46 (1997), S. 501 ff. (zit.: *Higgins*, ICLQ 1997, S.).

Hillgruber, Christian: „Kontinuität und Wandel in der Entwicklung des Völkerrechts“, in: Müller-Graff/Roth (Hrsg.): Recht und Rechtswissenschaft. Signaturen und Herausforderungen zum Jahrtausendbeginn, Heidelberg, 2001, S. 117 ff. (zit.: *Hillgruber*, Kontinuität und Wandel in der Entwicklung des Völkerrechts, S.).

Hillgruber, Christian: „Spielräume und Grenzen des EuGH“, Onlineresource, abrufbar unter: http://www.emle-hamburg.de/_data/Hillgruber.pdf (zit.: *Hillgruber*, Spielräume und Grenzen des EuGH, S.).

Hillgruber, Christian: „Grenzen der Rechtsfortbildung durch den EuGH – Hat Europarecht Methode?“, in: von Danwitz/Heintzen u.a. (Hrsg.): Auf dem Weg zu einer Europäischen Staatlichkeit?, Stuttgart, 1993, S. 31 ff. (zit.: *Hillgruber*, Grenzen der Rechtsfortbildung durch den EuGH, S.).

International Law Commission (Hrsg.): „Yearbook of the International Law Commission, 1966 – Summary Records of the Eighteenth Session 4 May-19 July 1966“, Bd. 2, New York, USA auch online zu finden unter: http://untreaty.un.org/ilc/publications/yearbooks (zit.: *ILC*, YBILC 1966 II, S.).

International Law Commission (Hrsg.): „Yearbook of the International Law Commission, 1977“, Bd. II, Teil II, New York, USA, 1978, auch online zu finden unter: http://untreaty.un.org/ilc/publications/yearbooks (zit.: *ILC*, YBILC 1977 II, S.).

Ipsen, Hans Peter, „Europäisches Gemeinschaftsrecht“, Tübingen, 1972 (zit.: *Ipsen*, Europäisches Gemeinschaftsrecht, S.).

Ipsen, Knut: „Völkerrecht“, 5. Aufl., München, 2004 (zit.: *Ipsen*, Völkerrecht, S.).

Jacobs, Francis: „Varieties of Approach to Treaty Interpretation: With Special Reference to the Draft Convention on the Law of Treaties before the Vienna Diplomatic Conference“, International and Comparative Law Quarterly, Bd. 18 (1969), S. 318 ff. (zit.: *Jacobs*, ICLQ 1969, S.).

Jellinek, Georg: „Die rechtliche Natur der Staatenverträge - Ein Beitrag zur juristischen Construktion des Völkerrechts“, Wien, 1880 (zit: *Jellinek*, Die rechtliche Natur der Staatenverträge, S.).

Jenks, Wilfred: „The Interpretation of International Labour Conventions by the International Labour Office“, British Yearbook of International Law, Bd. 20 (1939), S. 115 ff. (zit.: *Jenks*, BYIL 1939, S.).

Jennings, Robert/ Watts, Arthur: „Oppenheim's International Law“, 9. Aufl., Harlow, 1992 (zit.: *Jennings/Watts*, Oppenheim's International Law, S.).

Jestaedt, Matthias: „Wie das Recht, so die Auslegung. Die Rolle der Rechtstheorie bei der Suche nach der juristischen Auslegungslehre“, Zeitschrift für Öffentliches Recht, Bd. 55 (2000), S. 133 ff. (zit.: *Jestaedt*, ZÖR 2000, S.).

Karl, Wolfram: „Vertrag und spätere Praxis im Völkerrecht“, Berlin, 1983 (zit.: *Karl*, Vertrag und spätere Praxis im Völkerrecht, S.).

Karl, Wolfram: „Vertragsauslegung, Vertragsänderung“, in: Schreuer (Hrsg.), Autorität und internationale Ordnung, Berlin, 1979, S. 9 ff. (zit.: Karl, Vertragsauslegung, Vertragsänderung, S.).

Kelsen, Hans: „Reine Rechtslehre“, 1. Aufl., Wien, 1934 (zit.: *Kelsen*, Reine Rechtslehre, S.).

Kempen, Bernhard: „Einige Bemerkungen zum völkerrechtlichen Begriff der Souveränität“, in: Dörr/Fink et. al: Die Macht des Geistes, Festschrift für Hartmut Schiedermair, Heidelberg, 2001, S. 783 ff. (zit.: *Kempen*, Einige Bemerkungen zum völkerrechtlichen Begriff der Souveränität, S.).

Klein, Eckart: „Menschenrechte. Stille Revolution des Völkerrechts und Auswirkungen auf die innerstaatliche Rechtsanwendung“, Baden Baden, 1996 (zit.: *Klein*, Menschenrechte, S.).

Kleinlein, Thomas: „Konstitutionalisierung im Völkerrecht“, Heidelberg, 2012 (zit.: *Kleinlein*, Konstitutionalisierung im Völkerrecht, S.).

Köck, Heribert Franz: „Zur Interpretation völkerrechtlicher Verträge“, Österreichische Zeitschrift für öffentliches Recht, Bd. 53 (1998) (zit.: *Köck*, ÖZÖR 1998, S.).

Köck, Heribert Franz: „Die „implied powers“ der Europäischen Gemeinschaften als Anwendungsfeld der „implied powers“ internationaler Organisationen überhaupt“, in: Böckstiegel/Folz/Mössner/Zemanek (Hrsg.): Völkerrecht, Recht der Internationalen Organisationen, Weltwirtschaftsrecht. Festschrift für Ignaz Seidl-Hovenveldern, Köln, 1988, S. 279 ff. (zit.: *Köck*, Die „implied powers“ der Europäischen Gemeinschaften als Anwendungsfeld der „implied powers“ internationaler Organisationen überhaupt, S.).

Kokott, Juliane: „Das Inter-Amerikanische System zum Schutz der Menschenrechte“, Berlin, 1986 (zit.: *Kokott*, Das Inter-Amerikanische System zum Schutz der Menschenrechte, S.).

Kokott, Juliane: „Der Inter-Amerikanische Gerichtshof für Menschenrechte und seine bisherige Praxis“, Zeitschrift für ausländisches öffentliches Recht und Völkerrecht, Bd. 44 (1984), S. 806 ff. (zit.: *Kokott*, ZaöRV 1984, S.).

Kokott, Juliane: „Grund- und Menschenrechte als Inhalt eines internationalen ordre public“, Berichte der Deutschen Gesellschaft für Völkerrecht, Bd. 38 (1997), S. 71 ff. (*Kokott*, BDGVR 1997, S.).

Kotzur, Markus: „Theorieelemente des internationalen Menschenrechtsschutzes. Das Beispiel der Präambel des Internationalen Paktes über bürgerliche und politische Rechte“, Berlin 2001 (zit.: *Kotzur*, Theorieelemente des internationalen Menschenrechtsschutzes, S.).

Krieger, Heike: „Das Effektivitätsprinzip im Völkerrecht“, Berlin, 2000 (zit.: *Krieger*, Das Effektivitätsprinzip im Völkerrecht, S.).

Kunz, Josef L.: „The Bogota Charter of the Organization of American States“, The American Journal of International Law, Bd. 42 (1948), S. 568 ff. (zit.: *Kunz*, AJIL 1948, S.).

Kunz, Josef L: „The Inter-American Conference on Problems of War and Peace at Mexico City and the Problem of the Reorganization of the Inter-American System“, The American Journal of International Law, Bd. 39 (1945); S. 527 ff. (zit.: *Kunz*, AJIL 1956, S.).

Kutzner, Gerhard: „Die Organisation der Amerikanischen Staaten (OAS)“, Hamburg, 1970 (zit.: *Kutzner*, Die Organisation der Amerikanischen Staaten, S.).

Lauterpacht, Hersch: „Restrictive Interpretation and the Principle of Effectiveness in the Interpretation of Treaties“, British Yearbook of International Law, Bd. 26 (1949), S. 48 ff. (zit.: *Lauterpacht*, BYIL 1949, S.).

LeBlanc, Lawrence J.: „The OAS and the Promotion and Protection of Human Rights“, Den Haag, Niederlande, 1997 (zit.: *LeBlanc*, The OAS and the Promotion and Protection of Human Rights, S.).

Linderfalk, Ulf: „On the Meaning of the “Object and Purpose” Criterion, in the Context of the Vienna Convention on the Law of Treaties, Article 19“, Nordic Journal of International Law, Bd. 72 (2003), S. 429 ff. (zit.: *Linderfalk*, NordicJInt’lL 2003, S.).

Linderfalk, Ulf: „On the Interpretation on Treaties: The Modern International Law as Expressed in the 1969 Vienna Convention on the Law of Treaties“, Dordrecht, Niederlande, 2007 (zit.: *Linderfalk*, On the Interpretation of Treaties, S.).

Lukashuk, Igor: „The Principle *Pacta Sunt Servanda* and the Nature of Obligations under International Law“, The American Journal of International Law, Bd. 83 (1989), S. 513 (zit.: *Lukashuk*, AJIL 1989, S.).

Manger, William: „Reform of the OAS: The 1967 Buenos Aires Protocol of Amendment to the 1948 Charter of Bogota: An Appraisal“, Journal of Inter-American Studies, Bd. 10 (1968) S. 1 ff. (zit.: *Manger*, JIAS 1968, S.).

Martin, Francisco Forrest/ Schnably, Stephen J.: „International human rights and humanitarian law: treaties, cases and analysis“, Cambridge, Großbritannien, 2006 (zit.: *Martin/Schnably*, International human rights and humanitarian law: treaties, cases and analysis, S.).

Mayer-Lindenberg, Hermann: „Friedenssicherung im amerikanischen Regionalsystem“, Zeitschrift für ausländisches öffentliches Recht und Völkerrecht, Bd. 17 (1956), S. 547 ff. (zit.: *Mayer-Lindenberg*, ZaöRV 1956, S.).

McEvoy, J.P./Fleming, Donald J.: „Canada, Human Rights and the OAS“, Review of Constitutional Studies, Bd. IV, Nr. 1 (1997), S. 124 ff. (zit.: McEvoy/Fleming, RCS 1997, S.).

McGibbon, Iain: „Estoppel in International Law“, International and Comparative Law Quarterly, Bd. 7 (1958), S. 468 ff. (zit.: *McGibbon*, ICLQ 1958, S.).

McGibbon, Iain: „The Scope of Acquiescence in International Law“, British Yearbook of International Law, Bd. 31 (1954), S. 143 ff. (zit.: *McGibbon*, BYIL 1954, S.).

McLachlan, Campell: „The Principle of Systemic Integration and Article 31 (3) (c) of the Vienna Convention“, International and Comparative Law Quarterly, Bd. 54 (2005), S. 279 ff. (zit.: *McLachlan*, ICLQ 2005, S.).

McNair, Arnold D.: „The Law of Treaties“, Oxford, Großbritannien, 1961 (zit.: *McNair*, The Law of Treaties, S.).

McNair, Arnold D.: „The Legality of the Occupation of the Ruhr“, British Yearbook of International Law, Bd. 5 (1924), S. 17 ff. (zit.: *McNair*, BYIL 1924, S.).

McRae, Peter: „The Search for Meaning – Continuing Problems with the Interpretation of Treaties“, Victoria University Wellington Law Review, Bd. 33 (2002), S. 209 ff. (zit.: *McRae*, VUWLR 2002, S.).

Meessen, Karl M.: „Zur Theorie allgemeiner Rechtsgrundsätze des internationalen Rechts: Der Nachweis allgemeiner Rechtsgrundsätze des Europäischen Gemeinschaftsrechts“, German Yearbook of International Law, Bd. 17 (1974), S. 283 ff. (zit.: *Meessen*, GYIL 1974, S.).

Mecham, J. Lloyd: „The United States and Inter-American Security, 1889–90“, 2. Aufl., Institute of Latin American Studies, University of Texas, USA, 1962 (zit.: *Mecham*, The United States and Inter-American Security, 1889–90, S.).

Medina Quiroga, Cecilia: „The Battle of Human Rights – Gross, Systematic Violations and the Inter-American System“, Dordrecht, Niederlande, 1988, (zit.: *Medina*, The Battle of Human Rights, S.).

Medina Quiroga, Cecilia: „The Role of Country Reports in the Inter-American System of Human Rights, in: Harris/Livingston (Hrsg.): The Inter-American System of Human Rights“, Oxford, Großbritannien, 1998, S. 115 ff. (zit.: *Medina*, The Role of Country Reports in the Inter-American System, S.).

Ministerio de Relaciones Exteriores, Colombia (Hrsg.): „Novena Conferencia Internacional Americana, Actas y Documentos“, Bd. I-VII, Kolumbien, 1953 (zit.: *Ministerio de Relaciones Exteriores, Colombia*, Novena Conferencia Internacional Americana, Actas y Documentos, *Bd.* S.).

Montealegre, Hernan: „Cuatro Perspectivas de los Derechos Humanos en le Sistema Interamericano“, in: Comisión Interamericana de Derechos Humanos (Hrsg.): Derechos Humanos en las Americas. Homenaje a la Memoria de Carlos A. Dunshee de Abranches, S. 54 ff. (zit.: *Montealegre*, Cuatro Perspectivas de los Derechos Humanos en le Sistema Interamericano, S.).

Müller, Jörg P.: „Vertrauensschutz im Völkerrecht“, Köln, 1971 (zit.: *Müller*, Vertrauensschutz im Völkerrecht, S.).

Nacimiento, Grace: „Die Amerikanische Deklaration der Rechte und Pflichten des Menschen“, Berlin, 1995 (zit.: *Nacimiento*, Die Amerikanische Deklaration der Rechte und Pflichten des Menschen, S.).

Nettesheim, Martin: „Die Allgemeine Erklärung der Menschenrechte und ihre Rechtsnatur“, in: Merten/Papier (Hrsg.), Handbuch der Grundrechte in Deutschland und Europa, Band VI/2, Heidelberg 2009, S. 216 ff. (zit.: *Nettesheim*, Die Allgemeine Erklärung der Menschenrechte und ihre Rechtsnatur, S.).

Neumann, Gerald L: „Import, Export, and Regional Consent in the Inter-American Court of Human Rights“, European Journal of International Law, Bd. 19 (2008), S. 101 ff. (zit.: *Neumann*, EJIL 2008, S.).

Nikken, Pedro: „La Declaración Universal y la Declaración Americana. La Formación del Moderno Derecho Internacional de los Derechos Humanos“, Revista Instituto Interamericano de Derechos Humanos, Número Especial (1989), S. 65 ff. (zit.: *Nikken*, Revista IIDH 1989, S.).

Nikken, Pedro: „Los Derechos Humanos en el Sistema Regional Americano“, in: Instituto Interamericano de Derechos Humanos (Hrsg.): V Curso Interdisciplinario en Derechos Humanos, San José, Costa Rica, 1987, S. 1 ff. (zit.: *Nikken*, Los Derechos Humanos en el Sistema Regional Americano, S.).

Nord, Tobias: „Rechtsnachfolge bei zwischenstaatlichen Organisationen“, Frankfurt am Main, 2010 (zit.: *Nord*, Rechtsnachfolge bei zwischenstaatlichen Organisationen, S.).

Oellers-Frahm, Karin: „Die „obligatorische“ Gerichtsbarkeit des Internationalen Gerichtshofs – Anmerkungen anlässlich der Zuständigkeitsentscheidung im Fall Nicaragua gegen USA“, Zeitschrift für ausländisches öffentliches Recht und Völkerrecht, Bd. 47 (1987), S. 243 ff. (zit.: *Oellers-Frahm*, zaoerv 1987, S.).

Organization of American States (Hrsg.): „Inter-American Treaty of Reciprocal Assistance, Applications, Vol. II, 1960–1972“, 3. Aufl., Washington, D.C., USA, 1973 (zit.: *OAS*, Inter-American Treaty of Reciprocal Assistance, Applications, Vol. II, 1960–1972, S.).

Organization of American States (Hrsg.): „Fifth Meeting of Consultation of Ministers of Foreign Affairs: Santiago, Chile, August 12–18, 1959, Final Act“, OAS Official Records OEA/Ser.C/II.5, Washington, D.C, USA, 1960, auch online zu finden unter: http://www.oas.org/consejo/MEETINGS%20OF%20 CONSULTATION/minutes.asp (zit.: *OAS*, Fifth Meeting of Consultation of Ministers of Foreign Affairs: Santiago, Chile, August 12–18, 1959, Name Resolution, S.).

Organization of American States (Hrsg.): Eighth Meeting of Consultation of Ministers of Foreign Affairs, Punta del Este, Uruguay, January 22–31, 1962. Final

Act, OEA/Ser.C/II.8 Washington, D.C., USA, 1962, auch online zu finden unter: http://www.oas.org/consejo/MEETINGS%20OF%20CONSULTATION/minutes.asp (zit.: *OAS*, Eighth Meeting of Consultation of Ministers of Foreign Affairs, Punta del Este, January 1962, Name Resolution, S.).

Organization of American States (Hrsg.): „Seventeenth Meeting of Consultation of Ministers of Foreign Affairs: Washington, September 21, 1978 to December 14, 1992, Final Act", OAS Official Records OEA/Ser.C/II.17, Washington, D.C, USA, 1992, auch online zu finden unter: http://www.oas.org/consejo/MEETINGS%20OF%20CONSULTATION/minutes.asp (zit.: *OAS*, Seventeenth Meeting of Consultation of Ministers of Foreign Affairs, Washington, DC, September 21, 1978 to December 14, 1992, Name Resolution, S.).

Organization of American States (Hrsg.): „Second Special Inter-American Conference, Rio de Janeiro, Brazil, November 17–30, 1965, Final Act", OAS Off. Records OEA/Ser. E/XIII.1, Doc.150 (English) Rev., 1965, abgedruckt in: The American Journal of International Law, Bd. 60 (1966), S. 458 ff. (zit.: *OAS*, Second Special Inter-American Conference, Rio de Janeiro, Brazil, November 17–30, 1965, Name Resolution, S.).

Organization of American States (Hrsg.): „Segunda Conferencia Interamericana Extraordinaria, Río de Janeiro, Brasil, 17 a 30 de noviembre de 1965, Actas y documentos, versión preliminar, Vol. 1", OAS Off. Records OEA/Ser.E/XIII.3 (español), Washington, D.C., USA 1965 (zit.: *OAS*, Segunda Conferencia Interamericana Extraordinaria, Río de Janeiro, Brasil, 17 a 30 de noviembre de 1965, *S.*).

Organization of American States (Hrsg.): „Tercera Conferencia Interamericana Extraordninaria, Buenos Aires, Argentina 15 a 27 de febrero de 1967, Documentos, Volumen IV", OAS Off. Rec. OEA/Ser.E/XIV.I V.4, Washington, D.C., USA 1967, (zit.: *OAS*, Tercera Conferencia Interamericana Extraordninaria, Buenos Aires, Argentina 15 a 27 de febrero de 1967, Documentos, Volumen IV, S.).

Organization of American States (Hrsg.): „Tercera Conferencia Interamericana Extraordninaria, Buenos Aires, Argentina 15 a 27 de febrero de 1967, Documentos, Volumen III", OAS Off. Rec. OEA/Ser.E/XIV I V. III, Washington, D.C., USA 1967, (zit.: *OAS*, Tercera Conferencia Interamericana Extraordninaria, Buenos Aires, Argentina 15 a 27 de febrero de 1967, Documentos, Volumen III, *S.*).

Organization of American States (Hrsg.): „Committee on Juridical-Political Affairs, Report on a Consultation with the Member States Regarding the Draft

Conventionon Human Rights“, Council Series, OEA/Ser.G/IV, C-i-787 (English) Rev. 3 (June 7, 1967)“, Washington, D.C., 1968 (zit.: *OAS*, Council Series, Committee on Juridical-Political Affairs, Report on a Consultation with the Member States Regarding the Draft Conventionon Human Rights, S.).

Organization of American States (Hrsg.): „Inter-American Yearbook of Human Rights“, 1968, Washington, D.C., USA, 1974 (zit.: *OAS*, Inter-American Yearbook of Human Rights (1974), S.).

Organization of American States (Hrsg.): „Conferencia Especializada Interamericana Sobre Derechos Humanos“, San José, Costa Rica, 7–22 de noviembre de 1969, Actas y Documentos, OEA/Ser.K/XVI/1.2., Washington, D.C., USA, 1978 (reprint) (zit.: *OAS*, Conferencia Especializada Interamericana Sobre Derechos Humanos, San José, Costa Rica, 7–22 de noviembre de 1969, Actas y Documentos, S.).

Ostertun, Dietrich: „Gewohnheitsrecht in der Europäischen Union. Eine Untersuchung der normativen Geltung und der Funktion von Gewohnheitsrecht im Recht der Europäischen Union“, Frankfurt, 1996 (zit.: *Ostertun*, Gewohnheitsrecht in der Europäischen Union, S.).

Padilla, David J: „The Inter-American Commission on Human Rights: The Dominican Republic and Suriname“, in: Corte Inter-Americana de Derechos Humanos (Hrsg.): El Sistema Interamericano de Protección de los Derechos Humanos en el umbral del Siglo XXI, Band 1, San José, Costa Rica, 1999, S. 293 ff. (zit.: *Padilla*, The Inter-American Commission on Human Rights, S.).

Pan American Union (Hrsg.): „The International Conferences of American States: Second Supplement, 1942–1954“, Washington, D.C., USA, 1958 (zit.: *Pan American Union*, The International Conferences of American States, Second Supplement, 1942–1954, S.).

Pan American Union (Hrsg.): „Conferencia Interamericana sobre Problemas de la Guerra y de la Paz, México DF, Febrero 21- Marzo 8, 1945. Manual para uso de los delegados“, Washington, D.C., USA, 1945 (zit.: *Pan American Union*, Conferencia Interamericana sobre Problemas de la Guerra y de la Paz, S.).

Pan American Union (Hrsg.): „Project of Organic Pact of the Inter-American System“, Washington, D.C., USA, 1948 (zit.: *Pan American Union*, Project of Organic Pact of the Inter-American System).

Pan American Union (Hrsg.): „Tercera Conferencia Interamericana Extraordinaria, Buenos Aires, Argentina, 1 a 27 de febrero de 1967, Documentos“, Bd.

I–III, Washington, D.C, USA, 1967 (zit.: *Pan American Union*, Tercera Conferencia Interamericana Extraordninaria, Buenos Aires, Argentina, *Bd., S.*).

Pasqualucci, Jo M.: „The Practice and Procedure of the Inter-American Court of Human Rights", Cambridge, Großbrittannien, 2003 (zit.: *Pasqualucci*, The Practice and Procedure of the Inter-American Court of Human Rights, S.).

Pfluger, Franz: „Die einseitigen Rechtsgeschäfte im Völkerrecht", Zürich, Schweiz, 1936 (zit.: *Pfluger*, Die einseitige Rechtsgeschäfte im Völkerrecht, S.).

Potacs, Michael: „Effet utile als Auslegungsgrundsatz", Europarecht, 2009, S. 465 ff. (zit. *Potacs*, EuR 2009, S.).

Potacs, Michael: „Die Grundnormproblematik", in: Griller/Rill (Hrsg.): Rechtstheorie: Rechtsbegriff – Dynamik – Auslegung, Wien, 2012, S. 135 ff. (zit.: *Potacs*, Die Grundnormproblematik, S.).

Puttler, Adelheid: „Völkergewohnheitsrecht", in: Kube/Rudolf u.a. (Hrsg): Leitgedanken des Rechts, Paul Kirchhof zum 70. Geburtstag Bd. 1, Heidelberg, 2013, S. 1045 ff. (zit.: *Puttler*, Völkergewohnheitsrecht, S.).

Quadros, Faustos: „La Convention Européenne des Droits de L'Homme: un cas de ius cogens régrional?", in Bernhardt et. al. (Hrsg.): Recht zwischen Umbruch und Bewahrung: Völkerrecht, Europarecht, Staatsrecht – Festschrift für Rudolf Bernhardt, Berlin, 1995, S. 555 ff. (zit.: *Quadros*, La Convention Européenne des Droits de L'Homme: un cas de ius cogens régrional?, S.).

Rescia, Victor Rodríguez/ Seitles, Marc David: „The Development of the Inter-American Human Rights System: A Historical Perspective and a Modern-Day Critique", New York Law School Journal of Human Rights, Bd. 16 (1999–2000), S. 593 ff. (zit.: *Rescia/Seitles*, N.Y.L. Sch. J. Hum. Rts. 1999–2000, S.).

Ress, Georg: „Die Bedeutung der nachfolgenden Praxis für die Vertragsinterpretation nach der Wiener Vertragsrechtskonvention", in: Bieber/Ress (Hrsg.): Die Dynamik des Europäischen Gemeinschaftsrechts, Baden-Baden, 1987, S. 49 ff. (zit.: *Ress*, Die Bedeutung der nachfolgenden Praxis für die Vertragsinterpretation nach der Wiener Vertragsrechtskonvention, S.).

Riesenhuber, Karl (Hrsg.): „Europäische Methodenlehre", Berlin, 2006, S. (zit.: *Bearb.* in Riesenhuber (Hrsg.), Europäische Methodenlehre, S.).

Robertson, Arthur Henry: „Human Rights in Europe – A Study of the European Convention on Human Rights", New York, USA, 1963 (zit.: *Robertson*, Human Rights in Europe, S.).

Rüthers, Bernd: „Die unbegrenzte Auslegung – Zum Wandel der Privatrechtsordnung im Nationalsozialismus", 7. Aufl., Tübingen, 2012 (zit.: *Rüthers*, Die unbegrenzte Auslegung, S.).

Rüthers, Bernd/Fischer, Christian: „Rechtstheorie", 5. Aufl., München, 2010 (zit.: *Rüthers/Fischer*, Rechtstheorie, Rn.).

Sandifer, Durward V: „The Inter-American Commission on Human Rights in the Dominican Republic, June 1965 to June 1966", Arbeitspapier vorbereitet für das Hammarskjold Forum on the Dominican Crisis (May 2, 1966), in: Inter-American Commission on Human Rights, O.A.S. Official Records, OEA/Ser.L/V/II.14, Doc. 13 (English), April 15, 1966, Washington, D.C., 1966 (zit: *Sandifer*: Inter-American Commission on Human Rights in the Dominican Republic, June 1965 to June 1966, S.).

Schachter, Oscar: „Towards a Theory of International Obligation", in: Schwebel (Hrsg.): The Effectiveness of International Decisions, Leyden, 1971, S. 9 ff. (zit.: *Schachter*, Towards a Theory of International Obligation, S.).

Schachter, Oscar: „International Law in Theorie and Practice", Dordrecht, Niederlande, 1991 (zit.: *Schachter*, International Law in Theorie and Practice, S.).

Schliemann, Christian: „Das Demokratiegebot in der Organisation Amerikanischer Staaten (OAS)", Verfassung und Recht in Übersee, Bd. 42 (2009), S. 320 ff. (zit.: *Schliemann*, VRÜ 2009, S.).

Schnably, Stephen J.: „The Santiago Commitment as a call to Democracy in the United States: Evaluating the OAS role in Haiti, Peru and Guatemala", The University of Miami Inter-American Law Review, Bd. 25 (1994), S. 393 ff. (zit.: *Schnably*, IALawRev. 1994, S.).

Schollendorf, Kai: „Die Auslegung völkerrechtlicher Verträge in der Spruchpraxis des Appellate Body der Welthandelsorganisation (WTO)", Berlin, 2003 (zit.: *Schollendorf*, Die Auslegung völkerrechtlicher Verträge in der Spruchpraxis des Appellate Body der Welthandelsorganisation, S.).

Schreiber, Anna P.: „The Inter-American Commission on Human Rights", Leyden, Niederlande, 1970 (zit.: *Schreiber*, The Inter-American Commission on Human Rights, S.).

Schroeder, Werner: „Das Gemeinsschaftsrechtssystem – Eine Untersuchung zu den rechtsdogmatischen, rechtstheoretischen und verfassungsrechtlichen Grundlagen des Systemdenkens im Europäischen Gemeinschaftsrecht", Tübingen, 2002 (zit.: *Schroeder*: Das Gemeinschaftsrechtssystem, S.).

Schwarzenberger, Georg.: „International Law“, Bd. 1, 3. Aufl., London, Großbritannien, 1957 (zit.: *Schwarzenberger*, International Law, S.).

Schwarzenberger, Georg: „A Manual of International Law“, 5. Aufl., London, Großbritannien, 1967 (zit.: *Schwarzenberger*, A Manual of International Law, S.).

Schweisfurth, Theodor: „Völkerrecht“, Tübingen, 2006 (zit.: *Schweisfurth*, Völkerrecht, S.).

Sepúlveda, María Magdalena: „The Nature of the Obligations under the International Covenant on Economic, Social and Cultural Rights“, Utrecht, Niederlande, 2003 (zit.: *Sepúlveda*, The Nature of the Obligations under the International Covenant on Economic, Social and Cultural Rights, S.).

Seyr, Sibylle: „Der effet utile in der Rechtsprechung des Europäischen Gerichtshofs“, Berlin, 2008 (zit. *Seyr*, Der effet utile in der Rechtsprechung des Europäischen Gerichtshofs, S.).

Shaw, Malcolm: „International Law“, 6. Aufl., Cambridge, Großbritannien, 2008 (zit.: *Shaw*, International Law, S.).

Sheinin, David: „The Organization of American States“, New Brunswick, N.J., USA, 1996 (zit.: *Sheinin*, The Organization of American States, S.).

Shelton, Dinah: „International Human Rights Law: Principles, Double, or Absent Standards?“, Law and Inequality: A Journal of Theory and Praxis, Bd. 25 (2007), S. 467 ff. (zit.: *Shelton*, Law & Ineq. 2007, S.).

Shelton, Dinah: „The Jurisprudence of the Inter-American Court of Human Rights“, The American University Journal of International Law & Policy, Bd. 10 (1994) (zit.: *Shelton*, Am. U.J. Int'l L. & Pol'y 1994, S.).

Sieghart, Paul: „The International Law of Human Rights“, Oxford, Großbritannien, 1983 (zit.: *Sieghart*, The International Law of Human Rights, S.).

Simma, Bruno et. al. (Hrsg.): „The Charter of the United Nations: A Commentary“, 2. Aufl., Oxford, Großbritannien, 2002 (zit.: *Bearb.* in: Simma (Hrsg.): The Charter of the United Nations).

Simma, Bruno: „From Bilateralism to Community Interest“, Receuil des Cours, Bd. 250 (1994-VI), S. 217 ff. (zit.: *Simma*, RdC 1994-VI, S.).

Simpson, John A./Weiner, Edmund S.C: „The Oxford English Dictionary“, 2. Aufl., Oxford, Großbritannien, 1989 (zit.: *Simpson/Weiner*, The Oxford English Dictionary, *Stichwort*).

Sinclair, Ian: „The Vienna Convention on the Law of Treaties", 2. Aufl, Manchester, Großbritannien, 1984 (zit.: *Sinclair*, The Viennan Convention on the Law of Treaties, S.).

Sinclair, Ian: „Estoppel and acquiescence", in: Lowe/Fitzmaurice (Hrsg.): Fifty Years of the International Court of Justice: Essays in Honour of Sir Robert Jennings, Cambridge, Großbritannien, 1996, S. 104 ff. (zit.: *Sinclair*, Estoppel and acquiescence, S.).

Sloan, Blaine: „The United Nations Charter as a Constitution", Pace Yearbook of International Law, Bd. 1 (1989), S. 61 ff. (zit.: *Sloan*, PYBIL 1989, S.).

Sorensen, Max: „The Modification of Collective Treaties without the Consent of all the Contracting Parties", Nordisk Tidsskrift for International Ret, Bd. 9 (1938), S. 150 ff. (zit.: *Sorensen*, Nordisk Tidsskrift Int'l Ret 1938, S.).

Stavropoulos, Constantin A.: „The Practice of Voluntary Abstentions by Permanent Members of the Security Council Under Article 27, Paragraph 3, of the Charter of the United Nations", The American Journal of International Law, Bd. 61, Nr. 3 (1967), S. 737 ff. (zit.: *Stavropoulos*, AJIL 1967, S.).

Stein, Ted: „The Approach of the Different Drummer: The Principle of the Persistent Objector in International Law", Harvard International Law Journal, Bd. 26 (1985), S. 457 ff. (zit.: *Stein*, Harv.Int'l.L.J. 1985, S.).

Steiner, Christian/ Leyers, Simone: „Impulsgeber für einen effektiven Grundrechtsschutz: Der Inter-Amerikanische Gerichtshof für Menschenrechte", KAS Auslandsinformationen (7/2010), S. 7 ff. (zit.: *Steiner/Layers*, KAS Auslandsinformationen 2010, S.).

Tammes, Arnold J.P.: „The Status of Consent in International Law", Netherlands Yearbook of International Law, Bd. 2 (1971), S. 1 ff. (zit.: *Tammes*, NYBIL 1971, S.).

Thirlway, Hugh: „The Law and Procedure of the International Court of Justice 1960–1989 (Part 2)", British Yearbook of International Law, Bd. 60 (1989), S. 1 ff. (zit.: *Thirlway*, BYIL 1989, S.).

Thirlway, Hugh: „The Law and Procedure of the International Court of Justice 1960–1989 (Part 3)", British Yearbook of International Law, Bd. 62 (1991), S. 1 ff. (zit.: *Thirlway*, BYIL 1991, S.).

Thomas, Ann Van Wynen/ Thomas, Aaron Joshua: „The Organization of American States", Dallas, USA, 1963 (zit.: *Thomas/Thomas*: The Organization of American States, S.).

Thomas, Ann Van Wynen/ Thomas, Aaron Joshua: „Democracy and The Organisation of American States“, Minnesota Law Review, Bd. 46 (1961), S. 337 ff. (zit.: *Thomas/Thomas*, MinnLRev 1961, S.).

Tittemore, Brian: „The Mandatory Death Penalty in the Commonwealth Caribbean and the Inter- American Human Rights System: An Evolution in the Development and Implementation of International Human Rights Protections“, William And Mary Bill of Rights Journal, Bd. 13 (2004), S. 445 ff. (zit.: *Tittemore*, Wm. & Mary Bill of Rts. J. 2004, S.).

Tomuschat, Christian: „Verfassungsgewohnheitsrecht? Eine Untersuchung zum Staatsrecht der Bundesrepublik Deutschland“, Heidelberg, 1972 (zit.: *Tomuschat*, Verfassungs-gewohnheitsrecht, S.).

Tomuschat, Christian: „Human Rights between Idealism and Realism“, 2. Aufl., Oxford, Großbritannien, 2008 (zit.: *Tomuschat*, Human Rights between Idealism and Realism, S.).

Tomuschat, Christian: „Die interamerikanische Menschenrechtskommission“, Zeitschrift für ausländisches öffentliches Recht und Völkerrecht, Bd. 28 (1968), S. 531 ff. (zit.: *Tomuschat*, ZaöRV 1968, S.).

Tomuschat, Christian: „Die Charta der wirtschaftlichen Rechte und Pflichten der Staaten – Zur Gestaltungskraft von Deklarationen der UN-Generalversammlung“, Zeitschrift für ausländisches öffentliches Recht und Völkerrecht, Bd. 36 (1976), S. 444 ff. (zit.: *Tomuschat*, ZaöRV 1976, S.).

Tomuschat, Christian: „Obligations arising for States without or against their will“, Recueil des Cours, Bd. 241 (1993-IV), S. 195 ff. (zit.: *Tomuschat*, RdC 1993, S.).

Torres Bernárdez, Santiago: „Interpretation of Treaties by the International Court of Justice Following the Adoption of the 1969 Vienna Convention on the Law of Treaties“, in: Hafner et al. (Hrsg.): Liber Amicorum Professor Ignaz Seidl-Hohenveldern – in honour of his 80th Birthday, Den Haag, Niederlande, 1998, S. 721 ff. (zit.: *Torres Bernárdez*, Interpretation of Treaties by the International Court of Justice Following the Adoption of the 1969 Vienna Convention on the Law of Treaties, S.).

Tunkin, Grigory I.: „Theory of International Law“, London, Großbritannien, 1974 (zit.: *Tunkin*, Theory of International Law, S.).

Unruh, Peter: „Die Unionstreue – Anmerkung zu einem Rechtsgrundsatz der Europäischen Union“, Europarecht, Bd. 41 (2002), S. 41 ff. (zit.: *Unruh*, EuR 2002, S.).

Ventura Robles, Manuel E.: „La Corte Interamericana de Derechos Humanos: Camino Hacia un Tribunal Permanente“, in: Cançado Trindade/Ventura Robles (Hrsg.): El Futuro de la Corte Interamericana de Derechos Humanos, San José, Costa Rica, 2003, S. 111 ff. (zit.: *Ventura Robles*, La Corte Interamericana de Derechos Humanos, S.).

Verdross, Alfred/Simma, Bruno: „Universelles Völkerrecht“, 3. Aufl., Berlin, 2010 (zit.: *Verdross/Simma*, Universelles Völkerrecht, S.).

Vierdag, Ernst W.: „The Legal Nature of the Rights granted by the International Covenant on Economic, Social and Cultural Rights“, Netherlands Yearbook of International Law, Bd. 9 (1978), S. 69 ff. (zit.: *Vierdag*, NYIL 1978, S.).

Villiger, Mark: „Customary International Law and Treaties: A Manual on the Theory and Practice of the Interrelation of Sources“, 2. Aufl., Den Haag, Niederlande, 1997 (zit.: *Villiger*, Customary International Law anf Treaties, S.).

Villiger, Mark: „Commentary on the 1969 Vienna Convention on the Law of Treaties“, Leiden, Niederlande, 2009 (zit.: *Villiger*, Commentary on the 1969 Vienna Convention on the Law of Treaties, S.).

Vitzthum, Wolfgang (Hrsg.): „Völkerrecht“, 5. Aufl., Berlin, 2010 (zit.: *Bearb.* in: Vitzthum, Völkerrecht, S.).

Von Arnauld, Andreas: „Völkerrecht“, Heidelberg, 2012 (zit.: *von Arnauld*, Völkerrecht. S.).

Von Bogdandy, Armin/Bast, Jürgen (Hrsg.): „Europäisches Verfassungsrecht: Theoretische und dogmatische Grundzüge“, Berlin, 2009 (zit.: *Bearb.* in: von Bogdandy/Bast: Europäisches Verfassungsrecht, S.).

Von Liszt, Franz: „Das Völkerrecht“, 11. Aufl., Neudruck, Berlin, 1920 (zit.: *von Liszt*, Das Völkerrecht, S.).

Wagner, Megan L.: „Jurisdiction by Estoppel in the International Court of Justice“, California Law Review, Bd. 74 (1986), S. 1777 (zit.: *Wagner*, Cal.L.Rev. 1986, S.).

Webster, Noah: „Webster's Revised Unabridged Dictionary of the English Language“, 1913, Onlineresource, abrufbar unter: http://machaut.uchicago.edu/websters (zit.: *Webster*, Webster's Revised Unabrigded Dictionary, *Stichwort*).

Weil, Prosper: „Vers une normativité relative en droit international“, Revue Géneral de Droit International Public, Bd. 86 (1982), S. 5 ff. (zit.: *Weil*, RGDIP 1982, S.).

Wiarda, Howard J.: „Dictatorship and Development: The Methods of Control in Trujillo's Dominican Republic", Gainesville, USA, 1969 (zit.: *Wiarda*, Dictatorship and Development: The Methods of Control in Trujillo's Dominican Republic, S.).

Wilson, Richard J.: „Researching the Jurisprudence of the Inter-American Commission on Human Rights: A Litigator's Perspective", American University International Law Review, Bd. 10 (1996), S. 1 ff., auch online abrufbar unter: http://www1.umn.edu/humanrts/iachr/second.html (zit.: *Wilson*, AUInt'lLRev 1996, S.).

Wolfrum, Rüdiger (Hrsg.): „The Max Planck Encyclopedia of Public International Law", Oxford, Großbritannien, seit 2008, Onlineresource abrufbar unter: www.mpepil.com (zit.: *Bearb.* in: Wolfrum (Hrsg.): MPEPIL, *Stichwort*).

Zemanek, Karl: „New Trends in the Enforcement or erga omnes Obligation", Max Planck Yearbook of the United Nations, Bd. 4 (2000), S. 1 ff. (zit.: *Zemanek*, UNYB 2000, S.).

Zimmer, Gerhard: „Gewaltsame Territoriale Veränderungen und Ihre Völkerrechtliche Legitimation", Berlin, 1971 (zit.: *Zimmer*, Gewaltsame Territoriale Veränderungen und Ihre Völkerrechtliche Legitimation, S.).

Öffentliches und Internationales Recht

Herausgegeben von Udo Fink, Dieter Dörr und Rolf Schwartmann

Band 1 Tim Schönborn: Die Causa Austria. Zur Zulässigkeit bilateraler Sanktionen zwischen den Mitgliedstaaten der Europäischen Union. 2005.

Band 2 Marc Torsten Hausmann: Das Cotonou-Handelsregime und das Recht der WTO. 2006.

Band 3 Hortense Ute Demme: Hegemonialstellungen im Völkerrecht: Der ständige Sitz im Sicherheitsrat der Vereinten Nationen. 2006.

Band 4 Theofaneia Rizou: Zugang zu Gerichten im Umweltrecht. Eine vergleichende Studie des deutschen und griechischen Rechts. 2006.

Band 5 Matthias Meyer: Die Bewertung parafiskalischer Abgaben aus der Sicht des europäischen Beihilferechts. 2007.

Band 6 Moritz Maus: Der grundrechtliche Schutz des Privaten im europäischen Recht. 2007.

Band 7 Roman Ringwald: Daseinsvorsorge als Rechtsbegriff. Forsthoff, Grundgesetz und Grundversorgung. 2008.

Band 8 Christine Heer-Reißmann: Die Letztentscheidungskompetenz des Europäischen Gerichtshofes für Menschenrechte in Europa. Eine Untersuchung zum Verhältnis von EGMR und EuGH in Menschenrechtsfragen unter Berücksichtigung des Verhältnisses des BVerfG zum EuGH. 2008.

Band 9 Caroline Volkmann: Die Strafverfolgung des Völkermordes nach dem Weltrechtsprinzip im internationalen Strafrecht und im Völkerstrafrecht. Untersucht am Beispiel der deutschen Rechtsordnung. 2009.

Band 10 Tobias O. Keber: Der Begriff des Terrorismus im Völkerrecht. Entwicklungslinien im Vertrags- und Gewohnheitsrecht unter besonderer Berücksichtigung der Arbeiten zu einem „Umfassenden Übereinkommen zur Bekämpfung des Terrorismus". 2009.

Band 11 Michael Kühn: Unilaterale präventive Gewaltanwendung. Eine Untersuchung zur „präventiven Selbstverteidigung" im Völkerrecht. 2009.

Band 12 Axel Groth: Die Dienstleistungskonzession im europäischen Vergabe- und Beihilfenrecht. 2010.

Band 13 Jürgen Bröhmer (ed.): The German Constitution Turns 60. Basic Law and Commonwealth Constitution. German and Australian Perspectives. 2011.

Band 14 Christine Kulwicki: Verfassungswandel. Die Wechselwirkung zwischen Grundrechten und informationstechnischen Ermittlungsmethoden. 2011.

Band 15 Dieter Dörr / Udo Fink / Russel Weaver / Tobias Keber (eds.): Brandeis meets Gutenberg. German-American Conversations on Law, 1991-2011. 2012.

Band 16 Daniel Eckstein: Die Vereinbarkeit der De-Facto-Annexion mit dem Völkerrecht. Dargestellt am Beispiel der israelischen Sperranlage. Zugleich eine Analyse des IGH-Gutachtens vom 9. Juli 2004. 2012.

Band 17 Tobias Wagner: Regionale wirtschaftliche Integration und die Europäische Union. Eine Untersuchung unter besonderer Berücksichtigung der Stabilisierungs- und Assoziierungsabkommen mit den Staaten des westlichen Balkans. 2013.

Band 18 Ines-Erika Gillich: Konsens und evolutive Vertragsauslegung. Am Beispiel der Rechtsbindung der Mitgliedstaaten der Organisation Amerikanischer Staaten (OAS) an die Amerikanische Deklaration der Rechte und Pflichten des Menschen. 2014.

www.peterlang.com

www.ingramcontent.com/pod-product-compliance
Ingram Content Group UK Ltd.
Pitfield, Milton Keynes, MK11 3LW, UK
UKHW021829290926
8980IPUK00004B/350